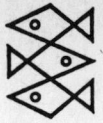

Über dieses Buch Die Rechtsprechung des Dritten Reiches ist vor allem gekennzeichnet durch weit über 16 500 Todesurteile, durch härteste Strafen gegen jede Art von Widerstand und »Miesmacherei« und durch Urteile, die die Juden mehr und mehr aus der »Volksgemeinschaft« ausgrenzten. Wie sich diese Rechtsprechung entwickelte und welche Bevölkerungsgruppen von ihr in besonderem Maße betroffen waren, wird in diesem Band anschaulich und differenziert geschildert. Dabei gerät – anders als sonst üblich – die Richterschaft des Dritten Reiches selbst in den Blick: ihre Enttäuschungen in der Weimarer Republik und ihre Träume von richterlicher Macht im nationalsozialistischen »Rechtsstaat«.

Zudem werden der Einfluß von Reichsjustizministerium, NSDAP und SS auf die Rechtsentwicklung untersucht und die Entscheidungsfreiheit der Richter zwischen 1933 und 1945 sorgfältig ausgelotet.

Angermund liefert eine auf intensiven Archivrecherchen beruhende Darstellung der Richterschaft in der Weimarer Republik und im Nationalsozialismus, die in vielem neuartig und überraschend ist. Entschuldigende Mythen werden ebenso widerlegt wie vorschnelle Pauschalverurteilungen. Angermunds Arbeit wurde 1989 mit dem Preis der Ruhr-Universität Bochum ausgezeichnet.

Der Autor Ralph Angermund, Dr. phil., geb. 1956, studierte Geschichte, Politische Wissenschaft, Germanistik und Pädagogik; 1981–1985 Wissenschaftlicher Mitarbeiter an der Ruhr-Universität Bochum (Forschungsprojekt »Herrschaftsalltag im Nationalsozialismus«); 1985/86 Stipendiat der Friedrich-Ebert-Stiftung; 1987–1989 Redakteur bei der Zeitschrift »Aus Politik und Zeitgeschichte«, Beilage zu »Das Parlament«, Bundeszentrale für politische Bildung; 1988 Mitarbeit an der Ausstellung »Justiz und Nationalsozialismus« des Bundesministers der Justiz; seit 1989 Mitarbeiter der Landeszentrale für politische Bildung Nordrhein-Westfalen.

Veröffentlichungen u. a.: Die geprellten »Richterkönige«. Zum Niedergang der Justiz im NS-Staat, in: H. Mommsen (Hrsg.), Herrschaftsalltag im Nationalsozialismus. Studien und Texte. Düsseldorf 1988; S. 304–373.

Ralph Angermund

Deutsche Richterschaft 1919–1945

Krisenerfahrung, Illusion,
politische Rechtsprechung

Fischer
Taschenbuch
Verlag

Lektorat: Walter H. Pehle

7.–8. Tausend: Februar 1991

Originalausgabe
Veröffentlicht im Fischer Taschenbuch Verlag GmbH
Frankfurt am Main, Oktober 1990

Umschlaggestaltung: Buchholz/Hinsch/Hensinger
Gesamtherstellung: Clausen & Bosse, Leck
Printed in Germany
ISBN 3-596-10238-3

Inhalt

Einleitung

1942 gab es im Großdeutschen Reich 14048 Richter[1]. Sie dienten einem Regime, das die Grundrechte aufgehoben und die Prinzipien des Rechtsstaates restlos beseitigt hatte. Die Willkürherrschaft dieses Regimes war mit dem Recht und einem unabhängigen Richtertum unvereinbar. Das Recht war für die Nationalsozialisten kaum mehr als ein Mittel für ihre politischen Zwecke, und dementsprechend war ihr Verständnis der Aufgaben des Richters. Nach den sogenannten Richter-Leitsätzen zum Beispiel, die der Reichsjuristenführer Hans Frank im Januar 1936 präsentierte, hatte sich der Richter widerspruchslos in den Dienst des NS-Staates zu stellen, die Rechtsquellen in dessen Sinne auszulegen und alle Entscheidungen und Äußerungen des »Führers«, gleich ob sie in einem Gesetz festgelegt seien oder nicht, ohne Prüfung als geltendes Recht zu akzeptieren. Auf dem Boden der NS-Weltanschauung stehend, habe der Richter »die konkrete völkische Gemeinschaftsordnung zu wahren, Schädlinge auszumerzen, gemeinschaftswidriges Verhalten zu ahnden und Streit unter Gemeinschaftsgliedern zu schlichten«[2]. Aufgabe der Richterschaft war damit also nicht zuletzt auch die Vernichtung politischer, rassischer und asozialer »Volksschädlinge«.

Es ist heute unstrittig, daß die deutsche Richterschaft diese Anforderungen weitestgehend erfüllt hat. Bis in die letzten Kriegstage hinein wandten deutsche Richter die Unrechtsgesetze des Dritten Reiches an und unterdrückten Gegner des Nationalsozialismus, »Defaitisten« und andere »Volksschädlinge« mit drakonischen Strafen. Bilanz ihrer Rechtsprechung sind weit über 16500 Todesurteile, von denen die meisten zwischen 1939 und 1945 gefällt wurden. Spuren des Widerstands oder der Verweigerung finden sich hingegen in den Akten der Justiz des Dritten Reichs nur in höchst seltenen Fällen. Der Wuppertaler Gerichtsassessor Martin Gauger, der 1934 als Christ den Eid auf Hitler verweigerte und schließlich, nachdem er sich 1940 dem Wehrdienst entzogen hatte, den Tod im

---

1 Nach dem Handbuch für die Justizverwaltung, bearbeitet im Reichsministerium der Justiz, Berlin 1942, davon 11132 Richter im Altreich, 1371 in Österreich, 880 in den eingegliederten Ostgebieten und 665 im Protektorat Böhmen und Mähren. Die Zahl der Amtsrichter betrug 8152, der LG-Räte 4593, der OLG-Räte, OLG-Präs. und Richter an den Landeserbgerichtshöfen 1245, der Staatsanwälte 2596 und der Beamten des höheren Dienstes im Justizvollzug 464.
2 Leitsätze vom 14.1.1936, in: DR 1936, S. 10, zit. nach W. Hofer (Hrsg.), Der Nationalsozialismus. Dokumente 1933–1945. Frankfurt 1982, S. 101f.

KZ Buchenwald fand, oder der Brandenburger Amtsgerichtsrat Lothar Kreyßig, der – auch aus christlicher Überzeugung – gegen die Euthanasie-aktionen protestierte, gehören zu den ganz wenigen Richtern, die in offenen Gegensatz zum NS-Regime traten[3]. Die übergroße Mehrheit ihrer Kollegen ließ keine Distanz oder Zweifel gegenüber dem Dritten Reich erkennen[4]. Sie verhielten sich gegenüber »Führer und Reich« absolut loyal oder trieben gar, wie u. a. Hans Robinsohn[5], Ernst Noam und Wolf-Arno Kropat[6] in ihren Studien über die Rechtsprechung gegen Juden deutlich gemacht haben, die Zerstörung des Rechtsstaates immer weiter voran.

Der Weg zu der Einsicht, daß die Richterschaft dem NS-Regime widerspruchslos und oft mit Übereifer gedient hat, war für die bundesdeutsche Justiz lang und schwierig. Die Frage nach den Vermengungen von Recht, richterlichem Handeln und Politik, die die Geschichte der NS-Justiz unweigerlich aufwirft, stellte man in den fünfziger Jahren nicht gern, zumal dabei das damals gepflegte Bild vom Richter als wissenschaftlich-wertfrei entscheidenden »Gesetzespriester« rasch ins Wanken geraten wäre. Vor allem aber berührte die Frage nach der Rolle der Justiz im Nationalsozialismus einen wunden Punkt des demokratischen Neubeginns nach 1945, nämlich die weitgehend ungebrochene personelle Kontinuität zwischen den Justizapparaten des Dritten Reiches und der Bundesrepublik.

Wie in anderen Bereichen von Staat und Gesellschaft fand nach 1945 auch in der Justiz der Westzonen keine wirkliche »Entnazifizierung« statt. Die meisten der Richter, die die Alliierten in den ersten Nachkriegsmonaten wegen ihrer NS-Vergangenheit zunächst vom Dienst suspendiert oder in Internierungslager eingewiesen hatten, kehrten oft schon nach wenigen Monaten zurück. Angesichts der Nachkriegswirren, die u. a. in einer außerordentlich hohen Kriminalitätsrate ihren Niederschlag fanden, glaubte man auf eine funktionierende Rechtspflege nicht verzichten zu können. Diese war jedoch aufgrund des drückenden Personalmangels, der nach der Suspendierung der »Parteigenossen« an den Gerichten entstanden war, nicht mehr gewährleistet. Versuche, die

---

3 Zu Kreyßig siehe L. Gruchmann, Ein unbequemer Amtsrichter im Dritten Reich – aus den Personalakten des Dr. Lothar Kreyßig, in: VfZ 1984, S. 461–488; kritischer: S. Willems, Lothar Kreyßigs Protest gegen die Euthanasieverbrechen im nationalsozialistischen Deutschland. Magisterarbeit Bochum 1986.
4 Dagegen H. Weinkauff, Die deutsche Justiz und der Nationalsozialismus. Ein Überblick. Stuttgart 1968, S. 171 f., nach dem bei rund 20 Prozent der Richter »meist ein starker Haß« gegen das NS-Regime lebendig war. Belege nennt Weinkauff nicht. Zu Weinkauff siehe unten.
5 H. Robinsohn, Justiz als politische Verfolgung. Stuttgart 1977.
6 E. Noam/W.-A. Kropat (Hrsg.), Juden vor Gericht 1933–1945. Dokumente aus hessischen Justizakten. Wiesbaden 1975.

Rechtspflege durch den verstärkten Einsatz von Laienrichtern oder – wie in der sowjetischen Besatzungszone – durch in Schnellkursen ausgebildete »Volksrichter« aufrechtzuerhalten, machte man nicht. Nach sehr oberflächlichen »Entnazifizierungs«-Verfahren ließ man statt dessen das alte Personal zurückkehren. In der Britischen Zone zum Beispiel waren 1948 rund 90 Prozent aller Landgerichtsräte und Landgerichtsdirektoren ehemalige Mitglieder der NSDAP. Etliche dieser Richter waren vor der rigiden Entnazifizierungspolitik der Sowjets in den Westen geflohen und sorgten dort an einigen Gerichten für eine größere Zahl von »Parteigenossen«, als es sie dort vor dem Kriegsende gegeben hatte[7]. Hinter Forderungen, wie sie z. B. in der Widerstandsgruppe des Kreisauer Kreises zur »Wiederherstellung der Rechtsordnung« und zur »Bestrafung von Rechtsschändern« während der NS-Zeit formuliert worden waren, blieb man weit zurück[8].

1949 wurde schließlich die überwiegende Mehrzahl der Richter, die zuvor dem NS-Regime gedient hatten, in die Dienste der Bundesrepublik übernommen. Dabei war die »Demokratietauglichkeit« der deutschen Richter während der Beratungen des Grundgesetzes noch heiß umstritten gewesen, insbesondere da sich abzeichnete, daß die Justiz in der zweiten deutschen Republik durch den Aufbau einer Verfassungsgerichtsbarkeit eine Schiedsfunktion in rechtlichen und politischen Streitfragen erhalten würde. SPD und KPD bezweifelten entschieden, daß sich die deutsche Richterschaft in einem demokratischen Rechtsstaat bewähren würde. Die SPD versuchte daher im Parlamentarischen Rat, die Aufnahme von Laien in das Bundesverfassungsgericht festzuschreiben, um durch die Beteiligung des »Nichtfachrichterelements« (Carlo Schmid) eine demokratische Rechtsprechung zu gewährleisten. Zudem plädierte sie dafür, die »demokratische Zuverlässigkeit« der Bewerber für das Bundesverfassungsgericht durch Richterwahlausschüsse prüfen zu lassen. Die Umsetzung dieser Vorschläge scheiterte jedoch an der konservativ-liberalen Mehrheit im Parlamentarischen Rat, die die Vergangenheit der Richterschaft weit positiver sah, ja sogar die Meinung vertrat, daß sich ein großer Teil der Richter im Rahmen des Möglichen gegen die NS-Unrechtsgesetze zur Wehr gesetzt habe. Vor allem sahen

---

7 Siehe u. a. J. R. Wenzlau, Der Wiederaufbau der Justiz in Westdeutschland 1945–1949. Königstein/Ts. 1979; H. Ostendorf/H. ter Veen, Das »Nürnberger Juristenurteil«. Eine kommentierte Dokumentation. Frankfurt/New York 1985; H. Hege, Recht und Justiz, in: W. Benz (Hrsg.), Die Bundesrepublik Deutschland, Bd. 1, Frankfurt 1989, S. 181–219; I. Müller, Furchtbare Juristen. Die unbewältigte Vergangenheit unserer Justiz. München 1987; H. Wrobel, Verurteilt zur Demokratie. Justiz und Justizpolitik in Deutschland 1945–1949. Heidelberg 1989.
8 Siehe R. Bielstein (Hrsg.), Dossier: Kreisauer Kreis. Dokumente aus dem Widerstand gegen den Nationalsozialismus. Frankfurt 1987, S. 296 ff.

CDU/CSU und FDP in der Einschaltung von Wahlausschüssen die Gefahr, daß die Ernennung der Richter nach politischen Gesichtspunkten erfolgen könnte, und hielten deshalb nachdrücklich am traditionellen Berufsrichtertum fest[9].

Parallel zur Rückkehr der Richter der NS-Zeit an die Gerichte begann in der Justiz der Westzonen die »Aufarbeitung« der Jahre zwischen 1933 und 1945. Anstoß hierfür war insbesondere das »Nürnberger Juristenurteil«, das der US-Militärgerichtshof Nr. III Anfang Dezember 1947 gegen 16 Repräsentanten der NS-Justiz verkündete[10]. Dieses Urteil stufte die Justiz als kriminelles Werkzeug des NS-Unrechtsstaats ein und erklärte sie zahlloser Verbrechen gegen die Menschlichkeit für schuldig. »Der Dolch des Mörders« sei »unter der Robe des Juristen verborgen« gewesen[11].

Auf dieses Diktum reagierten die eben noch mit Entnazifizierungsverfahren bedrohten deutschen Juristen mit energischem Widerspruch. Dem »Nürnberger Juristenurteil« hielt man entgegen, daß die Richter sich keinesfalls willentlich oder wissentlich an Verbrechen des Dritten Reiches beteiligt hätten. Vielmehr seien nationalsozialistischer Terror und die Tradition des Rechtspositivismus, der zufolge der Richter an das staatliche Gesetz gebunden sei und dieses mit dem Recht gleichzusetzen habe, für die Instrumentalisierung der Justiz nach 1933 verantwortlich gewesen[12]. Insofern sei von den Richtern in der NS-Zeit auch keine Rechtsbeugung begangen worden, und zudem könne das, »was damals Recht war«, »heute doch nicht Unrecht« sein. Diese Auffassung bestimmte auch die Rechtsprechung der bundesdeutschen Gerichte gegen die ehemaligen Spitzen der NS-Justiz. Selbst Joachim Rehse, einem berüchtigten Richter des Volksgerichtshofs, wurde 1956 vom Bundesgerichtshof bestätigt, daß die Todesurteile, die er gegen Gegner des NS-Regimes verhängt hatte, im Rahmen des Vertretbaren gelegen und keine Verletzung des Rechts dargestellt hätten[13]. Im übrigen plädierte

---

9 V. Otto, Das Staatsverständnis des Parlamentarischen Rats. Bonn-Bad Godesberg 1971, S. 97 f.; K. Niclauß, Demokratiegründung in Westdeutschland. Die Entstehung der Bundesrepublik von 1945–1949. München 1974, S. 78 ff., S. 156 ff.

10 Das Nürnberger Juristenurteil, hrsg. vom Zentraljustizamt für die Britische Zone, Hamburg 1948; Ostendorf/Veen, a. a. O.

11 Das Nürnberger Juristenurteil, a. a. O., S. 43.

12 Ostendorf/ter Veen, a. a. O., S. 34 ff.

13 Siehe u. a. R. Wassermann, Justiz und politische Kultur. Verfolgung nationalsozialistischer Verbrechen als Herausforderung für Rechtsprechung und Bewußtsein der Öffentlichkeit, in: B. Hey/P. Steinbach (Hrsg.), Zeitgeschichte und Politisches Bewußtsein. Köln 1986, S. 209–233; G. Spendel, Rechtsbeugung durch Rechtsprechung. Sechs strafrechtliche Studien. Berlin/New York 1984. Dem Urteil des Bundesgerichtshofes von 1956 schloß sich noch 1968 ein Berliner Schwurgericht in einem Prozeß gegen Rehse an.

man in der bundesdeutschen Justiz dafür, die Vergangenheit auf sich beruhen zu lassen. »Wer von euch ohne Sünde ist« – so der Präsident des Bundesgerichtshofes Hermann Weinkauff 1954 –, »der werfe den ersten Stein.«[14]

Wenn man sich mit der NS-Zeit beschäftigte, dann im wesentlichen nur, um Beispiele richterlichen Widerstands ausfindig zu machen. Das nordrhein-westfälische Justizministerium beispielsweise tat dies von 1948 an bis in die Mitte der fünfziger Jahre. Aufgrund einer Anfrage des VVN suchte man zunächst nach Richtern und Staatsanwälten, die »im Kampf gegen das NS-Unrechtsregime« ums Leben gekommen waren. Als durchweg »Fehlanzeigen« gemeldet wurden, erweiterte man die Suche auf Mitglieder der Justiz, die in »irgendeiner Form« mit dem Nationalsozialismus »in Konflikt« geraten waren[15] – worauf eine Reihe von Richtern und Staatsanwälten namhaft gemacht werden konnte, die behaupteten, im Dritten Reich aus politischen Gründen nicht befördert worden zu sein, und nun auf »Wiedergutmachung« drängten. Inwieweit die Richter in Rheinland und Westfalen mit dem NS-Regime kooperiert hatten, war nicht Gegenstand der Untersuchungen.

An dieser Art der Vergangenheitsbewältigung hielt man um so entschiedener fest, als die DDR im Zuge des Kalten Krieges die Verstrickung bundesdeutscher Juristen in die NS-Geschichte zu Attacken gegen die Bundesrepublik nutzte. Sie bot den Bonner Justizbehörden umfangreiches Aktenmaterial über die NS-Vergangenheit westdeutscher Richter, Staatsanwälte und Verwaltungsjuristen an[16]. 1962 wurde zudem der Kanzleramtschef Adenauers Hans Globke, der als Referent im Reichsinnenministerium zu den Verfassern eines Kommentars zu den antijüdischen Nürnberger Gesetzen gehört hatte, vom Obersten Gericht der DDR wegen »nationalsozialistischer Verbrechen« in Abwesenheit zu lebenslangem Zuchthaus verurteilt. Die Folge war, daß man hinter der Forderung, die NS-Vergangenheit der Justiz aufzuklären, nicht nur einen Versuch zur Diskreditierung der Justiz, sondern – schlimmer noch – vor allem kommunistische Subversion vermutete. Unwille zur Aufarbeitung der Vergangenheit mischte sich mit krudem Antikommunismus. Bezeichnenderweise wurde im Hessischen Landtag der Vorschlag, die Personalakten der Richter und Staatsanwälte freizugeben, im Sommer 1960 selbst von dem sicherlich nicht zu den Konser-

14 Zit. nach H. Weinkauff, 75 Jahre Reichsgericht. Rede am 2. Oktober 1954, in: Deutsche Richterzeitung 1954, S. 251–253, hier S. 252.
15 Siehe HSTAD-Kalkum Rep. 86/83 und Rep. 145/354.
16 1955 nannte die DDR die Namen von 1310 Juristen mit NS-Vergangenheit. Siehe Braunbuch: Kriegs- und Naziverbrecher in der Bundesrepublik und in Westberlin. Berlin (Ost) 3. Aufl. 1968, S. 116. Siehe auch I. Rösler, Anteil und Rolle der politischen Justiz bei der Entstehung des Hitlerfaschismus. Berlin (Ost) 1956.

vativen zählenden FDP-Abgeordneten Heinz-Herbert Karry mit der Behauptung zurückgewiesen, daß ein solches Vorhaben den »Zonenpropagandisten« in »verfassungswidriger Weise« in die Hände spiele[17].

Auch in der Forschung wurde zunächst keine kritische Aufarbeitung der NS-Justiz geleistet. Sie war vielmehr vor allem durch die Studie »Der Richter im Dritten Reich« des Bonner Landgerichtsrats Hubert Schorn geprägt, die in der Hauptsache aus einer Sammlung von Beispielen tatsächlichen oder angeblichen richterlichen Widerstands gegen das NS-Regime bestand[18].

Ursprünglich hatte diese Dokumentation den Titel »Der Kampf der Richter und Staatsanwälte gegen das NS-Unrechtsregime« tragen sollen, was wohl auch erklärt, warum die Justizbehörden Schorn bereitwillig unterstützten und ihm Personalakten und anderes Material zur Verfügung stellten, das nach der Veröffentlichung seiner Arbeit der Forschung zumeist verschlossen blieb.

Schorns die Richterschaft exkulpierende Studie blieb lange unumstritten, obwohl Friedrich Karl Kübler 1963 auf antidemokratische Tendenzen in der Richterschaft vor 1933 verwies[19] und 1964 Ilse Staff durch eine Sammlung von Urteilen aus der NS-Zeit dokumentierte, daß die Gerichte die ihnen nach 1933 verbliebenen Freiräume vielfach durchaus nicht dazu genutzt hatten, Unrecht zu verhindern oder zu mildern[20]. Das Bild von der »leidenden« Justiz im Nationalsozialismus wurde vielmehr in der Untersuchung, die 1968 Hermann Weinkauff – der sich 1954 noch entschieden gegen eine Aufarbeitung der NS-Vergangenheit der Justiz ausgesprochen hatte – im Auftrag des Instituts für Zeitgeschichte vorlegte, im wesentlichen bestätigt[21]. Laut Weinkauff war die Richterschaft durch permanenten Druck von seiten der NSDAP und der SS, eine straffe Lenkung durch das Reichsjustizministerium sowie eine konsequente Aushöhlung der richterlichen Unabhängigkeit zum Instrument des NS-Regimes gepreßt worden. Gegenüber den NS-Unrechtsgesetzen seien die Richter wehrlos gewesen, weil sie nach der rechtspositivistischen Lehre von der Identität des staatlichen Gesetzes mit dem

17 W. Koppel, Ungesühnte Nazijustiz, Karlsruhe 1963, S. 82.
18 H. Schorn, Der Richter im Dritten Reich. Geschichte und Dokumente. Frankfurt 1959.
19 F. K. Kübler, Der Richter und das demokratische Gesetz, in: Archiv für civilistische Praxis 1963, S. 105–128.
20 I. Staff (Hrsg.), Justiz im Dritten Reich. Eine Dokumentation. Frankfurt 1964, Neuauflage 1978.
21 Weinkauff, a. a. O.; kritisch zu Weinkauff u. a. Ch. U. Schmick-Gustavus, Das Heimweh des Walerjan Wrobel. Ein Sondergerichtsverfahren 1941/42. Berlin/Bonn 1986, S. 114ff.

Recht und der strikten Gesetzesbindung des Richters erzogen worden seien.

Daß diese Thesen der historischen Wirklichkeit nicht entsprachen, machte die ebenfalls 1968 erschienene Untersuchung von Bernd Rüthers zum »Wandel der Privatrechtsordnung im Nationalsozialismus«[22] deutlich, die anhand zahlreicher Fallbeispiele zeigte, daß die Zivilgerichte nicht nur die NS-Gesetze angewandt, sondern auch Gesetze aus vornationalsozialistischer Zeit der »Rechtsauffassung« des Dritten Reiches angepaßt hatten. Gleichwohl meinte aber auch Rüthers, in der »strengen Gesetzesbindung des Richters [...] eine Rechtfertigung erheblicher Teile zweifelhafter oder auch anstößiger Gerichtsentscheidungen im Nationalsozialismus«[23] erkennen zu können, und sah die Verformung vornationalsozialistischer Gesetze in der »Ausstrahlung (Fernwirkung)« der »formell gültig« erlassenen »Vorschriften des nationalsozialistischen Gesetzgebers« begründet[24]. Die eigentliche Ursache für die von ihm analysierte Pervertierung der Rechtsordnung durch die Gerichte sei die Veränderung der »Wertgrundlage des Gesamtsystems« nach 1933 gewesen. Die richterliche Gesetzesauslegung habe auch im Nationalsozialismus »primär eine dienende Funktion« gehabt und »vorgegebene Wertmaßstäbe [...] auf die sich wandelnden realen Verhältnisse« fortgebildet[25]. Damit war die Richterschaft zumindest zum Teil erneut entlastet.

Die Literatur zur NS-Justiz orientierte sich lange an diesen die »dienende« Rolle des Richters betonenden Erklärungsmustern sowie an der von einer holzschnittartigen Totalitarismus-Theorie geprägten Vorstellung, unter der straffen Führung Hitlers habe das NS-Regime der deutschen Gesellschaft mit brutalem Terror seinen Willen und seine Wertvorstellungen aufgezwungen. Erst in den siebziger Jahren setzten sich allmählich andere, kritischere Positionen durch, was sich – außer durch die allgemeinen Veränderungen im politischen Klima – auch dadurch erklärt, daß die Generation der »Dabeigewesenen« allmählich aus dem Justizdienst ausschied und eine neue, politisch und sozial mehr heterogene Juristengeneration nachrückte. Vor allem jüngere Juristen orientierten sich an

---

22 B. Rüthers, Die unbegrenzte Auslegung. Zum Wandel der Privatrechtsordnung im Nationalsozialismus. Tübingen 1968, zitiert nach Taschenbuchausgabe Frankfurt 1973. – Vgl. zur Fortentwicklung und Modifizierung dieser Thesen Rüthers neuere Werke u. a.: Wir denken die Rechtsbegriffe um... Weltanschauung als Auslegungsprinzip. Zürich 1987; Entartetes Recht. Rechtslehren und Kronjuristen im Dritten Reich. München 1988.
23 Ebd., S. 432.
24 Ebd., S. 432 f.
25 Ebd., S. 436 f.

Ernst Fraenkel[26], Otto Kirchheimer[27] und Franz Neumann[28], die in ihren im Exil verfaßten Schriften schon in den dreißiger und vierziger Jahren den durchaus nicht nur passiv-»dienenden« Beitrag der Justiz zur Sicherung der NS-Herrschaft betont hatten. Anhand von Fallstudien aus der Rechtsphilosophie, der juristischen Methodik und der Rechtsprechung wurde nun die Funktion des Rechts und der Justiz im Nationalsozialismus kritisch untersucht[29], wobei u. a. eine gewichtige Studie von Diemut Majer über die rechtliche Behandlung der »Fremdvölkischen« in den eingegliederten Ostgebieten entstand, die eindrucksvoll nachwies, daß die Justiz wesentlich zur Realisierung der NS-Rassenideologie beigetragen hatte[30]. Allerdings rückten auch die meisten Autoren dieser jüngeren Juristengeneration nicht davon ab, daß die Rechtsprechung des Dritten Reiches wesentlich mit Hilfe einer langfristig geplanten und stringent durchgeführten Steuerung von Reichsjustizministerium, NSDAP und SS bestimmt worden sei. Die Unterwerfung unter das »Führerprinzip«, eine gezielte Personalpolitik »und sonstige Lenkungsmaßnahmen« – so Majer – hätten den Ermessens- und Entscheidungsspielraum der Richter bei der Auslegung der zumeist recht unscharf gefaßten NS-Gesetze letztlich sehr begrenzt[31].

Um so größere Aufmerksamkeit erregte 1983 Udo Reifner, als er eben diese These vehement bestritt[32]. Reifner lehnte es nicht nur ab, den Rechtspositivismus für die Instrumentalisierung der Justiz nach 1933 verantwortlich zu machen, sondern behauptete auch, »daß Richter und Staatsanwälte, Verwaltungsjuristen und Rechtsprofessoren und (in geringerem Maße) auch die Anwaltschaft aus eigener Überzeugung und mit

26 Siehe u. a. E. Fraenkel, Der Doppelstaat (The Dual State 1. Aufl. 1940). Frankfurt/Köln 1974.
27 Siehe u. a. O. Kirchheimer, Politische Justiz. Frankfurt 1985.
28 F. Neumann, Behemoth. Struktur und Praxis des Nationalsozialismus 1933–1944 (1. Aufl. 1942). Köln/Frankfurt 1977.
29 Siehe u. a. J. Meinck, Justiz und Justizfunktion im Dritten Reich, in: Zeitschrift für Neuere Rechtsgeschichte 1981, S. 28–49; Redaktion Kritische Justiz (Hrsg.), Der Unrechts-Staat. Recht und Justiz im Nationalsozialismus. Bd. 1, Frankfurt 1979, und das Kolloquium des Instituts für Zeitgeschichte »NS-Recht in historischer Perspektive«. München/Wien 1981.
30 D. Majer, Fremdvölkische im Dritten Reich. Ein Beitrag zur nationalsozialistischen Rechtsetzung und Rechtspraxis in Verwaltung und Justiz unter besonderer Berücksichtigung der eingegliederten Ostgebiete und des Generalgouvernements. Boppard 1981.
31 Ebd., S. 919. Siehe auch dies., Grundlagen des nationalsozialistischen Rechtssystems. Führerprinzip, Sonderrecht, Einheitspartei. Stuttgart 1987.
32 U. Reifner, Juristen im Nationalsozialismus. Kritische Anmerkungen zum Stand der Vergangenheitsbewältigung, in: Zeitschrift für Rechtspolitik 1983, S. 13–19; siehe auch ders., Justiz und Faschismus. Ansätze einer Theorie der Vergangenheitsbewältigung der Justiz, in: U. Reifner/B.-R. Sonnen (Hrsg.), Strafjustiz und Polizei im Dritten Reich. Frankfurt/New York 1984, S. 9–40.

professioneller Selbstverständlichkeit am Aufbau des ›Dritten Reiches‹ teilnahmen und hierfür die Institutionen des Rechtssystems [...] mißbrauchten«[33].

Die Reaktion auf diese Thesen war oft schrill und vermischte die Ablehnung der betont linken politischen Überzeugung Reifners mit der Kritik seiner wissenschaftlichen Position. So meinte Günter Bertam, Vorsitzender Richter am Landgericht Hamburg, Reifner propagiere »eine Faschismusvorstellung neo-marxistischer Prägung«[34]. Schließlich habe Hitler die Juristen gehaßt, und die Justiz habe »christlich-abendländische Traditionen« gegen die NS-Willkür verteidigt. Reifner versuche, den »wirklichen Geschichtsverlauf« auf den Kopf zu stellen, um nur noch den »Kommunismus« als »wirklichen Gegenbegriff« zum »Faschismus« zuzulassen. Noch vor der großen Kontroverse zwischen Nolte, Hillgruber, Habermas, Mommsen u. a. hatte die Justiz ihren »Historikerstreit« im Kleinen[35].

Die Entwicklung der Diskussion über die NS-Justiz dokumentiert offensichtlich Etappen der Entwicklung des politisch-gesellschaftlichen Selbstverständnisses der Bundesrepublik und ihrer Juristen. Schon angesichts der Komplexität dieses Hintergrunds zielt diese Arbeit nicht darauf, die Streitpunkte dieser Diskussion wiederzubeleben. Bei dem Versuch, die Geschichte der Richterschaft in den Jahren 1933 bis 1945 zu beleuchten, werden aber viele der seit den fünfziger Jahren strittigen Fragen, insbesondere die, wie stark Lenkungsmaßnahmen und Pressionen den Entscheidungsfreiraum der Richter beschnitten und ihnen bestimmte Urteile aufzwangen, weiten Raum einnehmen müssen. Es gilt, die Geschichte der NS-Justiz im wohlverstandenen Sinne zu »historisieren«, also gestützt auf intensive Quellenarbeit, die Rechtsprechung und die Entscheidungsfreiräume der Richter des Dritten Reiches detaillierter als bisher zu erfassen und in die Entwicklungen des richterlichen Berufsstandes vor und nach 1933 einzudringen. Insbesondere stellt sich die Frage, was die Richterschaft veranlaßte, dem NS-Regime zu dienen, und wie groß ihr Anteil an der Verfolgung Andersdenkender und politisch und rassisch Verfolgter war. Dabei muß es auch um die subjektiven Hoffnungen und Wünsche gehen, mit denen die Richter ins Dritte Reich eintraten und mit denen sie die Entwicklung der NS-Herrschaft beobachteten. Beabsichtigt ist also keine juristische Studie, sondern eine sozialhistorisch geprägte

33 Reifner, Juristen. A. a. O., S. 18 f.
34 G. Bertam, Der Jurist und die »Rutenbündel des Faschismus«, in: Zeitschrift für Rechtspolitik 1983, S. 81–86, Zitate S. 85 und S. 86, Anm. 66.
35 Siehe Chr. Hoffmann/E. Jesse, Vergangenheitsbewältigung – ein sensibles Thema. Über Geschichtsbewußtsein und justizielle Aufarbeitung, in: Neue politische Literatur 1987, S. 451–465.

Untersuchung der Rolle und des Eigenverständnisses der Richter im Dritten Reich.

Dabei wird allerdings vieles lückenhaft bleiben müssen. Der kundige Leser wird zum Beispiel die Schilderung der »Nacht-und-Nebel«-Verfahren der Sondergerichte[36], in denen Hunderte von Widerstandskämpfern aus den von der Wehrmacht besetzten Ländern in Scheinprozessen zum Tode verurteilt wurden, ebenso vermissen wie eine Analyse der Rechtsprechung in den Ostgebieten oder der Tätigkeit der Erbgesundheitsgerichte, in denen Richter und Ärzte die Sterilisierung von schätzungsweise 200 000 bis 350 000 »fortpflanzungsunwürdigen« Menschen beschlossen[37].

Für diese Lücken gibt es eine Vielzahl von Gründen, von denen nur zwei genannt seien. Zum einen zwingt die Beschäftigung mit einem so komplexen Thema wie der Geschichte der Richterschaft zwischen 1933 und 1945 notwendigerweise zu Eingrenzungen und Beschränkungen. Ohnehin ist es nicht möglich, jedem einzelnen Richter gerecht zu werden, da die Arbeit in den verschiedenen Gerichtszweigen von der NS-Machtübernahme höchst unterschiedlich betroffen war und sich in den Gerichtsbezirken aufgrund der jeweiligen lokalen Beziehungen zwischen Justiz, Polizei und Partei zum Teil recht verschiedene Bedingungen für die Rechtsprechung entwickelten. Zum anderen ist die Quellenlage häufig alles andere als befriedigend. Zwar konnte für diese Arbeit ein breites Quellensample genutzt werden, das u. a. Akten des Reichsjustizministeriums, der Reichskanzlei, der Gestapo sowie Rechtsprechungsakten insbesondere der Gerichte im Raum Köln und Düsseldorf umfaßt. Aber der Zugang zu den Akten ist oft noch von Zufällen und der Hilfe wohlmeinender Mitarbeiter der Justizbehörden abhängig; insbesondere Personalakten von Richtern konnten kaum eingesehen werden. Um die Geschichte der NS-Justiz besser und umfassender analysieren zu können, wird es nötig sein, daß in Zukunft Restriktionen bei der Akteneinsicht fallen, die noch in den Kellern der Gerichte lagernden Akten zugänglich gemacht werden und das verstreute Material zentral erfaßt und katalogisiert wird.

Die vorliegende Arbeit ist eine überarbeitete Fassung der Dissertation, die ich 1988 an der Ruhr-Universität Bochum vorgelegt habe. Viele haben dazu beigetragen, daß sie fertiggestellt werden konnte: die Friedrich-Ebert-Stiftung mit einem Stipendium, mein Doktorvater Prof. Dr. Hans Mommsen mit anspornender Kritik, Prof. Dr. Wilhelm Bleek mit wissenschaftlichem und menschlichem Rat, Prof. Dr. Bernd Weisbrod, Dr. Ulrich Heinemann, Burkhard Dietz und viele andere Bochumer Freunde mit Zeit zum Zuhören und Zusprechen, Klaus Bästlein, Ger-

---

36 Siehe v. a. L. Gruchmann, »Nacht und Nebel«-Justiz, in: VfZ 1981, S. 359 ff.
37 Siehe u. a. H. W. Schmuhl, Rassenhygiene, Nationalsozialismus, Euthanasie. Göttingen 1987.

hard Fieberg und Dr. Stefan König mit kritischen Anregungen sowie die Mitarbeiter verschiedener Archive, insbesondere des Bundesarchivs und des Hauptstaatsarchivs Düsseldorf (hier vor allem Herr Reuter und Dr. Faust), Harald Kirchner (†) sowie Dr. Adolf Klein und Herr Boos vom Oberlandesgericht Köln für Unterstützung bei der Quellensuche. Meinen Eltern danke ich für ihre Geduld und ihr Verständnis. Die wichtigste Hilfe aber habe ich von meiner Frau Christiane erhalten.

I. Richterschaft und Weimarer Republik

Der Sturz der Monarchie im November 1918 bedeutete einen grundsätzlichen Wandel des politischen Systems, der auch die Stellung der Richter wesentlich veränderte und eine deutliche »politische Machterweiterung des Richteramts« nach sich zog[1]. Vor 1918 hatte sich die politische Rolle der Gerichte – auch wenn sich 1848 und gelegentlich auch danach »oppositionelle Strömungen im Justizapparat« zeigten[2] – in der Hauptsache darauf beschränkt, die Sozialistengesetze beflissen umzusetzen und auch nach deren Wegfall die Bekämpfung der Sozialdemokratie nach Kräften zu unterstützen[3]. In der Republik gewann die Justiz hingegen als unabhängige »dritte Gewalt« eine zentrale Schiedsfunktion in Fragen der Politik und des Rechts.

Dies wurde u. a. im September 1930 deutlich, als in einem Hochverratsprozeß gegen drei nationalsozialistische Reichswehroffiziere das Reichsgericht Hitler ohne Widerspruch die Möglichkeit gab, die Verfassungstreue der NSDAP zu beschwören[4], obwohl man im Preußischen Justizministerium umfangreiches Material gesammelt hatte, das das Gegenteil bewies[5]. Für die Haltung der Behörden und der bürgerlichen Kreise gegenüber der NSDAP hatte die höchstrichterliche Anerkennung des Legalitätseides Hitlers nicht unerhebliche Bedeutung[6].

Einfluß auf die Geschichte der Republik nahmen die Gerichte auch, indem sie zu Beginn der zwanziger Jahre de facto ein richterliches Prüfungsrecht gegenüber dem parlamentarischen Gesetzgeber durchsetzten. 1923, als es um die Frage der Aufwertung der durch die Inflation entwer-

1 K. D. Bracher, Die Auflösung der Weimarer Republik. Eine Studie zum Machtverfall in der Demokratie. Taschenbuchausgabe Düsseldorf 1978, S. 173.
2 M. Martiny, Integration oder Konflikt: Studien zur Geschichte der sozialdemokratischen Rechts- und Verfassungspolitik. Bonn 1976, S. 197; D. Huhn, Oppositionelle Richter, in: DRiZ 1968, S. 81 ff.; H. Boberach, Beispiele für politisches Engagement von Richtern und Staatsanwälten im 19. Jahrhundert, in: DRiZ 1987, S. 191–195.
3 D. Blasius, Geschichte der politischen Kriminalität in Deutschland (1800–1980). Eine Studie zu Justiz und Staatsverbrechen. Frankfurt 1983; H. Schulze, Otto Braun oder Preußens demokratische Sendung. Frankfurt 1977.
4 Siehe P. Bucher, Der Reichswehrprozeß. Der Hochverrat der Ulmer Reichswehroffiziere 1929/30. Boppard 1967.
5 Siehe die Referentendenkschrift vom Mai 1930, insbesondere Anlage II (darin u. a. »Die Nationalsozialistische Arbeiterpartei als staats- und republikfeindliche hochverräterische Verbindung«). Geheimes Staatsarchiv Berlin 3157/1.
6 Siehe E. und H. Hannover, Politische Justiz 1918–1933. Frankfurt 1966, S. 277ff.; G. Jasper, Justiz und Politik in der Weimarer Republik, in: VfZ 1982, S. 167–192.

teten Hypotheken und Darlehen ging, griffen das Reichsgericht und verschiedene Oberlandesgerichte der Reichsregierung und dem Reichstag vor: Sie erklärten die Anpassung der Schuldverhältnisse an den durch die Inflation bedingten Geldwertverlust für Rechtens und hoben den Grundsatz »Mark gleich Mark« auf. Anderslautende Gesetzgebungspläne der Regierung wurden verworfen, weil diese angeblich gegen den Grundsatz von Treu und Glauben verstießen[7]. Obwohl die Verfassung keine allgemeine richterliche Normenkontrolle, geschweige denn eine richterliche Prüfung der politischen Zweckmäßigkeit von Gesetzen vorsah, wurde eben dies von den Gerichten in den folgenden Jahren in zunehmendem Maße praktiziert[8].

Die Justiz übte somit maßgeblichen politischen Einfluß aus; sie war aber auch Gegenstand der Politik, da ihre Entscheidungen Mittelpunkt heftiger justizpolitischer Debatten und die Besetzung von Richter- und Staatsanwaltstellen Grund erbitterter Machtkämpfe zwischen den Parteien waren[9]. Für die Richterschaft waren dies neue, sehr ambivalente Erlebnisse: Ihre Position war mächtiger und zugleich umstrittener geworden. Hinzu kamen ebenso ungewohnte wirtschaftliche und soziale Erfahrungen. Beides prägte das Verhalten gegenüber der Republik.

Krisenerfahrung

Im Jahre 1921 veröffentlichte die »Deutsche Richterzeitung«, das Organ des Deutschen Richterbunds, einen Artikel des Amtsgerichtsrats Krahé, in dem die Lage der Richterschaft in den düstersten Farben geschildert wurde. Krahé sah die Richter »wie den altgewordenen Faust« umringt von »vier grauen Weiber[n] [...]: Der Mangel, die Schuld, die Sorge, die Not«[10]. Ihre vollkommene Verelendung sei nur noch eine Frage der Zeit.

Die pessimistischen Ahnungen Krahés waren bezeichnend für die sozialen Ängste der Richter und auch anderer akademischer Schichten[11]. In

7 O. Kirchheimer, Politische Justiz. Frankfurt 1985, S. 314ff., und v. a. Rüthers, Die unbegrenzte Auslegung, a. a. O., S. 66ff.
8 Siehe u. a. U. Scheuner, Die Überlieferung der Deutschen Staatsgerichtsbarkeit im 19. und 20. Jahrhundert, in: Bundesverfassungsgericht und Grundgesetz, Bd. 1, 1976, S. 2–62; H. Boldt, Die Weimarer Reichsverfassung, in: K. D. Bracher/M. Funke/H.-A. Jacobsen (Hrsg.), Die Weimarer Republik. Bonn 1987, S. 44–62.
9 Siehe R. Kuhn, Die Vertrauenskrise der Justiz (1926–1928). Der Kampf um die Republikanisierung der Rechtspflege in der Weimarer Republik. Köln 1983.
10 Krahé, Zur Lage des Richterstandes, in: DRiZ 1921, Sp. 254–255, hier Sp. 255.
11 Siehe dazu K. H. Jarausch, Die Not der geistigen Arbeiter. Akademiker in der Berufskrise, 1918–1933, in: W. Abelshauser (Hrsg.), Die Weimarer Republik als Wohl-

den Zeitschriften der Richtervereine wurden bis in die beginnenden dreißiger Jahre hinein immer wieder verbitterte Schilderungen der drückenden »Notlage«[12] der Richter veröffentlicht, in denen man sich in dunklen Visionen von einer baldigen Pauperisierung und Proletarisierung der Richterschaft erging[13]. Insbesondere wurde beklagt, daß die Einkünfte aufgrund der Inflation im Vergleich zu »Friedenszeiten« um zwei Drittel gesunken seien und die Richter ihre Existenz nur noch durch Nebenarbeiten oder »unter Zubuße seitens der Eltern oder von eigenem Kapital«[14] aufrechterhalten könnten. Angesichts ihrer katastrophalen Lage könnten die Richter nicht mehr in genügendem Maße am öffentlichen Leben teilnehmen und würden mehr und mehr »weltfremd«. Die Situation wurde als so bedrohlich empfunden, daß man sich vielerorts in »Arbeitsgemeinschaften« formierte und an die Landtage appellierte, um eine sofortige drastische Aufstockung der Bezüge zu fordern[15].

Die Kassandrarufe, die insbesondere in den frühen zwanziger Jahren aus der Richterschaft an die Öffentlichkeit drangen, waren – gemessen an der Lebenssituation der Gesamtbevölkerung – sicherlich übertrieben. Zweifellos waren die Richter wie auch andere Berufsgruppen von einem durch den Weltkrieg ausgelösten drastischen Kaufkraftverlust betroffen[16]. Da seit 1917 »Gehaltserhöhungen nach sozialen Gesichtspunkten gestaffelt wurden« und die höheren Beamten »relativ sehr viel deutlicher« verarmten als der untere und mittlere Dienst, konnte der Eindruck entstehen, in besonderer Weise benachteiligt zu werden[17]. Allerdings bezogen die Richter ein regelmäßiges, weit über dem Durchschnitt liegendes Gehalt und konnten als höhere Beamte ihrer Arbeitsplätze sicher sein – ganz im Gegensatz zu den Arbeitern und Angestellten der inflationsgeschüttelten freien Wirtschaft und den Angehörigen des unteren und mittleren Justizdienstes, von denen z. B. in Preußen 1924 rund 15 Prozent ihren Arbeitsplatz im Zuge eines durch die leeren Staatskassen bedingten »Personalab-

fahrtsstaat. Zum Verhältnis von Wirtschafts- und Sozialgeschichte in der Industriegesellschaft. Stuttgart 1987, S. 280–299.
12 Zit. nach »Die Notlage des Richterstandes« (anonym), in: DRiZ 1921, Sp. 311 f.
13 Siehe R. Aubele, Die wirtschaftliche Lage der Richter, in: DRiZ 1931, S. 319–336; ders., Gehaltskürzung, in: ebd. 1930, S. 404–407; E. Mayer, Gehaltsfragen des Richtertums, in: ebd. 1925, S. 246 f.; Zielke, Der Bettelrichter, in: ebd. 1925, Sp. 308 ff.; o. V., Die Not der Amtsrichter, in: ebd. 1924, Sp. 507 ff.
14 Zit. nach »Not der Richter« (anonym), in: DRiZ 1921, Sp. 255–259.
15 Siehe Kruspi, Preußische Richterbesoldung, in: DRiZ 1925, Sp. 186–190.
16 J. Kocka, Klassengesellschaft im Krieg. Deutsche Sozialgeschichte 1914–1918. Taschenbuchausgabe Frankfurt 1988, S. 102.
17 Zit. nach ebd., S. 101. Siehe auch H. Rottleuthner, Die gebrochene Bürgerlichkeit einer Scheinprofession. Zur Situation der deutschen Richterschaft zu Beginn des 20. Jahrhunderts, in: H. Siegrid (Hrsg.), Bürgerliche Berufe. Göttingen 1988, S. 145–173, demzufolge die Einkommensrelation zwischen einem »hohen Beamten« und einem ungelernten Arbeiter 1913 7 : 1, 1922 aber 2 : 1 betrug (S. 161).

baus« verloren[18]. Von einer wirklichen »Proletarisierung« war die Richterschaft weit entfernt. Subjektiv erfuhr man jedoch in der Tat eine äußerst tiefe, mit der Erfahrungswelt des Kaiserreiches nicht zu vereinbarende Krise[19].

Diese Krisenerfahrung resultierte zum einen aus allgemeinen wirtschaftlichen Entwicklungen, die bereits im Weltkrieg begonnen und sich nach 1918 verschärft hatten, und zum anderen aus der sozialen Rekrutierung der Mehrzahl der Richter. Die Richterschaft der Weimarer Republik war weitestgehend mit der des Kaiserreiches identisch und entstammte in ihrer überwiegenden Mehrheit der gehobenen bürgerlichen Mittelschicht[20]. Dieses Sozialprofil erklärt sich daraus, daß der Weg zum Richterberuf erhebliche finanzielle Mittel erforderte[21]. Wer Richter werden wollte, mußte nicht nur ein langjähriges Studium, sondern auch eine unbesoldete Referendarzeit finanzieren. In Preußen wurden nach einem Regulativ vom 1. Mai 1883 zudem nur diejenigen Kandidaten zum Referendarexamen zugelassen, die den Nachweis erbrachten, daß sie des Dienstes in der Justiz »würdig« waren und sich, ohne ein Gehalt zu beziehen, fünf Jahre »standesgemäß« unterhalten konnten[22]. Die soziale und letztlich auch die politische Homogenität der Richterschaft war damit garantiert[23].

Wer die vierjährige Referendarzeit erfolgreich hinter sich gebracht hatte,

18 Verfügung des Preußischen Justizministeriums vom 16.2.1924. Dazu der Preußische Justizminister Dr. Schmidt vor dem Hauptausschuß des Landtags am 16.2.1931 (HSTAD-Kalkum Rep. 28/207); Darstellung des Personalabbaus am LG Köln in: HSTAD-Kalkum Rep. 28/566. Siehe auch Gärtner, Ein Nachwort zum Personalabbau, in: DJZ 1926, Sp. 1513ff.

19 Siehe D.-L. Holtfrerich, Die deutsche Inflation 1914–1923. Berlin 1980, S. 274, S. 329f.; G. D. Feldman (Hrsg.), Die Nachwirkungen der Inflation auf die deutsche Geschichte. München 1985; H. Wogatzky, 100 Jahre oberste Hanseatische Gerichte, in: C. Rothenberger (Hrsg.), Das Hanseatische Oberlandesgericht. Gedenkschrift zu seinem sechzigjährigen Bestehen. Hamburg 1939, S. 15–115.

20 Zur sozialen Zusammensetzung der Jura-Studierenden im 19. und bis zur Mitte des 20. Jahrhunderts siehe die Statistiken des DFG-Projekts »Qualifikationskrisen«, Universität Göttingen. Danach drängten Ende des 19./Anfang des 20. Jahrhunderts insbesondere die Söhne von höheren Beamten und von Handel- und Gewerbetreibenden in die Justizberufe. Im Wintersemester 1911/12 war z.B. die soziale Provenienz der 5555 Jura-Studierenden an preußischen Universitäten nach Väterberufen wie folgt: Handel- und Gewerbetreibende 2261, davon Großunternehmer (Großindustrie- und Großkaufleute) 910, Kleinunternehmer 1351. Sehr bedeutsam auch der Anteil der aus der höheren Beamtenschaft stammenden Jura-Studenten. Ich danke Herrn Dr. H. Tietze für die Einsichtnahme in die Unterlagen des Projekts. Siehe auch die Liste über die Abstammung von 226 bayerischen Richtern und höheren Justizbeamten in: DRiZ 1912, Sp. 218f.

21 Th. Kollbeck, Juristenschwemmen. Untersuchungen über den juristischen Arbeitsmarkt im 19. und 20. Jahrhundert. Frankfurt 1978.

22 Ebd., S. 78ff.

23 D. Simon, Die Unabhängigkeit des Richters. Darmstadt 1975, S. 40ff.

erhielt in der Regel eine unter- oder gar unbesoldete Beschäftigung als Assessor[24] und wurde auf Probe als Hilfsrichter eingesetzt. Bis zu einer festen Anstellung mußten um 1900 aufgrund der Knappheit an Planstellen im Durchschnitt sechs bis sieben Jahre überbrückt werden[25]. Während dieser Zeit waren die Assessoren der ständigen Beurteilung durch ihre Vorgesetzten unterworfen. Deren Eintragungen in die Personalakten einzusehen, war – zumindest in Preußen – nicht gestattet, so daß die Assessoren sich ihrer Übernahme in den Justizdienst nie sicher sein konnten. Bei »Pflichtvergessenheit« oder »unbotmäßigem Verhalten« drohte sofortige Entlassung. Unbedingte, die Meinung der Vorgesetzten sensibel erfassende Konformität und Opportunismus waren eine unabweisliche Folge dieser Situation[26].

In finanzieller Hinsicht lohnten sich die rund 15 Jahre dauernden Belastungen und Entbehrungen kaum. Die richterlichen Gehälter erlaubten zwar einen gehobenen Lebensstandard, eine repräsentative Wohnung und zumeist auch das dazugehörige Dienstpersonal[27], lagen aber deutlich unter den Bezügen vergleichbarer akademischer Berufe. In der Richterschaft wurde dies mit wachsendem Unwillen registriert, wobei man insbesondere die weitaus höheren Gehälter der Verwaltungsjuristen monierte[28], zu denen man erst am Ende des Kaiserreichs aufschließen konnte[29]. Der starke Reiz, den der Richterberuf auf die Söhne der

24 Laut Sellow, Rang und Gehalt in Justiz und Verwaltung, in: Preußische Jahrbücher 1894, S. 118–136, erhielten die Assessoren, die eine der zeitlich befristeten Stellen zugewiesen bekommen hatten, zwischen 150,– und 200,– Mark pro Monat. 1892 arbeiteten rund 45 Prozent aller preußischen Assessoren ohne Gehalt. Siehe auch Holtze, Fünfzig Jahre Preußische Justiz. Berlin 1901, S. 21 ff.
25 Zu durchaus ähnlichen Situationen in den zwanziger Jahren des 19. Jahrhunderts R. Koselleck, Preußen zwischen Reform und Revolution. Stuttgart 1987, S. 160 ff.
26 Siehe »Gotthelf Weiter«, Das Grundübel der Strafrechtspflege, in: Preußische Jahrbücher 1886, S. 320–358.
27 Das Höchstgehalt eines Richters an einem Amts- oder Landgericht lag laut Sellow, a. a. O., um 1910 bei 7200,– Mark jährlich. Nach A. Lotz, Geschichte des Deutschen Beamtentums, Berlin 2. Aufl. 1914, S. 605, 1897 zwischen 3000,– und 6600,– Mark. Senatspräsidenten und Landgerichtspräsidenten verdienten bis 11500,–, die OLG-Präsidenten rund 15000,– Mark. Hinzu kamen nach Rangklassen und Wohnorten gestaffelte Wohngeldzuschüsse von 560,– bis 2000,– Mark im Jahr. Siehe auch Gehaltsverhältnisse der Richter in Sachsen, in: DRiZ 1910, Sp. 88.
28 Das Anfangsgehalt eines Amtsrichters betrug um 1900 rund 240,– Mark pro Monat, das eines Verwaltungsjuristen lag bei etwa 400,– Mark (jeweils ohne Zulagen für Wohnung etc.). Im Vergleich dazu: Das durchschnittliche Pro-Kopf-Einkommen lag 1913 bei 726,– Mark jährlich; Angestellte und Beamte des mittleren Dienstes verdienten je nach Stellung 900,– bis 3000,– Mark, festangestellte Facharbeiter 1300,– bis 1900,– Mark. Vgl. G. Hohorst/J. Kocka/G. A. Ritter, Sozialgeschichtliches Arbeitsbuch, Bd. II, München 2. Aufl. 1978, S. 15 ff.
29 So zumindest in Preußen. Siehe »Zur Gleichsetzung der Richter und Regierungsräte nach der preußischen Besoldungsverordnung«, in: DRiZ 1910, S. 120–124.

gehobenen Mittelschicht ausübte, lag denn auch wohl nicht im Pekuniären, sondern eher darin, daß das Richteramt im kaiserlichen Deutschland eine der wenigen Laufbahnen war, in der Bürgerliche an der staatlichen Macht partizipieren konnten. Sicherlich konnten sich die Richter nicht mit dem in seinen Spitzen zumeist adeligen Offizierskorps messen, obgleich es unter ihnen eine große Zahl von Reserveoffizieren gab[30]. Dennoch genossen sie hohes gesellschaftliches Ansehen und besaßen trotz mancher Unzufriedenheit ein ausgeprägtes Selbstwertgefühl[31]. Mit Hinweis auf die besondere Stellung des Richters grenzte man sich scharf von der Beamtenschaft ab und betrachtete sich als die eigentliche, weil für Staat und Gesellschaft unentbehrliche Elite unter den Staatsdienern.

Um so unbefriedigender erschien das vergleichsweise magere richterliche Gehalt[32]. Zwar erlaubte es familiäres Vermögen vielfach durchaus, die relativen finanziellen Nachteile des Richterberufs zu kompensieren, aber dennoch fühlte man sich vom Staat vernachlässigt[33]. Daß man trotz betonter Staatstreue auch bei der Verleihung von Orden allem Anschein nach hinter den Beamten des höheren Dienstes zurückstehen mußte[34], schlug dem Standesbewußtsein weitere Wunden. Letztlich war das richterliche Selbstwertgefühl im Kaiserreich merkwürdig zwiespältig: Einerseits rechnete man sich zur Elite der Nation und andererseits zu den Zukurzgekommenen der kaiserlichen Gesellschaft.

Die Inflation der frühen Zwanziger sollte nun das gerade in materiellen Fragen höchst empfindsame richterliche Selbstwertgefühl schwer erschüttern. Finanzielle Reserven lösten sich ebenso wie die Kriegsanleihen, die man häufig gezeichnet hatte, in nichts auf[35], und die Gehälter, die die Republik zahlen konnte, reichten bei weitem nicht, um das gewohnte Lebensniveau zu halten. Das bürgerliche Milieu geriet – wie ein Richter 1921 verbittert feststellte – in einen »seltsamen Gegensatz« zu den »proletarischen Einkünften« nach der »Revolution«[36]. Einschneidende Kürzungen, z. B. der Verzicht auf Dienstpersonal, waren unvermeidlich. Selbst das allmorgendliche Frühstücksei – im Kaiserreich eine Selbstverständ-

30 A. Wagner, Der Richter. Karlsruhe 1959, S. 74.
31 Martiny, a. a. O., S. 197; dagegen Th. Rasehorn, Rechtspolitik und Rechtsprechung. Ein Beitrag zur Ideologie der »Dritten Gewalt«, in: Bracher u. a., Die Weimarer Republik, a. a. O., S. 407–428.
32 Siehe Sellow, a. a. O.
33 Ebd.
34 Huhn, Oppositionelle Richter, a. a. O., S. 90 ff.
35 Siehe dazu Jarausch, Die Not der geistigen Arbeiter, a. a. O., S. 287 f.
36 Die Not der Richter, in: DRiZ 1921, Sp. 259 ff.; »Hamburger Correspondent« vom 3. 8. 1924 (DRiZ 1924, S. 246 f.).

lichkeit – wurde für manchen Richter auf dem Höhepunkt der Inflation zu einem unerschwinglichen Luxus[37].

Nach zeitgenössischen Darstellungen entsprach der richterliche Lebensstandard in den ersten Jahren der Republik in etwa dem, was sich ein Gerichtsschreiber vor 1914 hatte leisten können[38]. Daß die richterlichen Bezüge in der kurzen Phase der wirtschaftlichen Konsolidierung der Republik angehoben wurden – so in Preußen 1927 um 15 Prozent –, machte den Vermögens- und Kaufkraftverlust nicht wett, zumal die Regierung Brüning trotz des Widerstands der Richterschaft gegen die Verletzung ihrer »wohlerworbenen Rechte«[39] im Zuge ihrer Sparpolitik die Gehälter der Beamten 1930/31 insgesamt um ca. 21 Prozent kürzte[40]. Angesichts dessen verklärte sich die Erinnerung an das Kaiserreich um so mehr. Der kaiserliche Staat hatte den Richtern »gewiß keine Glücksgüter in den Schoß« gelegt, ihnen aber doch – so ein Richter 1921 – »ein wenigstens zur Not auskömmliches Gehalt und als Entschädigung für die großen Kosten des Studiums und der Wartezeit eine geachtete Stellung, Orden und Titel« gegeben[41].

Der Verlust an Vermögen und Kaufkraft wurde als um so ungerechter empfunden, als die richterliche Arbeitsbelastung, bedingt durch steigende Prozeßzahlen und die – angesichts der leeren öffentlichen Kassen unvermeidlichen – Einstellungsstopps im höheren Justizdienst, spürbar wuchs. In Preußen zum Beispiel hatten die Landgerichte 1931 trotz einer Notverordnung des Reichspräsidenten vom 1. Dezember 1930, durch die die Zuständigkeitsgrenze der Amtsgerichte ausgeweitet worden war, rund 305 000 Zivilsachen zu bearbeiten. 1913 waren es ca. 235 000 gewesen. Der Personalbestand an den Gerichten entsprach dieser erhöhten Belastung keineswegs. Notwendige Neueinstellungen blieben vielmehr ebenso aus wie lang erhoffte Beförderungen. Die Zahl der etatmäßigen Richter- und Staatsanwaltsstellen an den preußischen Gerichten sank von 7044 im Jahre 1915 auf 6044 Mitte der zwanziger Jahre und stieg erst Anfang der dreißiger Jahre wieder leicht an. Hinzu kam, daß durch eine Verordnung des Preußischen Justizministeriums vom 16. Februar 1924 15 Prozent des unteren und mittleren Justizpersonals »abgebaut« wurden

---

37 Siehe z. B. die Beschwerden, die der Landgerichtsrat H. 1923/24 an die Justizverwaltung schrieb. Personalakte H., Archiv OLG Köln.
38 Wogatzky, a. a. O.
39 Siehe Simonson, Rechtsgültigkeit der Gehaltskürzungen durch die Notverordnung vom 1.12.1930, in: DRiZ 1931, S. 83 ff.; »Beamtengehälter als wohlerworbene Rechte.« Gutachten des OLG Dresden, in: DRiZ 1931, S. 401 ff., dagegen C. Schmitt, Wohlerworbene Rechte und Gehaltskürzungen, in: DJZ 1931, Sp. 917 ff.
40 P. Lessmann/R. Taubert, Beamte im Nationalsozialismus. Ausstellungskatalog der Fachhochschule für öffentliche Verwaltung/NW. o. O. o. J., S. 9.
41 Zit. nach Not der Richter, a. a. O.

und den Richtern deshalb z. B. Schreibkräfte kaum in genügendem Maße zur Verfügung standen[42]. Die Justizverwaltung bemühte sich, den Personalmangel wett zu machen, indem sie die Arbeitskraft der Richter intensiv zu nutzen suchte. So wurden u. a. Amtsgerichtsräte als »Doppelrichter« gleichzeitig an einem Land- und einem Amtsgericht beschäftigt[43]. Auch im Berufsleben bekamen die Richter also die Finanzmisere des Weimarer Staates empfindlich zu spüren.

Zudem fanden die Richter in der Öffentlichkeit zu ihrer Enttäuschung nicht die erwartete Anerkennung. Vielmehr sahen sie sich, nachdem mit dem Sturz der Monarchie autoritärstaatliche Beschränkungen von Presse und Literatur gefallen waren, mit einer kritischen, zuweilen auch reißerischen Gerichtsberichterstattung konfrontiert. In der Literatur der Zeit war die Justiz Fokus einer allgemeinen Zivilisations- und Gesellschaftskritik, worauf die Gerichte ihrerseits häufig mit dem Verbot vermeintlich subversiver Romane und Theaterstücke reagierten. Republikanisch gesinnte Journalisten und Literaten äußerten sich darüber z. T. mit großer Schärfe[44] und wandten sich energisch gegen die Vielzahl eindeutig republikfeindlicher Entscheidungen in politischen Verfahren, wobei sie ihre Kritik gelegentlich mit Spottversen über die Richter, deren Gewohnheiten und Habitus würzten[45]. Der Richterschaft wurde – u. a. von Carl von Ossietzky, Arnold Zweig, Erich Mühsam und Kurt Tucholsky[46] – vorgeworfen, einer reaktionären Klassenjustiz Vorschub zu leisten. Die Richter – so Tucholsky 1921 wohl unter dem Eindruck der auffälligen Nachsicht mit den Mördern Rosa Luxemburgs und Karl Liebknechts – seien »zum Hakenkreuz erzogen« und fällten den »Rechtsspruch nach Stand und Rang«[47].

Auf diese Vorwürfe reagierte man in der Richterschaft mit großer, selbstgerechter Empfindlichkeit. Kritik an Gerichtsurteilen wurde in der Regel als schwere Schädigung des Vertrauens der Öffentlichkeit in die Justiz und damit als Gefährdung der staatlichen Autorität verstanden[48]. Kriti-

---

42 Siehe z. B. DRiZ 1924, Sp. 245.
43 Nach Justizminister Dr. Schmidt vor dem Hauptausschuß des Landtags am 16. 2. 1931. HSTAD-Kalkum Rep. 28/207.
44 Siehe v. a. Klaus Petersen, Literatur und Justiz in der Weimarer Republik. Stuttgart 1988.
45 Siehe die Pressesammlung des Preußischen Justizministeriums: Geheimes Staatsarchiv Berlin Rep. 84a/4001, 4008, 20316, 23841, 25117, 25118, 25119, 25120, 20257, 20258; siehe auch HSTAD Kalkum Rep. 28/207, 208.
46 Petersen, a. a. O.; W. Müller-Seidel, Die literarische Moderne, in: Bracher u. a., Die Weimarer Republik, S. 429–453.
47 Zit. nach K. Tucholsky, Ausgewählte Werke. Hamburg 1983, S. 440 ff.
48 Dagegen H. Hattenhauer, Zur Lage der Justiz in der Weimarer Republik, in: K. D. Erdmann/H. Schulze (Hrsg.), Weimar. Selbstpreisgabe einer Demokratie. Düsseldorf 1979, S. 169–176. Hattenhauers These, die Richterschaft sei durch ein »Übermaß an

sche Stimmen über die Justiz hatte es zweifellos auch schon im Kaiserreich gegeben, nun aber fühlte man sich, insbesondere angesichts der »Not« der Richter, einer systematischen Diffamierungskampagne der »linken« Presse und der »Revolverblätter« ausgesetzt. Da der Staat nicht bereit schien, Hilfe zu leisten, glaubte man sich entgegen dem Gebot richterlicher Zurückhaltung in politischen und gesellschaftlichen Fragen zur Gegenwehr genötigt. In den juristischen Fachzeitschriften[49] oder auf den Deutschen Richtertagen wie 1925 in Augsburg[50] wurden leidenschaftliche Vorwürfe gegen die Zeitungen und ihre vom »Parteigeist« getrübte Berichterstattung erhoben. Um der Presse Einhalt zu gebieten, verlangte man vor allem Maßnahmen zur Förderung einer »sachlichen« Presse, d. h. einer Presse, die die Autorität der Richter im allgemeinen Interesse des Staates respektieren und stützen sollte. 1927 wurde sogar ein »Richterschutzgesetz« gefordert, das »Beleidigungen und Herabsetzungen« der Richterschaft, mithin jede Kritik an richterlichen Entscheidungen unter empfindliche Strafe stellen sollte[51].

Mit steigender Arbeitsbelastung, sinkendem Lebensniveau und mit der Neigung von Teilen der Öffentlichkeit, richterliche Entscheidungen nicht mehr als sakrosankt zu akzeptieren, zeigte man in der Richterschaft zunehmend die Tendenz, die Schläge gegen das richterliche Standesbewußtsein durch eine gewisse Selbstmystifizierung zu kompensieren. So wurde die »Notlage« der Richter zu einer Schicksalsfrage der gesamten Nation erklärt, da »ein weiteres Dulden« nicht nur ein Verbrechen an der Richterschaft, »in erhöhtem Maße aber [ein] Verbrechen am Volke«[52] sei. Richter schilderten ihren Beruf als Ausdruck von »Würde, Ernst und Wichtigkeit«, als Teil des »großen Streben[s] nach Gerechtigkeit«[53], und die Mitglieder des Reichsgerichts feierten sich gar als »Ritterschaft« des »heil'gen Grals« des Rechts[54].

Es ist bezeichnend, daß die »Vossische Zeitung« im Deutschen Richterbund naiv-begeisterte Zustimmung fand, als sie im April 1924 folgende – zweifellos satirisch gemeinte – »Gerichtsreportage« veröffentlichte: »Der Große Richter [...] gibt dem Gericht nicht nur Ernst und Würde, sondern auch Schönheit. Der schwarze Talar, das silbergestickte Barett verstärken

Kritik« von Sozialisten und Republikanern »ideologisch erschüttert« worden, widerspricht den Quellen.
49 Siehe z. B. P. Scheppler, Justiz und Presse, in: DRiZ 1929, S. 188 ff.
50 Wunderlich, Die Stellung des deutschen Richters. Bericht auf dem 6. Deutschen Richtertag 1925 in Augsburg, in: DRiZ 1925, Sp. 19–90.
51 Gerland, Ein Schutzgesetz für die Richter, in: DJZ 1927, S. 1225 ff.; Fr. E. Traumann, Die reaktionäre Forderung eines Schutzgesetzes für Gerichte und Richter, in: Die Justiz III 1927/28, S. 27–33.
52 Krahé, Zur Lage des Richterstandes, a. a. O.
53 Braß, Mehr Würde, in: DRiZ 1930, S. 20.
54 Rasehorn, Rechtspolitik und Rechtsprechung, a. a. O.

diesen Eindruck, der durch keinen falschen Ton gestört wird. Denn seine Würde ist ohne Pathos, sein Ebenmaß ohne Gefallsucht. Es ist, als habe die Natur ihm alles gegeben, um Richter zu sein. Deshalb haben ihn sein Erfolg, sein weitverbreiteter Ruf nicht eitel, rechthaberisch oder unbelehrbar gemacht. Sein Amt bringt ihm das Elend der Herzen immer allzu nahe. Er kann kein glücklicher Mensch mehr werden; man fühlt: Sein Herz ist milde, milde geworden. Aber seine Überzeugungen sind streng. Er ist ein Strafrichter, und er straft die Missetat nach den Richtlinien des Gesetzes [...] Nicht so sehr Jurist oder Beamter, wohl aber jeder Zoll ein Richter.«[55]

Der Beifall für dieses »Richterporträt« läßt nicht nur erkennen, daß man in Richterkreisen angesichts der vielfachen Kritik der Presse für Lob und Respektbekundungen außerordentlich empfänglich war. Vielmehr wird auch offensichtlich, daß man einem Richterleitbild anhing, dem außer einer pathetisch-mystischen Verklärung des Richtertums vor allem autoritär-patriarchalische Züge zu eigen waren[56].

Die Schuld für die krasse Diskrepanz zwischen Realität und Wunschbild lastete man der »Revolution« bzw. dem »System« an. Gelegentlich ließ man sich sogar, enttäuscht durch die wirtschaftliche Lage und die Erfolglosigkeit von Petitionen und Protesten, zu unverhohlenen Drohungen gegen die Republik hinreißen. So wurde in der »Deutschen Richterzeitung« 1921 angekündigt, daß der Staat »böse Enttäuschungen erleben« könne, »wenn seinen Richtern der Atem *ganz*« ausgehe[57]. Die Mehrheit der Richter fand zwar nicht zu solchen drastischen Worten, glaubte aber zweifellos auch an die dringende staatspolitische Notwendigkeit rascher Maßnahmen zur Linderung der richterlichen »Not«, da »justitia fundamentum regnorum« sei. Diesen Grundsatz hatte das Kaiserreich, auch wenn es viele Wünsche nicht erfüllt hatte, offenbar beachtet. Von der Republik hingegen fühlte man sich unverstanden und schmählich im Stich gelassen[58].

Anders als die Richter hatte der Nachwuchs der Justiz tatsächlich Grund zu Existenzängsten. Bereits während des Kaiserreiches hatten die Assessoren und Referendare der Justiz – wie die Nachwuchskräfte in anderen akademischen Berufen auch – unter einer »Überfüllungskrise« gelitten, die sich nicht nur in langen Wartezeiten für Planstellen, sondern insbesondere in den Großstädten auch in einer Übersättigung des Arbeitsmarktes für Rechtsanwälte und Notare geäußert hatte[59]. Die Misere verschärfte

55 Richterportrait aus Moabit. Auszug aus der Vossischen Zeitung vom 24.4.1924, in: DRiZ 1925, Sp. 510 ff.
56 Dagegen N. Hempel, Richterleitbilder in der Weimarer Republik. Frankfurt 1978.
57 Die Not der Richter (anonym), in: DRiZ 1921, Sp. 255 ff., hier Sp. 259.
58 Hempel, a.a.O.; Hattenhauer, Die Lage der Justiz, a.a.O., S. 173.
59 In Preußen stieg z.B. die Zahl der Rechtsanwälte von den achtziger Jahren des

sich nach 1918 durch einen drastischen Anstieg der Zahl der Jurastudenten sowie der Anwärter für Stellen in der Justiz und in den freien juristischen Berufen. Während um 1914 rund 10000 Studenten das Fach Jura belegt hatten, waren es Mitte der zwanziger Jahre über 20000[60]. Auch wenn die Justizverwaltungen der Weimarer Republik aufgrund der Finanzkrise nicht zu Einstellungsstopps und Personalabbau gezwungen gewesen wären, hätten sie dieser Zahl von Nachwuchskräften kaum genügend Stellen bieten können, zumal man allein in Preußen rund 4300 außeretatmäßige Gerichtsassessoren aus dem Kaiserreich übernommen hatte. Die preußische Justizverwaltung versuchte sich nach dem Krieg damit zu helfen, daß sie die Provinzialbehörden befugte, Gerichtsreferendare kommissarisch im mittleren Dienst zu verwenden[61]. Damit wurden zwar Beschäftigungsmöglichkeiten für Berufseinsteiger geschaffen, die Situation der Gerichtsassessoren blieb aber fatal. Sie mußten 1921 rund acht Jahre auf eine Anstellung als Richter warten. 1927, zur Zeit der kurzen wirtschaftlichen Blüte der Republik, betrug die Wartezeit für die Anstellung als Richter immerhin noch sechs Jahre und zehn Monate und für die als Staatsanwalt sogar zehn Jahre und einen Monat[62]. Das Ausweichen in den Beruf des Rechtsanwalts war dabei längst keine Alternative mehr. Insbesondere Ende der zwanziger Jahre verschlechtern sich hier die – ohnehin nur begrenzten – Erfolgsaussichten für Berufsanfänger vielmehr noch, da immer mehr Assessoren versuchten, sich als Rechtsanwalt eine Existenz aufzubauen[63]. »Hilfsarbeiter«-Stellen konnten die Justizverwaltungen nur in begrenztem Umfang bieten: In Preußen hatten zum Beispiel 1931 von 3055 Assessoren lediglich 1588 als »Hilfsarbeiter« eine bezahlte

19. Jahrhunderts bis 1911 um 100 Prozent. Im Reich gab es 1880 ca. 4000 und 1913 über 13000 Rechtsanwälte. Auch wenn es den meisten Rechtsanwälten am Ende des Kaiserreichs »materiell gut« gegangen sein sollte (Jarausch, Die Not der geistigen Arbeiter, a. a. O., S. 283), gab es doch für den Nachwuchs nur sehr wenig Raum. Siehe Kollbeck, a. a. O., Anhang und S. 103 ff.; H. Titze, Die zyklische Überproduktion von Akademikern im 19. und 20. Jahrhundert, in: Geschichte und Gesellschaft 1984, S. 22–121. F. Ostler, Die deutschen Rechtsanwälte 1871–1971. Essen 1971.
60 Nach DFG-Projekt »Qualifikationskrisen«, a. a. O.
61 Kollbeck, a. a. O., S. 103 ff.
62 Friedersdorff, Ausbildung und Aussichten des juristischen Nachwuchses in Preußen, in: DRiZ 1929, S. 271–273.
63 Nach R. Freisler, Das Werden des Juristen im Dritten Reich. Teil I: Das Hochschulstudium. Berlin 1933, S. 16, wanderten in Preußen 1929 422 Assessoren zur Anwaltschaft ab, 1930 – 544, 1931 – 460, 1932 – 810. Die Gesamtzahl der Rechtsanwälte stieg von 12779 im Jahre 1923 auf 19208 im Jahre 1933 und 1935 auf 18780. Über 45 Prozent der 1935 zugelassenen Rechtsanwälte stammten aus der Gruppe der 26–40jährigen, deren Jahreseinkommen sich auf dem Niveau der Arbeiterschaft bzw. noch darunter bewegten. P. Hüttenberger, Interessenvertretung und Lobbyismus im Dritten Reich, in: L. Kettenacker / G. Hirschfeld (Hrsg.), Der »Führerstaat«: Mythos und Realität. Studien zur Struktur und Politik des Dritten Reiches. Stuttgart 1981, S. 429–457, hier S. 431.

Beschäftigung im Justizdienst. 575 arbeiteten unentgeltlich, 892 waren ohne irgendwelche Bezüge beurlaubt. Nur 218 erhielten 1931 eine planmäßige Anstellung in der Justiz. 604 ergriffen den Beruf des Rechtsanwalts, 49 fanden Beschäftigung in der Verwaltung, 90 in der freien Wirtschaft. 1932/33 sank die Zahl der Assessoren, denen eine Stelle in der Justiz zugewiesen werden konnte, dann noch weiter, während die der unentgeltlich arbeitenden bzw. ohne Bezüge beurlaubten Assessoren deutlich stieg[64].

Angesichts dieser Situation dürften die Auswirkungen der Hyperinflation, d. h. der rapide Verfall der Ersparnisse und Vermögen der Mittel- und Oberschichten, für die zumeist bürgerlichen Referendare und Assessoren besonders schmerzlich gewesen sein. Die Söhne der unteren und mittleren Angestellten und Beamten, die nach der Aufhebung des Regulativs vom 1. Mai 1883 und des Vermögensnachweises für den Referendardienst in bescheidenem Umfang in den höheren Justizdienst drängten[65], verfügten ohnehin nicht über genügend finanzielle Reserven, um die langen Wartezeiten bis zu einer Anstellung ohne schmerzliche Entbehrungen zu überstehen.

Wie bedrückend die Lage vieler Assessoren war, wird in einem anonymen Bericht von 1924 deutlich: »Viele hundert preußische Assessoren sind brotlos, weil der bedrängte Staat sie nicht beschäftigt und unterhält. Sie wissen heute nicht, wovon sie morgen leben sollen, und dabei haben nicht wenige von ihnen für eine Familie zu sorgen.«[66] Am Ende der Republik war die Situation dann fast noch schlechter: Rund 2000 der 4000 preußischen Gerichtsassessoren waren im Winter 1932/33 ohne jedes Einkommen. Allein in Berlin lebten ca. 200 von ihnen von der Wohlfahrt[67].

Das Gespenst der Proletarisierung, von der sich die Richterschaft bedroht fühlte, war für den richterlichen Nachwuchs durchaus bedrückende Realität. Der Rechtsstaat von Weimar vermochte den jungen Juristen keine Zukunftsperspektiven zu eröffnen. Er konnte kaum auf ihre Sympathien hoffen, um so weniger als die Ursache der Misere allein im Versagen der Republik zu liegen schien.

---

64 1364 beurlaubte und ca. 933 unentgeltlich arbeitende Assessoren im Jahre 1933. Freisler, Vom Werden des Juristen, a. a. O., S. 16 f.

65 Laut DFG-Projekt »Qualifikationskrisen« (siehe Anm. 20) änderte sich die Zusammensetzung der Jurastudenten im Vergleich der Zeit vor 1914 und der zwanziger Jahre wie folgt: Söhne der höheren Beamten ca. − 3,5 Prozent, der Handel- und Gewerbetreibenden ca. − 15 Prozent, der mittleren und unteren Beamten ca. + 15 Prozent, der Angestellten ca. + 7 Prozent. Auf die Richterschaft dürfte dieser Trend nur längerfristig und nicht in diesem Ausmaß gewirkt haben. Die auf R. Michels gestützte These Schoenbaums einer »Übersetzung« der Rechtswissenschaft durch die Söhne des »Kleinbürgertums« bestätigt sich nicht. Siehe D. Schoenbaum, Die braune Revolution. Eine Sozialgeschichte des Dritten Reiches. München 1980, S. 38.

66 Zit. nach »Richterabbau in Preußen«, in: DRiZ 1924, S. 26.

67 K. Linz, Zeitspiegel, in: ebd. 1933, S. 91.

Überfüllungskrise und Konkurrenzdruck waren zudem wesentliche Ursachen dafür, daß auch unter den jungen Akademikern seit dem ausgehenden 19. Jahrhundert zunehmend völkisch-nationale Ideen an Boden gewonnen hatten[68]. Damit verbunden war ein wachsender Antisemitismus, der nicht zuletzt daraus resultierte, daß jüdische Studenten vor allem an den großstädtischen Universitäten relativ stark vertreten waren. So waren 1887/88 rund 7,7 Prozent aller preußischen Studenten Juden. 1911/12 stellten sie in Berlin im Fach Jura 20,24 Prozent und im Fach Medizin sogar 37 Prozent aller Studierenden[69]. Ihren Kommilitonen galten sie in zunehmendem Maße als unerwünschte Konkurrenten um die gerade im Justizdienst so knappen Arbeitsplätze. Auch in dieser Hinsicht war der NS-Ideologie der Weg geebnet.

Politik und Rechtsprechung

Die Entwicklung ihrer wirtschaftlichen Lage und der Verlust an Autorität bestärkte die Richter in der Auffassung, die die meisten von ihnen bereits 1918/19 gehabt hatten, nämlich daß die Herrschaft des Parlaments und der Parteien nichts Gutes sei und dem Volk und dem »Staat« schade. Die »November-Revolution« galt der Mehrheit der Richter als glatter Rechtsbruch, als »Meineid« und »Hochverrat«[70]. 1921 gab Johannes Leeb, der Vorsitzende des Deutschen Richterbundes, dem unzweideutig Ausdruck, indem er den »neuen Geist« der Republik als »Lügengeist« brandmarkte. In der Republik sei »jede Majestät«, »auch die Majestät des Gesetzes«, gefallen, weil die Parlamentsherrschaft nur »Kompromißgesetze« und »Parteien-, Klassen- und Bastardrecht« hervorbringe[71]. Selbst ein der Richterschaft durchaus wohlwollender Beobachter wie der Berliner Rechtsanwalt Erich Eyck konnte nicht leugnen, daß der größte Teil der Justiz trotz formaler Verfassungstreue der Republik »innerlich« ablehnend gegenüberstand[72].
Insbesondere in politischen Strafverfahren wurde der Standort der

68 Siehe N. Kampe, Studenten und »Judenfrage« im Deutschen Kaiserreich, Göttingen 1988.
69 Ebd., S. 84 f.
70 KG Glogau vom Dezember 1930. Zit. nach Erklärung des Republikanischen Richterbundes zur Entscheidung von Glogau, in: Die Justiz VI 1930/31, S. 223. Siehe auch A. Oborniker, Schutz der Republik, in: Die Justiz I 1924/25, S. 514–519.
71 Leeb, Politik und Recht, in: DRiZ 1921, S. 130 ff.
72 E. Eyck, Die Krise der deutschen Rechtspflege. Berlin 1926, S. 7; aufgrund der geringen Zahl der politischen Verfahren hielt Eyck aber einen allgemeinen Vorwurf gegen die Weimarer Justiz für unbegründet.

Richterschaft immer wieder deutlich[73]. Rechtsradikale Straftäter konnten in der Regel auf Milde rechnen, während »Zersetzungsversuche« von Kommunisten oder Sozialdemokraten mit großer Schärfe verfolgt wurden. In einer durch das Reichsjustizministerium bestätigten Erhebung[74] kam Emil Julius Gumbel 1921 zu dem Ergebnis, daß rund 90 Prozent der Morde, die in den Wirren von 1918/19 vor allem Mitglieder der Freikorps begangen hatten, von den Gerichten nicht geahndet worden waren. Bei 314 abgeurteilten von »rechts« begangenen Morden lag das Strafmaß durchschnittlich bei zwei Monaten Haft. Von 15 – zumeist von Kommunisten – verübten politischen Morden wurden hingegen acht mit dem Tode und sieben mit durchschnittlich 14 Jahren Haft bestraft[75].

Bezeichnend ist auch, daß Reichspräsident Friedrich Ebert, die personifizierte Autorität der Republik, 1924 in einem Beleidigungsprozeß vor dem Schöffengericht München unversehens in die Rolle des Angeklagten geriet, obwohl er diesen Prozeß eigentlich angestrengt hatte, um einen Republikgegner zur Rechenschaft zu ziehen, der ihn öffentlich des Landesverrats bezichtigt hatte. Das Gericht erklärte den Angeklagten zwar für schuldig, entschied aber nur auf eine symbolische Geldstrafe von zehn Reichsmark. Zu einer härteren Strafe vermochten sich die Richter nicht durchzuringen, da die Bezeichnung Eberts als »Landesverräter« durchaus ihre Berechtigung habe. Schließlich habe er aufgrund von Kontakten zu den streikenden Berliner Munitionsarbeitern im Jahre 1918 den Tatbestand des Landesverrats erfüllt[76]. Ein Schöffengericht in Magdeburg fällte Ende 1924 eine ähnliche Entscheidung. Im Kollegenkreis fanden die Magdeburger Richter noch deutlichere Worte: Sie bezeichneten den ehemaligen sozialdemokratischen Reichskanzler Scheidemann als »Schwein« und forderten unverhohlen, daß Ebert, der »Sattlergeselle da oben«, verschwinden müsse[77]. Ebert führte insgesamt

73 Siehe O. Kirchheimer, Politische Justiz. Frankfurt 1985; Hannover, a. a. O.; Blasius, a. a. O.; Jasper, a. a. O. Gegen die hier vertretene Einschätzung der politischen Rechtsprechung W. Neusel, Höchstrichterliche Strafgerichtsbarkeit in der Republik von Weimar. Frankfurt 1972; Hattenbauer, Zur Lage der Justiz, a. a. O., sowie mit fragwürdigen Argumenten H. Koch, Volksgerichtshof. Politische Justiz im Dritten Reich. München 1987, S. 30ff.
74 H. Möller, Weimar. Die unvollendete Demokratie, München 1985, S. 177f.
75 E. J. Gumbel, Zwei Jahre politischer Mord. Berlin 1921; zur Spätphase der Weimarer Republik u. a. H. Sinzheimer, Die Legalisierung des politischen Mordes – Eine Glosse zum Urteil des Schweriner Schwurgerichts, in: Die Justiz V 1930, S. 65–69.
76 Frank, Die Beleidigungsklage des Reichspräsidenten vor dem Münchener Schöffengericht, in: DRiZ 1924, Sp. 68; W. Birkenfeld, Der Rufmord am Reichspräsidenten, in: Archiv für Sozialgeschichte 1965, S. 543–500.
77 Ebert war gelernter Sattler. Zit. nach Otto Landsberg, In eigener Sache, in: Die Justiz III 1927/28, S. 211ff.; Rasehorn, Politische Rechtsprechung, a. a. O.; L. Bendix, Justizfronde, in: Die Justiz I 1925/26, S. 641ff.

173 Prozesse wegen politischer Beleidigungen und Unterstellungen, ohne von den Gerichten Ehrenschutz zu erhalten[78].

Antirepublikanische und zudem deutlich antisemitische Töne durchzogen auch die Rechtsprechung zu den Republikschutz-Gesetzen, mit deren Hilfe der radikalen Agitation gegen die Republik ein Riegel vorgeschoben werden sollte[79]. Bezeichnend war ein Urteil des Ersten Strafsenats des Reichsgerichts vom 23. Juni 1923[80]. In dieser Entscheidung gelangten die Richter zu dem Schluß, daß die Sätze »Wir brauchen keine Judenrepublik, pfui Judenrepublik«, die Mitglieder des Jungdeutschen Ordens während einer Versammlung in Gotha skandiert hatten, keine Beleidigung der »verfassungsmäßig festgestellten Staatsform« darstellten. Sie beinhalteten lediglich – und hier kam die grundsätzlich ablehnende Haltung der Richter des Reichsgerichts gegenüber der Republik zum Ausdruck[81] – eine Beleidigung der »gegenwärtigen Staatsform«.

Den Ausdruck »Judenrepublik« erklärte sich das Reichsgericht im übrigen als eine Anspielung auf die »gewaltsam« etablierte »neue Rechts- und Gesellschaftsordnung in Deutschland, die unter hervorragender Beteiligung deutscher und ausländischer Juden aufgerichtet« worden sei. Der Begriff könne aber auch auf die »übermäßige Macht« anspielen, die die jüdische Bevölkerung »nach Ansicht weiter Bevölkerungskreise in Deutschland tatsächlich ausübt«. Aufgrund dieser Überlegung hob das Reichsgericht die Strafen auf, auf die die Vorinstanz entschieden hatte, und ordnete die Neuverhandlung des Falles an. Dabei versäumte es nicht, die Überlegung zu empfehlen, ob nicht, da die Äußerungen der Angeklagten auf einer nichtöffentlichen Veranstaltung gefallen seien, ein öffentliches Interesse an einer Strafverfolgung ausgeschlossen werden könne.

In seiner antisemitischen Ausprägung war dieses Urteil durchaus typisch für das Verhalten der Gerichte der Weimarer Republik gegenüber jüdischen Bürgern. Schutz vor rassistischen Beleidigungen wurde ihnen vielfach verweigert, zudem wurden ihnen antideutsche, hochverräterische Bestrebungen unterstellt, und einige Richter behaupteten sogar, daß den Juden »Ehre und Anstand [...] unbekannte Begriffe« seien,

---

78 P.-Chr. Witt, Friedrich Ebert. Bonn 1987, S. 155 ff.
79 Erstes Gesetz zum Schutz der Republik vom 21. 7. 1922, in: RGBl I, S. 585, gültig bis zum 22. 7. 1929; Zweites Gesetz zum Schutz der Republik vom 25. 3. 1930, in: RGBl I, S. 91, gültig bis zum 31. 12. 1932.
80 L. Foerder, Die »Judenrepublik« in der Rechtsprechung, in: Die Justiz I 1925/26, S. 519–532. Zitate ebd.
81 Siehe u. a. Oborniker, Schutz der Republik, a. a. O.; S. Rosenfeld, Justiz und Republik, in: Die Justiz VI 1930/31, S. 475–485; R. Schmid, Über die politische Haltung der Richterschaft seit Weimar, in: Freiheit und Recht 1963, S. 6–13.

da sie als »semitische Rasse« zur »dauernden Minderwertigkeit verurteilt«[82] seien.

Das Urteil des Reichsgerichts vom 23. Juni 1923 war von großer politischer Tragweite. An die Überlegungen der höchsten deutschen Richter zur strafrechtlichen Tragweite des Begriffs »Judenrepublik« lehnten sich die Gerichte noch Anfang der dreißiger Jahre an[83]. Die Bemühungen des parlamentarischen Gesetzgebers, die Republik mit Hilfe der Republikschutz-Gesetze gegen ihre Gegner zu schützen, wurden so – zumindest hinsichtlich rechter Republikfeinde – unterminiert.

Die Rechtslastigkeit der politischen Urteile provozierte nicht nur die KPD-Fraktion des Reichstags zu Anfragen, Interpellationen, Gesetzentwürfen und Attacken gegen die »Klassenrichter«. Auch für Politiker der DDP und der SPD war sie Grund, auf Distanz zur Justiz zu gehen und energisch deren »Demokratisierung« zu fordern. Das Zentrum stimmte gelegentlich in die Kritik mit ein, hielt aber die Justizkritik der »Linken« für eine unzulässige Generalisierung von im großen und ganzen unsymptomatischen Einzelfällen. DVP und DNVP wiesen hingegen jeden Vorwurf gegen die Justiz zurück. Der justizpolitische Sprecher der DNVP-Fraktion im Reichstag, selbst Richter im Zivilberuf, bestärkte die Richterschaft vielmehr in dem Anspruch, über Politik und Gesellschaft zu stehen und die wahren Interessen von Volk und Staat zu wahren[84].

Auf seiten der SPD, in der man die Rolle der kaiserlichen Gerichte bei der Sozialistenverfolgung nicht vergessen hatte und sich nun auch von der Justiz der Republik verfolgt fühlte, sah man in der personellen Kontinuität im Justizapparat nach 1918 eine ernste Gefahr. Vor allem in der Phase der Bürgerblock-Kabinette forderten führende Sozialdemokraten mit Nachdruck, die Justiz personell zu »reorganisieren«, und versuchten, Spitzenpositionen im Justizapparat mit überzeugten Republikanern zu besetzen, um dessen soziale Zusammensetzung und damit die Linie der politischen Rechtsprechung zu verändern[85]. Otto Wels, Vorsitzender der SPD-Fraktion im Reichstag, verlangte 1922 sogar, die richterliche Unabsetzbarkeit zeitweise außer Kraft zu setzen und alle erklärten Feinde der Republik aus dem Amt zu entfernen[86]. Noch drastischer formulierte

82 Foerder zit. nach Th. Rasehorn, Justizkritik in der Weimarer Republik. Das Beispiel der Zeitschrift »Die Justiz«. Frankfurt 1985, S. 167 ff. Beispiele zur Verweigerung des Rechtsschutzes für Juden in Beleidigungs- und Mietsachen ebd.
83 Siehe z. B. das LG Rheydt am 8.4. und 19.8.1931 gegen Goebbels und Gauleiter Florian. HSTAD, Reg. Düsseldorf Nr. 50654; siehe auch A. Oborniker, Praxis des Rechts-Strafrechts, in: Die Justiz IV 1928/29, S. 505–512.
84 Kuhn, a. a. O.; Petersen, a. a. O., S. 37 ff.
85 Siehe auch H. Mommsen, Die Sozialdemokratie in der Defensive: Der Immobilismus der SPD und der Aufstieg des Nationalsozialismus, in: ders. (Hrsg.), Sozialdemokratie zwischen Klassenbewegung und Volkspartei. Frankfurt 1974, S. 106–133.
86 Verhandlungen des Reichstags 1922, Bd. 356, S. 8042–8045 (25.6.1922).

diese Forderung der SPD-Landtagsabgeordnete und Vorwärts-Redakteur Erich Kuttner 1925: Es sei an der Zeit, »diesem Richtertum [...] endlich einmal die Flötentöne« beizubringen und ihm die »Schwarzrotgoldscheu« nachhaltig auszutreiben [87]. Die Auffassung, daß die Richterschaft bewußt »Rechtsbeugung« gegen die Republik betreibe, und die Forderung nach einem »großen Reinemachen« in der Justiz prägten die sozialdemokratische Rechtspolitik bis zum Ende der Republik [88].

Die Bemühungen der SPD, die Justiz zu »republikanisieren«, hatten nur wenig Erfolg. Republikanische, geschweige denn sozialdemokratische Juristen, die die Qualifikationen besaßen, maßgebliche Positionen zu besetzen, waren äußerst rar. Zudem stieß die »Republikanisierung« der Justiz auf den Widerstand der Ministerialbürokratie [89]. Nicht einmal in Preußen, wo die Sozialdemokraten mit Otto Braun – abgesehen von kleineren Unterbrechungen – von 1920 bis 1932 den Ministerpräsidenten stellten, wurden nennenswerte personelle Veränderungen erreicht. Der Preußische Justizminister Hugo am Zehnhoff ein Mitglied des Zentrums, mit dem die SPD in Preußen eine Koalition bildete, konnte »geradezu stolz« darauf verweisen, daß es ihm gelungen sei, alle Versuche zu einer personellen Reform abzuwehren. Erst als 1927 der Kammergerichtsrat Dr. Hermann Schmidt, der zum linken Flügel des Zentrums gehörte, die Leitung des Justizressorts übernahm, wurde in der preußischen Justiz eine »gezielte Personalpolitik im demokratischen Sinne« eingeleitet [90].

Neben Wels und Kuttner gehörte auch Gustav Radbruch, Rechtsgelehrter und Reichsjustizminister 1921/22 und 1923, zu den SPD-Politikern, die sich für eine »Republikanisierung« der Justiz engagierten. Radbruch ist nach 1945 – u. a. paradoxerweise gerade von Carl Schmitt [91] – der Vorwurf gemacht worden, er habe durch sein Eintreten für einen strikten Rechtspositivismus, durch seine Forderung an die Richter, dem Gesetz ohne Prüfung des Rechtsgehalts Folge zu leisten, den blinden richterlichen Gehorsam gegenüber den NS-Gesetzen mit zu verantworten. Die Rechtspolitik Radbruchs rechtfertigt diesen Vorwurf indes in keiner

87 Siehe »Vorwärts« vom 17.10.1925 »Gegen die Republikfeinde« (Veranstaltung des Reichsbanners).
88 P. Löbe wiederholte zum Beispiel 1930 die Forderung nach einer sechsmonatigen Aufhebung der richterlichen Unabsetzbarkeit vor dem Reichstag. Wagner, Der Richter, a. a. O., S. 25.
89 Im RJM sorgte Staatssekretär Curt Joel, ein noch aus dem Reichsjustizamt stammender Beamter, dafür, daß das Reichsgericht mit konservativen Richtern besetzt blieb. Siehe K.-D. Godau-Schüttke, Rechtsverwalter des Reiches. Staatssekretär Dr. Curt Joel. Frankfurt 1981.
90 Schulze, Otto Braun, a. a. O., S. 569.
91 Siehe I. Müller, Die Aktualität Carl Schmitts, in: M. Kirfel/W. Oswalt (Hrsg.), Die Rückkehr der Führer. Wien 1989, S. 212–220, hier S. 216.

Weise[92]. Radbruch forderte die Richter zwar 1921 auf dem Görlitzer Parteitag der SPD zur absoluten Gesetzestreue auf, aber dies war keinesfalls ein naives Plädoyer für einen apolitischen, von den Grundsätzen der Weimarer Reichsverfassung losgelösten Rechtspositivismus[93]. Radbruch ermahnte die Richterschaft vielmehr ausdrücklich zum Gehorsam gegenüber den Gesetzen des parlamentarischen Gesetzgebers, zur Verfassungstreue und zur Rechtsanwendung »im demokratischen Geiste«[94].

In scharfem Widerspruch zu den Erklärungen des Bamberger Juristentages, auf dem kurz zuvor die Verfassungstreue der Richter beschworen worden war, charakterisierte Radbruch die Justiz in Görlitz darüber hinaus als einen reaktionären »obrigkeitswidrigen Fremdkörper im sozialen Volksstaat« und schlug umfassende Reformen vor, um die Rechtsprechung und den Justizapparat den politischen und sozialen Entwicklungen nach 1918 anzupassen. So plädierte er dafür, den richterlichen Nachwuchs einer »sehr strengen Auslese«[95] zu unterziehen, um ein Nachströmen antirepublikanischer Kräfte zu verhindern. Zur »Republikanisierung« der Rechtsprechung forderte er zudem, den Strafrichtern nach dem Verhältniswahlrecht gewählte Laienrichter zur Seite zu stellen. Insgesamt lief das Reformprogramm, das Radbruch dem Görlitzer Parteitag unterbreitete, auf eine grundlegende Umgestaltung des Rechtssystems hinaus. Insbesondere sollten das Strafrecht und der Strafvollzug nicht mehr vornehmlich der Abschreckung und der Vergeltung, sondern der Resozialisierung dienen, Vorstellungen, die zum Beispiel 1923 durch neue Reichsgrundsätze für den Vollzug von Freiheitsstrafen zumindest zum Teil in die Tat umgesetzt wurden[96]. Die Straf-, Zivil- und Arbeitsgerichtsverfahren sollten zudem »nach sozialen Gesichtspunkten«[97] umgestaltet werden.

Das Reformprogramm Radbruchs stieß in der Richterschaft auf scharfen Widerspruch[98], zumal man sich angesichts der verhältnismäßig geringen Zahl politischer Strafverfahren – in Preußen kamen 1929 rund 9000 politische auf schätzungsweise 450000 nichtpolitische Strafprozesse[99] – dem Vorwurf der »politischen« Rechtsprechung gänzlich zu Unrecht ausge-

---

92 Siehe A. Kaufmann, Gustav Radbruch. München 1987.
93 Resolution Radbruchs auf dem Görlitzer Parteitag der SPD 1921, in: DRiZ 1921, Sp. 310 ff.; auf dem Parteitag gab es im übrigen eine ganze Reihe scharf formulierter Anträge gegen die Justiz.
94 Zitat ebd.; später zeigte Radbruch deutliche Resignation. Die Verfassung werde bald ein »Zeuglappen sein, den die Juristen [...] wie die Hunde hin und her zerren«. G. Radbruch, Richterliches Prüfungsrecht?, in: Die Justiz I 1925/26, S. 12–16, hier S. 16.
95 DRiZ 1921, Sp. 310 ff.
96 Siehe u. a. J. Sumper, Problematik des Strafvollzugs. Diss. Erlangen 1937, S. 31.
97 Ebd.
98 Gegen eine »Verweichlichung« des Strafrechts z. B. Baumbach, Der Bankerott der Strafjustiz, in: DJZ 1928, S. 28 ff.
99 Nach Justizminister Dr. Schmidt vor dem Hauptausschuß des Preußischen Landtags.

setzt fühlte. Vor allem die Forderung der SPD nach einer zeitweisen Aufhebung der richterlichen Unabsetzbarkeit und einem personellen Revirement in der Justiz bestärkte die Richterschaft in der Auffassung, daß die richterliche Unabhängigkeit ernsthaft gefährdet sei[100], nicht zuletzt weil die Weimarer Verfassung einer SPD-Regierung genügend Möglichkeiten zu bieten schien, Veränderungen in ihrem Sinne vorzunehmen: Laut Artikel 104 konnte der Gesetzgeber Richter in gewissen Grenzen »wider ihren Willen [...] dauernd oder zeitweise ihres Amtes« entheben, und die Landesjustizverwaltungen waren befugt, bei Veränderungen der Gerichte oder Gerichtsbezirke Richter zu versetzen[101]. Der DRB verfolgte deshalb die Taktik, die SPD rechtspolitisch zu diskreditieren und sich zugleich der Unterstützung des Reichsjustizministeriums und konservativer Rechtspolitiker zu versichern. Im Oktober 1921, also unmittelbar nach dem für die Richterschaft so unerfreulichen SPD-Parteitag in Görlitz, protestierte der DRB scharf beim Reichsjustizministerium dagegen, daß das Preußische Justizministerium – in Preußen war der Sozialdemokrat Otto Braun Regierungschef – die richterliche Unabhängigkeit mißachte und »massenhaft« Urteile in politischen Strafsachen aufgehoben habe[102]. Streitigkeiten zwischen den Richtervereinen und der SPD traten in den zwanziger Jahren immer wieder auf, da die SPD ihre Kritik an der Justiz unverändert aufrechterhielt[103].

Die richterlichen Bedrohungsängste erhielten Mitte der zwanziger Jahre durch eine unter Pseudonym verfaßte »Dokumentation« neue Nahrung, die Beispiele angeblicher Nötigung der Justiz durch die Sozialdemokratie auflistete. Die »Gefesselte Justiz« – so der Titel dieser Untersuchung – stieß trotz der Zweifelhaftigkeit der ihr zugrunde liegenden Recherchen auf außerordentliche Resonanz. Sie erschien bis 1930 in elf Auflagen, wurde 1932 aufgrund des großen Publikumserfolgs durch einen zweiten Band ergänzt und war nicht zuletzt auch Gegenstand von parlamentarischen Debatten. Im Preußischen Landtag griffen DVP und DNVP 1926/28 auf sie zurück, um die sozialdemokratischen Vorwürfe gegen die Justiz zurückzuweisen und die SPD in der Justizpolitik in die Defensive zu drängen[104].

Danach stieg die Zahl der politischen Prozesse 1930 in Preußen auf ca. 14500. HSTAD-Kalkum Rep. 28/207.
100 Siehe z. B. H. Henkel, Die Unabhängigkeit des Richters in ihrem neuen Sinngehalt. Hamburg 1934, S. 7 ff.
101 Weimarer Reichsverfassung Art. 104; C. Falck, Der vom Amte entfernte Richter, in: Die Justiz VIII 1932, S. 34–39.
102 Offener Brief des Vorsitzenden des Deutschen Richterbundes Leeb an das RJM (Oktober 1921), in: DRiZ 1921.
103 Schulze, Otto Braun, a. a. O., S. 569 f., Anm. 459.
104 Siehe Kuhn, a. a. O.

Auch als die politische Macht der SPD durch den verfassungswidrigen »Preußenschlag« Franz von Papens, die Absetzung der preußischen Landesregierung unter Otto Braun, am 20. Juli 1932 endgültig gebrochen wurde, blieb die Furcht in der Richterschaft vor den Parteien von »links« lebendig. Noch 1933 erschien in der Deutschen Juristen-Zeitung ein leidenschaftlicher Protest gegen eine Verletzung der richterlichen Unabhängigkeit, die sich das – von dem Zentrumspolitiker Dr. Hermann Schmidt geleitete – Justizministerium in Preußen durch die Mißbilligung eines Gerichtsurteils angeblich hatte zuschulden kommen lassen[105]. Der Sturz der Regierung Otto Brauns wurde hier dann auch als Rettung des unabhängigen Richtertums, ja als Rettung im Kampf »um Sein oder Nichtsein des Rechts« begrüßt.

In der Richterschaft beschränkte man sich indessen nicht auf Proteste gegen angebliche Verletzungen der richterlichen Unabhängigkeit durch die SPD und die Parlamente. Vielmehr bemühte man sich, den Vorwurf der politischen Parteilichkeit auch dadurch zu entkräften, daß man die besondere gesellschafts- und rechtspolitische Rolle des Richters hervorzuheben suchte.

Dies lief in der Regel auf einen einseitigen, Unverständnis für den Weimarer Parlamentarismus verratenden Vergleich zwischen dem Richter, seiner hohen Qualifikation, seinem Weitblick, seiner »unpolitischen« Sachlichkeit und Unbestechlichkeit und dem »von Leidenschaften und Parteiengezänk geprägten Treiben« in den Parlamenten hinaus[106]. Im Hinblick auf die Tagespolitik konnten so die Proteste legitimiert und untermauert werden, die der DRB in den zwanziger Jahren dagegen erhob, daß verschiedentlich parlamentarische Untersuchungsausschüsse in die Kompetenzen der Justiz eingriffen und Straffälle, in die Abgeordnete verwickelt waren, an sich zogen[107].

Zugleich enthielt der Vergleich zwischen richterlicher »Sachlichkeit« und parlamentarischem »Parteigeist« die Antwort auf die Frage, ob der Richter befugt sei, Entscheidungen des parlamentarischen Gesetzgebers auf ihre Rechtmäßigkeit zu prüfen und gegebenenfalls zu verwerfen. Insbesondere nachdem das Reichsgericht und verschiedene Oberlandesgerichte 1923 die Pläne der Reichsregierung zur Aufwertung der Mark als

---

105 Von Campe, Richter! Hütet eure heiligsten Rechte!, in: DJZ 1933, Sp. 52 ff.; die Gegendarstellung des Preußischen Justizministeriums, ebd., Sp. 134 ff.
106 Zit. nach Kübel, Politische Betätigung des Richters, in: DRiZ 1924, Sp. 274 ff., hier Sp. 275; siehe auch Bleckwenn, Zur Entpolitisierung der Rechtspflege, in: Die Justiz I 1925/26, S. 461–463; R. Freymuth, Die Richter der deutschen Republik, in: ebd., S. 547–554.
107 Siehe z. B. die Aussprachen auf dem Augsburger Richtertag: Wunderlich, Die Stellung des deutschen Richters, a. a. O.; W. Kroner, Zur geistigen Haltung des deutschen Richtertums – Eindrücke, in: Die Justiz II 1926/27, S. 1–6.

»sittenwidrig« zurückgewiesen hatten, war dieses Problem zwischen dem Gesetzgeber und den Gerichten höchst umstritten: Reichsregierung und Reichsjustizministerium lehnten ein richterliches Prüfungsrecht strikt ab, während das Reichsgericht betonte, daß die Rechtsprechung »angesichts des völligen Versagens des Gesetzgebers [...] außergewöhnliche Maßnahmen« ergreifen müsse [108].

Die Mehrheit der Richterschaft stellte sich offenbar hinter die Argumentation des Reichsgerichts. Das Prüfungsrecht des Richters gegenüber den Gesetzen der Parlamente wurde in den Zeitschriften der Richterverbände durchweg bejaht. So vertrat der Berliner Amtsgerichtsrat Fränkel die Auffassung, daß der Richter eine »politische Entscheidung« stets darauf zu untersuchen habe, ob sie dem »Geist wahrer Wirklichkeit« entsprossen sei [109]. Erst dann könne er ihr den »Stempel des Rechts« aufdrükken. Die richterliche Neutralität und Sachlichkeit gebe ihm das Recht, ja mache es ihm zur Pflicht, die aus »Parteiengezänk« und »Leidenschaften« erwachsenen Parlamentsbeschlüsse auf ihre Nützlichkeit und Zweckmäßigkeit zu prüfen. Noch deutlicher wurde die antiparlamentarische Stoßrichtung dieser Argumentation in einem 1924 in der Deutschen Richterzeitung anonym veröffentlichten Artikel, in dem zur Rettung des »Staates« zur richterlichen »Selbsthilfe gegen den Gesetzgeber von heute« aufgerufen wurde [110].

Diese Stellungnahmen zum richterlichen Prüfungsrecht zeigen ebenso wie die politische Rechtsprechung, daß es den unkritischen Gehorsam des Richters gegenüber dem Gesetz in der Weimarer Republik wenn überhaupt, dann nur in gebrochener Form gab [111]. Obwohl die Richtervereine des öfteren ihre »unerschütterliche Verfassungstreue« erklärten [112], gerierte sich die Richterschaft doch gegen den Willen der Regierung und gegen den Wortlaut der Verfassung als die eigentliche, der »gegenwärtigen Staatsform« nicht verpflichtete Verteidigerin des Allgemeinwohls und des »Staates an sich«. Gegen die »Fehlleistungen« des parlamentarischen Gesetzgebers stellte man das Prüfungsrecht und das

---

108 Rüthers, Die unbegrenzte Auslegung, a. a. O., S. 64 ff., Zitat S. 80.
109 R. Fränkel, Richter und Republikanismus, in: DRiZ 1923, S. 65 ff.; vgl. ders., Demokratie und Richtertum, in: ebd. 1921, S. 70–75.
110 Selbsthilfe gegen den Gesetzgeber von heute, in: ebd. 1924, Sp. 70 ff.; Marx, Richter und Gesetz, in: ebd. 1930, S. 41 ff.
111 Kirchheimer, a. a. O., S. 314 ff.; G. Jasper, Justiz in der Weimarer Republik. Richterschaft zwischen Monarchie und Drittem Reich, in: Justiz und Nationalsozialismus – kein Thema für deutsche Richter? Bergisch-Gladbach 1984, S. 2 ff.
112 So die Erklärung des Preußischen Richtervereins auf dem Richtertag 1925. Martiny, a. a. O., S. 204 ff. Auf dem Deutschen Richtertag 1925 wurde dagegen erklärt, daß sich der Richter zwar bemüht habe, in den »Geist der Verfassung« einzudringen, »Wesen und Kern des Staatsgrundgesetzes« seien ihm aber »schon vor dem Kriege vertraut« gewesen. Zit. nach Rasehorn, Recht und Rechtspolitik, a. a. O., S. 422.

Auslegungsmonopol der Richterschaft. In der Phase der Präsidialkabinette, die, gestützt auf den Reichspräsidenten und auf Notverordnungen, gegen das Parlament regierten, hielt man sich allerdings – abgesehen vom Protest gegen die Brüningschen Gehaltskürzungen – mit Kritik am Staat auffallend zurück.

Zwar präzisierten die Richter ihre Staatsvorstellungen weder in den politischen Gerichtsurteilen noch in der Fachpresse, aber es bestand doch Einmütigkeit darüber, daß der »eigentliche Staat« nicht die Republik von Weimar, nicht parlamentarisch verfaßt und nicht nach dem Modell der Parteiendemokratie geformt sein sollte[113]. An diesem autoritären Staatsverständnis hielt man mit großem Selbstbewußtsein fest und ließ sich hierin durch die Proteste von seiten der Liberalen und der Sozialdemokratie nicht beirren. Als liberale und sozialdemokratische Politiker 1926 angesichts der Rechtslastigkeit der Gerichte die »Vertrauenskrise« zwischen der Republik und der Justiz ausriefen[114], gab ihnen der Präsident des Reichsgerichts Walter Simons eine bezeichnende Antwort: Er erklärte seinerseits die »Vertrauenskrise« der Richter gegenüber der Republik[115]. Die Beziehungen zwischen der Republik von Weimar und ihrer Richterschaft lassen sich in der Tat als gegenseitige Vertrauenskrise umschreiben.

Richter und NSDAP

Trotz der antiparlamentarischen und oft antisemitischen Grundeinstellung der Weimarer Richter sind ihre parteipolitischen Präferenzen nur schwer zu bestimmen, zumal sie die Mitgliedschaft in politischen Parteien, die dem Anspruch auf Überparteilichkeit und der Abneigung gegen das »Parteiengezänk« allzu deutlich entgegengestanden hätte, zumeist vermieden. Dennoch spricht vieles dafür, daß die Richter, nachdem sie sich 1917/18 vielfach der nationalistischen Vaterlandspartei angeschlossen hatten[116], zu der rechtsliberalen DVP und der rechtskonservativen, später auch eindeutig antisemitisch orientierten DNVP tendierten. DVP und DNVP hatten während der heftigen justizpolitischen Debatten der Republik die Richterschaft gegen die Vorwürfe der KPD, der SPD

113 Simon, a. a. O., S. 50; R. Wassermann, Richter, Reform, Gesellschaft. Karlsruhe 1970, S. 77 ff.
114 Siehe Kuhn, Die Vertrauenskrise der Justiz, a. a. O.
115 DRiZ 1926, Sp. 1665 ff. Simons wandte sich vor allem gegen die öffentliche Kritik an der Justiz, forderte aber auch dazu auf, sich nicht gegen den republikanischen Staat zu wenden. Siehe auch Martiny, a. a. O., S. 206 ff.; Kuhn, a. a. O., S. 109 ff.
116 Kocka, a. a. O., S. 113 f.

und der DDP verteidigt[117]. Zudem hatten beide Parteien die Republik nicht begrüßt und vertraten – mit unterschiedlichen Gewichtungen – eine Politik, die zwischen dem aus Einsicht in die staatspolitischen Sachzwänge geborenen »Vernunftsrepublikanismus« und der strikten Ablehnung des »Systems« schwankte. Wie die Richterschaft waren DVP und DNVP großbürgerlich geprägt. Die von der SPD angestrebten rechtspolitischen Reformen lehnten sie wie die überwiegende Mehrheit der Richter ab.

Die SPD[118], das Zentrum und die DDP, die die Republik etabliert hatten und sie trugen, besaßen hingegen in der Richterschaft nur sehr wenige Anhänger[119]. Ein Berliner Senatspräsident zählte am Ende der Republik bezeichnenderweise nur fünf Prozent der preußischen Richterschaft zu den Parteigängern der Republik[120]. Richter und Assessoren betätigten sich wie selbstverständlich in republikfeindlichen Organisationen wie dem Kaiserlichen Yachtclub, den Nationalen Deutschen Offizieren, der Deutschen Adelsgenossenschaft oder dem Stahlhelm[121]. Der Republikanische Richterbund (RRB), der Berufsverband der prorepublikanischen, im wesentlichen der SPD, dem Zentrum oder der DDP nahestehenden Richter und Juristen, fristete hingegen ebenso wie die Vereinigung sozialdemokratischer Juristen ein unbedeutendes Schattendasein. Nur rund 300 der ca. 10000 Richter der Republik schlossen sich ihm an. Der Mehrzahl ihrer im DRB organisierten Kollegen blieb der RRB suspekt, weil er sich für die Republik engagierte und damit – so der Vorwurf des DRB – das Gebot der richterlichen Neutralität mißachtete[122].

Indessen war auch die NSDAP zweifellos nicht die favorisierte Partei der Richterschaft, obwohl die Gerichte für die Ziele der Nationalsozialisten zuweilen auffälliges Verständnis zeigten und oft auch dann keinen Grund für Strafen sahen, wenn NS-Politiker verkündeten, daß sie nicht nur die »Judenrepublik«, sondern auch deren Politiker »beseitigen« würden[123]. Dennoch war das Verhältnis zwischen der Justiz und der NSDAP gespannt, da die Gerichte durchaus nicht immer nationalsozialistischen Interessen entsprachen[124] und verschiedentlich gegen Nationalsozialisten hart durchgriffen, wenn diese die Strafgesetze verletzt hatten. Das

---

117 Ebd., S. 159 ff.
118 Zur SPD-Mitgliedschaft unter den preußischen Richtern siehe Geheimes Staatsarchiv Berlin Rep. 84 a / 3157.
119 Möller, a. a. O., S. 176 f.; Martiny, a. a. O., S. 198 ff.
120 Schulze, Otto Braun, a. a. O., S. 570.
121 Geheimes Staatsarchiv Berlin Rep. 84 a / 3156.
122 B. Schulz, Der Republikanische Richterbund. Frankfurt 1982.
123 Siehe die Urteile des Landgerichts Rheydt vom 8. 4. bzw. 19. 8. 1931 gegen Florian und Goebbels. HSTAD, Regierung Düsseldorf Nr. 50654.
124 Unter Vorsitz von Dr. E. Bumke lehnte z. B. der Staatsgerichtshof am 27. 4. 1931 den Antrag der NSDAP ab, der Beschluß des Preußischen Staatsministeriums vom

Schwurgericht Beuthen sprach zum Beispiel gegen fünf SA-Leute, die im oberschlesischen Potempa einen Kommunisten brutal ermordet hatten, im August 1932 die – von Hitler dann 1933 in einer Amnestie wiederaufgehobene – Todesstrafe aus[125]. Die Richter galten aufgrund solcher Urteile wie auch aufgrund ihrer Provenienz aus der gehobenen Mittelschicht in der NSDAP als »bürgerlich« und »verjudet«. Wilhelm Kube, der spätere Gauleiter der Kurmark, verstieg sich in einer Sitzung des Preußischen Landtags am 8. Juli 1932 sogar zu wilden Drohungen gegen die Richterschaft: Der »lächerliche Preußische Richterverein« werde »verdammt schnell schweigen«, wenn die NSDAP »seine Mitglieder der berechtigten Wut der breiten Massen« preisgeben werde. »Im Teuteburger Wald haben die Germanen den römischen Richtern die Zunge herausgerissen und ihnen zugerufen: ›Jetzt zische, Natter, wenn du kannst!‹« Das Protokoll vermeldet daraufhin »stürmischen Beifall« der NSDAP-Fraktion[126]. Zumindest in Berlin legten NSDAP-Funktionäre für die Zeit nach der »Machtergreifung« Listen von politisch mißliebigen Richtern an.

Die Bemühungen Roland Freislers, eines der Köpfe der NSDAP im Preußischen Landtag, die Nationalsozialisten aus wahltaktischen Gründen als Anhänger des »Rechtsstaates« zu präsentieren, wirkten angesichts dessen wenig glaubhaft[127]. Für die Richter war die NSDAP zudem auch deshalb wenig attraktiv, weil sie kein rechts- und justizpolitisches Programm aufzuweisen hatte. Vielmehr vernachlässigte sie die programmatische Arbeit völlig und konzentrierte sich auf den »tagespolitischen Kampf«[128], und gerade hier kam es trotz gewisser Sympathien für die »nationalen« Ziele der NSDAP immer wieder zu Reibungen.

Dennoch gab es etliche Richter, die sich der NSDAP eng verbunden fühlten und in der Endphase der Republik trotz Verbots[129] in die Partei eintra-

9. 7. 1930 und die Entlassungen von NSDAP-Mitgliedern aus dem Richterdienst seien als verfassungswidrig aufzuheben.
125 Hannover, a. a. O., S. 301 ff.
126 Zit. nach Justinian, Justiz des Dritten Reiches, in: Die Justiz VII 1932, S. 455 ff., hier S. 457 und 461.
127 Freisler forderte z. B. vom Preußischen Landtag am 25. 5. 1932 die Einsetzung eines Untersuchungsausschusses, der auf der Grundlage von Zarnows »Gefesselte Justiz« die Korruption der Justiz durch die SPD beweisen sollte, und versprach, die NSDAP werde Preußen »wieder zu einem Rechtsstaat« machen. Justinian, a. a. O., S. 455–482, hier S. 457 ff.
128 »Theoriediskussionen« hatte Hitler in seiner »Denkschrift über die inneren Gründe für die Verfügungen einer erhöhten Schlagkraft der Bewegung« vom 20. 12. 1932 nochmals untersagt. BA NS 26/1375. So auch Dr. Werner Best in einem Gespräch mit dem Verfasser im Februar 1985.
129 In Preußen war es den Justizbeamten durch einen Runderlaß des Preußischen Justizministers vom 3. 7. 1930 verboten, sich der NSDAP oder KPD anzuschließen oder diese Parteien zu unterstützen. Ministerialblatt für die preußische innere Verwaltung 1930, Sp. 599. Durch einen Runderlaß des Preußischen Ministers des Inneren vom

ten. Genaue Zahlen liegen allerdings nicht vor, zumal die Justizbehörden NSDAP-Mitglieder unter den Richtern zumeist deckten und Disziplinarverfahren gegen sie hemmten oder gar verhinderten[130]; zudem war die NSDAP – zumindest in den zwanziger Jahren – daran interessiert, ihre Gefolgsleute in der Justiz nicht bekannt werden zu lassen[131].

Folgt man Befragungen, die nach 1945 durchgeführt wurden, so war die Quote von NSDAP-Mitgliedern in der Weimarer Richterschaft verschwindend gering. Im Oberlandesgerichtsbezirk Hamm zum Beispiel wollten von 613 Richtern nur neun vor 1933 der NSDAP angehört haben[132]. Zeitgenössische Quellen revidieren indessen dieses Bild: So zählten nach dem Personalverzeichnis des Kölner Landgerichts von 1936 von 60 Richtern vier bereits vor 1933 zu den »Parteigenossen«. Zwei davon waren der NSDAP sogar beigetreten, als das Verbot der NSDAP-Mitgliedschaft für preußische Justizbeamte vom 9. Juli 1930 noch in Kraft war[133]. Angesichts zahlreicher »stiller« NSDAP-Mitglieder in der Justiz vor 1933 und der Tatsache, daß die Kölner Richter im Dritten Reich als weit weniger »zuverlässig« galten als ihre Hammer Kollegen, erscheinen die nach 1945 gewonnenen Zahlen doch korrekturbedürftig.

Auch die Mitgliederliste des Bundes Nationalsozialistischer Deutscher Juristen (BNSDJ) vom 1. Januar 1931[134], obwohl sie vielen als sicherer Indikator für die Anfälligkeit bzw. Resistenz der Richter gegenüber der NSDAP gilt[135], löst das Problem nicht. Sie weist unter insgesamt 234 – zumeist zur Rechtsanwaltschaft gehörigen – BNSDJ-Mitgliedern drei Amtsgerichtsräte, sechs Landgerichtsräte, einen Landgerichtsdirektor sowie fünf Gerichtsassessoren und einen Richteramtsanwärter aus. Bei 29 der in der Liste aufgeführten Mitglieder fehlen die Berufs- und Namensangaben. Bekannte Mitglieder der NSDAP in der Weimarer Justiz wie der Amtsgerichtsrat Dr. Webler, Leiter der Rechtsstelle der NSDAP in der Rheinpfalz, oder Dr. Werner Best, der Verfasser der Boxheimer-

---

29.7.1932 war den Beamten dann nur noch untersagt, der KPD beizutreten oder für sie zu agitieren. Ebd. 1932, Sp. 773.

130 Siehe Geheimes Staatsarchiv Rep. 84a/3157-2. – Im April 1933 warf der Reichskommissar für die Justiz Kerrl den preußischen OLG-Präsidenten vor, das Verbot der Mitgliedschaft von Richtern in der NSDAP als Rechtens anerkannt zu haben. Diese nannten indes etliche Fälle, in denen sie »Verfolgungen« von NSDAP-Mitgliedern in der Richterschaft verhindert hätten.

131 So trat der spätere Kölner Landgerichtspräsident Walter Müller 1929 der NSDAP auf Bitten von Gauleiter Grohé nicht offiziell bei. Personalakte Müller, Archiv des OLG Köln.

132 Weinkauff, a. a. O., S. 108f.

133 »Goldenes Buch« des Landgerichts Köln von 1936. HSTAD-Kalkum Rep. 28/541.

134 BA NS 16/112.

135 So F. Schenck, Die Einstellung der deutschen Beamten zur Weimarer Republik. 2 Bde, Diss. jur. Mannheim 1984.

Dokumente und Gauobmann der Rechtsabteilung der NSDAP in Hessen-Darmstadt, oder »stille« Parteigenossen wie der Oberreichsanwalt Karl Werner[136] und der spätere Landgerichtspräsident in Köln Walter Müller sind nicht aufgeführt. Schließlich wird der Aussagewert der Liste auch dadurch geschmälert, daß der BNSDJ im Januar 1931 erst am Beginn seiner Entwicklung stand: Am Jahresende hatte er seine Mitgliederzahl bereits auf rund 700 und im Dezember 1932 dann auf 1400 gesteigert[137]. Wie viele Richter unter diesen BNSDJ-Mitgliedern waren, läßt sich mit einem Quellenstück vom Beginn des Jahres 1931 naturgemäß nicht feststellen.

Letztlich wird die Zahl der Richter, die vor 1933 NSDAP-Mitglieder waren, nur durch die Auswertung der richterlichen Personalakten zu klären sein[138]. Wie viele Richter in den Reichs- und Landtagswahlen während der Endphase der Weimarer Republik den Nationalsozialisten ihre Stimme gaben, wird sich indes auch durch diese Quelle nicht bestimmen lassen. Unbestreitbar und letzten Endes wesentlich ist indes, daß die Richterschaft der Weimarer Republik trotz nicht unerheblicher Divergenzen mit der NSDAP in einigen wichtigen Punkten Übereinstimmung mit dem Nationalsozialismus zeigte. In ihrer Mehrheit war sie antirepublikanisch und antiparlamentarisch eingestellt, präferierte einen autoritär verfaßten Staat und war zumindest in Teilen von antisemitischen Ideen infiziert. Nicht zuletzt war die Richterschaft – ebenso wie der juristische Nachwuchs – aufgrund ihrer sozialen und sozialpsychologischen Disposition für politische Heilsversprechungen, wie sie die nationalsozialistische Propaganda nach der »Machtergreifung« bieten sollte, höchst empfänglich.

---

136 R. M. W. Kempner, Ankläger einer Epoche. Berlin 1983, S. 67.
137 Nach W. Becher, Gaurechtsamt und NS-Rechtswahrerbund, in: Rothenberger, Das Hanseatische Oberlandesgericht, a. a. O., S. 287–296, hier S. 288. Siehe auch Schenck, a. a. O., S. 201.
138 Wenig hilfreich auch Hamann, Das Oberlandesgericht Celle im Dritten Reich, a. a. O., S. 196, der sich an der Liste der »Alten Kämpfer« orientiert, die das Preußische Justizministerium 1934 von den Chefpräsidenten forderte. Gefragt wurde nach Justizbeamten, die vor dem 30.1.1933 NSDAP-Mitglied mit einer Mitgliedsnummer unter 300000 gewesen waren. Im höheren Dienst wurden danach insgesamt sechs »alte Kämpfer« gezählt. Nicht alle Teile des OLG-Bezirks Celle gehörten indes zu Preußen. Wichtiger noch: Der größte Teil der Mitglieder, die die NSDAP am 30.1.1933 zählte, trat der Partei seit 1930 bei. In diesem Zeitraum steigerte die NSDAP ihre Mitgliederzahl von 129000 auf 849000. Wer seit 1930 in die NSDAP eingetreten war, konnte in dieser Statistik zumeist nicht erfaßt werden.

II. Die »Machtergreifung«

Als das »Kabinett der nationalen Konzentration« aus Nationalsozialisten und Rechtskonservativen am 30. Januar 1933 die Regierung übernahm, war das Ende des Weimarer Rechtsstaats besiegelt. Angeblich zur »Abwehr kommunistischer staatsgefährdender Gewalttakte« wurden am 28. Februar 1933 durch die Verordnung zum Schutz von Volk und Staat wesentliche Grundrechte wie das auf freie Meinungsäußerung, auf Versammlungs- und Vereinigungsfreiheit oder auf Freiheit der Person außer Kraft gesetzt und damit die Voraussetzungen für brutale Verfolgungsaktionen geschaffen; am 24. März ließ sich Hitler durch den Reichstag, aus dem zuvor alle KPD-Abgeordneten und 15 Mitglieder der SPD-Fraktion zumeist mit Hilfe von Verhaftungen entfernt worden waren, durch das »Ermächtigungsgesetz« das Recht zusichern, ohne Zustimmung des Parlaments verfassungsändernde Gesetze erlassen zu können. Die nichtnationalsozialistischen Parteien und Verbände wurden darauf binnen weniger Monate zerschlagen. Hitler ebnete sich den Weg zum »Führer-Staat«.

Schon zu Beginn der NS-Herrschaft zeichnete sich ab, daß ihre Konsequenzen für die Richterschaft weit gewichtiger werden würden, als es die der »November-Revolution« von 1918 gewesen waren. Die Nationalsozialisten ordneten das Recht politischen Zwecken und rassischen Überzeugungen unter, und vor allem auf der unteren und mittleren Führungsebene der NSDAP proklamierte man offen den Primat der Partei gegenüber dem Staat, d. h. auch das Recht, jederzeit in die Justiz einzugreifen.

Dennoch galt die Ernennung Hitlers zum Reichskanzler in der Richterschaft als »normaler«, legaler Regierungswechsel[1]. Zwar waren die Drohungen der NSDAP gegen die Justiz nicht vergessen, und verschiedentlich fürchtete man, daß Hitler »die Unabsetzbarkeit der Richter und die Unabhängigkeit der Justiz« nicht respektieren würde[2], aber man war bereit abzuwarten, bevor man sich ein Urteil bildete. In den monatlichen Rückblicken, in denen sich der Vorsitzende des DRB Linz und der ehemalige

---

1 Siehe F. Hartung, Jurist unter vier Reichen. Köln 1971, S. 95 ff.; F. Grimm, Politische Justiz. Die Krankheit unserer Zeit – 40 Jahre Dienst am Recht. Bonn 1953, S. 67 ff.; H. Wogatzky, 100 Jahre oberste hanseatische Gerichte, in: Rothenberger, a. a. O., S. 94 f.
2 Zeitspiegel, in: DRiZ 1933, S. 121.

Reichsgerichtsrat Hettner in der Deutschen Richterzeitung mit rechtspolitisch bedeutsamen Ereignissen befaßten, fand die »Machtergreifung« zunächst auch keine Erwähnung[3]. Selbst die Aushöhlung der Verfassung durch die Verordnung vom 28. Februar 1933 wurde nicht kommentiert, obwohl den Richtern dadurch u. a. die Kontrolle über polizeiliche Hausdurchsuchungen entzogen worden war. Statt dessen widmete man sich – wie gewohnt – der »Not« der Richterschaft und der »unbotmäßigen« Kritik, die eine Gewerkschaftszeitung an einem Gerichtsurteil geübt hatte. Die Empfindlichkeit, mit der man während der Republik auf jede vermeintliche Verletzung richterlicher Kompetenzen reagiert hatte, zeigte man gegenüber Hitler nicht.

Die ersten rechtspolitischen Verlautbarungen der neuen Regierung gaben der Richterschaft Grund zu gedämpftem Optimismus. Anläßlich der Verabschiedung des Ermächtigungsgesetzes gab Hitler am 23. März 1933 eine Erklärung ab, in der er die richterliche Unabsetzbarkeit garantierte[4]. Linz wertete dies mit spürbarer Erleichterung als Bekenntnis zur richterlichen Unabhängigkeit und versicherte Hitler der Dankbarkeit und Treue der gesamten Richterschaft[5]. Ihn irritierte dabei offensichtlich nicht, daß Hitler lediglich die Unabsetzbarkeit, nicht aber die Unabhängigkeit der Richter garantiert und dies auch noch mit der Forderung verknüpft hatte, nicht mehr die Rechte des Individuums, sondern das »Volk« in den Mittelpunkt der Rechtsprechung zu stellen und gegen die Gegner der »nationalen Revolution« »mit barbarischer Rücksichtslosigkeit« vorzugehen[6]. In der Deutschen Richterzeitung finden sich vielmehr Stimmen, die die Zerschlagung des parlamentarischen Systems als Beginn einer »glorious revolution« begeistert begrüßten[7] und zudem verlangten, richterliche »Sachlichkeit und Objektivität, Unparteilichkeit und Unabhängigkeit« zugunsten der »deutschen Sache« für eine gewisse Zeit außer acht zu lassen[8]. Die Präsidien des DRB und des Preußischen Richtervereins hatten die Erklärung vom 23. März gar nicht erst abgewartet und schon zuvor erklärt, an der »Erneuerung Deutschlands« mitarbeiten zu wollen[9].

3 Siehe die Hefte 1–4 der DRiZ von 1933.
4 Regierungserklärung Hitlers vom 23.3.1933, in: Domarus, a.a.O., S. 229ff. Nach Klein, Die rheinische Justiz, a.a.O., ging diese Erklärung auf das Drängen des Zentrums in den Verhandlungen um das Ermächtigungsgesetz zurück.
5 K. Linz, Zeitspiegel, in: DRiZ 1933, S. 121f.
6 Zit. nach Domarus, a.a.O.
7 So O. Schwarz, Ermächtigungsgesetz, in: DRiZ 1933, S.97f. Schwarz war Reichsgerichtsrat.
8 Hahn, Richter und Nationalsozialismus, in: ebd. 1933, S.131f. Hahn war ein frühes Mitglied der NSDAP. Seine Begeisterung für die NSDAP dürfte von vielen Richtern kaum geteilt worden sein, wohl aber die Begeisterung für die »nationale Wiedergeburt«.
9 Ebd.

Die NS-Regierung schien dies durchaus belohnen zu wollen. Zumindest bemühten sich in den folgenden Monaten führende Nationalsozialisten, die Differenzen zwischen NSDAP und Justiz vergessen zu machen. Von Bedeutung war dabei offenbar, daß die NS-Funktionäre sich vielfach hohe Staatsämter angeeignet hatten und ihnen im Interesse der Konsolidierung ihrer neugewonnenen Macht an einer Beunruhigung der Beamtenschaft nicht gelegen sein konnte. Vor allem gegenüber der Richterschaft, die in den ersten Monaten der NS-Herrschaft besonders unter den Amtsanmaßungen der nachgeordneten Parteidienststellen und insbesondere der SA zu leiden hatte, schlug man beruhigende Töne an. Wilhelm Kube zum Beispiel, der noch im Juli 1932 im Preußischen Landtag Lynchaktionen gegen die Richterschaft angedroht hatte, zeigte sich nun als Oberpräsident in Brandenburg moderat und richterfreundlich: Nicht die Beschränkung der Rechte der Richter, sondern ihre Befreiung von den Nöten und Zwängen der Republik strebe die NS-Regierung an [10].

Die Maßnahmen, die die inzwischen von Nationalsozialisten geführten Justizverwaltungen ergriffen, um – wie es hieß – die »Vertrauenskrise«, die »Entfremdung zwischen Volk und Rechtspflege« zu beenden [11], bestätigten dies offenbar. So erließ der Reichskommissar für das Preußische Justizministerium Kerrl am 27. Februar 1933 eine Verfügung, die dem während der Republik wiederholt geforderten »Richterschutzgesetz« recht nahekam. Sie sollte es den Richtern wesentlich erleichtern, ein Strafverfahren anzustrengen, wenn sie sich beleidigt fühlten: Ein solches Verfahren sollte auch dann nicht eingestellt werden, wenn die Staatsanwaltschaft ein öffentliches Interesse daran verneinte [12]. Zwar wurde diese Verfügung – wohl aufgrund ihrer überzogenen Formulierungen – schon bald wieder aufgehoben, aber auch in der nachfolgenden Verfügung versicherte Kerrl den Richtern, daß sie bei der Verteidigung ihrer Ehre auf seinen »besonderen Beistand« rechnen könnten. Wer die Richter »während der Ausübung ihres Berufes oder in Beziehung auf ihren Beruf« beleidige, solle »rücksichtslos« zur Verantwortung gezogen werden [13].

Ähnlich vielversprechende Zusagen machte auch Reichsjustizminister Gürtner, den die neue Regierung – auch dies offenbar ein Zeichen für Kontinuität in der Rechtspolitik – aus Papens »Kabinett der parteilosen Fachminister« übernommen hatte. Vor allem aber war es Hans Frank, der bayerische Justizminister und Führer des Bundes Nationalsozialistischer Deutscher Juristen (BNSDJ), der – wohl nicht ohne innere Überzeugung –

---

10 Völkischer Beobachter vom 14./15. 5. 1933.
11 R. Freisler, Das Werden des Juristen, a. a. O., S. 9 f.
12 HSTAD-Kalkum Rep. 28/207. Ähnlich auch Staatsminister Dr. Weber vor dem thüringischen Richterverein am 11. 6. 1933. BA R 43 II/1506.
13 Verfügung des Preußischen Justizministeriums zum Ehrenschutz der Beamten vom 11. 5. 1933. HSTAD-Kalkum Rep. 28/207.

der Richterschaft eine große Zukunft im Dritten Reich versprach[14]. Er ging in den Reden, die er 1933 im Rundfunk, vor den Vertretern der Richtervereine und auf dem Reichsjuristentag in Leipzig hielt, so weit, die Erfüllung fast aller Wünsche zuzusagen, die die Republik verweigert hatte. Die NS-Regierung werde die Richter vor der »sozialen Nivellierung« schützen, ihre Gehälter erhöhen, ihre Autorität wieder herstellen und ihnen im Interesse einer effektiven Bekämpfung des »Verbrechertums« mehr Rechte bei der Leitung von gerichtlichen Verfahren einräumen[15]. Das Dritte Reich werde sich zu einem Rechtsstaat entwickeln, an dessen Spitze ein mächtiges, unabhängiges »Richterkönigtum« stehen werde: »Der Richter soll [...] der große, gütige Richterkönig, der Herrscher über das Leben der Nation sein [...]. Wir wünschen diesen Richterkönig, der entscheidet nach den Gesetzen der Nation, der Richterkönig allerdings, der dann gerade deshalb die Achtung beanspruchen kann, weil er unabhängig und frei nur dem Gewissen der Nation unterworfen ist, das sich in ihm zu verkörpern hat.«[16]

Auch wenn diese Versprechungen nebulös blieben, so trafen sie doch den Nerv des richterlichen Standesbewußtseins. Entgegen anfänglichen Befürchtungen schien die NS-Regierung willens, unter autoritären Vorzeichen geordnete Verhältnisse herbeizuführen und eine richterlichen Interessen gemäße Politik zu verfolgen[17]. Ein autoritärer, nicht mehr durch parlamentarische »Fehlleistungen« blockierter »Rechtsstaat« schien sich – nach Überwindung vorübergehender revolutionärer Ausnahmeerscheinungen – abzuzeichnen.

Dieser Eindruck wurde nicht zuletzt durch die Verschärfung des Strafrechts und des Strafvollzugs bestärkt, die im Frühjahr 1933 eingeleitet wurde. In der Weimarer Republik hatte es in der Richterschaft nicht an Stimmen gefehlt, die sich gegen die Bemühungen zur Einführung des Resozialisierungsgedankens in Strafrecht und Strafvollzug gewandt hatten,

14 Siehe u. a. Frank vor der Gesamtvertretung der deutschen Richter und Staatsanwälte am 14. 1. 1936 in Berlin »Der Richter ist nur untertan dem Lebensgesetz des Volkes«, in: Völkischer Beobachter vom 15. 1. 1936. Siehe auch ders., Im Angesicht des Galgens. Deutung Hitlers und seiner Zeit auf Grund eigener Erlebnisse und Erkenntnisse. München 1953, S. 171 f.; zu Gürtner E. Reitter, Franz Gürtner. Politische Biographie eines deutschen Juristen. Berlin 1976, und v. a. L. Gruchmann, Die Justiz im Dritten Reich. 1933–1940. München 1988.
15 Siehe z. B. H. Frank, Der Richter im Neuen Reich (Rundfunkrede), in: DRiZ 1933, S. 161 ff., sowie ders. vor der Vertreterversammlung des DRB am 9. 7. 1933 in Nürnberg, in: DR 1933, S. 92 f.
16 Zit. nach Frank auf dem »Großen Juristenappell« des Reichsjuristentags am 3. 10. 1933, in: DRiZ 1933, S. 274–277, hier S. 275 f. Siehe u. a. auch R. Schraut, Bearb., Deutscher Juristentag 1933. 4. Reichstagung des Bundes Nationalsozialistischer Deutscher Juristen. Berlin 1933.
17 Siehe z. B. H. Henkel, Die richterliche Unabhängigkeit in ihrem neuen Sinngehalt. Hamburg 1934, S. 7 ff.

zumal man während der Hyperinflation von 1922/23 mit einer in diesem Maße unbekannten »Massenkriminalität« (Eigentumsdelikte etc.) konfrontiert worden war [18]. Obwohl diese Kriminalitätswelle ebenso schnell zurückging, wie sie gekommen war, und die Kriminalitätsziffern am Ende der Republik sogar auf ein Niveau zustrebten, das noch unter dem der Vorkriegsjahre lag [19], hatte man vehement gegen jede »Erweichung« der Strafbestimmungen protestiert [20]. Die Ansicht, daß nach 1919 das »Verbrechertum« durch lasche Gesetze und »Humanitätsduselei« im Strafvollzug [21] gegenüber der arbeitenden Bevölkerung bevorzugt worden sei, war – auch in der Bevölkerung – weit verbreitet [22]. Auf der 25. Tagung der Deutschen Landesgruppe der Internationalen Kriminalistischen Vereinigung am 12./13. September 1932 sprachen sich schließlich viele, insbesondere jüngere Strafrechtler dafür aus, zu einem »autoritären Strafrecht« zurückzukehren [23]. Man müsse – so der Wiener Strafrechtler Graf Gleibach – »fremde Rechtsgedanken ausmerzen« und nicht die »Freiheit des einzelnen«, sondern das »Wohl des Ganzen« zum Maßstab machen. »Haftungsgrundlage [sei] die Schuld, die Schuld des einzelnen Individuums als Zurückbleiben hinter den Forderungen, die ein Volk an ein Individuum stellen darf; die Strafe ist Vergeltung.« [24]

Dementsprechend positiv waren die Reaktionen auf die Rücknahme der Weimarer Reformen im Strafvollzug [25] sowie auf das Gesetz zur Abänderung strafrechtlicher Bestimmungen vom 26. Mai 1933, das die Strafen für so unterschiedliche Tatbestände wie Landesverrat und Tierquälerei radikal verschärfte [26].

18 D. K. Peukert, Die Weimarer Republik. Frankfurt 1987, S. 150 ff.
19 Ebd., S. 153.
20 So gegen die Einschränkung der Gefängnisstrafe durch die Erweiterung der Geldstrafe, Auflockerung des Verfolgungszwangs bei Bagatelldelikten etc. Siehe z. B. Baumbach, Nochmals der Bankrott der Strafjustiz, in: DRiZ 1933, S. 63 f.
21 So waren z. B. in verschiedenen Ländern nach 1919 Gefangenenobmänner, Hafturlaub für Besserungsfähige u. ä. eingeführt worden.
22 Siehe z. B. F. Hauptvogel, Welche Zielrichtung ist dem künftigen Strafvollzug zu setzen, in: Zur Neugestaltung des Strafverfahrens und Strafvollzugs. Berlin 1935, S. 101.
23 Siehe G. Dahm/F. Schaffstein, Autoritäres oder liberales Strafrecht? Berlin 1933.
24 Zit. nach K. Peters, Die Umgestaltung des Strafgesetzes 1933–1945, in: A. Flitner (Hrsg.), Deutsches Geistesleben und Nationalsozialismus. Tübingen 1965, S. 160–177, hier S. 160 f.
25 Dazu Hauptvogel, a. a. O.
26 RGBl 1933/I, S. 295–302. Siehe O. Schwarz, Landgraf werde hart!, in: DRiZ 1933, S. 193–195; etwas gemäßigter der Dresdener Oberjustizrat Ginsberg, Strafrechtspflege im alten und neuen Reich, in: ebd., S. 298–300.

Auch wenn die rechtspolitische Linie Hitlers den Interessen der Richterschaft zu entsprechen schien, so riefen doch andere Schritte der NS-Regierung spürbare Unruhe hervor. Die Sorge um die richterliche Unabhängigkeit keimte trotz der Erklärung Hitlers vom 23. März schon bald wieder auf. Am 31. März 1933 rief der Reichskommissar für das Preußische Justizministerium Kerrl einen – auch gegen politisch mißliebige Richter gerichteten – »antijüdischen Abwehrboykott« aus[27], und am 7. April folgte die Verabschiedung des Berufsbeamtengesetzes (BBG)[28], das der Aufhebung der richterlichen Unabhängigkeit gleichkam[29]. Laut §§ 1, 3 und 4 BBG sollten Beamte, deren Rang nicht ihrer Vorbildung entsprach, die »nichtarischer Abstammung« waren oder die sich für die republikanischen Parteien engagiert hatten, umgehend entlassen werden. §§ 5 und 6 bestimmten, daß Beamte aus nicht näher bezeichneten »dienstlichen« und »verwaltungstechnischen« Gründen versetzt oder in den vorzeitigen Ruhestand geschickt werden konnten. Damit war eine breite Palette von Möglichkeiten gegeben, politisch oder rassisch mißliebige Beamte zu disziplinieren oder aus dem Amt zu drängen.

Diese Bestimmungen lösten Besorgnis aus. Da aber alsbald beschwichtigende Nachrichten über die Intentionen der Regierung folgten, kündigte man den Vertrauenskredit gegenüber Hitler nicht. Karl Linz, der Vorsitzende des DRB, ließ sich vielmehr in einer Audienz, die er am 7. April 1933 bei Hitler erhielt, überzeugen, daß die Regierung lediglich kurzfristig »gewisse Maßnahmen« durchführen, die »Unabhängigkeit der Richter« aber »aufrechterhalten« werde. Es bestehe – so Linz – die berechtigte Hoffnung, »daß die im Gesetz über das Berufsbeamtentum niedergelegten Bestimmungen sobald als möglich in Wegfall kommen«[30].

Das BBG wurde von Linz – und offenbar auch von einem großen Teil der Richterschaft – als vorübergehender Ausnahmezustand verstanden, der zwar unerfreulich, im Interesse der »nationalen Revolution« zur Durchführung einer »Reinigung« der Beamtenschaft aber notwendig sei. Aus dieser Sicht vermochte man dem BBG sogar durchaus positive Aspekte

---

27 Auszugsweise in: U. Hamann, Das Oberlandesgericht Celle im Dritten Reich. Justizverwaltung und Personalwesen, in: Oberlandesgericht Celle (Hrsg.), Festschrift zum 275jährigen Bestehen des Oberlandesgerichts Celle. Celle 1986, S. 143–232, hier S. 153. Siehe auch H. Göppinger, Der Nationalsozialismus und die jüdischen Juristen. Die Verfolgung jüdischer Juristen durch den Nationalsozialismus. Villingen 1963.
28 Gesetz zur Wiederherstellung des Berufsbeamtentums vom 7. 4. 1933. RGBl. 1933/I, S. 175. Zu den Ausnahmebestimmungen siehe § 3, Abs. 2 des BBG sowie die Dritte Verordnung zur Ausführung des BBG vom 6. 5. 1933. RGBl. 1933/I, S. 245–252.
29 Siehe H. Mommsen, Beamtentum im Dritten Reich. Mit ausgewählten Quellen zur nationalsozialistischen Beamtenpolitik. Stuttgart 1966, S. 38 ff.
30 DRiZ 1933, S. 155 f.

abzugewinnen, zumal es sich ja auch gegen die »Weimarer Parteibuchbeamten«, also gegen diejenigen zumeist höheren Richter wandte, die man verdächtigte, ihre Karrieren den republikanischen Parteien zu verdanken. Vor allem das Verbot des Republikanischen Richterbundes und die Entlassung seiner Mitglieder wurde »allseitig mit Genugtuung« aufgenommen, da damit »eine unliebsame und unwahrhaftige Erscheinung« verschwunden sei[31].

Zweifellos täuschte man sich über die prinzipielle Bedeutung des BBG, das nicht, wie erwartet, bald aufgehoben wurde, sondern bis zur Verkündung des Deutschen Beamtengesetzes im Jahre 1937 in Kraft blieb[32]. Die Hoffnungen, daß das BBG lediglich gemäßigte »Säuberungen« mit sich bringen werde, erfüllten sich aber in gewissem Sinne dennoch.

In Preußen zum Beispiel wurden 1933/34 lediglich 128 jüdische Richter und Staatsanwälte entlassen[33]. 213 erfüllten hingegen die Ausnahmebestimmungen, die Hitler Reichspräsident Hindenburg zugestanden hatte. Sie waren im Weltkrieg Frontkämpfer gewesen oder hatten dort den Vater bzw. Söhne verloren und durften – vorerst – im Amt bleiben[34]. In den meisten preußischen Oberlandesgerichtsbezirken führte § 3 BBG, der die Entlassung Beamter »nichtarischer Abstammung« vorschrieb, schon deshalb nicht zu merklichen personellen Veränderungen, weil es hier entgegen der NS-Propaganda, die eine starke Durchsetzung der Justiz mit Juden behauptete[35], kaum »nichtarische« Richter und Staatsanwälte gab[36]. Lediglich in einigen Großstädten wie Berlin, Hamburg, Breslau oder Frankfurt[37], wo z. T. mehr als zehn Prozent der Richterschaft jüdisch wa-

31 K. Linz, Zeitspiegel, in: DRiZ 1933, S. 122.
32 Im Reichsministerium des Inneren wurde durchaus erwogen, das BBG auf Mai oder September 1933 zu terminieren, um die Beamtenschaft nicht zu beunruhigen. Mommsen, Beamtentum, a. a. O., S. 44 ff.
33 Siehe die Statistik des Preußischen Justizministeriums zum Gesamtergebnis der Durchführung des Gesetzes zur Wiederherstellung des Berufsbeamtentums vom 7.4.1934, in: Schorn, a. a. O., Anhang. Die folgenden Angaben danach.
34 § 3 Abs. 2 BBG; Dritte Verordnung zur Ausführung des BBG vom 6.5.1933, RGBl./I, S. 245–252.
35 Siehe u. a. S. Lorenzen, Die Juden und die Justiz. Wolfenbüttel 1942.
36 So insbesondere in den OLG-Bezirken Köln, Naumburg, Kassel, Stettin u. a. Etwas höhere Anteile von »Nichtariern« an der Beamtenschaft des höheren Justizdienstes in den Bezirken Königsberg (ca. 5,8 %), Hamm (ca. 4 %) und Düsseldorf (ca. 3,6 %). Anteil für Preußen 7,9 % bei 6509 Beamten des höheren Dienstes insgesamt. Nach Gruchmann, Die Justiz im Dritten Reich, a. a. O., S. 166, waren 1704 von insgesamt 45 181 planmäßigen Justizbeamten in Preußen Juden. A. Barkai, Vom Boykott zur »Entjudung«. Der wirtschaftliche Existenzkampf der Juden im Dritten Reich, Frankfurt 1988, S. 37, nennt die Zahl von rund 300 jüdischen Richtern und insgesamt 3500 jüdischen Juristen sowie 2800 jüdischen Assessoren und Referendaren.
37 Anteil der »Nichtarier« an der Beamtenschaft des höhren Justizdienstes im Bezirk des Kammergerichts Berlin ca. 19 %, in den Bezirken der OLGs Breslau und Frankfurt jeweils ca. 9 %. Laut Wogatzky, a. a. O., S. 94 f., im Bezirk des OLG Hamburg ca. 15 %.

ren, hatte das BBG spürbare Folgen. In Berlin und Breslau wurden 1933/34 fünf bzw. zwei Prozent der Beamten des höheren Justizdienstes aufgrund ihrer »Rasse« entlassen[38]. Den größeren Teil der jüdischen Richter drängte man indes erst im Laufe der 30er Jahre, vor allem nach den »Nürnberger Gesetzen« aus dem Amt[39]. Einige halbjüdische Richter konnten sich erstaunlicherweise sogar noch bis 1942/43 halten[40], obwohl die Justizverwaltungen seit April 1934 den Nachweis der arischen Abstammung bis hin zu den Urgroßeltern verlangten[41].

Größere Beunruhigung riefen die Entlassung jüdischer Richter offenbar nicht hervor. Zwar zeigten sich manche Richter betroffen und versuchten eine Weile, alte Kontakte zu jüdischen Kollegen nicht abreißen zu lassen[42]. In der Regel verhielt man sich jedoch indifferent oder bemühte sich sogar, den verbliebenen jüdischen Kollegen die Ausübung ihres Berufs zu erschweren[43] und ihre Entlassung zu forcieren[44].

Auch aufgrund von § 4 des BBG, der Beamte betraf, deren Treue für den neuen Staat zweifelhaft erschien, kam es nur zu wenigen Entlassungen im höheren Justizdienst[45]. So mußten in Preußen, wo Justizminister Schmidt

38 Wesentlich stärker als die Richterschaft waren hier und in Gesamtpreußen die jüdischen Referendare und Assessoren betroffen.

39 Nach Gruchmann, Die Justiz im Dritten Reich, a.a.O., S. 166 ff., schieden im Oktober 1935 205 jüdische Richter und Staatsanwälte aus, nach Angaben des RJM von 1943 in den 30er Jahren insgesamt 574 jüdische Richter, Staatsanwälte und Assessoren (incl. Abgänge durch Tod u. a.).

40 Siehe die »Abbauliste« des RJM von 1943, die auch die Namen von Richtern enthält, die sich für die demokratischen Parteien der Weimarer Republik betätigt hatten. BA R 22/2139.

41 Siehe den Runderlaß des Preußischen Justizministeriums vom 14.4.1934. Archiv OLG Köln – Handakten Hamacher. Dieser Erlaß griff den 1935 verabschiedeten Nürnberger Gesetzen vor bzw. ging darüber hinaus. Verheiratete Beamte hatten auch den Stammbaum der Ehefrau vorzulegen.

42 Siehe dazu H. Segelken, Amor fati. Aufzeichnungen einer gescheiterten Juristengeneration. Hamburg 1970.

43 Jüdische Richter fanden z. B. keine Unterstützung, wenn sie von der Verteidigung als »rassisch« befangen abgelehnt wurden. Oft ließen sie sich deshalb mit Verwaltungsaufgaben betrauen. Siehe Segelken, a.a.O.

44 So der OLG-Präsident in Celle, der sich für die Entlassung des jüdischen Senatspräsidenten in Hannover Dr. R. Katzenstein einsetzte, obwohl dieser aufgrund seines Dienstalters nicht vom BBG betroffen war. »Von jeher hat die Ernennung eines Juden zum Richter im Bezirk des Oberlandesgerichts Celle Befremden und Unbehagen ausgelöst.« Zit. nach Hamann, a.a.O., S. 164.

45 Nach einer Liste des RJM vom November 1933 waren zu diesem Zeitpunkt in allen Diensträngen der Justiz 1360 Personen vom BBG betroffen und entlassen worden, davon: zwei »Parteibuchbeamte« (§ 2), zwei wegen kommunistischer Betätigung (§ 2 a), 1114, davon 804 Referendare wegen nicht arischer Abstammung (§ 3), 108, davon elf Referendare wegen nationaler Unzuverlässigkeit (§ 4), 27 Zwangsversetzungen und 107 Entlassungen aus dienstlichen Gründen (§§ 5 und 6). Gruchmann, Die Justiz im Dritten Reich, a.a.O., S. 166.

– im Gegensatz zu vielen seiner Kollegen in anderen Ländern des Reichs – seit 1927 auf eine »Republikanisierung« der Justiz hingearbeitet hatte, 1933/34 97 Richter und Staatsanwälte den Dienst quittieren, weil sie dem Republikanischen Richterbund bzw. den Weimarer »Systemparteien« nahegestanden hatten[46].

Im Gegensatz zu ihren jüdischen Kollegen wurde diesen Richtern gelegentlich eine gewisse Solidarität zuteil – vorausgesetzt allerdings, sie hatten ihre politische Heimat nicht bei der Linken oder den prorepublikanischen Liberalen gehabt. So versuchte der Oberlandesgerichtspräsident in Celle von Garßen die Entlassung eines Richters zu verhindern, der sich sowohl der DVP als auch dem Republikanischen Richterbund angeschlossen hatte[47]. Eine generelle Ablehnung der Disziplinierung von »national« unzuverlässigen Kräften bedeutete dies allerdings nicht. Einen anderen Richter, der sich für die DDP betätigt hatte, wollte von Garßen zwar »trotz schwerster Bedenken« von der – vom BNSDJ mit Nachdruck geforderten – Dienstentlassung ausnehmen, hielt ihn aber aufgrund seiner »linksrepublikanischen Einstellung Weimarer Prägung« am alten Dienstort für untragbar und forderte vom Preußischen Justizministerium seine Versetzung in die Provinz[48].

Die Mehrzahl der preußischen Richter und Staatsanwälte, die 1933/34 vom BBG betroffen waren, wurden »aus dienstlichen Gründen« (§ 5) an einen anderen Dienstort bzw. auf einen unter ihrem bisherigen Dienstrang liegenden Posten versetzt oder »aus verwaltungstechnischen Gründen« (§ 6) in den Ruhestand geschickt. § 5 fand in Preußen auf 264 und § 6 auf 191 Beamte des höheren Justizdienstes Anwendung. Zweifellos erfolgten diese Versetzungen vielfach ebenso aus politischen Gründen wie die Entlassungen nach § 4. Oft scheinen indes tatsächlich »dienstliche« oder »verwaltungstechnische« Gründe die Ursache für die Versetzungen nach §§ 5 und 6 gewesen zu sein. Zumindest konnte der Düsseldorfer Oberstaatsanwalt, der 1949 die Auswirkungen des BBG im Auftrage des nordrhein-westfälischen Justizministeriums untersuchte, von keiner der von ihm erfaßten Versetzungen nach § 5 BBG behaupten, daß sie »in ursächlichem Zusammenhang mit Nichtbeugung vor politischem Druck der Naziherrschaft gestanden« hätte[49].

Sicher ist, daß die Versetzungen nach §§ 5 und 6 für die betroffenen Richter – auch wenn sie gewissermaßen »ausgesondert« bzw. zurückgestuft wurden – im wesentlichen keine bedrohlichen Konsequenzen mit sich

46 D. Majer, Justiz und NS-Staat. Zum Einfluß der NSDAP auf die Organisation und Personalpolitik der Justiz 1933 bis 1945, in: DRiZ 1978, S. 47–51.
47 Hamann, a. a. O., S. 157 f.
48 Ebd., S. 159 f.
49 Bericht vom 2. 6. 1949. HSTAD-Kalkum Rep. 86/83.

brachten. Wer nach § 5 versetzt wurde, behielt zum Beispiel nicht nur den bisherigen Amtstitel, sondern auch die bisherigen Bezüge. Umzugskosten wurden erstattet[50]. Auch wurde man, wenn man eine dem Dienstrang nicht entsprechende Tätigkeit aufnehmen mußte, keineswegs stets auf bedeutungslose Posten abgeschoben. Der Kölner Oberlandesgerichtspräsident Volmer zum Beispiel, der einem – vermeintlich – politisch zuverlässigeren Nachfolger Platz machen mußte, wurde Senatspräsident am Kammergericht Berlin, und der Trierer Landgerichtspräsident Dr. Braun-Fridrici erhielt den Posten eines Senatspräsidenten am Oberlandgericht Hamm[51].

Die Richter, die nach § 6 aus »verwaltungstechnischen Gründen« den Dienst quittieren mußten, gingen – im Gegensatz zu ihren jüdischen Kollegen, denen nach § 8 BBG nur dann Ruhestandsbezüge bewilligt wurden, wenn sie mindestens zehn Dienstjahre aufzuweisen hatten – in einen bezahlten Ruhestand. Ihre Stellen wurden im übrigen nicht wie im Fall der Versetzungen nach § 5 mit »zuverlässigeren« Kandidaten besetzt, sondern ersatzlos gestrichen. Auch die Versetzungen nach § 6 erfolgten demnach vielfach sicherlich, um politisch mißliebige Richter auszuschalten[52]. Sie dürften ihre Ursache aber auch in dem Bestreben gehabt haben, Planstellen abzubauen und fachlich oder menschlich ungeeignete Richter in den Ruhestand zu versetzen.

Im großen und ganzen brachte das BBG, wie von Linz erhofft, keine wesentliche Veränderung der personellen Zusammensetzung der Gerichte[53]. Auch am Reichsjustizministerium ging das BBG ohne merkliche Folgen vorüber, da es hier – so einer seiner Mitarbeiter 1939 – »keine Günstlinge oder ›Exponenten‹ einer parlamentarischen Partei« gegeben hatte[54]. Ein umfassendes personalpolitisches Revirement in der Justiz hätte die NS-Regierung 1933 ohnehin wohl kaum durchführen können. Dazu fehlte es ihr zu sehr an Kräften, die Führungsaufgaben an den Gerichten und in der Justizverwaltung hätten meistern können. Den NS-Machthabern war es allerdings möglich, 1933/34 die Mehrzahl der Oberlandesgerichtspräsidenten- und auch viele Landge-

50 Siehe dazu die Liste der vom BBG betroffenen Richter und Staatsanwälte in NRW. HSTAD-Kalkum Rep. 145/354, Rep. 86/83.
51 Klein, a. a. O., S. 233.
52 Ein Fall der Versetzung nach § 6 BBG im Diensttagebuch des Reichsjustizministers Gürtner, 18. 9. 1936, BA R 22/930. Es handelte sich hier um einen Richter, der sich, obwohl erklärter Antisemit und Gegner der Weimarer Republik, über Hitlers »Mein Kampf« verächtlich geäußert hatte. Dieser Fall läßt erkennen, daß das BBG nicht nur gegen liberale oder linksorientierte Richter in Anwendung kam.
53 So auch Majer, Justiz und NS-Staat, a. a. O.; Mommsen, Beamtentum im Dritten Reich, a. a. O., S. 59.
54 F. Sauer, Das Reichsjustizministerium. Schriften der Hochschule für Politik, Heft 36/37. Berlin 1939, S. 6 ff.

richtspräsidentenstellen mit »national zuverlässigen« Kräften zu besetzen[55].

Diese Richter waren »weltanschaulich gefestigte« Befürworter des neuen Staates – einige von ihnen hatten sich der NSDAP schon vor 1933 angeschlossen –, aktive und bedingungslose Parteigänger der NSDAP waren sie indes in der Regel nicht[56]. Einen Bruch in der Führung der Amtsgeschäfte, geschweige denn eine nationalsozialistische »Gleichschaltung« der Justiz brachten die Neubesetzungen denn auch nicht mit sich[57]. Vielmehr zeigten die 1933/34 ernannten Chefpräsidenten zumeist wenig Bereitschaft, die Interessen ihrer Behörden denen der Partei bedingungslos unterzuordnen. Der Kölner Oberlandesgerichtspräsident Dr. Bergmann oder der Aachener Landgerichtspräsident Hermanns zum Beispiel, die aufgrund ihrer »nationalen Zuverlässigkeit« bzw. aufgrund einer vor 1933 zurückreichenden NSDAP-Mitgliedschaft auf ihre Posten berufen worden waren, zeigten gegenüber der NSDAP keine Scheu, die Belange ihrer Behörden notfalls auch offensiv zu verteidigen. Bergmann wie auch Hermanns[58] gerieten wiederholt in Konflikt mit Dienststellen der NSDAP und Gauleiter Grohé, weil sie sich gegen Versuche, die Rechtsprechung oder Personalentscheidungen der Justiz zu beeinflussen, entschieden zur Wehr setzten. In personalpolitischen Fragen orientierten sie sich weniger an politischen Kriterien als am Fachbeamtenprinzip. So hielt Bergmann 1938 gegen die Pfälzer Gauleitung daran fest, einen jüngeren fachlich hochqualifizierten Richter zum Landgerichtspräsidenten in Trier zu ernennen, obwohl dieser praktizierender Katholik und ehemaliges Mitglied des Zentrums war[59].

Selbst ein fanatischer Nationalsozialist wie Walter Müller, der 1933 wegen langjähriger geheimer Kontakte zur NSDAP trotz mäßiger Fähigkeiten vom Amtsrichter zum Kölner Landgerichtspräsidenten aufstieg, versuchte, den Einfluß der Partei auf seine Behörde möglichst gering zu halten[60]. Er lehnte es entschieden ab, der Gauleitung Einsicht in die Akten des Kölner Landgerichts zu gewähren, und zeigte auch keine Neigung, die

55 Von den OLG-Präsidenten, die vor 1933 ernannt worden waren, hielten sich nur der Düsseldorfer Chefpräsident Schwister sowie sein Celler Kollege von Garßen.
56 Siehe auch H. Kerrl, Die Bedeutung des Gemeinschaftslagers der Referendare in Preußen. Eine Unterredung des Preuß. Justizministers Staatsrat Hanns Kerrl mit der Presse, in: DJ vom 24. 2. 1934, S. 237 ff., hier S. 238: »Von den etwa 7000 mir unterstellten Richtern gehörten am 30. Januar ganze 30 aktiv der nationalsozialistischen Partei an, so daß die Auswahl der Behördenchefs für mich auf große Schwierigkeiten stoßen mußte.«
57 Dagegen Majer, Justiz und NS-Staat, a. a. O.
58 Hermanns, PG seit 1932, wurde 1942 auf Betreiben des Gauleiters Grohé vom Dienst suspendiert. Siehe die Personalakte Hermanns, Archiv OLG Köln.
59 Siehe Diensttagebuch Gürtners, 11. 4. 1938. BA R 22/946.
60 Siehe Personalakte Müller. Archiv OLG Köln.

engagierte Parteiarbeit einiger Richter mit Beförderungsvorschlägen an das Reichsjustizministerium zu honorieren[61]. Hingegen sperrte sich der parteilose Düsseldorfer Oberlandesgerichtspräsident Schwister, der seinen Posten bereits vor der nationalsozialistischen »Machtergreifung« innegehabt hatte, 1937 gegen die Beförderung eines Richters mit dem Argument, daß dieser nicht Mitglied der NSDAP sei[62]. Die Tatsache allein, daß ein Richter nach dem Inkrafttreten des BBG auf einen leitenden Posten berufen wurde, besagte also über seine Willfährigkeit gegenüber der NSDAP letztlich nur wenig.

Die Auflösung der Richtervereine

Größere Erregung als das BBG scheint in der Richterschaft die »Gleichschaltung« der richterlichen Berufsverbände ausgelöst zu haben, die im Frühsommer 1933 die Eingliederung der Richtervereine in die »Deutsche Rechtsfront« unter Führung des BNSDJ brachte und schließlich am 31. Dezember 1933 mit der Auflösung der Richtervereine endete[63]. Der Vorsitzende des DRB Linz zeigte sich schon Anfang 1933 über Pläne, die Richterschaft in einer nationalsozialistisch geführten Berufsorganisation zusammenzufassen, äußerst besorgt. Die organisatorische Selbständigkeit der Richtervereine schien ihm trotz allen Verständnisses für die Notwendigkeiten der »nationalen Revolution« unverzichtbar. Im Falle ihrer Auflösung fürchtete er schwerwiegende Einschränkungen der richterlichen Freiheit.

Die Ahnungen Linz' sollten sich bald bewahrheiten. An verschiedenen Gerichten wurde den Richtern im Frühjahr 1933 die Mitgliedschaft im BNSDJ mit rüden Methoden aufgezwungen. Auf Versammlungen, die von NSDAP und BNSDJ einberufen wurden, fanden sie vorgefertigte Beitrittserklärungen vor, die sie kollektiv zu unterschreiben hatten[64]. Solche Pressionen waren indes keinesfalls allein ausschlaggebend für den raschen Zerfall der Richtervereine. Die Aufrechterhaltung der Selbständigkeit der richterlichen Berufsverbände scheiterte vielmehr vor allem daran, daß große Teile der Richterschaft noch vor der »Gleichschaltung« auf einen raschen Anschluß an den BNSDJ drängten. Das DRB-

61 Siehe das Personalverzeichnis des LG Köln von 1936. HSTAD-Kalkum Rep. 28/541.
62 Diensttagebuch Gürtner, 21. 2. 1937. BA R 22/928.
63 Siehe H. Wrobel, Der Deutsche Richterbund im Jahre 1933, in: Kritische Justiz 1982, S. 323–347; C. v. Frisching, Die deutschen Richtervereine. Freiburg 1936. Zur Auflösung der Richtervereine siehe Anordnung der Führung des BNSDJ Nr. 51/1933 vom 12. 12. 1933, in: DR 1934, S. 20.
64 Schorn, a. a. O.; Klein, a. a. O., S. 218.

Präsidium sah sich auf der Versammlung der Vertreter der Richtervereine am 23. April 1933 in Bad Brückenau damit konfrontiert, daß eine Reihe von Mitgliedern des Preußischen Richtervereins und seines Vorstandes der NS-Regierung nicht nur Loyalität und Treue geloben wollten, wie es der DRB in einer Ergebenheitsadresse am 19. März getan hatte. Sie forderten das DRB-Präsidium vielmehr auf, sich in die »Kampffront« Hitlers, d. h. in den BNSDJ einzureihen[65]. Zuvor hatten bereits die Berliner Mitglieder des engeren Vorstandes des Preußischen Richtervereins ihren Beitritt zum BNSDJ erklärt. Angesichts dessen sah sich das DRB-Präsidium außerstande, für die Richterverbände eine einheitliche Linie gegenüber den Gleichschaltungswünschen des BNSDJ festzulegen. Es gab in Bad Brückenau lediglich eine Empfehlung zu Protokoll, in der für die Beibehaltung der »unpolitischen« Richtervereine unter Führung des DRB und gegen die Selbstauflösung der Richtervereine plädiert wurde.

Dem wurde in Bad Brückenau allgemein zugestimmt, dennoch folgten der lübeckische, der Oldenburger und der württembergische Richterverein schon bald dem Berliner Beispiel und erklärten ihre Verschmelzung mit dem BNSDJ. Die Mitgliederbasis des DRB zerfiel rasch. Der DRB verlor personell und damit – aufgrund des Ausbleibens von Mitgliedsbeiträgen – auch finanziell immer mehr an Substanz[66]. In denjenigen Richtervereinen, die sich dem BNSDJ noch nicht unterstellt hatten, wurden die Spitzen der Fachschaften schließlich mit Vertrauensleuten des BNSDJ besetzt, um die Voraussetzungen für die Überführung in die Deutsche Rechtsfront zu schaffen[67]. Am 30. Mai 1933 verpflichtete Hitler dann alle Beamten, »die rechts- oder staatswissenschaftlich vorgebildet sind«, in den BNSDJ einzutreten[68]. Die Zeit dafür war allerdings knapp bemessen. Der Reichsgeschäftsführer des BNSDJ erließ schon am 24. August 1933 eine – vorläufige – Mitgliedersperre[69].

Infolge dieser Entwicklungen stieg die Mitgliederzahl des BNSDJ von ca. 1600 im Januar 1933 auf rund 30 000 am Jahresende[70]. 1935 waren es bereits 80 000 Mitglieder, davon 15 000 in der Fachgruppe für Richter und Staatsanwälte[71]. Vorbereitungen zur Arbeit mit solchen Mitgliedermas-

---

65 Siehe K. Linz, Zeitspiegel, in: DRiZ 1933, S. 156 f.; Wrobel, a. a. O.; die Pressionen gegen den DRB betonend Weinkauff, a. a. O., S. 102 ff.
66 Siehe die »Zeitspiegel« in: DRiZ 1933, Hefte 1–4.
67 Die die Besetzung der Fachschaften betreffende Anordnung der Führung des BNSDJ Nr. 7/1933, in: DR 1933, S. 26.
68 Anordnung der Führung des BNSDJ Nr. 25/1933, in: DR 1933, S. 126.
69 Anordnung der Führung des BNSDJ Nr. 29/1933, in DR, 1933, S. 156.
70 Dr. Heuber, Reichsgeschäftsführer des BNSDJ, auf dem Reichsjuristentag, in: DRiZ 1933, S. 272 f.
71 Heuber, Der BNSDJ und die Deutsche Rechtsfront, in: H. Frank (Hrsg.), Nationalsozialistisches Handbuch für Recht und Gesetzgebung. München 1935, S. 1560–1571.

sen waren im BNSDJ, der in der »Kampfzeit« vornehmlich die Aufgabe der Rechtsberatung der Partei gehabt hatte, nicht getroffen worden[72]. Vielmehr bestanden offenbar noch im März 1933 Unklarheiten darüber, in welcher Form sich die Unterstellung der Richtervereine vollziehen und wieviel Eigenständigkeit ihnen verbleiben sollte. Eine der neuen Situation entsprechende Organisationsstruktur mußte erst aufgebaut werden[73]. Hierbei war man angesichts des Mißverhältnisses zwischen der Zahl der neuen Mitglieder und den organisatorischen und personellen Bedingungen auch auf die tatkräftige Mithilfe der neueingetretenen »Rechtswahrer« angewiesen.

1933 erschöpften sich die Aktivitäten des BNSDJ vorerst im wesentlichen in der – angesichts der hohen Arbeitslosigkeit junger Juristen höchst willkommenen – Vermittlung von Stellen[74] sowie in Bemühungen, Juristen aller Berufssparten in Versammlungen und Vorträgen ideologisch zu schulen. Zudem wurden 1933 an den Gerichten Arbeitskreise eingerichtet, in denen man Vorschläge zur Neugestaltung des »deutschen Rechts« diskutierte[75] – ein Zeichen dafür, daß man sich auch über die nationalsozialistische Umformung der Gesetze in vielem nicht im klaren war[76].

Bis Mitte der 30er Jahre erlangte der BNSDJ zwar ein Mitspracherecht bei Personalentscheidungen der Justiz[77], eine effektive Machtposition vermochte er sich indessen nicht aufzubauen. Frank verlor 1933/34 den Kampf um Einfluß und Kompetenzen sowohl gegen seine Mitkonkurrenten in der NSDAP als auch gegen Reichsjustizminister Gürtner eindeutig. Der Preußische Ministerpräsident Göring verbot den nationalsozialistischen Beamtenfachschaften und damit auch dem BNSDJ am 26. Juni und nochmals am 4. Oktober 1933 »jede Einmischung in Angelegenheiten der Staatsverwaltung«, insbesondere in Personalentscheidungen der Behördenvorstände[78], und auch bei den Arbeiten zur Übertragung der Kompe-

72 Siehe W. Becher, Gaurechtsamt und NS-Rechtswahrerbund, in: Rothenberger, a. a. O., S. 287–296.
73 Siehe H. Pfeiffer, Die Organisation des BNSDJ im Jahre 1934, in: DR 1934, S. 43–45; eine Geschäftsordnung erhielt der BNSDJ erst am 15. 6. 1933 – siehe Dienstanweisung des Bundes Nationalsozialistischer Deutscher Juristen e. V., in: DR 1933, S. 56.
74 Siehe u. a. »Ein Jahr Aufbau!«. Bericht des Sozialamtes des BNSDJ, in: DR 1935, S. 182–186; H. Hummel, Der Arbeiter der Stirn im Kampf um Arbeit und Brot, in: DR 1935, S. 180–182.
75 Siehe die Tätigkeitsberichte der Gauführungen des BNSDJ für das Jahr 1933, in: DR 1934.
76 Siehe Kap. 6 sowie v. a. H. E. Knöpfel, Drei Jahre Kampf für Deutsches Recht – Ein Bericht über die rechtsschöpferische Arbeit in den Zeitschriften der Deutschen Rechtsfront. Berlin 1936.
77 Siehe Kap. 4.
78 Anordnungen des Preußischen Ministerpräsidenten vom 26. 6. und vom 4. 10. 1933, in: Preußische Justiz 1933, S. 495.

tenzen der Länderjustizverwaltungen auf das Reich konnte Frank den rechtspolitischen Führungsanspruch des BNSDJ nicht durchsetzen. Als er im Juni 1934 die Leitung der »Verreichlichung« der Justizverwaltung an sich ziehen wollte und Reichsjustizminister Gürtner offen als »reaktionären« Juristen attackierte, stellte sich Hitler auf die Seite Gürtners. Frank blieb politisch im zweiten Glied und mußte sich bei der »Verreichlichung«, bei der wesentliche Einflußmöglichkeiten für den BNSDJ hätten geschaffen werden können, mit der Rolle eines dem Reichsjustizministers unterstellten »Reichsjustizkommissars« begnügen[79].

Dem BNSDJ fehlte es an Unterstützung von seiten der Partei, an einer schlagkräftigen Organisation und offenbar auch an finanziellen Mitteln[80]. Er konnte 1933/34 – die »Gleichschaltung« der juristischen Fachzeitschriften ausgenommen[81] – kaum Erfolge vorweisen. Insbesondere die »Umerziehung« der deutschen Juristen, die sich der BNSDJ zum Ziel gesetzt hatte, bereitete erhebliche Probleme, zumal das Schulungs- und Propagandaamt des BNSDJ erst im Aufbau begriffen war und entsprechende Schulungs- und Propagandapläne noch bis 1935 fehlten[82].

Den Rechenschaftsberichten seiner Fachgruppen und Gauleitungen zufolge entfaltete der BNSDJ 1933/34 insbesondere an den Gerichten nur wenige Aktivitäten. Vor allem mit der ideologischen Schulung kam man nur mühsam voran. Es fehlte an geeigneten Schulungsleitern, und die politisch-ideologischen Unterweisungsversuche stießen im allgemeinen auf wenig Interesse. Die BNSDJ-»Fachgruppenreisen« zum Beispiel, die durchgeführt wurden, um den Richtern außerhalb des Berufsalltags in entspannter Atmosphäre NS-Gedankengut näherzubringen, wurden offenbar von den Teilnehmern oft zu Herrenausflügen umfunktioniert, auf denen man sich in der Hauptsache dem Musikprogramm und unterhaltsamen Weinrunden widmete und die »Schulung« lustlos am Rande abwickelte[83].

Auch die Bemühungen des BNSDJ, den juristischen Nachwuchs zu indok-

79 Siehe den Briefwechsel zwischen Frank und Gürtner vom Sommer 1934. BA R 22/ 4723.
80 Siehe u. a. ein Schreiben des NRSB München vom 13.12.1937 an das NSRB-Rechnungsamt, in dem um Unterstützung für eine Tagung in Tutzing gebeten wurde. Das Rechnungsamt lehnte ab, der NSRB sei illiquide und habe eine negative Haushaltsbilanz. BA NS 16/121.
81 Siehe u. a. Knöpfel, a. a. O.; G. K., »Deutsche Juristen-Zeitung« in der Rechtsfront, in: DR 1934, S. 241–243.
82 Siehe Anordnung Nr. 48 des BNSDJ betr. Ausbau des Schulungs- und Propagandaamtes vom 9.12.1933. Vorschläge für Schulungsmaterial und Propagandapläne wurden darin bis zum 31.12.1934 verlangt. DR 1934, S. 20.
83 Siehe »Arbeitsgemeinschaften des BNSDJ« mit Berichten über die Schulungsarbeit. HSTAD-Kalkum Rep. 28/560 und 569.

trinieren, trugen kaum Früchte. Zwar wurde 1933 im mecklenburgischen Jüterbog das Schulungslager »Hanns Kerrl« errichtet, das von 1934 an alle preußischen Justizreferendare durchlaufen mußten. Aber trotz eines Stundenplans, der ausschließlich eine militärische und ideologische Schulung vorschrieb, taugte das Lager[84] – entgegen vollmundigen offiziellen Erklärungen[85] – nur wenig zur nationalsozialistischen Kaderschmiede: Die Organisation des Lagers war mangelhaft, und geschulte Ausbilder waren nur in ungenügender Zahl vorhanden, so daß die Referendare unter Aufsicht ehemaliger Unteroffiziere der Reichswehr oft mit kilometerlangen Geländemärschen oder dem Ausheben und Zuschütten von Schützengräben beschäftigt werden mußten[86]. Begeisterung für den Nationalsozialismus konnte dieser Drill offensichtlich nicht wecken. Vielmehr scheinen etliche Referendare, die das Lager als überzeugte Parteigenossen betraten, es desillusioniert und ohne Parteiabzeichen am Revers wieder verlassen zu haben[87].

Die Mängel in Organisation und Schulungsarbeit veranlaßten den Oberlandesgerichtspräsidenten in Stuttgart im Sommer 1935, das Reichsjustizministerium dringend darum zu bitten, die Referendare seines Bezirks vom Dienst im Lager freizustellen. Die württembergische Gauführung des BNSDJ und die württembergische Gauleitung verlangten sogar die umgehende Auflösung des Lagers und eine Neuorganisation der Referendarausbildung[88].

Auch außerhalb des Lagers »Hanns Kerrl« hatte der BNSDJ bei der Schulung des juristischen Nachwuchses mit Problemen zu kämpfen. So scheiterte die Durchführung der wöchentlichen Schulungstreffen für die Referendare an Gerichten, an denen die Personaldecke dünn und die Arbeitsbelastung deshalb z. T. erheblich war, vielfach daran, daß entweder der »Gemeinschaftsleiter«, d. h. der mit der Schulungsarbeit beauftragte Richter, oder aber die Referendare aus arbeitstechnischen Gründen unabkömmlich waren. Die Raumnot an manchen Gerichten erschwerte die Schulungsarbeit zusätzlich und zwang »Gemeinschaftsleiter« und Referendare verschiedentlich, ihre Treffen auf dem Dachboden des Gerichtsgebäudes abzuhalten[89].

84 Ein paralleles »Hans-Frank«-Lager wurde in Rastatt errichtet; siehe o. V., Das »Hans-Frank«-Lager in Rastatt, in: DR 1934, S. 184.
85 Siehe u. a. Spieler, Preußischer Geist im Gemeinschaftslager Jüteborg, in: DJ 1933, S. 641 ff.
86 Siehe den Bericht des stellvertretenden Führers des BNSDJ Raeke. Diensttagebuch Gürtner, 7. 3. 1936. BA R 22/928; weitere Schilderungen der Mißstände im Lager, ebd., 8. 8. 1935. BA R 22/1059; ebd., 12. 6. 1937. BA R 22 22/706.
87 Ebd., 8. 8. 1935. BA R 22/1059.
88 Diensttagebuch Gürtner, 8. 8. 1935. BA R 22/1059.
89 Siehe »Aussprache über Sonderfragen der kleinen Arbeitsgemeinschaften« auf der

Die Probleme, mit denen sich der BNSDJ 1933 konfrontiert sah, vermochte er in den folgenden Jahren nicht zu lösen. Auch Ende der 30er Jahre erfüllte der Nationalsozialistische Rechtswahrerbund (NSRB) – der BNSDJ erhielt diese Bezeichnung am 15. April 1936 – die Aufgabe der »weltanschaulichen Schulung [...] nur unvollkommen«[90]. Obwohl die Ausbildung im Lager »Hanns- Kerrl« im Oktober 1937 reformiert wurde, führte dies keineswegs zu den erhofften Erfolgen. Die Erziehungsmethoden im Lager blieben Ziel der Kritik führender NS-Rechtspolitiker wie Curt Rothenberger und waren weiterhin bei den Referendaren äußerst unbeliebt[91]. Insbesondere der SD stellte dem NSRB ein vernichtendes Zeugnis aus. Er konstatierte eine »fast allgemeine Interesselosigkeit«, für die er in erster Linie die fehlende Initiative der NSRB-Führung verantwortlich machte[92].

Ähnlich wie das BBG war die »Gleichschaltung« der richterlichen Berufsverbände also für die Mehrzahl der Richter sicherlich eine unangenehme und unerwünschte Begleiterscheinung der »nationalen Revolution«. Eine ideologische Umerziehung, geschweige denn eine ideologische Kontrolle der Richterschaft lag indes weit außerhalb der Möglichkeiten des BNSDJ. Weitaus bedrohlicher war die große Zahl der Eingriffe von NSDAP, SA und SS in die Rechtspflege, die das wahre Gesicht des NS-»Rechtsstaates« zeigten.

Die »Parteirevolution von unten«

Nachdem die NSDAP bei den Reichstagswahlen vom 5. März 1933 43,9 % der Stimmen auf sich vereinigt hatte und Hitler jede Rücksicht auf seine rechtskonservativen Bündnispartner fallen lassen konnte, brach sich in der NSDAP eine »terroristisch-revolutionäre Bewegung« Bahn, die die radikale Umsetzung des Parteiprogramms und insbesondere eine weitgehende Übertragung staatlicher Gewalten auf die Partei verlangte[93]. Die nachgeordneten Parteistellen, die SS und vor allem die SA nahmen die »Gegnerbekämpfung« und die »Entjudung« in die eigenen Hände und terrorisierten auch die breite Öffentlichkeit durch ihr aggressives und

Tagung der Gemeinschaftsleiter des BNSDJ am 17. 9. 1937 in Jüteborg. HSTAD-Kalkum Rep. 28/560 und 569.
90 Jahresbericht 1938 des Sicherheitshauptamtes, in: H. Boberach (Hrsg.), Meldungen aus dem Reich, Herrsching 1984, Bd. 2, S. 121 ff.
91 So auch Gruchmann, Die Justiz im Dritten Reich, a. a. O., S. 310 ff.
92 Jahresbericht des SD für 1938, a. a. O.
93 M. Broszat, Der Staat Hitlers. Grundlegung und Entwicklung seiner inneren Verfassung. 9. Aufl. München 1981, S. 108 ff.

brutales Auftreten. Allein in Preußen wurden im März und im April 1933 rund 25 000 Personen Opfer von Verhaftungsaktionen der SA. Sie wurden in sogenannte Schutzhaftlager verschleppt und dort vielfach hemmungslos mißhandelt[94]. Die Todesfälle in diesen Lagern häuften sich. Allein bis Oktober 1933 sollen es 500 bis 600 gewesen sein. Bemühungen der Justizbehörden, Ermittlungen einzuleiten, verhinderten Partei, SA und SS, indem sie Beweismaterial verschwinden ließen oder die Staatsanwälte und Richter durch Drohungen einschüchterten[95]. Im Fall des Wuppertaler SA-Lagers Kemna schlug Hitler selbst das Verfahren gegen einige SA-Männer, denen die Staatsanwaltschaft schwerste Folterungen und die Ermordung von Häftlingen nachgewiesen hatte, nieder und legte den Fall in die Hände der Parteigerichtsbarkeit[96].

Die Versuche der Justiz, SA- und SS-Leute wegen ihrer Verbrechen zur Rechenschaft zu ziehen, verschärften die ohnehin schon großen Aversionen, die sich in NSDAP, SA und SS angestaut hatten. Die Justiz wurde einer der Hauptangriffspunkte der SA, die so versuchte, ihren Anspruch auf staatliche Hoheitsrechte zu demonstrieren. Die Erklärungen, in denen Hitler, Frank und andere 1933 gelobten, die Autorität der Justiz nicht anzutasten, verhallten in den nachgeordneten Dienststellen der NSDAP und der SA ungehört. Reibereien und offene Auseinandersetzungen mit den Justizbehörden waren bis zur Niederschlagung der »Parteirevolution von unten« am 30. Juni 1934, dem Tag der Ermordung des Obersten SA-Führers Ernst Röhm, an der Tagesordnung. Am spektakulärsten waren dabei die Aktionen, die die SA im März 1933 im Rahmen eines reichsweiten »Judenboykotts« unternahm. Am 11. März besetzten SA-Trupps das Oberlandesgericht Breslau und prügelten alle Richter und Anwälte, die im Verdacht standen, Juden oder Republikaner zu sein, auf die Straße[97]. Obwohl das Preußische Justizministerium bei Franz von Papen, dem Reichskommissar für Preußen, gegen diese Vorfälle scharf protestierte und Hitler der SA daraufhin strengstens befahl, Störungen der Rechtspflege zu unterlassen, wiederholte sich ähnliches Ende des Monats am Oberlandesgericht Köln[98] und an anderen Gerichten.

94 Ebd.; siehe auch E. Kosthorst/B. Walter, Konzentrations- und Strafgefangenenlager im Dritten Reich – Beispiel Emsland. Dokumentation und Analyse zum Verhältnis von NS-Regime und Justiz. 3 Bde, Düsseldorf 1983.
95 Siehe u. a. L. Gruchmann, Die bayerische Justiz im politischen Machtkampf 1933/ 34. Ihr Scheitern bei der Strafverfolgung in Dachau, in: M. Broszat/E. Fröhlich (Hrsg.), Bayern in der NS-Zeit. Bd. II, München 1979, S. 415–428; Nürnberger Dokumente, Bd. XXXVI, S. 11–95 (Dok. 923 D–939 D); siehe die Besprechung Franks mit einigen bayerischen OLG-Präsidenten im April 1934. BA R 22/4069.
96 K. Ibach, Wuppertaler Konzentrationslager 1933–1934. Wuppertal 1981, S. 82 ff.; siehe auch Stadtarchiv Wuppertal 5 II 201743.
97 F. Ostler, Die deutschen Rechtsanwälte. 2. Aufl. Essen 1982, S. 248.
98 Klein, a. a. O., S. 216 f.

Diese Ereignisse hatten insbesondere auf die Richter der betroffenen Gerichte eine schockartige Wirkung. In Köln sah sich sogar der einzige »alte Parteigenosse« unter den Richtern des Oberlandesgerichts dazu genötigt, seinem Abscheu über die SA in aller Form Ausdruck zu geben[99]. Allerdings sah man in der Richterschaft keine Veranlassung, den Ordnungswillen und die rechtsstaatlichen Absichten der NS-Regierung prinzipiell anzuzweifeln oder sich gar von ihr zu distanzieren. Einen planmäßig durchgeführten Terror von seiten der Partei und der Regierung wollte man – trotz einer gewissen Beunruhigung – nicht erkennen[100], zumal man – wie die bayerischen Oberlandesgerichtspräsidenten, in deren Bezirken sich die SA besonders aggressiv gebärdete – z. T. durchaus die Erfahrung machte, daß die SA-Führer und die Gauleitungen der Partei, auf die Übergriffe der nachgeordneten Dienststellen angesprochen, Verständnis für die Belange der Justizbehörden zeigten. So konnte der Oberlandesgerichtspräsident in Zweibrücken auf einer Besprechung im bayerischen Justizministerium im April 1934 wie auch andere seiner Kollegen berichten, daß es »in verhältnismäßig kurzer Zeit« gelungen sei, die Übergriffe von SA und Partei zu beenden[101], da die Oberste SA-Führung und die pfälzische Gauleitung »für die Bedürfnisse des autoritären Staates volles Verständnis gezeigt« hätten[102]. Daß diesen kaum am »Rechtsstaat«, sondern vor allem daran gelegen war, die Eigenmächtigkeiten der nachgeordneten Dienststellen zu unterbinden und die Befehlsdisziplin wiederherzustellen, wurde offenbar nicht durchschaut.

Auch in Preußen konnten die Richter im Sommer 1933 den Eindruck gewinnen, daß der NS-Staat in der Tat Schritte zur Stabilisierung der öffentlichen Ordnung und zur Wiederherstellung der Autorität der Justiz unternahm. Waren aus Rücksicht auf die alte Parteigarde noch im Frühjahr 1933 zahlreiche Verfahren gegen »alte Kämpfer« niedergeschlagen worden, sofern die betreffenden Straftaten im Interesse der »nationalen Revolution« verübt worden waren[103], so wurde im Juli die nationalsozialistische Revolution offiziell für beendet erklärt. In einer Verordnung vom 22. Juli 1933 verbot der Preußische Ministerpräsident Hermann Göring der SA jeden Eingriff »in die staatliche Hoheitssphäre, insbesondere in

99 Ebd.
100 Dagegen Weinkauff, a. a. O., S. 124 ff.
101 Wie der OLG-Präsident Zweibrücken Siegel u. a. auch Generalstaatsanwalt Leuchs, Nürnberg.
102 BA R 22/4069.
103 Siehe die Verordnung des Reichspräsidenten über die Gewährung von Straffreiheit vom 21. 3. 1934. RGBl. 1933/I, S. 134. Zur Durchführung der Verordnung in Preußen siehe die Verfügung des Preußischen Justizministeriums zu Gnadensachen aus Anlaß der Beendigung der nationalsozialistischen Revolution vom 25. 7. 1933, in: Justizministerialblatt für die preußische Gesetzgebung und Rechtspflege 1933, S. 259 f.

die Gerichtsbarkeit des Staates«. Zudem verlangte er, daß jede Straftat, die von SA-Mitgliedern nach der Machtübernahme begangen worden war, von der Justiz »unerbittlich auf das strengste« bestraft werden solle[104].

Verfahren gegen SA-Leute oder verdiente Parteigenossen trugen zwar auch danach für die Richter gewisse Risiken in sich – z. B. wurde ein Amtsrichter in Moers, der SA-Mitglieder wegen der Schändung eines jüdischen Friedhofes verurteilt hatte, offenbar auf Drängen der Partei strafversetzt[105] –, aber die preußische Justiz vermochte es mit Hilfe Görings in vielen Fällen dennoch, ihre Strafhoheit durchzusetzen. Nach dem 22. Juli 1933 wurde eine Vielzahl von Angehörigen der SA und der NSDAP von preußischen Gerichten wegen Amtsanmaßung, Körperverletzung oder anderer Vergehen verurteilt. Allerdings war das Selbstvertrauen der Richter angesichts der Vorgänge im Frühjahr 1933 noch recht labil, so daß sie in diesen Fällen bei der Festsetzung des Strafmaßes zumeist Zurückhaltung zeigten[106].

Wie Göring konnte auch der Führer des BNSDJ und bayerische Justizminister Frank auf Erfolge im Kampf gegen die »Parteirevolution von unten« verweisen. In den meisten bayerischen Oberlandesgerichtsbezirken waren die Übergriffe der SA gegen die Gerichte vom Sommer 1933 an deutlich zurückgegangen. Auf der erwähnten Besprechung mit den Chefpräsidenten und Beamten des bayerischen Justizministeriums am 5./ 6. April 1934 verkündete Frank selbstbewußt das Ende der NS-Revolution als »barrikademäßiger Vorgang« und das Ende des Einflusses der »machtlüsternen kleinen Diktatoren« auf die Justiz[107]: Die Justiz werde sich bald zu einer unantastbaren »Herberge der Gerechtigkeit« entwikkeln, die »Prädominante des Staates« werde durchgesetzt, und die Richter würden völlig unabhängig urteilen und nur dem obersten Autorität des Führers unterworfen sein. Immerhin konnte Frank diese Versprechungen mit einigen eindrucksvollen Fakten untermauern. So war die Zahl der Personen, die sich in Schutzhaft befanden, in Preußen von rund 25 000 im Frühjahr 1933 auf »nur« 2800 im Frühjahr 1934 gesunken, und auch in Bayern kündigte sich eine drastische Reduzierung der Zahl der Schutz-

---

104 Kundgebung des Herrn Preußischen Ministerpräsidenten vom 22. 7. 1933, in: ebd., S. 235.
105 Schöffengericht Moers vom 10. 5. 1935. HSTAD-Kalkum Rep. 7/371, sowie Sammelakten betreffend die Dienstaufsicht bei den Gerichten. HSTAD-Kalkum Rep. 28/ 153. Zu vergleichbaren Fällen in Sachsen siehe Kap. 4.
106 Siehe z. B. die Zusammenstellung von Urteilen politischen Charakters im Landgerichtsbezirk Köln von 1935. HSTAD-Kalkum Rep. 28/371. Zum Problem der Strafverfolgung von »Angehörigen der Bewegung« Gruchmann, Die Justiz im Dritten Reich, a. a. O., S. 220 ff.
107 Nach dem Protokoll der Besprechung am 5./6. 4. 1934. BA R 22/4069.

häftlinge an, auch wenn sich dort die Verhältnisse noch nicht ganz so positiv entwickelt hatten[108].

Für eine Rückkehr zu geordneten Verhältnissen sprach zudem, daß Ministerialrat Döbig den bayerischen Chefpräsidenten einen offenbar mit den Reichsleitungen von NSDAP, SA und SS ausgehandelten Entwurf einer Verordnung vorlegen konnte, durch die die Frage der Strafverfahren gegen Mitglieder von SA und SS endgültig geregelt werden sollte. Dieser Entwurf verlangte zwar von der Staatsanwaltschaft, daß sie sich in jedem Fall um einen Ausgleich mit den Rechtsberatern der SA und SS bemühen sollte, legte aber die letzte Entscheidung über die Einleitung eines Strafverfahrens in die Hände des bayerischen Staatsministeriums der Justiz.

Besonders eindrucksvoll mag für die Chefpräsidenten gewesen sein, daß Frank die »Prädominante des Staates« quasi vor ihren Augen unter Beweis zu stellen vermochte. Den Chefpräsidenten lag eine von Heydrich unterzeichnete Anordnung der Bayerischen Politischen Polizei vom 20. März 1934 vor, nach der Anzeigen gegen Mitglieder der NSDAP, der SA, der SS und der HJ nur dann an die Staatsanwaltschaft weitergeleitet werden durften, wenn diese von der Politischen Polizei gebilligt worden waren. Frank erklärte den versammelten Chefpräsidenten, daß er es grundsätzlich ablehne, »derartige Verfügungen« entgegenzunehmen, und beauftragte Ministerialrat Döbig, bei Gauleiter Wagner telefonisch Protest einzulegen. Frank war noch während der Besprechung in der Lage, mitzuteilen, daß die Anordnung Heydrichs umgehend aufgehoben worden sei. Künftig würden alle Anzeigen gegen NSDAP-Angehörige wieder »pflichtgemäß« der Staatsanwaltschaft vorgelegt, die Politische Polizei habe nur noch das Recht, von der Staatsanwaltschaft über solche Fälle informiert zu werden.

Danach dürften die Chefpräsidenten die Besprechung im bayerischen Justizministerium in der Hoffnung verlassen haben, daß die »Parteirevolution von unten« nunmehr tatsächlich abgeschlossen sei. Der Aufbau eines autoritären Rechtsstaates und damit auch die Konsolidierung der Autorität von Justiz und Richterschaft schienen sich anzukündigen. Bezeichnenderweise wurden 1933/34 die Inhalte und Formen eines nationalsozialistischen Rechtsstaates in der juristischen Fachpresse von angesehenen Staatsrechtlern mit Intensität und Leidenschaft diskutiert[109].

So sah man in der Richterschaft trotz des BBG, der »Gleichschaltung« der

108 Im flächenmäßig kleineren Bayern betrug die Zahl der Personen in Schutzhaft laut Frank im Frühjahr 1933 2600. Der Rückgang der Zahl der Häftlinge war nur vorübergehend. Sie stieg seit Mitte der 30er Jahre stetig und betrug bei Kriegsbeginn im Reich rund 25000. M. Broszat, Nationalsozialistische Konzentrationslager 1933–1945, in: ders. u. a. (Hrsg.), Anatomie des SS-Staates, Bd. 2, 2. Aufl. München 1979, S. 15 ff.
109 Siehe v. a. W. Hempfer, Die nationalsozialistische Staatsauffassung des Preußi-

Richtervereine, des SA-Terrors und der Aushöhlung der Grundrechte der Weimarer Reichsverfassung keinen Grund, der NS-Regierung die Gefolgschaft zu verweigern. Gemessen an der Zahl der Richter, die in der Anfangsphase der NS-Herrschaft der NSDAP beitraten, war die Loyalität und Zustimmung zur neuen Regierung vielmehr gerade in der Richterschaft offenbar besonders groß. Richter stellten einen hohen Anteil der sogenannten Märzgefallenen[110], und an manchen Gerichten trat der Großteil der Richter der NSDAP fast geschlossen bei, noch bevor am 1. Mai 1933 eine Beitrittssperre gültig wurde. In Köln, einer überwiegend katholisch orientierten Stadt, in der noch bei den Märzwahlen die NSDAP weit unter dem Reichsdurchschnitt gelegen hatte[111], reihten sich zum Beispiel rund 65 % der Richter des Landgerichts im Frühjahr 1933 in die NSDAP ein[112]. Auch der Überfall der SA auf das Kölner Oberlandesgericht im März 1933 hatte offensichtlich keine Distanzierung vom NS-Staat bewirkt. Zweifellos spielten auch falsche Informationen und versteckte Drohungen von seiten des BNSDJ bei den Parteibeitritten der Richter gelegentlich eine Rolle. So verbreiteten der BNSDJ und verschiedene bereits »gleichgeschaltete« Richtervereine im April 1933, daß der Beitritt zum BNSDJ mit der Verpflichtung zum Eintritt in die NSDAP verknüpft sei, und forderten die Richter auf, ihre Verbundenheit mit dem »neuen Deutschland« durch den Parteieintritt zu bekunden[113]. Indessen gab es keinen »konzentrischen Druck«, der die Richter »steuerlos« gemacht und sie der NSDAP in die Arme getrieben hätte[114]. Im allgemeinen blieben sie vielmehr frei von Beeinflussungsversuchen. Die Justizministerien der Länder und – bis auf wenige Ausnahmen – auch die Chefpräsidenten gaben keine Erklärungen ab, in denen die Richter zum Parteibeitritt aufgefordert worden wären. Die Mitgliedschaft im BNSDJ war, sofern man keine weitreichenden Karrierewünsche hatte, durchaus ausreichend, und selbst sie war entgegen anderslautenden Bekanntmachungen und Anordnungen nicht unbedingt zwingend[115].

Die individuellen Gründe der Richter für den Eintritt in die NSDAP sind letztlich nicht zu klären. Für ihre rasche Anpassung an den neuen Staat waren aber sicherlich weniger politische Pressionen oder die personelle

schen Oberverwaltungsgerichts. Dargestellt an ausgewählten Beispielen rechtsstaatlicher Grundsätze. Berlin 1974.
110 Weinkauff, a. a. O., S. 109ff.
111 Mit 30,1 % gegenüber 43,9 % im Reichsdurchschnitt. Broszat, Der Staat Hitlers, a. a. O., S. 107.
112 Siehe das Personalverzeichnis des LG Köln von 1936. HSTAD Rep. 28/541.
113 Weinkauff, a. a. O., S. 108f.
114 Dagegen Weinkauff, ebd.
115 Siehe das Personalverzeichnis des LG Köln, das 1936 zwei ältere Richter ausweist, die keiner NS-Organisation angehörten. HSTAD-Kalkum Rep. 28/541.

»Säuberung« und Umgestaltung des Justizapparates durch das BBG verantwortlich. Entscheidend waren offenbar ihre soziale, politische und rechtspolitische Frustration aus der Zeit der Republik und ihre Zustimmung zu der autoritären Restauration von Staat und Recht, die sich nicht nur in der NS-Richterpropaganda, sondern trotz gewisser Irritationen durch die »Parteirevolution von unten« auch in der faktischen Politik der neuen Regierung abzuzeichnen schien. Zudem versprach die NS-Regierung trotz der »Gleichschaltung« der Richtervereine durchaus glaubhaft, auch die materiellen und standespolitischen Forderungen zu erfüllen, die man in der Richterschaft für den Fortbestand des Richtertums in Deutschland für unerläßlich hielt. Die Interessengegensätze und Konflikte mit den Dienststellen und Organisationen der Partei wurden demgegenüber in ihrer Bedeutung unterschätzt.

III. Gleichgeschaltet und gelenkt?

Die »Parteirevolution von unten« fand am 30. Juni 1934 durch die Ermordung des Obersten SA-Führers Ernst Röhm ein blutiges Ende. Die Wiederherstellung der »geregelten Verhältnisse«, die Hans Frank den bayerischen Oberlandesgerichtspräsidenten im April zugesichert hatte, vollzog sich durch einen eklatanten Bruch des Rechts und unter Ausschaltung der Gerichtsbarkeit[1]. Wie gegen die meisten der SA-Leute, die in den Schutzhaftlagern Gegner des NS-Regimes ermordet hatten, konnte die Justiz auch gegen die SS-Männer, die auf Befehl Hitlers Röhm, etliche seiner Gefolgsleute und verschiedene Gegner des »Führers« aus dem national-konservativen Lager erschossen hatten, keine Ermittlungen einleiten.

Hitler versuchte, die Ereignisse zu bemänteln, indem er den Mord an Röhm vom Reichstag am 3. Juli 1934 als »Staatsnotwehr« für Rechtens erklären ließ[2]. Zudem machte er sich zum »obersten Gerichtsherrn«, dessen »echte Gerichtsbarkeit« – so Carl Schmitt – aus dem »Lebensrecht« des Volkes erwachse und deshalb weder von den Gesetzen noch den Gerichten, sondern nur vom »Führer« selbst zu begrenzen sei[3].

Obwohl Hitler die Gesetze brutal mißachtet und sich die Ermächtigung zum jederzeitigen Rechtsbruch ausgestellt hatte, waren die Reaktionen auf den 30. Juni überwiegend positiv. Zumeist begrüßten die Deutschen sein Vorgehen als Befreiung vom SA-Terror und längst fällige Maßnahmen zur Wiederherstellung von Recht und Ordnung[4]. Auch in der Richterschaft scheint nach anfänglicher Verunsicherung[5] die Erleichterung überwogen zu haben[6], zumal die SA verschiedentlich auch Richter terrorisiert hatte[7] und sich Hitler beeilte, sein Auftreten als »oberster Gerichtsherr« zu einem einmaligen Vorkommnis zu erklären[8]. In diesem Sinne konnte auch ein Rundschreiben des Reichsjustizministeriums vom 20. Juli 1934 verstanden werden, dem zufolge nun die strikte Einhaltung

---

1 Siehe v. a. Gruchmann, Die Justiz im Dritten Reich, a. a. O., S. 433 ff.
2 Gesetz über Maßnahmen der Staatsnotwehr vom 3. 7. 1934, in: RGBl. 1934/I, S. 529.
3 C. Schmitt, Der Führer schützt das Recht, in: DJZ 1934, S. 946–950.
4 Siehe die Lageberichte der Regierungspräsidenten für Juli 1934 (BA R 43 II/1263) sowie der SOPADE für Juni/Juli 1934, 1. Jg. 1934, Salzhausen 1980, S. 197 ff.
5 Gruchmann, Die Justiz im Dritten Reich, a. a. O., S. 471 ff.
6 So u. a. Grimm, Politische Justiz, a. a. O., S. 96 ff.
7 Siehe u. a. J. V. Wagner, Bochum unterm Hakenkreuz, Bochum 1983, S. 101.
8 Schmitt, a. a. O.

der Gesetze »mehr denn je« die Voraussetzung für die weitere Arbeit der Reichsregierung sei[9].

Protest gab es in der Richterschaft nicht. Ein bayerischer Richter, der ein Promemoria vorlegte, in dem er die Juni-Morde als Rechtsbruch brandmarkte, blieb ein folgenloser Ausnahmefall. Als sein Gerichtspräsident darauf verwies, daß »einige Richter [...] doch bekanntlich auf der anderen Seite« ständen, zog er sein Schreiben zurück[10].

In der Tat gab es nach dem 30. Juni Entwicklungen, die die Hoffnung auf eine Stabilisierung von Recht und Ordnung zu bestätigen schienen. Die Justiz konnte die Schutzhaftlager der SA – wenn auch nur vorübergehend – unter ihre Verwaltung stellen[11], und im Sommer 1934 wurden zahlreiche »alte Kämpfer«, die sich Posten in den Stadt- und Gemeindeverwaltungen erobert hatten, wegen Amtsmißbrauchs, Korruption und ähnlichem vor Gericht gestellt[12]. Diese Säuberungen entsprachen zwar in erster Linie dem Interesse des NS-Regimes, sich von untragbar gewordenen Parteigenossen der »Kampfzeit« zu trennen und gegenüber der Bevölkerung Ehrlichkeit und Kraft zur Selbstreinigung zu demonstrieren. Auch konnten sie nicht verdecken, daß die Verbrechen, die im Zuge der »nationalen Revolution« begangen worden waren, zumeist ungesühnt blieben. Aber sie schienen doch zu zeigen, daß die »Rechtsherrlichkeit und Eigengesetzlichkeit« der Partei, die von NS-Staatstheoretikern immer wieder propagiert wurde, die Parteigenossen der staatlichen Gerichtsbarkeit im allgemeinen nicht entzog.

Damit war indessen nicht die Frage gelöst, wie sich die Machtverhältnisse zwischen der NSDAP und den staatlichen Behörden konkret gestalten sollten[13]. Gerade für die Richterschaft war dies ein zentrales Problem. Sollte die Justiz, wie es u. a. den Gauleitern und dem Stellvertreter des Führers (StdF) Heß vorschwebte, in einen politischen Apparat umgewandelt werden, den die Partei sowohl in seinen Entscheidungen als auch in

9 Siehe Gruchmann, Die Justiz im Dritten Reich, a. a. O., S. 473. Ähnlich auch Göring vor den preußischen Staatsanwälten am 12. 7. 1934 (BA R 22/4277), der allerdings forderte, die Juni-Morde als Rechtens anzuerkennen und keine Ermittlungen einzuleiten.
10 Promemoria eines bayerischen Richters zu den Juni-Morden 1934, in: VfZ 1957, S. 102 ff.
11 Die Lager wurden alsbald von der SS übernommen. Siehe u. a. K.-L. Terhorst, Polizeiliche planmäßige Überwachung und polizeiliche Vorbeugungshaft im Dritten Reich. Heidelberg 1985; Gruchmann, Die Justiz im Dritten Reich, a. a. O., S. 632 ff.
12 Siehe den Lagebericht der Staatspolizei Köln für Juli 1934. Staatsarchiv Preußischer Kulturbesitz Rep. 90 P, Nr. 76, H. 6, sowie des Regierungspräsidenten in Köln für Juli 1934 (»Verfehlungen führender Persönlichkeiten des Siegkreises«), BA R 43 II/1263.
13 Das Gesetz zur Sicherung der Einheit von Partei und Staat vom 1. 12. 1933 (RGBl. 1933, S. 1016) und auch die Beteiligung des StdF an der Gesetzgebung des Reiches durch einen Erlaß vom 25. 7. 1934 trugen zur faktischen Lösung dieser Frage wenn überhaupt, dann nur wenig bei.

seiner personellen Zusammensetzung steuerte? Oder sollte – so die Linie des Reichsjustizministeriums – bei der Einstellung und Beförderung von Justizbeamten zwar auch die »politische Zuverlässigkeit«, vor allem aber weiterhin das Fachbeamtenprinzip ausschlaggebend und die Gerichte nur dem Führer als »oberstem Gerichtsherrn« verantwortlich sein? Die Antwort auf diese Frage entschied über die personelle Autonomie der Justiz, über die Unabhängigkeit der Rechtsprechung und über die Autorität der Richter in der Gesellschaft. Wenn die Partei sie am Gängelband führte, würden sie rasch ihre Legitimation verlieren. Nicht zuletzt ging es auch um die behördliche Hierarchie innerhalb der Justiz. Ranghohe »Amtswalter« von NSDAP und BNSDJ waren nämlich im mittleren Justizdienst weit stärker vertreten als unter den Richtern, die der Partei in der Regel erst 1933 beigetreten waren und meist untergeordnete Parteiämter bekleideten. Die Ausrichtung der Arbeit der Behörden am Willen der Partei hätte die Rangordnung der NSDAP auch in der Justiz zum entscheidenden Maßstab gemacht und die Richter in Abhängigkeit von Beamten des mittleren Dienstes bringen können.

Unter nationalsozialistischen Politikern war unumstritten, daß die NS-Ideologie die Richtschnur für Staat, Recht und Verwaltung bilden und die NSDAP als Vertreterin des »Volkes« Einfluß auf das Rechtsleben nehmen sollte[14]. Auch stand außer Frage, daß nur Beamte in den Staatsdienst berufen werden sollten, die die Gewähr »rückhaltlosen Eintretens« für den NS-Staat boten. In der Frage der Kompetenzen, die die Partei gegenüber den Behörden erhalten sollte, herrschte indes ein Streit unterschiedlicher Auffassungen und Interessen[15].

Am 9. September 1934 bezog Hitler hierzu – scheinbar eindeutig – Position, als er auf dem Reichsparteitag in Nürnberg versicherte, daß nicht der Staat der Partei, sondern vielmehr die Partei dem Staat zu befehlen habe[16]. Mit dieser Erklärung fand Hitler bei den »alten Kämpfern« und den Amtswaltern der nachgeordneten Parteidienststellen begeisterte Zustimmung, da sie – abgesehen vom kommunalen Bereich – kaum Möglichkeiten zur Beeinflussung des Staatsapparates erhalten hatten und sich von den mit wachsendem Selbstbewußtsein agierenden Behörden mehr und mehr in den Hintergrund gedrängt fühlten[17]. Dies wurde als um so

14 So wurden u. a. 1934 von der Reichsrechtsabteilung der NSDAP in Städten mit einem Amtsgericht Rechtsberatungsstellen aufgebaut, die kostenlos Hilfe in Rechtsfragen und Unterstützung gegen »unnationalsozialistische« Urteile anboten. Schreiben des Deutschen Gemeindetages vom 10. 7. 1934. Stadtarchiv Hilden, NSDAP-Hauptamt, Bestand 3–006/1–21,9.
15 Siehe u. a. Mommsen, Beamtentum im Dritten Reich, a. a. O., S. 62 ff.
16 Reichsparteitag in Nürnberg 1934. Dresden 1934, S. 108 f.
17 P. Diehl-Thiele, Partei und Staat im Dritten Reich. Untersuchungen zum Verhältnis von NSDAP und allgemeiner innerer Staatsverwaltung. München 2. Aufl. 1971, S. 135 ff.

schmerzlicher empfunden, als man insbesondere in der Justiz weiterhin die »Reaktionäre« der Weimarer Zeit am Werk sah, bei denen man – zum Teil durchaus zu Recht – »sehr wenig Verständnis für die Grundanschauungen und Auffassungen des Nationalsozialismus« vermutete[18]. Die NS-Amtswalter verlangten deshalb mit Nachdruck, daß ihr Votum bei der Einstellung oder der Beförderung von Beamten ausschlaggebendes Gewicht haben sollte[19]. Darüber hinaus beanspruchten sie vielfach weiterhin das Recht, in den Betrieb der Behörden einzugreifen, wenn sie Verstöße gegen nationalsozialistische Prinzipien zu erkennen glaubten.

Hitlers Parteitagsrede, die wohl nicht zuletzt die Funktion hatte, die Basis der NSDAP nach dem 30. Juni wieder zu beruhigen, bedeutete allerdings nicht, daß die Vertreter des Primats der Partei ihre Vorstellungen tatsächlich hätten verwirklichen können. Gegen die »alten Kämpfer« und den 1933/34 erst im Aufbau befindlichen Stab des StdF[20] standen einflußreiche ›gouvernemental‹ orientierte Nationalsozialisten, die – wie Göring[21], Frick oder der Oberpräsident der Rheinprovinz Terboven[22] – in höchste Staatsämter aufgestiegen waren und sich nun zu ihrem persönlichen Vorteil die Interessen der von ihnen geleiteten Behörden zu eigen machten. Eine ›Nebenregierung‹ der Partei, die die neugewonnenen Kompetenzen nur hätte beeinträchtigen können, lehnten sie ab. Ihren Interessen entsprachen weit eher Überlegungen, wie sie Alfred Freyberg, Staatsminister in Anhalt, im August 1934 in einer Denkschrift für die Reichskanzlei entwickelte[23]. Staat und Partei sollten danach in zwei personell und funktional streng getrennten »Säulen« nebeneinander stehen und erst in der obersten Spitze, d. h. im »Führer« zusammenlaufen. Die Behörden soll-

Bezeichnend der Bericht der Kreisleitung Coesfeld vom 9.12.1934: »Rund 80 % der Behörden glauben heute schon wieder so arbeiten zu können, als wenn die Partei gar nicht existiere.« Staatsarchiv Münster, Gauleitung Westfalen-Nord, Gauinspekteure Nr. 10, S. 57 f.
18 Zit. aus Anweisungen des StdF über den Umgang mit den Justizstellen vom 22.5.1935, in: Zusammenstellung aller bis zum 31.3.1937 erlassenen Anordnungen des Stellvertreters des Führers. o. O. 1937, S. 119 f. (BA NSD 3/1).
19 Mommsen, Beamtentum, a. a. O., S. 65 ff.
20 Nach Einsetzung des Stabsleiters des StdF, Bormann, am 1.7.1933 dauerte es »etwa drei Jahre, ehe die Dienststelle von Heß festere Konturen anzunehmen begann«. Auch die personelle Besetzung war bis zum Ende der 30er Jahre sehr dürftig. Diehl-Thiele, a. a. O., S. 218 f.
21 Ebd. Diehl-Thiele, a. a. O., S. 113 ff.
22 Siehe das Schreiben Terbovens vom 12.8.1935 an die OLG-Präs. und GSTÄ in Köln und Düsseldorf u. a.: »So wenig ein Amtsträger der Partei von einem Behördenchef bindende Richtlinien für seine parteiamtliche Tätigkeit empfangen kann, so sehr ist jeder Amtsträger, jedes Mitglied einer parteiamtlichen Organisation, wenn sie sich in einem behördlichen Dienstverhältnis befinden, im Dienst wie jeder andere Beamte uneingeschränkt dem Behördenleiter unterstellt [...].« Stadtarchiv Ratingen NS 2/730.
23 BA R 43 II/497; ebd. die scharf ablehnende Reaktion von Heß in einem Brief an Lammers vom 12.10.1934.

ten ohne Kompetenzverlust weiterhin ihre Aufgaben versehen, während sich die NSDAP der politischen Schulung und Mobilisierung widmen und den staatlichen Stellen »als Sprachrohr des Volkes und Dolmetscher seines Lebenswillens« beratend zur Seite stehen sollte[24].

In der Justiz befürwortete man derartige Überlegungen natürlich, zumal eine Vermischung der Aufgaben von Justiz und Partei und eine Personalpolitik nach parteipolitischen Kriterien gleichbedeutend gewesen wären mit einer Steuerung der Rechtspflege durch die Partei. Trotz der Bereitschaft, der »nationalen Revolution« zu dienen, war man entschlossen, den Einfluß der NSDAP auf Gerichtsdinge so weit wie möglich zu begrenzen, das Fachbeamtenprinzip weitestgehend beizubehalten, die Strafhoheit der Justiz zu behaupten und die Unabhängigkeit der Richter zu verteidigen. Dies mußte unweigerlich zu ständigen Konflikten mit der Partei führen.

Die Mitsprache der Partei in Personalangelegenheiten

Nach der »Machtergreifung« war es den Gau- und Kreisleitern verschiedentlich gelungen, ihren Anspruch auf Mitsprache in der Personalpolitik der Justiz durchzusetzen. Sie konnten an den Gerichten Geschworene und Schöffen ihres Vertrauens etablieren und erreichten zudem, daß ihre Gewährsleute – die sich zumeist aus dem mittleren Dienst rekrutierten – bei Beförderungen bevorzugt wurden[25].

Dabei war indessen nicht allein politischer Druck ausschlaggebend. Vielmehr versuchten die »verschiedensten Justizbehörden« von sich aus, »eine Äußerung über bevorzugt zu berücksichtigende Parteigenossen zu erhalten«[26]. Obwohl der Preußische Justizminister Kerrl am 15. Juni 1933 zur Zurückhaltung gegenüber Beförderungswünschen von Parteigenossen mahnte, wandten sich die Justizbehörden in etlichen Fällen direkt an die NSDAP-Mitglieder unter den Beamten und Richtern und forderten sie auf, »ihre besonderen Verdienste um die nationalsozialistische Erhebung zu schildern und sich die Unterlagen hierzu selbst von den Parteistellen zu beschaffen«[27].

Nach der Beendigung der »Parteirevolution von unten« stießen perso-

24 Zu entsprechenden Plänen Bormanns 1942/43 siehe Kap. 10.
25 Weinkauff, a. a. O., S. 120.
26 Schreiben des Reichs- und Preuß. Justizministers vom 22. 11. 1934 an die Provinzialjustizbehörden betr.: »Bevorzugte Beförderung«. Allgemeine beamtenrechtliche Bestimmungen Bd. 1, Archiv OLG Köln.
27 Amtsverfügung des Preußischen Justizministeriums vom 15. 6. 1933, in: Justizministerialblatt 1933, S. 186.

nalpolitische Forderungen der Parteidienststellen indes zusehends auf Widerstand. Die Justizbehörden lehnten nun Einstellungen und Beförderungen nach rein politischen Kriterien entschieden ab. Dabei konnten sich die preußischen Chefpräsidenten auf Direktiven Kerrls stützen. Obwohl selber aufgrund seiner Verdienste für die Partei vom Beamten des mittleren Dienstes zum Preußischen Justizminister aufgestiegen, gab Kerrl Weisung, daß in den Fällen, »in denen eine Beförderung eines führenden Mitglieds der NSDAP, oder eine für diesen vorteilhafte Versetzung oder sonstige Vergünstigung« erwogen werde, insbesondere zu prüfen sei, ob diese »nicht dem Grundsatz, daß der Kämpfer [der NSDAP] zuletzt an sich denkt, zuwiderläuft«. Es müsse »vollkommen ausgeschlossen« werden, daß lediglich die Zugehörigkeit zur NSDAP oder einer ihrer Formationen eine Beförderung oder sonstige Vergünstigung für den in Frage kommenden Beamten nach sich zieht«[28].

Auch als dann – wohl angesichts des wachsenden Unmuts der »alten Kämpfer« – im März 1934 die Verfügung erging, Beamte, die sich »um die nationalsozialistische Erhebung« besonders verdient gemacht hatten, zu fördern, stemmte sich Kerrl gegen Versuche, das Parteibuch als Billett für Vergünstigungen zu benutzen. Im August 1934 betonte er nochmals, daß nur der »alte Kämpfer«, der zweifelfrei »Opfer an Gut und Blut« gebracht oder sein Fortkommen »bewußt gefährdet« habe, Anspruch auf bevorzugte Behandlung besitze[29].

Diese Linie in der Personalpolitik verfolgte man auch im Reichsjustizministerium, was u. a. im Sommer 1934 bei der Besetzung des Volksgerichtshofes (VGH) deutlich wurde. Der Entschluß Hitlers, den VGH zu gründen, resultierte aus der Verärgerung über das Urteil des Reichsgerichts im Reichstagsbrandprozeß, durch das zwar der Holländer van der Lubbe rückwirkend (!) zum Tode verurteilt, die vier mitangeklagten Kommunisten Torgler, Dimitroff, Popoff und Taneff aber – wie die NSDAP meinte – gegen jedes »Rechtsempfinden« mangels Beweisen freigesprochen worden waren[30]. Der VGH sollte vom Reichsgericht alle erstinstanzlichen Strafsachen und insbesondere die Aburteilung von Hoch- und Landesverratsverbrechen übernehmen. Außerdem wurde festgelegt, daß jeweils nur zwei der fünf Richter der VGH-Senate, nämlich der Vorsitzende und ein Beisitzer, Berufsrichter sein sollten. Die übrigen Richterstellen waren für ausgesuchte linientreue Laien bestimmt.

28 Ebd.
29 Schreiben des Preußischen Justizministers an die Provinzialjustizbehörden vom 22. 8. 1934. Auch Angehörige des Stahlhelms sollten in den Genuß von Vergünstigungen kommen können. Allgemeine beamtenrechtliche Bestimmungen Bd. 1, Archiv OLG Köln.
30 H. Hillermeier (Hrsg.), Im Namen des Deutschen Volkes. Todesurteile des Volksgerichtshofes. Darmstadt/Neuwied 2. Aufl. 1982, S. 30 ff.

Diese Konstruktion ließ die NSDAP auf ein weitreichendes Mitspracherecht bei der Besetzung hoffen. Das Reichsjustizministerium erstellte jedoch im Juni 1934 eine Vorschlagsliste für die Richter- und Laienstellen des VGH, ohne die Partei zu konsultieren[31]. Heß protestierte und erhob gegen alle vom Reichsjustizministerium für leitende Positionen vorgeschlagene Richter und gegen einige der genannten Laien schwere politische Bedenken. Dies blieb allerdings ebenso erfolglos wie der Versuch der Obersten SA-Führung, ihre Vertrauensleute als Laienrichter zu plazieren. Die Richter und Laien, die am 13. Juli 1934 an den VGH berufen wurden, waren ohne Ausnahme diejenigen, die das Reichsjustizministerium vorgeschlagen hatte[32].

Unterstützt vom Reichsjustizministerium, traten die Oberlandes- und Landesgerichtspräsidenten seit Sommer 1933 vielfach den Beeinflussungsversuchen der NSDAP entgegen. Zwar konnte die Partei bei der Besetzung von Positionen im mittleren Dienst oft weiterhin Erfolge verbuchen. Zumeist wurde sie aber bei der Besetzung von Richterstellen vor vollendete Tatsachen gestellt, so zum Beispiel Friedrich Loeper, Gauleiter in Magdeburg-Anhalt, der sich im Mai 1935 beim Reichsjustizminister über das unkooperative Verhalten des Naumburger Oberlandesgerichtspräsidenten in Personalfragen beschwerte[33]. Damit entsprachen die Justizbehörden durchaus dem Willen des NS-Gesetzgebers, da nach einem Erlaß des Reichs- und Preußischen Ministers des Inneren vom 27. Dezember 1934 die »Behandlung« und »Beurteilung von Personalangelegenheiten, gleichviel welcher Art und zu welchem Zweck, [...] ausschließlich Sache des Behördenleiters« waren[34].

Nachdem im März 1935 die »Verreichlichung« der Justiz[35] abgeschlossen worden war und das Reichsjustizministerium von den Justizverwaltungen der Länder u. a. die Federführung in Personalfragen übernommen hatte, erhielten die Chefpräsidenten aus Berlin auch gegenüber hochgestellten NS-Politikern Rückendeckung, wenn es galt, Personalwünsche der Partei abzublocken. So mußte Fritz Sauckel, Reichsstatthalter und Gauleiter in

---

31 Dazu BA R 43 II/1518.
32 Ebd. Dort auch die Ernennungsliste für den Volksgerichtshof vom 13.7.1934.
33 Diensttagebuch Gürtners, 7.5.1935, BA R 22/1056.
34 Fortsetzung des Erlasses: »Die NS-Fachschaften haben sich danach jeder Einmischung in Angelegenheiten der Staats- und Gemeindeverwaltung zu enthalten.« Zit. in R 43 II/1541. Der Krefelder LG-Präs. Rieck nahm den Erlaß zum Anlaß, um dem BNSDJ die Verteilung von Personalbögen an Justizbeamte zu untersagen. Rieck wurde daraufhin aus der NSDAP ausgeschlossen. Diensttagebuch Gürtner, 7.11.1935, BA R 22/1089.
35 Dazu Gruchmann, Die Justiz im Dritten Reich, a.a.O., S.84ff. Die »Verreichlichung« entsprach einer Forderung, die im Deutschen Richterbund und vom Republikanischen Richterbund in der Weimarer Republik erhoben worden war. Siehe u.a. H. Sinzheimer, Der 35. deutsche Juristentag, in: Die Justiz IV 1928/29, S. 95–105.

Thüringen, im Oktober 1935 in einem Brief an den Chef der Reichskanzlei Lammers fast resigniert feststellen, daß sich »seit der Verreichlichung der Justiz [...] leider [...] das Verhältnis des Reichsstatthalters zu den Justizbehörden von Grund auf geändert« habe. Es gelinge der Partei »nicht einmal mehr, berechtigte und selbstverständliche Personalwünsche« durchzusetzen[36].

Für die Richterschaft war damit die Frage des Kräfteverhältnisses zwischen Justiz und NSDAP jedoch keineswegs beantwortet. Vielerorts waren nämlich die Gau- und Kreisleitungen nicht bereit, das wachsende Selbstbewußtsein der »reaktionären« Justiz zu akzeptieren. Vor allem Verurteilungen von »verdienten Parteigenossen« wollte man nicht hinnehmen. Die »alten Kämpfer«, die sich wie in der Weimarer Republik wieder der Strafhoheit der »verjudeten« Justiz unterworfen sahen, machten verschiedentlich ihrer Enttäuschung in spektakulären Aktionen Luft.

Wilhelm Kube, der Gauleiter der Kurmark, der den Richtern noch im Mai 1933 sein Wohlwollen versichert hatte[37], strich zum Beispiel im Frühjahr 1935 alle Richter und Staatsanwälte seines Gaues von der Liste der Parteianwärter, weil das Landgericht in Landsberg einen seiner Vertrauensleute wegen Beamtenbeleidigung zu einer geringen Geldstrafe verurteilt hatte[38].

Im Oberlandesgerichtsbezirk Celle entwickelte sich wegen der Verurteilung von einigen Parteimitgliedern im Herbst 1934 zwischen der Gauleitung und der Justiz geradezu ein »offener Krieg«, der im Ausschluß des Oberlandesgerichtsrats Kastendiek aus der NSDAP gipfelte[39]. Der kurhessische Gauleiter Weinrich erinnerte sich im Mai 1935 gar der Methoden der »Kampfzeit«, um einige seiner Gefolgsleute, die wegen Mißhandlung eines jüdischen Viehhändlers verurteilt worden waren, vor dem Gefängnis zu bewahren. »Richter« – so Weinrich drohend in einem Brief an den Chefpräsidenten in Kassel – »seien zwar unantastbar, aber nicht unverletzlich.« Er würde den betreffenden Richter am liebsten selbst »mit der Hundepeitsche [...] verhauen«[40]. Weinrich konnte vom Reichs-

---

36 Sauckel an Lammers vom 19.10.1935, BA R 43 II/1505. Ähnliche Erfahrungen machte der Gauleiter Westfalen-Nord, Meyer, der in einem Brief an Freisler vom 11.5.1935 die Ernennung des LG-Direktors Schäfer zum LG-Präs. in Münster forderte. Ernannt wurde der Kandidat des Reichsjustizministeriums Biermann. Diensttagebuch Gürtner, BA R 22/1089.
37 Siehe Kap. 1.
38 BA R 43 II/1541. Vergleichbar auch der Parteiausschluß der Schöffen der 32. großen Strafkammer in Dresden. Grund dafür war eine Entscheidung der großen Strafkammer vom Mai 1935. SA-Leute waren wegen Mißhandlungen von Häftlingen eines Schutzhaftlagers zu Freiheitsstrafen verurteilt worden. BA R 43 II/1541.
39 Diensttagebuch Gürtner, 7.12. und 13.11.1934, BA R 22/131, Zitat ebd. Siehe auch ebd., 11.11.1935, BA R 22/1089.
40 Ebd., 15.4.1935, BA R 22/603.

justizministerium und von der Obersten SA-Führung, die in diesem Fall mit der Justiz paktierte, nur mit Mühe zur Räson gebracht werden, nutzte aber weiter jede Gelegenheit, um die »reaktionären« Richter verbal zu attackieren[41].

Eine gewisse Regulierung der Spannungen zwischen Partei und Justiz zeichnete sich im September 1935 ab, als der Stab des StdF organisatorisch und personell so weit gewachsen war, daß er sich als zentrale Kontakt- und Clearingstelle zwischen Partei und Staat etablieren konnte[42].

Heß untersagte 1935 den Parteidienststellen nicht nur jeden Eingriff in schwebende Gerichtsverfahren, sondern auch jede öffentliche Kritik an Gerichtsurteilen. NSDAP, HJ und SA erhielten – auch von den Gauleitungen – zudem wiederholt die Weisung, die Autorität und die Strafhoheit der Justiz zu respektieren. Ihren Mitgliedern wurde u. a. verboten, eigenmächtig Geldstrafen zu verhängen[43], vor Gericht in Uniform zu erscheinen oder die Aussage unter Berufung auf die Parteimitgliedschaft zu verweigern[44]. Beschwerden über das politische Verhalten von Richtern oder über gerichtliche Entscheidungen sollten beim Stab des StdF eingereicht werden, wo sie geprüft und gegebenenfalls dem Reichsjustizministerium vorgelegt würden[45]. 1938 wurde den nachgeordneten Parteidienststellen in Hamburg von der dortigen Gauleitung sogar jeder direkte Kontakt mit den Gerichten verboten[46].

Auch wenn sich durchaus nicht alle NS-Funktionäre an das von Heß vorgeschriebene Verfahren hielten – viele Gau- und Kreisleiter machten aus ihrer Meinung über die Richterschaft auch weiterhin keinen Hehl –, so wurden doch die Konfrontationen zwischen den Gerichten und den nach-

41 Siehe ebd., 21. 5. 1935, BA R 22/1059.
42 Siehe Diehl-Thiele, a. a. O., S. 210 ff. Der Stab des StdF umfaßte in den späten 30er Jahren weit über hundert Mitarbeiter gegenüber »zwei, drei Mann« im Juli 1933. Diehl-Thiele, a. a. O., S. 218.
43 Anordnung des StdF A 108/37 vom 31. 8. 1937, in: Verfügungen/Anordnungen/Bekanntmachungen, Bd. II, hrsg. von der Parteikanzlei, München o. J., S. 377.
44 Siehe HSTAD-Kalkum Rep. 28/515; K. Haiden, Das Recht der NSDAP. München 1937; Zusammenstellung aller bis zum 31. 3. 1937 erlassenen Anordnungen des Stellvertreters des Führers. o. O. 1937 (BA NSD 3 ff.). Allerdings blieb es für NSDAP, HJ etc. weiterhin Pflicht, Parteigeheimnisse vor Gericht nicht preiszugeben. Siehe Gesetz über die Vernehmung von Angehörigen der NSDAP und ihrer Gliederungen. RGBl. 1936/I, S. 994 ff.
45 Rundschreiben vom 22. 5. 1935 (Nr. 99) und vom 3. 9. 1935 (Nr. 180) in: Zusammenstellung aller bis zum 31. März 1937 erlassenen Anordnungen des Stellvertreters des Führers, 1937. BA NSD 3. Siehe auch Besprechung des Oberreichsanwaltes mit den Generalstaatsanwälten am 23. 9. 1935. BA R 22/4277.
46 Siehe Anweisung des Hamburger OLG-Präsidenten Rothenberger vom 3. 12. 1938, erwähnt im Protokoll der Richterbesprechung vom 16. 2. 1942, Akten des OLG Hamburg 3131 E 1d5, S. 9, Punkt 18. Danach stand lediglich den Kreisleitern das Recht zu, sich an den »Verbindungsmann beim Gau« zu wenden, »der dann seinerseits mit dem Herrn Präsidenten des Hanseatischen Oberlandesgerichts in Fühlung tritt«.

geordneten Parteidienststellen seltener und verliefen im allgemeinen weit weniger heftig als zuvor. Die Entscheidungsfreiheit der Richter wurde merklich stabilisiert, zumal es nun letztlich das Reichsjustizministerium war, das über die Berechtigung der Beschwerden der NSDAP entschied. Dort sah man sich aber in der Regel nicht dazu veranlaßt, aufgrund von Klagen der Partei disziplinarische Schritte gegen Richter einzuleiten[47]. Die Richter konnten in der zweiten Hälfte der 30er Jahre wieder neues Selbstbewußtsein entwickeln und bewiesen dies vielfach gerade dadurch, daß sie »alte Parteigenossen besonders streng« behandelten[48]. Auch wenn Heß die tiefwurzelnden Aversionen der »alten Kämpfer« gegen die Justiz oft kaum zu zügeln vermochte und es immer wieder zu Konflikten kam[49], die zum Teil handgreiflichen Attacken der nachgeordneten Parteidienststellen brauchten die Richter indes im allgemeinen nicht mehr zu fürchten.

Dem Zugriff der Partei konnten sich die Richter damit dennoch nicht entzogen fühlen. Der Machtzuwachs des StdF wurde nämlich vor allem durch ein Gesetz vom 24. September 1935 unterstrichen, das Heß ermächtigte, Vorschläge der Behörden zur Ernennung oder Beförderung von höheren Beamten innerhalb einer »angemessenen Frist« zu begutachten[50]. Durch eine allgemeine Verfügung wurde dieses Gesetz am 14. November 1935 auf die Justiz übertragen und für ihren Bereich präzisiert[51]. Der Streit zwischen den Justizbehörden und der NSDAP um die Mitwirkung in Personalfragen war damit zugunsten der Partei bzw. zugunsten ihrer obersten Dienststelle entschieden.

Dies hieß jedoch nicht, daß die NSDAP nun, wie oft behauptet, »jeden einzelnen Angehörigen der Justiz« hätte kontrollieren und lenken können[52]. Vielmehr waren die Gutachten, die die Dienststellen der Partei auf Gau- und Kreisebene nach Anforderung durch den StdF abgaben, für die Justizbehörden keineswegs zwingend. Selbst wenn schwerwiegende poli-

---

47 Siehe dazu die im »Diensttagebuch« festgehaltenen Reaktionen Gürtners auf Beschwerden der Gauleiter gegen politisch »untragbare« Richter.
48 Siehe dazu u. a. GSTA Darmstadt vom 31. 1. 1936. BA R 22/3361.
49 Siehe u. a. OLG-Präs. Hamm vom 30. 11. 1936, BA R 22/1187, wonach die NSDAP die Gerichte paradoxerweise bezichtigte, Beleidigungen des Führers und der Partei viel zu hart zu bestrafen, um einen Keil zwischen Volk und Führung zu treiben. Siehe auch den Bericht vom 4. 1. 1936, ebd., über die Demonstrationen der Bocholter Kreisleitung vor dem Haus eines Richters, der Mitglieder einer katholischen Organisation freigesprochen hatte. Die Demonstrationen wurden von der Gauleitung auf Bitten des OLG-Präsidenten gestoppt.
50 Gesetz über die Beteiligung des Stellvertreters des Führers bei der Ernennung von Beamten vom 24. 9. 1935. RGBl. 1935/I, S. 1203.
51 AV vom 24. 11. 1935, in: DJ 1935, S. 1656.
52 Zitat nach Weinkauff, a. a. O., S. 120; siehe auch – den Einfluß der Partei überzeichnend – W. Sommer, Partei und Staat, in: DJZ 1936, Sp. 593 ff.

tische Bedenken gegen einen Richter angemeldet wurden, konnten die Reichsjustizbehörden ihren Personalvorschlag aufrechterhalten. Gingen die Gutachten der Partei nicht innerhalb von drei Wochen bei den Justizbehörden ein, nachdem diese die Ernennung oder Beförderung eines Richters angezeigt hatten, waren diese ohnehin berechtigt, von einer Befürwortung ihrer Vorschläge auszugehen. Außerdem erhielten Richter, die die Partei negativ beurteilte, in der Regel die Möglichkeit, sich vor den Vorgesetzten zu den erhobenen Vorwürfen zu äußern[53]. Wurden die Bedenken der Partei dabei nicht ausgeräumt, konnte der StdF deren Standpunkt dem Reichsjustizminister noch einmal vortragen, dem dann die letzte Entscheidung vorbehalten blieb.

Somit waren der Reichsjustizminister und der StdF zu den zentralen Instanzen in den Beziehungen zwischen der Justiz und der Partei geworden. Den nachgeordneten Parteidienststellen war es – zumindest de jure – nicht mehr gestattet, sich eigenmächtig in die Personalpolitik der Justiz einzumischen[54] oder Richter aufgrund »unnationalsozialistischer« Urteile anzugehen. Sie waren im wesentlichen darauf beschränkt, auf Anfrage des StdF Stellungnahmen über die politischen Qualitäten eines Richters abzugeben. Die politische Überwachung der Richter lief somit weiter, aber die Justizbehörden konnten den nachgeordneten Parteidienststellen nunmehr mit dem Hinweis auf – auch vom StdF getragene – Verordnungen entgegentreten, wenn diese personalpolitische Forderungen vorbrachten oder gar die Entlassung von »unnationalsozialistischen« Richtern verlangten[55].

Zumindest die »alte Garde« der Gauleiter, die zum Teil über beträchtliche Macht verfügte, vermochten Heß und das Reichsjustizministerium in wichtigen Personalfragen zunächst allerdings nicht ins Abseits zu drängen. Da die Behördenleiter vielfach der direkte Ansprechpartner der Gauleiter waren und deren Brüskierung zweifellos neue Attacken der NSDAP hervorgerufen hätten, kam das Reichsjustizministerium nicht umhin, bei der Besetzung verschiedener Chefpräsidenten- und General-

---

53 Dies sollte an sich nur bei Beschuldigungen »tatsächlicher Art« geschehen. Siehe u. a. Schreiben Freislers an die OLG-Präsidenten und Generalstaatsanwälte vom 27.5.1936 (»Angaben, aus denen der Gauleiter seine Bedenken herleitet, [sollen dem Richter] im einzelnen so mitgeteilt werden, daß ihm eine gründliche Stellungnahme zu allen gegen ihn gerichteten Vorwürfen ermöglicht wird.«). Akten des OLG Köln, Stellenbesetzung 2.
54 Dies wurde allerdings offenbar nicht immer beachtet. Siehe Runderlaß des StdF vom 19.10.1937, in: Reichsministerialblatt für die innere Verwaltung, Nr. 43, S. 1667; siehe auch den entsprechenden Brief Pfundtners an die Reichsbehörden vom 20.12.1937. BA R 43 II/420a.
55 So lehnte Gürtner den Wunsch Mutschmanns nach Versetzung des OLG-Rats Pohl ab. Diensttagebuch Gürtner, 6.1.1937, BA R 22/706, ebenso den Wunsch Kochs nach Absetzung des LG-Direktors Fastnacht, ebd., 14.1.1938, BA R 22/945.

staatsanwaltsposten die Wünsche der Gauleiter zu respektieren bzw. für sie tolerable Kompromißkandidaten zu finden[56]. Bezeichnenderweise gab es am Ende der Amtszeit Gürtners unter den 34 Oberlandesgerichtspräsidenten des Reichs zehn »alte«, d. h. vor 1933 eingetretene Parteigenossen, nur drei waren parteilos (Hölscher, Berlin; Schwister, Düsseldorf; Schober, Wien). Erst im Oktober 1940 konnten Gürtner und der stets auf den Ausbau seiner Kompetenzen bedachte Heß die Gauleiter aus der politischen Begutachtung für höhere Justizbeamte völlig ausschließen und diese allein dem StdF übertragen[57].

Heß und Bormann setzten bei Hitler, dem die Ernennung der Beamten des höheren Justizdienstes oblag[58], verschiedentlich ihre Personalvorschläge gegen das Reichsjustizministerium durch[59]. Auf den ersten Blick scheint ihr Einfluß auf die Personalpolitik der Justiz eindrucksvoll dadurch dokumentiert, daß von den Ministerialräten, Chefpräsidenten und Oberstaatsanwälten, die zwischen 1935 und 1939 ernannt wurden, rund 86 Prozent »Parteigenossen« waren[60]. Die NSDAP konnte dies jedoch nur bedingt als Erfolg verbuchen, da diese PGs in der Regel zu den »Märzgefallenen« zählten und vielfach kaum den Vorstellungen der Partei entsprachen. Genugtuung konnten Heß und Bormann um so weniger empfinden, als man im Reichsjustizministerium grundsätzlich am Fachbeamtenprinzip festhielt und den Personalvorschlägen der Partei im allgemeinen nur dann folgte, wenn deren Kandidat dem der Justiz hinsichtlich seiner fachlichen Eignung zumindest ebenbürtig war[61]. Politischen Bedenken des StdF konnte das Reichsjustizministerium – da die Richter zumeist NSDAP-Mitglieder waren – entgegenhalten, daß auch sein Kandidat als PG über jeden Verdacht erhaben sei, und nötigenfalls war auch der

56 Gruchmann, Die Justiz im Dritten Reich, a. a. O., S. 270 ff.
57 Erlaß des Reichsjustizministeriums vom 11. 10. 1940, Archiv OLG Köln »Stellenbesetzung 2«. Erst Thierack gab den Gauleitern wieder Gelegenheit, ihre Wünsche für die Besetzung von Richterstellen zu artikulieren. Siehe die Notizen Thieracks vom 11. 11. 1942 über seine Treffen mit verschiedenen Gauleitern (BA R 22/4062). Er entließ verschiedene Richter auf Drängen der Gauleiter, war allerdings nicht bereit, sich zum Erfüllungsgehilfen der Gauleiter zu machen. Neben den Notizen über Personalwünsche der Gauleiter findet sich häufig der handschriftliche Vermerk Thieracks »hat Zeit«. In der Tat wurden die Wünsche der Gauleiter oft nur zögernd oder gar nicht umgesetzt. Dagegen D. Majer, Grundlagen der nationalsozialistischen Rechtsordnung. Führerprinzip-Sonderrecht-Einheitspartei. Stuttgart 1987, S. 214 ff.
58 Erlaß des Führers und Reichskanzlers vom 1. 2. 1935 (RGBl. I, S. 74).
59 So bei der Besetzung der Posten des LG-Präsidenten in Zweibrücken (1936) oder des stellvertretenden LG-Präsidenten in Berlin (1938). Diensttagebuch Gürtner, 9. 3. 1936, BA R 22/134, bzw. 20. 4. 1938, BA R 22/946. Siehe auch Gruchmann, Die Justiz im Dritten Reich, a. a. O., S. 270 ff.
60 Ebd., S. 263 f.
61 Ähnlich, wenn auch mit einer stärkeren Betonung des Durchsetzungsvermögens der Partei Gruchmann, ebd., S. 288.

Makel einer fehlenden Parteimitgliedschaft leicht zu beseitigen. So wurden die Posten der Oberlandesgerichtspräsidenten in Bamberg, Wien und Linz Ende der 30er Jahre – sehr zum Unwillen von Heß – mit Richtern besetzt, die zu dem Zeitpunkt, zu dem sie vom Reichsjustizministerium ausgewählt worden waren, nicht der NSDAP angehört hatten bzw. – um der Form Genüge zu tun – erst kurz vorher in die NSDAP eingetreten waren[62]. Schließlich wurden Erfolge des StdF dadurch mehr als ausgeglichen, daß Gürtner etliche seiner Kandidaten auch gegen den entschiedenen Widerspruch von Heß durchzusetzen vermochte. Gegen die Beförderung des Düsseldorfer Oberlandesgerichtsrats Klostermann zum Senatspräsidenten in Berlin[63] zum Beispiel war Heß ebenso machtlos wie gegen die Berufung des Oberlandesgerichtsrats Schäfer ans Reichsgericht, obwohl er Schäfer sogar eine betont reservierte Haltung gegenüber dem Nationalsozialismus und Verbindungen zum politischen Katholizismus hatte nachweisen können[64].

Für die Begrenzung des Einflusses der Partei waren neben dem Festhalten des Reichsjustizministeriums am Fachbeamtenprinzip noch andere Faktoren maßgeblich: zum einen das Verhalten der Chefpräsidenten, die zumeist versuchten, die Richter von Beeinflussungsversuchen abzuschirmen, zum anderen die oft dilettantische Verwaltungsarbeit der NS-Funktionäre und die Konkurrenz zwischen den mit Personalfragen befaßten Parteistellen.

Von den Chefpräsidenten wurde das Gesetz vom 24. September 1935 nur zögerlich umgesetzt. Der Oberlandesgerichtspräsident in Königsberg leitete beispielsweise noch im Oktober 1935 Beförderungen von Justizbeamten ein, ohne politische Gutachten der Partei einzuholen[65]. Andernorts nutzte man die Verfahrensmängel, die den in verwaltungstechnischen Dingen wenig beschlagenen Parteidienststellen immer wieder unterliefen, um diese in ihre Schranken zu weisen. So einigten sich der Kölner Oberlandesgerichtspräsident Bergmann und der – als Mann der Partei geltende – Kölner Generalstaatsanwalt Windhausen im Dezember 1935 darauf, keine Anfragen zu Richtern und Staatsanwälten an die vom Koblenzer Gauleiter Simon hierfür bestimmte NS-Dienststelle zu richten.

62 BA R 43 II/1511. Zur Ernennung des OLG-Präsidenten in Bamberg Dürig siehe den Ernennungsvorschlag des Reichsjustizministers vom 18. 9. 1938. Heß verlangte statt Dürig den Würzburger LG-Präsidenten Bauer, Parteimitglied seit 1925 und Träger des goldnen Ehrenabzeichens der NSDAP. Dürig war nur Parteianwärter seit dem 5. 11. 1937. Gürtner über Bauer: »Nach den Leistungen, die Dr. Bauer bisher in der Stellung als Landgerichtspräsident gezeigt hat, ist er für den Posten eines OLG-Präsidenten zur Zeit fachlich nicht geeignet.« BA R 43 II/1511 b.
63 Diensttagebuch Gürtner, 11. und 12. 5. 1936, BA R 22/929.
64 BA R 43 II/1511 a (1940).
65 Diensttagebuch Gürtner, 16. 10. 1935, BA R 22/1089.

Simon hatte den »Gauamtsleiter des Amtes für Beamte« mit der Bearbeitung der politischen Gutachten beauftragt, der daraufhin von den Justizbehörden die Beantwortung sehr ins Detail gehender Fragebögen verlangte. Sowohl die Beauftragung einer nachgeordneten Parteidienststelle mit der politischen Begutachtung von Richtern als auch den von ihr verwendeten Fragebogen werteten Bergmann und Windhausen als eindeutigen Verstoß gegen die entsprechenden Vorschriften des Reichsjustizministeriums vom November 1935. Mit Hilfe des Ministeriums erreichten sie, daß die politische Beurteilung der Richter und Staatsanwälte dem Amt für Beamte entzogen und dem übergeordneten Gaurechtsamt bzw. dem Gaupersonalamt zugewiesen wurde [66].

Auch der Düsseldorfer Oberlandesgerichtspräsident Schwister zeigte wenig Neigung, Nachlässigkeiten und Fehler der Partei widerspruchslos zu akzeptieren. Er beschwerte sich im März 1936 bei Gauleiter Florian über die schleppende und unzureichende Bearbeitung seiner Personalvorschläge sowie über personalpolitische Einmischungsversuche von nachgeordneten Parteistellen. Schwister hielt Florian insbesondere vor, daß die Gutachten der Partei häufig mit einer Fristüberschreitung von über sieben Wochen in seiner Behörde eingingen und zudem vielfach völlig nichtssagend oder sogar nachweisbar falsch seien. Solche Gutachten könne er nicht als Erledigung seiner Anfragen betrachten [67].

Die Formverstöße und Unrichtigkeiten in den Gutachten der Partei hatten verschiedene Ursachen. So war man sich zwar in der Partei darüber einig, daß man die politische Vergangenheit und das politische Verhalten der Justizbeamten erforschen wollte. Die Verfahrensweise und die jeweiligen Kompetenzen dabei waren aber nicht eindeutig definiert worden. Die Vereinbarungen, die das Verfahren zur Erstellung der Gutachten regeln sollten, schufen vielmehr häufig mehr Verwirrung als Klarheit.

Die Personalvorschläge beispielsweise, die das Reichsjustizministerium für die Beförderung von Richtern am Reichsgericht und am Volksgerichtshof oder für die Besetzung der Posten der Oberlandes- und Landesgerichtspräsidenten vorlegte, wurden von Berlin, dem Sitz des Reichsjustizministeriums, an den Stab des StdF in München gesandt. Von dort gingen sie wieder an das Reichsrechtsamt der NSDAP in Berlin und dann erneut nach München an den Leiter des Reichsrechtsamtes

---

66 Schreiben des OLG-Präsidenten und des GSTA in Köln an die Gauleitung der NSDAP Pfalz-Saar vom 18.12.1935, Schreiben an das Reichsjustizministerium gleichen Datums und vom 12.2.1936, Schreiben der Gauleitung Saarpfalz vom 17.4.1936. Archiv OLG Köln. Das Amt für Beamte blieb lediglich für den mittleren und unteren Dienst zuständig.

67 Schreiben Schwisters an Gauleiter Florian vom 2.3.1936, HSTAD-Kalkum Rep. 86/1292.

der NSDAP und Führer des BNSDJ Hans Frank, der die Vorschläge des Reichsjustizministeriums an die Gaurechtsämter der Gauleitungen schickte, aus deren Bezirk der jeweilige Richter stammte. Zudem wurde die betreffende BNSDJ-Gauleitung eingeschaltet. Die Gaurechtsämter der NSDAP und die Gauleitungen des BNSDJ wandten sich ihrerseits vielfach an die Kreisleitungen, um Auskünfte aus der unmittelbaren Nähe der Richter und Staatsanwälte zu erhalten[68]. Dem Stab des StdF oblag es schließlich, die verschiedenen Gutachten der Dienststellen von NSDAP und BNSDJ zu prüfen, zu einem Gesamtgutachten der Partei zusammenzufügen und dieses gegenüber dem Reichsjustizministerium zu vertreten.

Die Kompliziertheit dieses Verfahrens bedingte, daß die Dreiwochenfrist, in der die Partei ihre Gutachten zu erstellen hatte[69], kaum einzuhalten war, zumal es den Gaurechtsämtern, wie Bormann 1936 kritisch feststellte, nicht nur an Personal, sondern auch an den »notwendigen technischen Einrichtungen« wie Karteien und Registraturen fehlte[70]. Diese Unzulänglichkeiten wurden häufig noch potenziert, wenn zwischen den Parteidienststellen Meinungsunterschiede hinsichtlich der politischen Qualitäten eines Richters oder Staatsanwaltes auftraten. Dies führte zu zusätzlichen Verzögerungen und zu zum Teil heftigen Kompetenzrangeleien, bei denen im übrigen in der Regel der NSRB gegenüber den Rechtsämtern der NSDAP den kürzeren zog[71]. Gerade diese Konflikte bestärkten Heß wohl in der Auffassung, daß das Begutachtungsverfahren der Partei zu arbeitsintensiv und bei seinem Stab zu konzentrieren sei. Jedenfalls signalisierte er Gürtner Anfang 1939, daß er bereit sei, die Begutachtung auf das politische Verhalten der Richter nach 1933 zu beschränken und auf die bis dahin

68 Dienstordnung des Reichsrechtsamtes für die politische Begutachtung von Justizbeamten vom November 1935, BA NS 16/121; Beschreibung des Dienstweges bei der Beurteilung von Justizbeamten im Schreiben der Gauführung des BNSDJ Baden an die Bezirksführer, Gauamtsleiter und Ortsgruppenführer des BNSDJ vom 16.1.1936, BA NS 16/125.
69 Die Frist wurde 1938 auf 30 Tage erweitert. Gruchmann, Die Justiz im Dritten Reich, a.a.O., S. 209.
70 Anordnung des StdF vom 30.3.1936 (Nr. 52/36), in der Bormann kritisiert, daß »die wenigsten Gauleiter die gestellten Fristen« einhielten, in: Zusammenstellung aller bis zum 31. März 1937 erlassenen Anordnungen des Stellvertreters des Führers, BA NSD 3/1. Siehe auch die Beschreibung der Zustände in der BNSDJ-Gauleitung in Wuppertal im Schreiben des Düsseldorfer OLG-Präs. vom 2.3.1936, HSTAD-Kalkum Rep. 86/1292.
71 Siehe z. B. die Beschwerde des Reichsinspekteurs des NSRB Raeke über die ungenügende Berücksichtigung abweichender Stellungnahmen des NSRB in Personalfragen durch die Partei, Diensttagebuch Gürtner, 14.8.1936, BA R 22/929. Siehe auch ebd., 22.6.1936. Auch die nachgeordneten Dienststellen des BNSDJ bzw. NSRB zeigten sich unzufrieden mit ihren Einflußmöglichkeiten. Siehe das Schreiben der Gauführung des BNSDJ Baden an die Bezirksführer u. a. vom 16.1.1936, BA R 22/125.

übliche Untersuchung der »politischen Vergangenheit« gänzlich zu verzichten[72].

Letztlich waren aber nicht nur mangelhafte Organisation und Kompetenzstreitigkeiten dafür verantwortlich, daß die Personalgutachten der NSDAP vielfach mit erheblicher Verzögerung eingingen und offensichtliche Fehler aufwiesen. Dies ging nicht zuletzt auch auf das unkooperative Verhalten der Chefpräsidenten gegenüber der Partei zurück. Auskunftsgesuche, die NSDAP an die Justizbehörden richtete, um Informationen über ihr oft gänzlich unbekannte Richter und Staatsanwälte zu erhalten, beantworteten die Chefpräsidenten in der Regel mit dem Hinweis auf ihre Pflicht zur »Amtsverschwiegenheit«[73]. Richter, die dieses Gebot mißachteten und der Partei Auskünfte über Kollegen oder Vorgesetzte erteilten, mußten – wie ein Hannoveraner Richter, der vor dem Gaugericht eine Aussage über die politische Einstellung eines Landesgerichtspräsidenten gemacht hatte – mit einem Dienststrafverfahren und einem schweren Verweis rechnen[74]. Verweise oder Versetzungen erwarteten vor allem Beamte des mittleren Justizdienstes, die aufgrund ihres Rangs im NSRB meinten, sich politische Urteile über Richter erlauben und diese an Parteistellen weitergeben zu können. Ihnen wurde nicht nur Verletzung der Amtsverschwiegenheit, sondern auch der »Treuepflicht« zur Last gelegt[75].

Die Gau- und Kreisleitungen, die zumindest gehofft hatten, als gleichberechtigte Behörden anerkannt zu werden und bei der Erstellung von Personalgutachten »Amtshilfe« zu erhalten, fühlten sich durch diese Praxis brüskiert. Ihre Proteste änderten am Umgang der Justizbehörden mit den »vertraulichen« Personengutachten der Partei allerdings nur wenig. Auch waren die Justizbehörden nicht bereit, nachgeordneten Parteidienststellen Einsicht in Verfahrensakten zu gewähren, wodurch diese sich zuverlässige Informationen über bestimmte Richter und die Entwicklung der Rechtsprechung erhofften. Ein Erlaß des Reichsjustizministeriums vom 28. Juni 1935 verwehrte vielmehr den nachgeordneten Parteidienststellen das Recht auf Akteneinsicht nachdrücklich[76]. Sie wurde nur wenigen

72 Siehe das Protokoll über die Besprechung der OLG-Präs. am 2. 2. 1939, Anlage 2, BA R 22/4158.
73 Siehe dazu Diensttagebuch Gürtner, 12. 1. 1938, BA R 22/945, sowie ebd., Eintragung vom 29. 7. 1937 über den Bericht des OLG-Präs. in Düsseldorf, BA R 22/678.
74 Ebd., 14. 8. 1937, BA R 22/678.
75 Siehe den Fall der zwangsweisen Versetzung eines Justizinspekteurs, Funktionär des NSRB, der den Duisburger LG-Präsidenten vor zwei der NSDAP angehörigen Richtern einen »Reaktionär« genannt hatte, HSTAD-Kalkum Rep. 86/153. Zu ähnlichem siehe Diensttagebuch Gürtner, 17. 5. 1937, BA R 22/721; ebd., 12. 6. 1936, BA R 22/929, sowie OLG-Präs. Köln vom 3. 5. 1940, BA R 22/3374.
76 Siehe die Besprechung des Oberreichsanwaltes mit den Generalstaatsanwälten vom 23. 9. 1935, während der der Erlaß verlesen wurde, BA R 22/4277. Ein Beispiel für die

hochgestellten Parteidienststellen wie dem Reichsrechtsamt oder dem StdF gestattet, was für eine umfassende Kontrolle der Rechtsprechung und der Richter keineswegs ausreichte.

Trotz des Gesetzes vom 24. September 1935 und verschiedener Erfolge der NSDAP in Personalfragen kam es also in den 30er Jahren in der Justiz im großen und ganzen nicht zur Durchsetzung des Primats der Partei. Im Reichsjustizministerium betrachtete man die Beratungen mit den Parteidienststellen über Personalfragen als unverbindlichen »Gedankenaustausch«[77] und forderte die Chefpräsidenten dazu auf, die die Mitsprache der Partei regelnde Ausführungsverordnung vom 14. November 1935 »im allgemeinen nicht ausdehnend auszulegen«. Auf politische Gutachten der Gauleitungen für die Bewerber für den richterlichen bzw. staatsanwaltlichen Vorbereitungsdienst wurde seit Sommer 1936 verzichtet[78].

»Nationalsozialistische Gesinnung«, die nach dem Willen der Partei für die Ernennung oder Beförderung eines Richters entscheidend sein sollte, wurde – abgesehen von einigen Ausnahmen[79] – nicht zum allein ausschlaggebenden Element für die Karriere in der Justiz[80]. Vielmehr streiften die Chefpräsidenten in den Beförderungsvorschlägen die politische Einstellung der jeweiligen Richter nur mit wenigen stereotypen Worten oder verzichteten ganz auf politische Charakterisierungen. »Treue« zum Staat wurde bei deutschen Richtern ohnehin vorausgesetzt, zumal die Richterschaft 1934 geschlossen geschworen hatte, dem »Führer des Deutschen Reiches und Volkes, Adolf Hitler, treu und gehorsam« zu sein[81].

Die Verdienste, die sich Richter im Ersten Weltkrieg erworben hatten, wurden hingegen ausführlich gewürdigt. Tapferkeit im Kriege galt als Garantie für Führungsqualitäten[82]. Freisler, der sich als Staatssekretär im Reichsjustizministerium mit besonderem Eifer um eine nationalsozialistische »Ausrichtung« der Justiz bemühte, kritisierte diese Praxis in einem Rundschreiben vom 12. März 1936 nachdrücklich. Er forderte die Chef-

---

Verweigerung von Akteneinsicht für den NSRB im Diensttagebuch Gürtner, 28.2.1938, BA R 22/945.

77 So Gürtner gegenüber den OLG-Präsidenten am 27.2.1939, BA R 22/4158.

78 Siehe die Schreiben des Reichsjustizministeriums an den OLG-Präs. in Rostock vom 13.7.1936, sowie das Rundschreiben vom 4.9.1936. Archiv OLG Köln, Stellenbesetzung 2.

79 Vgl. Gruchmann, Die Justiz im Dritten Reich, a.a.O., S. 215.

80 Dagegen Majer, Grundlagen des nationalsozialistischen Rechtssystems, a.a.O., S. 221 f.

81 Weinkauff, a.a.O., S. 234.

82 Siehe als ein Beispiel dafür den Ernennungsvorschlag Gürtners für den Münchner Chefpräsidenten Dürr vom 18.9.1938, in dem die Teilnahme Dürrs am Ersten Weltkrieg als Frontkämpfer noch vor seiner politischen Einstellung zur NSDAP gewürdigt wird. BA R 43 II/1511b.

präsidenten auf, ihren Beförderungsvorschlägen nicht nur eine knappe Notiz zur politischen Beurteilung des Kandidaten oder gar kommentarlos die – ebenfalls zumeist sehr knappe und nichtssagende[83] – Stellungnahme der Partei beizufügen, sondern stets eine ausführliche politische Beurteilung zu verfassen[84]. Diese Aufforderung wurde durch einen Erlaß vom 28. März zur verbindlichen Anweisung. Danach sollten die Chefpräsidenten »dem Charakter des Beamten und seiner politischen Einstellung« die gleiche Beachtung schenken wie der fachlichen Eignung[85]. Allerdings änderte auch dies – zumindest in den 30er Jahren – kaum etwas an der Beurteilungs- und Beförderungspraxis im höheren Justizdienst.

In der Richterschaft hatte man angesichts dessen wenig Veranlassung, sich parteipolitisch zu engagieren. In ihrer überwiegenden Mehrzahl begnügten sich die Richter vielmehr mit der passiven Parteimitgliedschaft und gingen der Parteiarbeit offenbar wenn irgend möglich aus dem Wege. Auch am NSRB zeigte man in der Regel wenig Interesse, zumal seine Arbeit wenig attraktiv war und ihm seit 1937 kaum noch Mittel zur Verfügung standen, um mißliebige Richter zu disziplinieren. Um »die einheitliche und geordnete Staatsführung« nicht zu gefährden, letztlich aber wohl eher, um die Kompetenzen des mit den Dienststellen der Partei und der Justiz gleichermaßen konkurrierenden »Reichsjuristenführers« Hans Frank zu beschneiden, beschlossen Heß und Gürtner, daß der NSRB nur dann ein Ehrengerichtsverfahren gegen einen Richter einleiten dürfe, wenn das Reichsjustizministerium zuvor aus dienstlichen Gründen ein Disziplinarverfahren eingeleitet habe. Die politische Disziplinierung eines Richters wurde dem NSRB damit unmöglich gemacht[86].

Die parteipolitische Passivität der Richter forderte natürlich die Kritik der NSDAP heraus. Um ihr entgegenzuwirken, rief das Reichsjustizministerium die Richterschaft im Dezember 1937 dazu auf, »sich nach besten Kräften« für den Nationalsozialismus einzusetzen und es nicht mit einer passiven Parteimitgliedschaft bewenden zu lassen[87]. Allerdings wurde die NSDAP-Mitgliedschaft erst Mitte 1942 zwingende Voraussetzung für eine Beförderung, als mit Otte-Georg Thierack ein fanatischer Nationalsozialist die Führung des Reichsjustizministeriums über-

83 Siehe die Sammlung politischer Zeugnisse der Gauleitung Düsseldorf in HSTAD Rep. 125/177. Zumeist benutzte die Gauleitung Vordrucke, die mit dem Satz »ist in politischer Hinsicht nichts Nachteiliges bekannt geworden« endeten und in die lediglich der Name des Richters, Parteinummer, Geburtsdatum und Adresse einzutragen waren.
84 Rundschreiben Freislers vom 12. 3. 1936. Archiv OLG Köln, Stellenbesetzung 1.
85 Weinkauff, a. a. O., S. 121.
86 Schreiben des StdF vom 23. 9. 1937. Diensttagebuch Gürtner, BA R 22/734.
87 Erlaß des Reichsjustizministeriums vom 19. 12. 1936, zit. nach Weinkauff, a. a. O., S. 121.

nahm[88]. Bis dahin war die Mitgliedschaft in der NSDAP aufgrund einer ausdrücklichen Anweisung Hitlers bei Beamten des höheren Dienstes für eine Beförderung nicht unbedingt notwendig[89].

Thierack erfüllte vielfach die personalpolitischen Wünsche der Gauleiter und der SS und versuchte, die Rechtsprechung den Richtlinien anzupassen, die ihm die Parteikanzlei vorgab. In den 30er Jahren war man indes von solchen Verhältnissen weit entfernt. Vielmehr konnte man es sich durchaus leisten, gegenüber der NSDAP Selbstbewußtsein zu zeigen, wenn man die Standesehre bedroht sah. So mußte ein »Gauredner« der NSDAP 1938 in Köln die Erfahrung machen, daß es auch ihm als »altem Kämpfer« nicht möglich war, seiner Meinung über die »reaktionäre« Richterschaft öffentlich Luft zu machen. Weil er die Richter des Oberlandesgerichts Köln in einer Parteiveranstaltung als »Affen« tituliert hatte, wurde er wegen Richterbeleidigung und Verunglimpfung der Rechtspflege zu zwei Monaten Gefängnis verurteilt[90]. Verschiedentlich scheinen gerade bewährte Mitglieder der Partei wegen strafrechtlicher Verfehlungen besonders hart bestraft worden zu sein, weil sie – so die Argumentation der Gerichte – als weltanschaulich geschulte »Volksgenossen« gegenüber Staat und Partei eine besondere Verantwortung trügen[91].

Dennoch läßt sich nicht übersehen, daß die Auseinandersetzungen, die die Justiz insbesondere mit den nachgeordneten Parteistellen ausfechten mußte, bei manchen Richtern Spuren hinterlassen hatten[92]. Sie fühlten sich, wie auf einer Besprechung der Chefpräsidenten im Reichsjustizministerium im Februar 1939 beklagt wurde, von der Partei »zeitlebens in wenig durchsichtiger Weise überwacht«[93] und glaubten, gegen hochge-

---

88 Siehe die Notizen Rothenbergers für die Besprechung mit den OLG-Präsidenten am 29. 9. 1942. Ausnahmen von dieser Regel sollten wenn möglich vermieden werden. BA R 22/4199.

89 Generell zu dem Problem der NSDAP-Mitgliedschaft von höheren Beamten in der NSDAP siehe den Briefwechsel zwischen Heß, Frick und Lammers in der ersten Jahreshälfte 1939 in BA R 43 II/431a. Der Versuch Heß', die Parteimitgliedschaft für höhere Beamte verpflichtend zu machen, konnten Lammers und Frick abwehren. Hitler entschied, daß Mitgliedschaft in der NSDAP »erwünscht erscheine«, die NSDAP aber an »Konjunkturritter«, die ihr nur wegen einer Beförderung beiträten, kein Interesse habe. Erst »nach geraumer Zeit – etwa nach 3 Jahren« wollte Hitler prüfen, ob zu dieser Frage »eine solche allgemeine Anordnung durchführbar sei«.

90 LG Köln vom 5. 4. 1938. Siehe dazu Schreiben des OSTA in Köln an das Reichsjustizministerium vom 3. 2. 1939, HSTAD-Kalkum Rep. 145/341. Ähnliche Fälle in HSTAD Rep. 28/207 und 208.

91 So GSTA in Darmstadt vom 31. 1. 1936. BA R 22/3361.

92 Vgl. Gruchmann, Die Justiz im Dritten Reich, a. a. O., S. 203 ff., S. 270 ff., der u. a. mit Bezug auf die Besprechung der Chefpräsidenten am 27. 2. 1939 den Druck der Partei auf die Richter stärker betont.

93 Siehe Protokoll der Besprechung der Chefpräsidenten am 27. 2. 1939, Anlage 2. BA R 22/4158.

stellte Parteigenossen nicht entschieden einschreiten zu können, ohne sich dadurch die weitere Karriere zu verbauen[94]. Zudem gab es Richter, die – auch ohne politischen Druck – gegenüber der NSDAP übergroßen Opportunismus an den Tag legten. Es fehlte nicht an Stimmen, die dies offen kritisierten. So attestierte 1936 der Darmstädter Landgerichtsdirektor Meyer den anläßlich seiner Pensionierung versammelten Kollegen in seiner Abschiedsrede, daß sie sich wie der biblische Jonas verhielten: Die Partei speie sie vorne aus, aber sie versuchten, »hinten« wieder »hineinzuklettern«[95]. Ähnlich urteilte der Berliner Rechtsanwalt Ehlers 1943 in einem Brief an Staatssekretär Rothenberger. Auch er konstatierte »das – sich vor allem auf dem Gebiet der Rechtspflege besonders verheerend auswirkende – deutsche Erbübel eines geradezu erschütternden Mangels an Zivilcourage«[96].

Einflußnahmen des Reichsjustizministeriums

Die Feststellung, daß es die NSDAP nicht vermochte, entscheidend in den Justizbereich einzudringen, beantwortete indes die Frage, inwieweit die Richter in den 30er Jahren »unabhängig« Recht sprechen konnten, nur zu einem Teil. Versuche, die Rechtsprechung zu beeinflussen, gingen auch von den NS-Regierungsstellen und insbesondere vom Reichsjustizministerium aus. So mußten die Richter 1934 den Diensteid auf Adolf Hitler leisten und wurden zudem angewiesen, stets den »Deutschen Gruß« anzuwenden und dabei die Worte »Heil Hitler« deutlich hörbar auszusprechen[97].

Weit wichtiger als dies waren Veränderungen des Beamtenrechts, durch die u. a. die rechtliche Sonderstellung des Richters aufgehoben wurde. § 71 des Deutschen Beamtengesetzes (DBG) von 1937 legte fest, daß ein Richter wie jeder andere Beamte aus dem Dienst entlassen werden konnte, wenn er in politischer Hinsicht »unzuverlässig« erschien[98]. § 171 DBG schränkte diese Bestimmung zwar insofern ein, als die Entlassung eines Richters ihren Grund nicht in politischen Bedenken gegen seine Rechtsprechung haben durfte[99], aber schon im Frühjahr 1938 gab Hitler Reichsjustizminister Gürtner durch den Chef der Reichskanzlei Lammers zu verstehen, daß er diese Regelung für unzureichend hielt.

---

94 Siehe OLG-Präs. Hamm vom 5. 5. 1937. BA R 22/1187.
95 GSTA Darmstadt vom 31. 1. 1936. BA R 22/3356.
96 Brief Ehlers vom 16. 3. 1943. BA R 22/4722.
97 Weinkauff, a. a. O., S. 121.
98 RGBl 1937, S. 39 ff.
99 § 171 Abs. 1,3. Ebd.

Nach Hitlers Auffassung sollten Richter – wie andere Beamte – in den Ruhestand versetzt werden können, wenn ihre Dienstführung oder ihr privater Lebenswandel zu erkennen gaben, daß sie der NS-Weltanschauung fernstanden[100].

Gürtner sah indessen in § 171 weit mehr als nur ein kosmetisches, jederzeit zur Disposition stehendes Beiwerk zum DBG und widersprach den Wünschen Hitlers entschieden. Die disziplinarrechtlichen Möglichkeiten nach § 71 und § 171 DBG reichten nach seiner Ansicht vollkommen aus. Gürtner hatte offenbar erkannt, daß die von Hitler geforderten Änderungen das Disziplinarrecht der Justiz zum Instrument willkürlicher Entscheidung machen und den eben erst mühsam abgeschlagenen Einmischungsversuch der NSDAP wieder Tür und Tor öffnen würde.

Gürtner fand Unterstützung bei Reichsinnenminister Frick, der ebenfalls eine völlige Verunsicherung der Beamtenschaft durch die von Hitler geforderte Änderung des Disziplinarrechts befürchtete. In Verhandlungen mit Lammers vermochten Gürtner und Frick zu erreichen, daß § 71 und § 171 DBG unverändert blieben. Allerdings wies Lammers die Reichsminister am 12. Juli 1938 im Auftrage Hitlers an, bei den ihnen unterstellten Dienstbehörden auf eine scharfe Handhabung von § 71 DBG zu drängen und die Entlassung von Beamten einzuleiten, die dem NS-Staat »gefühls- oder verstandesmäßig fremd« gegenüberständen. Gürtner wurde zudem von Lammers ausdrücklich darauf hingewiesen, daß nach dem Willen des »Führers« diejenigen Richter, deren Rechtsprechung nicht der NS-Weltanschauung entspreche, in den Ruhestand zu versetzen seien. Des weiteren ließ Lammers Gürtner wissen, daß Hitler von ihm »baldmöglichst« Vorschläge zu einer umfassenden Neuregelung des beamtenrechtlichen Status der Richterschaft erwarte.

Für die Richterschaft änderte sich in der Folgezeit jedoch nur wenig. Hitler, der sich – wenn überhaupt – nur oberflächlich mit Fragen des Rechts zu beschäftigen pflegte, verlor die Neudefinition der richterlichen Unabhängigkeit rasch für längere Zeit aus den Augen[101], und im Reichsjustizministerium sah man trotz der Intervention des »Führers« offenbar keine Veranlassung, die Handhabung des DBG zu ändern. Die Vorstellungen Hitlers zur Disziplinierung von politisch unzuverlässigen Richtern wurden gar nicht erst bekannt gemacht. Die Weisungen Lammers' finden sich

---

100 Siehe BA R 22/4435 und BA 43 II/1507. Die folgende Darstellung danach.
101 Hitler selbst ließ die Stringenz vermissen, die er bei der Anwendung des § 71 DBG verlangt hatte. Als Goebbels ihn im Juni 1942 darauf aufmerksam machte, daß der Berliner AG-Rat Gramse die Witwe eines SS-Mannes – juristisch völlig korrekt – zur Räumung ihrer Wohnung verurteilt hatte, ließ er zwar die Entlassung Gramses aufsetzen, zögerte aber, diese durch seine Unterschrift rechtskräftig zu machen. Er entschied dann lediglich, daß Gramse nicht mehr mit prozeßrichterlichen Aufgaben betraut werden sollte. BA R 43 II/1560.

weder im Reichsgesetzblatt noch in der »Deutschen Justiz«, dem offiziellen Organ des Reichsjustizministeriums. Auch in Form einer vertraulichen Dienstanweisung scheinen die Chefpräsidenten und die Dienststrafgerichte nicht informiert worden zu sein.

Selbst Thierack, der Präsident des VGH und Vorsitzende des Dienststrafsenats am Reichsgericht, erhielt nur zufällig Kenntnis von den Weisungen Lammers', als er diesem Anfang September 1938 auf einem Empfang begegnete und sich dabei ein Gespräch über Fragen des Dienststrafrechts entspann. Erst daraufhin konnte Thierack sich über die Auffassungen Hitlers zum DBG kundig machen, indem er bei der Reichskanzlei eine Abschrift des Schreibens Lammers' vom 12. Juli 1938 anforderte [102].

Bezeichnend für die Haltung des Reichsjustizministeriums ist auch ein Merkblatt, das Anfang 1938 für den Dienstgebrauch verfaßt wurde. Dieses Merkblatt verpflichtete die Beamten des Reichsjustizministeriums, die Chefpräsidenten und die Dienststrafgerichte, § 71 DBG zur Vermeidung »schwerer Erschütterungen des allgemeinen Rechtsbewußtseins« sehr eng zu interpretieren und nur in besonderen Ausnahmefällen anzuwenden [103]. So sollte ein Richter nicht diszipliniert werden dürfen, wenn die von ihm verhängten Strafen nicht den Erwartungen entsprachen. Auch der politische Tenor eines Urteils dürfe »grundsätzlich« nicht Anlaß für ein Verfahren gemäß § 71 DBG sein. Es sei darauf hinzuwirken, daß sich die Richter »bei der rechtlichen Würdigung den zur Begründung der Entscheidung notwendigen Ausführungen selbst dann nicht [...] entziehen, wenn sich damit Beanstandungen der Tätigkeit anderer Behörden oder Dienststellen des Staates oder der Partei verbinden«.

Diesen Anweisungen entsprechend war die Zahl der Richter, die nach den Säuberungen von 1933/34 wegen »politischer Unzuverlässigkeit« entlassen wurden, sehr gering. Eine – allerdings unvollständige – Liste des Reichsjustizministeriums weist für den Zeitraum zwischen 1935 und 1940 lediglich fünf Fälle aus, in denen gegen Richter wegen ihres politischen Verhaltens Dienststrafverfahren angestrengt wurden [104]. Darüber hinaus wurden 1936 zwei Richter wegen des politischen Tenors ihrer Urteilsbe-

102 Siehe das Schreiben Thieracks an Lammers vom 19. 9. 1938. BA R 22/4436 bzw. BA R 42 II/1507.
103 »Merkblatt zur Frage der richterlichen Unabhängigkeit« vermutlich von Anfang 1938. BA R 22/1507. Siehe auch Gruchmann, Justiz im Dritten Reich, a. a. O., S. 195 f.
104 »Versetzung in den Ruhestand wegen politischer Unzuverlässigkeit, Einzelfälle 1935–1944«. BA R 22/4469. Die Liste enthält die Einleitungsverfügungen für Dienststrafverfahren gegen Richter von Mai 1938 bis Dezember 1940. Siehe auch Fa 199, Institut für Zeitgeschichte. Die hier enthaltenen Fälle sind zum Teil nicht mit denen o. g. Liste identisch, fallen aber auch zusammen mit diesen quantitativ kaum ins Gewicht. Laut Gruchmann, Die Justiz im Dritten Reich, a. a. O., S. 202, wurden in der Amtszeit Gürtners gegen sechs Richter Dienststrafverfahren eingeleitet.

gründungen gerügt[105]. Auch wenn die Gesamtzahl der Maßregelungen, die in den 30er Jahren aus politischen Gründen ausgesprochen wurden, sicherlich höher gewesen sein dürfte[106], waren Disziplinierungen im großen und ganzen doch so selten, daß sie nicht ins Bewußtsein der Richterschaft drangen.

Erst als 1942 nach der Übernahme des Reichsjustizministeriums durch Thierack – nicht zuletzt aufgrund einer extensiven Auslegung durch die Dienststrafkammern[107] – eine schärfere Handhabung des DBG um sich griff, führte dies in manchen Oberlandesgerichtsbezirken zu Verunsicherung[108], zumal Thierack einige Richter, deren »unnationalsozialistisches« Verhalten die Gauleiter kritisiert hatten, in den vorzeitigen Ruhestand schickte und im Juli 1943 den »Abbau« von 63 »unzuverlässigen« Richtern und Staatsanwälten einleitete[109]. Allerdings hatten auch diese Entlassungen ihren Grund nicht allein im politischen Verhalten der Betroffenen. Vielmehr wurden von den 63 im Sommer 1943 »abgebauten« Richtern und Staatsanwälten nur vier wegen ihrer früheren Zugehörigkeit zur SPD oder wegen NS-feindlicher Äußerungen in den vorzeitigen Ruhestand versetzt. In den meisten anderen Fällen gab körperliche oder geistige Dienstunfähigkeit den Ausschlag. Dabei waren im übrigen auch rund 15 Richter betroffen, die ihre »politische Zuverlässigkeit« als Parteigenossen, als NSDAP-Ortsbeauftragte für Rassefragen oder als SA-Rottenführer unter Beweis gestellt hatten.

Letztlich ist fraglich, ob die Vorstellungen Hitlers zur Handhabung des DBG selbst bei entsprechender Mitarbeit Gürtners ohne größere Probleme realisierbar gewesen wären. Abgesehen davon, daß die Inhalte der »nationalsozialistischen« Rechtsanwendung und Lebensführung vielfach sehr unbestimmt waren, wäre man wohl auf ähnliche Probleme gestoßen wie die NSDAP bei ihren Versuchen, die Gesinnung der Richterschaft zu erforschen. Man besaß im Reichsjustizministerium kaum die notwendigen Informationen, um die politische Einstellung der einzelnen Richter eindeutig beurteilen zu können. Die Angaben, die die Personalakten zur Parteizugehörigkeit und zur politischen Vergangenheit enthielten, waren

105 Siehe Schorn, a. a. O., S. 271 und S. 278.
106 So fehlt in der genannten Liste H. Ehlers, der 1939 wegen seiner Zugehörigkeit zur Bekennenden Kirche aus der Justiz ausschied.
107 Siehe den Fall des Vietacher Amtsrichters J. Kremer, der im November 1943 von der Dienststrafkammer München in den vorzeitigen Ruhestand versetzt wurde, weil er zu einer polnischen Übersetzerin ein auffallend gutes dienstliches Verhältnis hatte. Man sah darin einen unverzeihlichen Verstoß gegen die Pflicht des Richters zu nationalsozialistischem Lebenswandel. Kremer wurden nur 50 % des Ruhegehalts zugesprochen. Siehe das Schreiben des OLG-Präs. in München vom 19. 2. 1944, BA R 22/239.
108 Siehe den Bericht eines bayerischen V-Mannes des RSHA vom April 1944, BA R 58/91.
109 Siehe die »Abbauliste« des Reichsjustizministeriums vom Juli 1943. BA R 22/2139.

zumeist nicht nur sehr knapp und von großer Gleichförmigkeit, sondern zum Teil auch falsch [110].

Als im Januar 1935 das Saargebiet »angegliedert« wurde, wandte man sich deshalb an die Gestapo, um zuverlässige Auskünfte über die rund hundert saarländischen Richter [111] zu erhalten. Ob nun die Gestapo, die sich 1935 noch im personellen Aufbau befand, nicht willens oder nicht in der Lage war zu helfen, muß dahingestellt bleiben. Jedenfalls erfüllte sie die Erwartungen des Reichsjustizministeriums in keiner Weise. Nach rund drei Jahren lagen noch immer keine Berichte vor. Auf Vorhaltungen beschied das Gestapa am 12. Januar 1938, daß »eine einwandfreie Überprüfung der ehemaligen richterlichen Beamten des Saargebietes [...] in den umfangreichen Karteien ohne Angabe von genauen Personalien äußerst zeitraubend und bei Sammelnamen teilweise unmöglich« sei. Erst am 29. Juli 1938 legte es schließlich jeweils zwei Schreibmaschinenseiten umfassende politische Charakterisierungen von 39 saarländischen Richtern vor. Für das Reichsjustizministerium waren diese Berichte allerdings wertlos, weil sie sich nicht, wie gewünscht, auf die Zeit vor, sondern auf die Zeit nach 1933 bezogen. Zudem wurde selbst im Vergleich mit den spärlichen Unterlagen des Reichsjustizministeriums sehr bald deutlich, daß die Auskünfte Lücken aufwiesen und zum Teil unzutreffend waren. Es erging deshalb Anweisung, die Informationen der Gestapo nicht zu den Personalakten zu nehmen [112].

Auch wenn das Reichsjustizministerium das DBG während der Amtszeit Gürtners mit Zurückhaltung handhabte, verzichtete es keineswegs auf Versuche, in politisch wichtigen Fragen die Entwicklung der Rechtsprechung zu beeinflussen. Ende der 30er Jahre bemühten sich in acht Referaten rund 25 Beamte unter Leitung des Ministerialdirektors Crohne um eine »einheitliche Gesetzesanwendung und Gesetzesauslegung« [113]. Im wesentlichen war es die – quantitativ überschaubare – Rechtsprechung auf den Gebieten des Rasserechts und des politischen Strafrechts, die vom Reichsjustizministerium und verschiedenen Chefpräsidenten beobachtet wurde [114].

110 Siehe das Schreiben des Reichsjustizministeriums an die OLG-Präs. und GSTÄ »zur Unzuverlässigkeit der Angaben der Mitgliedschaft in der NSDAP und ihrer Gliederungen« vom 28. 5. 1936. »Stellenbesetzung 2«, Archiv OLG Köln.
111 Zahl geschätzt nach Handbuch der Justizverwaltung, a. a. O., S. 259 ff. Danach gab es im LG-Bezirk Saarbrücken, der dem OLG-Bezirk Zweibrücken eingegliedert war, im Jahre 1942 rund 110 Beamte im höheren Justizdienst.
112 Der Briefwechsel zwischen Reichsjustizministerium und Gestapo sowie die Beurteilung der Angaben der Gestapo durch das Reichsjustizministerium in BA R 22/4495.
113 Siehe den Geschäftsverteilungsplan der Abteilung III (Strafrechtspflege) vom April 1938 (BA R 22/4423) sowie den Geschäftsverteilungsplan von 1937 (BA R 22/1462).
114 LG-Präs. Schmidt (Hamburg) gab Anweisung, ihm über Prozesse gegen Juden, Freimaurer u. a. regelmäßig zu berichten. W. Johe, Die gleichgeschaltete Justiz. Frank-

Unliebsamen Entwicklungen versuchte man mit verschiedenen Mitteln entgegenzuwirken. So wurden im April 1935 »Richtlinien für das Strafverfahren« erlassen, die u. a. Anweisungen zur Vorgehensweise in politischen Verfahren enthielten[115]. Rassenpolitische Entscheidungen wie die Urteile zur Trennung gemischtrassiger Ehen wurden regelmäßig in der Deutschen Justiz kommentiert, und darüber hinaus wurden die Zusammenkünfte der Oberlandesgerichtspräsidenten und Generalstaatsanwälte genutzt, um aufzuzeigen, in welche Richtung sich die Rechtsprechung entwickeln sollte. Der Oberreichsanwalt rügte beispielsweise im September 1935 die uneinheitliche Rechtsprechung der Sondergerichte gegen Bibelforscher und gab Richtlinien für die Anklageerhebung in Heimtückesachen[116]. In einer Besprechung im Juni 1937 forderten auch Gürtner und Freisler die Oberlandesgerichtspräsidenten auf, für eine schärfere Bestrafung der Bibelforscher zu sorgen[117]. Ähnliche Schritte wurden 1936/37 in bezug auf die sogenannten Rassenschandefälle unternommen, in denen die Gerichte in den ersten Monaten nach der Verabschiedung des »Blutschutzgesetzes« vom 15. September 1935 im Strafmaß weit hinter den Erwartungen zurückblieben und damit die harsche Kritik Heydrichs provozierten[118].

Derartige Maßnahmen stellten eine schwere Beeinträchtigung der richterlichen Unabhängigkeit dar. Für die Wahrnehmung dieser Lenkungsversuche durch die Richter war allerdings entscheidend, daß sie sich auf einen sehr kleinen Teil der Rechtsprechung konzentrierten und die Richter auch in diesen Fällen an den Strafantrag der Staatsanwaltschaft bzw. an Weisungen des Reichsjustizministeriums nicht gebunden waren[119]. Das Reichsjustizministerium beschränkte sich zudem in den 30er Jahren in der Regel auf die beschriebenen Versuche der in-

---

furt 1967, S. 128. Das Reichsjustizministerium wurde durch die Staatsanwaltschaft über politische Prozesse informiert.

115 Richtlinien für das Strafverfahren. Allgemeine Verfügung des Reichsministers der Justiz vom 13.4.1935. Berlin 1935.

116 Besprechung des Oberreichsanwalts mit den Generalstaatsanwälten am 23.9.1935. BA R 22/4277.

117 Siehe Kap. 6. Siehe auch L. Gruchmann, Rechtssystem und nationalsozialistische Justizpolitik, in: M. Broszat/H. Möller (Hrsg.), Das Dritte Reich, Herrschaftsstruktur und Geschichte. München 1983, S. 83–103, hier S. 89.

118 Siehe E. Noam/W.-A. Kropat, Juden vor Gericht 1933–1945, Wiesbaden 1975, S. 110 f.; L. Gruchmann, »Blutschutzgesetz« und Justiz. Entstehung und Anwendung des Nürnberger Gesetzes vom 15.9.1935, in: Aus Politik und Zeitgeschichte B48/85, S. 28–38, hier S. 34. Siehe auch Kap. 6.

119 Eine Koppelung des Urteilsspruchs des Richters an den mit dem Reichsjustizministerium abgesprochenen Strafantrag des Staatsanwalts – wie sie seit 1942 vielfach praktiziert wurde – wurde 1938 erstmals von Rothenberger vorgeschlagen. Das Reichsjustizministerium, aber auch die Rechtsorganisationen der Partei verwarfen diesen Vorschlag. Johe, a.a.O., S. 124 f.

direkten Lenkung, die – zumindest sofern sie sich in Form von Urteils-kommentaren in den Fachzeitschriften vollzogen – vielfach nicht als Eingriff in die richterliche Entscheidungsfreiheit, sondern als willkommene Information über die Vorstellungen der »Staatsführung« empfunden wurden [120].

Urteilskritiken wurden in der Regel nicht den betreffenden Richtern, sondern den jeweiligen Chefpräsidenten übermittelt, die den Standpunkt des Reichsjustizministeriums offenbar durchaus nicht in allen Fällen weitergaben und damit die Lenkungsbemühungen des Reichsjustizministeriums blockierten. So ließ Ministerialdirektor Crohne im Oktober 1936 den Kölner Oberlandesgerichtspräsidenten Bergmann und den Kölner Generalstaatsanwalt Windhausen wissen, daß die Rechtsprechung des Sondergerichts Köln in Heimtückesachen »untragbar milde« sei [121]. Zudem ersuchte er Windhausen, durch entsprechende Strafanträge auf eine Verschärfung der Rechtsprechung »hinzuwirken«. Ob Windhausen dieser Bitte entsprach, ist nicht feststellbar. Bergmann jedenfalls leitete die Beschwerde Crohnes nicht an die Richter des Kölner Sondergerichts weiter.

Die Rechtsprechung des Kölner Sondergerichts verschärfte sich in der Folgezeit nicht, zumal der Vorsitzende Richter am Kölner Sondergericht, Landgerichtsdirektor von Vacano, PG seit 1932, keine Veranlassung hatte, anzunehmen, daß man seine Urteile nicht billige. Er wurde vielmehr für eine Beförderung vorgeschlagen und 1937 zum Landgerichtspräsidenten in Bochum ernannt. Die Nachfolger von Vacanos, Fehr und Loevenich, setzten seine Linie fort – sehr zum Unwillen Crohnes, der sich weiterhin über die »ungewöhnliche« Milde des Kölner Sondergerichts erregte, vorerst aber keine Änderung erwirken konnte. Loevenich wurde erst Ende 1940 – teils aus Amtsmüdigkeit, teils auf Drängen Crohnes – vom Vorsitz des Sondergerichts in Köln entbunden und durch einen Richter ersetzt, von dem man sich strengere Strafen erhoffte [122].

Trotz der Beeinflussungsversuche der NSDAP und des Reichsjustizministeriums und trotz der schwerwiegenden Veränderungen des Richterrechts gab es also in den 30er Jahren keine umfassende Lenkung der Rechtsprechung. Auch scheint die überwiegende Mehrzahl der Richter nicht unter dem Eindruck gestanden zu haben, daß der politische Tenor ihrer Urteile jederzeit Anlaß für Disziplinierungen sein könne [123]. Den

120 Johe, a.a.O., S. 120 ff.
121 Schreiben Crohnes an Windhausen vom 17.10.1936 sowie der im folgenden beschriebene Vorgang in: Az 3234 II/13, Archiv OLG Köln.
122 HSTAD-Kalkum Rep 11/1812.
123 Dagegen Gruchmann, Die Justiz im Dritten Reich, a.a.O., S. 1112, demzufolge »jederzeit« eine Lenkung der Rechtsprechung durch das Reichsjustizministerium möglich war. Demgegenüber ist einzuwenden, daß die Lenkung u.a. an organisatorische

Richtern blieb mithin ein großer, wenn auch ständig bedrohter Entscheidungsspielraum bei der Auslegung der Gesetze. Von maßgeblicher Verantwortung für die Entwicklung der Rechtsprechung nach 1933 und insbesondere für die zunehmend härter werdenden Urteile gegen Juden, »marxistische Hochverräter« und »Miesmacher« können sie keinesfalls freigesprochen werden. [124].

Voraussetzungen geknüpft war, die insbesondere während des Krieges durchaus nicht immer »jederzeit« geschaffen werden konnten. Siehe Kap. 9.
124 Siehe Kap. 5 und 6.

IV. Richterliche »Berufsfreudigkeit« und NS-Presse

Angesichts ihrer beschränkten Möglichkeiten, die Rechtsprechung zu beeinflussen, versuchten die Parteidienststellen, aber auch die SS wiederholt, die Presse als Mittel der Auseinandersetzung mit der »reaktionären« Justiz zu nutzen. In lokalen NS-Zeitungen, im »Stürmer«, im halbpornographischen »Kampfblatt« des fränkischen Gauleiters Streicher, und vor allem in der SS-Zeitschrift »Das Schwarze Korps« erschienen immer wieder Artikel, in denen der angebliche politische und soziale Unverstand der Richterschaft angeprangert und auch einzelne Richter persönlich diffamiert wurden[1]. Symptomatisch für die Haltung der NS-Presse gegenüber der Justiz ist eine Reklamezeichnung, mit der im Verordnungsblatt der NSDAP für die erste Ausgabe des »NS-Rechtsspiegels«, einer Zeitschrift des Reichsrechtsamtes, geworben wurde. Sie zeigt einen mit der Hakenkreuzbinde bewehrten Männerarm, der donnernd auf einen mit Gesetzeswerken und Gerichtsakten beladenen Tisch schlägt und die dort versammelten Richter so durcheinanderwirbelt, daß ihnen die langbezopften Perücken verrutschen. Die Bildunterschrift fordert die Entscheidung zwischen »Recht oder Paragraphendiktatur« und den Kampf für »ein neues deutsches Volksrecht, wie wir es wollen und das deutsche Volk es will«[2]. Diese Parole trifft den Tenor der Gerichtsberichterstattung der NS-Presse: Sofern sie sich überhaupt mit Gerichtsdingen befaßte, forderte sie in der Regel die Durchsetzung des »gesunden Volksempfindens« gegenüber dem verknöcherten, lebensfremden und »unnationalsozialistischen« Rechtsdenken der »reaktionären« Richterschaft.

Neben den Attacken der NS-Presse hatten die Richter in einigen Oberlandesgerichtsbezirken zuweilen eine gezielte Politik der Nadelstiche gegen ihr – ohnehin sehr empfindsames – Standes- und Ehrgefühl zu ertragen. Bei Staats- und Parteifeiern beispielsweise wurden die Vertreter der Richterschaft regelmäßig in den hintersten Reihen der Ehrentribüne plaziert. Im Oberlandesgerichtsbezirk Hamm machten sich die »alten

---

1 Zumindest »Der Stürmer« scheint seine Informationen dabei nicht zuletzt von den Justizbehörden selbst bezogen zu haben. Siehe den Brief des »Stürmers« an die »verehrten Parteigenossen« des LG Köln vom 14.12.1937. HSTAD-Kalkum Rep. 112/15290; zur Gerichtsberichterstattung der SS siehe u. a. »Das Schwarze Korps« vom 8.12.1938 über das »Unverständnis« der Richter in der »Rassenfrage« und über die »Plage der richterlichen Unabhängigkeit« (»Und das im Namen des deutschen Volkes«). Zeitungsforschungsarchiv Dortmund.
2 Verordnungsblatt der NSDAP (Oktober 1937), S. 527a. BA NSD 13/2.

Kämpfer« zudem das Vergnügen, die »Parteigenossen« aus der Richterschaft, die als »Märzgefallene« zumeist nur niedrige Parteiränge innehatten, an Festtagen im einfachen Braunhemd als Ordner Dienst tun zu lassen[3].

In der Richterschaft betrachtete man solche Sticheleien als böswilligen Angriff gegen die richterliche Würde und reagierte verärgert oder gar tief gekränkt. Zur Resignation oder zu Zweifeln am NS-Staat sah man jedoch im allgemeinen keinen Anlaß, zumal man auch in diesen Fällen die entschlossene Unterstützung der Chefpräsidenten und des Reichsjustizministeriums erfuhr. So wurden zum Beispiel die Oberlandesgerichtspräsidenten in Braunschweig, Hamm und Nürnberg, nachdem die lokale NS-Presse abfällig über Gerichtsentscheidungen berichtet hatte, bei den verantwortlichen Redakteuren vorstellig und erreichten, daß die Polemik gegen die Justiz für längere Zeit verstummte. Verschiedentlich kamen die Chefpräsidenten mit der NS-Presse überein, Journalisten die Teilnahme an Dienstbesprechungen zu gestatten, um auf diese Weise den Informationsfluß zwischen Justiz und Presse zu verbessern. Die Gerichtsberichterstattung verbesserte sich daraufhin in der Tat spürbar, was die Behördenchefs in der Auffassung bestärkte, daß die Spannungen mit der Presse nicht auf deren justizfeindliche Einstellung, sondern darauf zurückzuführen seien, daß die Journalisten die juristischen Probleme der meisten Rechtsfälle aufgrund mangelnder Information nicht zu durchschauen vermochten[4]. Die NS-Presse schien bei einer gezielten Informationspolitik der Justizpressestellen durchaus steuerbar zu sein und ließ sich sogar verschiedentlich dazu nutzen, die Öffentlichkeitswirkung gerichtlicher Entscheidungen durch spektakuläre Reportagen beträchtlich zu erhöhen[5]. Erst während des Krieges, als sich – bis 1942/43 – die Zeitungsberichte über »Fehlleistungen« der Gerichte in einem bis dahin unbekannten Maße häuften, scheint sich unter den Behördenchefs die Einsicht durchgesetzt zu haben, daß man die Einflußmöglichkeiten der Justiz gegenüber der NS-Presse weit überschätzt hatte[6].

Anders verhielt es sich indessen mit der SS-Zeitschrift »Das Schwarze Korps«, die in unregelmäßigen Abständen ganze Serien über »volks- und lebensfremde« Gerichtsurteile veröffentlichte und die betreffenden Richter dabei äußerst aggressiv anging[7]. Das »Schwarze Korps« war selbst

---

3 Siehe OLG-Präs. in Hamm vom 8. 3. und 5. 7. 1937. BA R 22/1187.
4 Siehe die Berichte der bayerischen OLG-Präsidenten in der Besprechung mit Frank am 5./6. 4. 1934, BA R 22/4069; OLG-Präs. Hamm vom 4. 1. 1936, BA R 22/1187; OLG-Präs. Braunschweig vom 6. 5. 1939, BA R 22/3357.
5 Siehe »Westdeutscher Beobachter« und »Politisches Tageblatt« vom 21. 1. 1938 über Urteile gegen »Hetzer und Meckerer«. HSTAD-Kalkum Rep. 112/25523.
6 Siehe Kap. 10.
7 Gruchmann, Die Justiz im Dritten Reich, a. a. O., S. 663 ff.

vom Hamburger Oberlandesgerichtspräsidenten Rothenberger, einem allseits geachteten Parteigenossen und NS-Rechtstheoretiker[8], ja selbst von Hitler[9] nicht zu zügeln. Insbesondere nach Ausbruch des Krieges, als die SS regelmäßig Gerichtsurteile »korrigierte«, d.h. Gefangene der Justiz aus dem Gerichtssaal schleppte und kurzerhand erschoß, wurden die Gerichtsberichte des »Schwarzen Korps« in der Richterschaft mit großer Beunruhigung zur Kenntnis genommen. Man fürchtete, daß einer Urteilsschelte eine »Urteilskorrektur« folgen könnte.

In den 30er Jahren sah man allerdings noch keinen Grund, sich vom »Schwarzen Korps« widerstandslos diffamieren zu lassen. Reichsjustizminister Gürtner war durchaus bereit, bei Himmler zu protestieren, wenn sich das »Schwarze Korps« wieder einmal im Ton vergriffen hatte[10], und in der Richterschaft zeigte man sich in verschiedenen Fällen selbstbewußt genug, um sich auch auf eigene Faust zur Wehr zu setzen. Dem Kölner Oberlandesgerichtsrat von Gieren zum Beispiel, den das »Schwarze Korps« 1936 beschuldigte, einen Händedruck mit einem jüdischen Rechtsanwalt ausgetauscht zu haben und im Dienst den »deutschen Gruß« zu verweigern, gelang es mit Hilfe des NSRB, die SS-Zeitschrift zu einem öffentlichen Widerruf zu zwingen[11].

Der Berliner Landgerichtsdirektor Krumhaar legte 1939 sogar Klage beim Obersten Parteigericht ein, weil er sich vom »Schwarzen Korps« verleumdet fühlte. In dem Ehrenschutzverfahren, das daraufhin eingeleitet wurde, erteilte das Oberste Parteigericht dem »Schwarzen Korps« einen schweren Verweis, weil es durch seinen Angriff gegen Krumhaar den Grundsatz der richterlichen Unabhängigkeit verletzt und damit gegen die Staats- und Parteidisziplin verstoßen habe. Das Parteigericht rügte vor allem, daß das »Schwarze Korps« die Verordnungen des StdF mißachtet habe, die der Partei jede öffentliche Kritik an der Justiz untersagten[12]. Heinrich Himmler, der Dienstherr der Redakteure des »Schwarzen Korps«, teilte diese Kritik allerdings nur insofern, als auch er die rüde Form der Kritik an Krumhaar als unpassend empfand. Das Recht seines Presseorgans, Gerichtsentscheidungen zu kritisieren, wollte

8 Siehe v.a. Johe, a.a.O., S. 150 ff., sowie die Lageberichte Rothenbergers vom 7.11.1940 und vom 4.7.1941, BA R 22/3366. Laut Schlegelberger war Rothenberger in Fragen der richterlichen Ehre gerade gegenüber dem »Schwarzen Korps« »überempfindlich« und protestierte auch gegen Artikel, in denen das Reichsjustizministerium keine Angriffe erkennen konnte. Siehe Brief Schlegelbergers vom 8.7.1941, BA R 22/3366. In der Tat ließ Rothenberger alle in seinem Bezirk anlaufenden Kinofilme darauf prüfen, ob sie Szenen enthielten, die die »richterliche Würde« herabsetzten.
9 Gruchmann, Die Justiz im Dritten Reich, a.a.O., S. 665.
10 Johe, a.a.O., S. 164.
11 Klein, a.a.O., S. 234 f.
12 Urteil des Obersten Parteigerichts vom 2.5.1939, sowie Himmlers Reaktion darauf in: BA R 43 II/1511.

er im Prinzip aber nicht beschnitten wissen. Im Gegensatz zum Fall von Gieren unterblieb im Fall Krumhaar ein Widerruf. Himmler war 1939 mächtig genug, um sich weder vom Obersten Parteigericht noch von den Justizbehörden irgendwelche Vorschriften aufzwingen zu lassen.

Im großen und ganzen war indes der Einfluß der NSDAP-Presse in den 30er Jahren bei weitem nicht so groß, daß sie eine ihren Vorstellungen entsprechende Rechtsprechung hätte erzwingen können, zumal man im Reichsjustizministerium einiges daransetzte, einer richterfeindlichen Presse entgegenzuwirken. Man hatte sogar eigens ein Referat geschaffen, dessen Aufgabe darin bestand, Zeitungen und Film auf mögliche Herabsetzungen der Richterschaft und der Justiz zu prüfen. Aufgrund einer Intervention dieses Referates wurde beispielsweise eine Verfilmung von Victor Hugos sozialkritischem Roman »Les misérables« aus den Kinos verbannt, weil man in den Gerichtsszenen eine Verunglimpfung der Justiz zu erkennen glaubte. Die »Schriftleiter« der Presse wurden zudem drohend darauf hingewiesen, daß das kommende NS-Strafrecht strenge Bestimmungen gegen Verunglimpfungen der Rechtspflege und leichtfertige Kritik an richterlichen Entscheidungen enthalten werde [13].

Nicht zuletzt den Bemühungen des Pressereferats des Reichsjustizministeriums und der Pressestellen in den Oberlandesgerichtsbezirken war es zu verdanken, daß die Erfahrungen der Richter mit den Medien in den 30er Jahren zum Teil auch durchaus positiv waren. So gab es im Westdeutschen Rundfunk eine Reihe, die die Bevölkerung über wichtige Rechtsfragen und die bedeutende Tätigkeit der Richterschaft aufklärte. Zudem produzierten die Romanciers und Lyriker des Dritten Reiches Veröffentlichungen, in denen geradezu das Hohelied des »Richterkönigs« gesungen wurde – so etwa Johannes Linke, der in seinem Gedichtband »Das Reich« den Richter als Herrscher über die Gerechtigkeit feierte, der »mit dem Zwingbann der Satzung [...] willkürlos« den »Frieden« hütet und den »Schädling [...] vernichtet« [14].

Solche Huldigungen und die – angesichts immer neuer Entgleisungen der NS-Presse letztlich nur partiellen – Erfolge beim Schutz der »richterlichen Ehre« vermochten jedoch auf Dauer nicht zu verdecken, daß die NS-Regierung die meisten der 1933 gemachten Versprechungen nicht einlöste. Insbesondere die Kürzungen der Beamtengehälter durch die Brüningschen Notverordnungen wurden nicht rückgängig gemacht, obwohl die Chefpräsidenten wiederholt mahnend an die Zusagen von 1933 erinner-

13 Siehe u. a. K. Doerner, Gegen unsachliche Angriffe auf die deutsche Rechtspflege! Eine notwendige Feststellung, in: DJ 1935, S. 895–898; ders., Justiz – Presse – Volk. Ein Rückblick auf zwei Jahre nationalsozialistische Pressearbeit in der Justiz, in: ebd., S. 441–447; A. Klutz; Einflußnahme auf Theater, Film, Rundfunk und Literatur, in: ebd., S. 901–903.
14 J. Linke, Das Reich. Berlin 1938, S. 68 f.

ten und auf die »unzulängliche Besoldung« und die »gedrückten« wirtschaftlichen Verhältnisse insbesondere der jüngeren Richter verwiesen[15]. Als Gehaltserhöhungen dennoch ausblieben, zeigte sich in der Richterschaft deutlicher Unmut[16], zumal man sich nicht nur in materiellen Fragen nicht genügend gewürdigt fühlte.

So meinte man, bei der Zuteilung von repräsentativen Dienstfahrzeugen oder – wie schon zu Zeiten des Kaiserreiches und der Weimarer Republik – bei der Vergabe von Orden eine Benachteiligung der Richter feststellen zu können[17]. Das »Dienstwagenproblem« veranlaßte den Hammer Oberlandesgerichtspräsidenten Schneider 1937 zu einem energischen Protestschreiben an das Reichsjustizministerium. Bezeichnenderweise führte Schneider dabei keine arbeitstechnischen Argumente – etwa die Erleichterung der Kommunikation innerhalb der Gerichtsbezirke – ins Feld, sondern verwies allein auf die »große Schädigung des Ansehens der Justiz« in der Bevölkerung, die die ungenügende Ausstattung mit repräsentativen Dienstwagen zur Folge habe. Es sei ein »unwürdiger Zustand«, daß Rechtsanwälte zu Ortsterminen im eigenen Auto erschienen, die Richter aber mit der Straßenbahn oder dem Taxi[18].

Um den Respekt der Bevölkerung vor der Justiz zu erhöhen, forderten manche Richter, den traditionellen richterlichen Talar durch eine neue schmucke Richteruniform zu ersetzen oder doch zumindest durch repräsentative »Amtsketten« zu ergänzen, so daß man neben den Uniformträgern aus Partei und Staat bei Empfängen und Staatsfeiern zu einem besseren Erscheinungsbild käme[19]. Der Einführung einer richterlichen Uniform wurde so viel Bedeutung zugemessen, daß man diese Frage noch in den letzten Monaten des Krieges mit großem Engagement diskutierte[20].

Das auffallende Interesse an Prestigefragen entsprang sicherlich zum einen tradierten Standes- und Amtsdünkeln bzw. dem Ende des 19./Anfang des 20. Jahrhunderts auch für andere bürgerliche akademische

15 Siehe u. a. OLG-Präs. in Hamm vom 4. 5. 1936 (BA R 22/1187); OLG-Präs. in Braunschweig vom 5. 1. 1938 (BA R 22/3357). Das Anfangsgehalt im richterlichen Dienst betrug in den 30er Jahren 4800,– RM (Grundgehalt ohne Wohngeld) jährlich. Das Gehalt der Chefpräsidenten lag deutlich über 10000,– RM. Gruchmann, Die Justiz im Dritten Reich, a. a. O., S. 293 Anm. 21.
16 Siehe SD vom 5. 12. 1940 über die Stimmung in der Richterschaft, in: Boberach, Meldungen aus dem Reich. Bd. 6, a. a. O., S. 1841 ff.
17 Siehe OLG-Präs. in Köln vom 1. 4. 1944. BA R 22/3374.
18 OLG-Präs. in Hamm vom 5. 1. und 8. 3. 1937. BA R 22/1187. Die allgemeine wirtschaftliche Lage der Anwaltschaft entsprach allerdings durchaus nicht der Wahrnehmung Schneiders.
19 Siehe u. a. OLG-Präs. in Hamm vom 5. 7. 1937 und GSTA in Hamm vom 29. 11. 1940. BA R 22/1187.
20 Siehe Kap. 10.

Berufe typischen Bedürfnis nach materieller und gesellschaftlicher Anerkennung, nach Anschluß an die »höheren« Kreise[21]. Zum anderen zeigten sich hierin aber auch eine – aufgrund des Ausbleibens des »Richterkönigtums« und der Konflikte mit Partei und SS – wachsende Desillusionierung und Verunsicherung, die nach den Angriffen Hitlers gegen die Richterschaft in der Reichstagsrede vom 26. April 1942 schließlich offen zum Ausdruck kam[22].

Desillusionierung und Verunsicherung wuchsen allerdings – wohl nicht zuletzt angesichts der außenpolitischen und wirtschaftlichen Erfolge des NS-Regimes – nur allmählich. So waren sich die Richter in Braunschweig und Hamm Mitte der 30er Jahre durchaus noch sicher, »im Volke« die »ihnen zukommende Achtung« zu genießen, was man im übrigen darauf zurückführte, daß man gegenüber der Partei Unabhängigkeit und Unparteilichkeit bewiesen habe[23]. Erst als man in der Folgezeit immer wieder die Beobachtung machen mußte, daß die richterliche Autorität von staatlichen Stellen, der Presse und der Öffentlichkeit nicht als sakrosankt akzeptiert wurde und sich zum Beispiel 1936/37 im Oberlandesgerichtsbezirk Hamm Dienstaufsichtsbeschwerden von Privatpersonen und Behörden gegen angeblich falsch entscheidende Richter häuften, wandelte sich das Stimmungsbild und zeigten sich die aus dem Kaiserreich und der Republik bekannten Symptome der Unzufriedenheit.

Der Hammer Oberlandesgerichtspräsident Schneider meinte nun gar eine bedrohliche Tendenz zur »hemmungslosen Kritik« an der Justiz zu erkennen[24], und auch sein Braunschweiger Kollege Nebelung wies in seinen Lageberichten warnend auf einen Niedergang von Ansehen und Autorität der Richterschaft hin. »Vielfach« sei eine »erhebliche Beeinträchtigung der Berufsfreudigkeit wegen der anscheinend weitverbreiteten Geringschätzung der richterlichen Tätigkeit« zu beobachten. Staatliche Stellen – gemeint waren wohl die Gestapo, aber auch die Verwaltungsbehörden – würden zudem offen »die Berechtigung einer Justiz überhaupt in Frage« stellen, so daß immer offensichtlicher werde, daß die Justiz das »Stiefkind des III. Reiches« sei[25].

Trotz wachsenden Unmuts war man aber von der Einsicht in die prinzipielle Rechts- und Justizfeindlichkeit des NS-Regimes weit entfernt, zumal man die ernsten Bedrohungen der richterlichen Unabhängigkeit oft nicht wahrnahm oder nicht wahrhaben wollte. Den mangelnden Respekt

21 So erstrebten die Oberlehrer die gehaltsmäßige Gleichstellung mit den Richtern. R. Bölling, Sozialgeschichte der deutschen Lehrer. Göttingen 1983, S. 38.
22 Siehe Kap. 10.
23 OLG-Präs. in Braunschweig vom 4. 1. 1936, BA R 22/3357. Ähnlich auch OLG-Präs. in Hamm vom 4. 1.1936, BA R 22/1187.
24 OLG-Präs. in Hamm vom 8. 3. 1937. BA R 22/1187.
25 OLG-Präs. in Braunschweig vom 6. 5. 1939. BA R 22/3357.

staatlicher Stellen und weiter Teile der Öffentlichkeit erklärte man sich zum Beispiel vielfach damit, daß die Richter nach der Verreichlichung der Justizverwaltungen der Länder häufig mit »unstandesgemäßen« Verwaltungsaufgaben wie etwa Grundbuchumtragungen belastet worden seien[26]. Wenn man davon befreit würde und sich ausschließlich der großen »würdigen« Rechtsprechung widmen könnte, würden sich die Zweifel an der Justiz bald zerstreuen, und die Stellung der Richterschaft würde sich wieder festigen[27]. Die »Richterkönigs«-Träume hatte man offensichtlich noch nicht ganz ad acta gelegt.

Anlaß zu – vorsichtigem – Optimismus hatte allerdings eigentlich nur der richterliche Nachwuchs. Die Referendare der Justiz erhielten im Frühjahr 1935 erstmals ein bescheidenes Anfangsgehalt, und vor allem begann sich die Arbeitsmarktsituation für die Referendare und Assessoren langsam, aber doch spürbar zu entspannen.

Die Zahl der Jurastudenten sank – da die Perspektivlosigkeit des juristischen Studiums ins öffentliche Bewußtsein gedrungen war und zudem die Studentenzahlen drastisch reduziert wurden – von rund 20000 im Jahre 1930 auf ca. 8000 im Wintersemester 1935/36 und schließlich auf rund 4900 im Wintersemester 1938/39[28]. Zugleich wuchs die Zahl der Stellen im höheren Justizdienst. Nach der »Verreichlichung« der Justiz bemühte sich das Reichsjustizministerium – wenn auch zunächst mit nur mäßigem Erfolg – um eine Vermehrung der Planstellen. Ende der 30er Jahre war die Zahl der Planstellen im höheren Justizdienst des Reiches (ohne Österreich) mit etwa 12000 jedoch schon um rund 1700 höher als 1933[29]. 1939 sollten dann weitere 1026 Planstellen neu eingerichtet und zudem noch 509 Planstellen aus Altersgründen frei werden[30]. Außerdem wurden zwischen 1935 bis 1939 an den Gerichten etwa 4000 befristete »Hilfsarbeiterstellen« geschaffen, um den Assessoren erste Berufserfahrungen und damit auch größere Chancen in Berufen außerhalb der Justiz zu verschaffen. Viele im Wartestand auf eine Planstelle buchstäblich ergraute

26 Vgl. OLG-Präs. in Braunschweig vom 5.1. und 9.11.1938. BA R 22/3357.
27 So z.B. auch die Auffassung des Braunschweiger Oberlandesgerichtspräsidenten Nebelung in seinem Lagebericht vom 6.5.1939, ebd. Die Befreiung der Richterschaft von »unrichterlichen« Aufgaben war auch Bestandteil der »Großen Justizreform«. Siehe Kap. 10.
28 Der Anteil der Jurastudenten an der Gesamtzahl der Studierenden sank von rund 28% im Jahre 1928 auf rund 22% im Jahre 1930 und schließlich auf 10 bis 11% in den Jahren 1937 bis 1939 (alle Zahlen nach DFG-Projekt »Qualifikationskrisen«, siehe Kap. 2). In Richterkreisen erklärte man diesen Rückgang vielfach damit, daß der drastische Niedergang des richterlichen Prestiges im Dritten Reich den Richterberuf für die Jugend unattraktiv gemacht habe.
29 Siehe die Aufzeichnungen des Reichsjustizministeriums zur Auswirkung der Stellenvermehrung »auf die bewegliche Personalreserve« von 1939. BA R 22/4158.
30 Zahlen nach ebd.

Assessoren erhielten erstmals eine bezahlte Anstellung – wobei offensichtlich Anwärter mit Familie und besonders Bedürftige bevorzugt wurden[31].

Die Arbeitsmarktlage für die jungen Juristen hatte sich damit grundlegend gewandelt, zumal sich auch in der Wehrmacht, im Polizeiapparat, in NS-Organisationen, der Wirtschaft, der Verwaltung und im Kommunalwesen neue, auch finanziell oft attraktive Posten eröffneten[32]. Aus dem Assessorenüberschuß war – wie die Oberlandesgerichtspräsidenten, die noch Anfang der 30er Jahre die Referendarsprüfungen verschärft hatten, um die »absolut Untüchtigen« fernzuhalten, erstaunt feststellen mußten — allgemein ein Assessorenmangel geworden. So berichtete der Karlsruher Oberlandesgerichtspräsident Reinle Mitte 1937, daß er um jeden Assessor »kämpfen« müsse, um den Personalstand in seinem Bezirk längerfristig zu halten. Im Oberlandesgerichtsbezirk Dresden machte sich das Fehlen von Nachwuchskräften noch deutlicher bemerkbar. Hier konnten 1937 72 Richterstellen zeitweise nicht besetzt werden, weil die Assessoren fehlten[33]. Angesichts dessen ergab sich selbst für die nach Ansicht der Chefpräsidenten nur »mittelmäßigen« und bislang weitgehend chancenlosen Nachwuchskräfte die Möglichkeit, eine der begehrten Planstellen zu erhalten[34].

Die beginnenden 40er Jahre brachten schließlich mit der Eroberungspolitik Hitlers, mit der ein gesteigerter Bedarf an Juristen für Verwaltung und Rechtspflege in den besetzten Gebieten verbunden war, definitiv das Ende der Weimarer »Assessorennot«[35]. Nach Angaben des Reichsjustizministeriums gab es 1942 im Großdeutschen Reich ca. 14 000 Richter- und 2600 Staatsanwaltstellen, zusammen mit den nichtrichterlichen Stellen insgesamt mehr als 17 000 Planstellen im höheren Justizdienst[36]. 1933

---

31 Siehe die Akten zur Stellenbesetzung des Archivs OLG Köln.
32 So auch Gruchmann, Die Justiz im Dritten Reich, a. a. O., S. 315. Zu den Juristen in der SS siehe G. Charles Boehnert, A sociography of the SS officier corps. 1925–1939. Manuskript London o. J.
33 Besprechung der Chefpräsidenten mit dem Reichsjustizminister am 18. 6. 1937. BA R 22/4277. Gürtner prognostizierte sogar, daß »in wenigen Jahren [...] mit einer außerordentlich starken Depression unseres Angebots« (an Nachwuchskräften) zu rechnen sei. Vgl. dagegen R. Freisler, Personalpolitik im höheren Justizdienst, in: DJ 1939, S. 1342–1352, der behauptete, daß es noch einen Personalüberschuß in der Justiz gebe. Möglicherweise erklärt sich dieser Widerspruch dadurch, daß man – wie es dann 1942 in aller Klarheit formuliert wurde – langfristig auf eine Reduzierung der Zahl der Richter zielte und deshalb den Strom der richterlichen Nachwuchskräfte zu drosseln versuchte.
34 Siehe OLG-Präs. in Braunschweig vom 4. 3. 1937. BA R 22/3357.
35 Siehe u. a. O. Palandt, Assessorennot, in: DJ 1933, S. 847 f.; Freisler, Personalpolitik im höheren Justizdienst, a. a. O.
36 Etwa 1600 Stellen entfielen dabei auf das 1938 okkupierte Österreich. Mehr als 2000 Stellen wurden nach der Okkupation der CSR und Polens durch die Neuorganisation bzw. Neugründung der OLG-Bezirke Leitmeritz, Prag, Danzig, Posen und Kattowitz

hatte es lediglich ca. 10000 Richter- und Staatsanwaltstellen im Reich gegeben.

Inwieweit diese Entwicklung die Loyalität des richterlichen Nachwuchses gegenüber dem NS-Regime stärkte, ist letztlich exakt nicht zu klären. Allerdings besteht kein Zweifel daran, daß die jüngeren Richter, die im Dritten Reich zu einer Stelle gelangt waren, gegenüber dem Nationalsozialismus in der Regel aufgeschlossener waren als ihre älteren Kollegen[37]. Ihre Bereitschaft, sich in der NSDAP aktiv zu betätigen, war deutlich stärker ausgeprägt, und vielfach waren es jüngere ehrgeizige Richter, die die Verschärfung der Rechtsprechung gegen Juden und andere »Volksschädlinge« um eine weitere Stufe vorantrieben[38].

Dies war wohl ausschlaggebend dafür, daß man im Reichssicherheitshauptamt und im Reichsjustizministerium Anfang der 40er Jahre der Auffassung war, der Aufbau einer »wahrhaft« nationalsozialistischen Justiz sei im Grunde ein »Generationenproblem«. Erst wenn die »Vergreisung« der Justiz beseitigt sei, d. h. die älteren, durch Kaiserreich und Republik geprägten Richter durch im Nationalsozialismus aufgewachsene Kräfte ersetzt worden seien, werde sich eine wirklich dem »gesunden Rechtsempfinden« entsprechende Rechtsprechung durchsetzen[39].

geschaffen. Siehe Handbuch der Justizverwaltung, bearb. im Büro des Reichsjustizministeriums, Berlin 1942.

37 Dies wird in den Lageberichten der OLG-Präs. verschiedentlich berichtet. Siehe z. B. OLG-Präs. in Hamm vom 4.1.1936. BA R 22/1187.

38 Siehe Kap. 5.

39 Siehe »Arbeitsanweisungen für das Lebensgebiet Recht« des Reichssicherheitshauptamtes vom November 1941, BA R 58/990. Auch in: P. Schneider, Zur Rechtssicherheit und richterlichen Unabhängigkeit aus der Sicht des SD, in: VfZ 1956, S. 399–422.

V. Juden vor Gericht

Im Januar 1933 trat Hitler die Regierung mit der erklärten Absicht an, Deutschland einer »neuen Zeit« entgegenzuführen und Politik und Gesellschaft von Grund auf zu verändern. In rechtlicher Hinsicht beinhaltete dies insbesondere die Aufhebung der Weimarer Reichsverfassung mit ihrem Katalog individueller und politischer Grundrechte sowie die Schaffung einer Rechtsordnung, die der Durchsetzung der Interessen des »Volkes« gegenüber den Interessen des Individuums dienen sollte. »Gemeinnutz« sollte vor »Eigennutz« gehen. Ein »völkisches Recht« sollte die individualistische, abstrakte und »volksfremde« Rechtsordnung des Liberalismus ersetzen[1].

Auf die »Machtergreifung« folgten denn auch zahlreiche Gesetze und Verordnungen, die die Weimarer Reichsverfassung aushöhlten und die rechtliche Handhabe für brutale politische und rassische Verfolgungen boten. So wurden durch die »Verordnung des Reichspräsidenten zum Schutz von Volk und Staat« vom 28. Februar 1933 und ähnliche Gesetze[2] die politischen Grundrechte außer Kraft gesetzt und durch das »Gesetz zur Wiederherstellung des Berufsbeamtentums« vom 7. April 1933 die Lehre von der rassischen Ungleichheit im deutschen Recht verankert[3]. Auch auf die ersten Blick unpolitisch erscheinende Gesetze wie das »zur Änderung strafrechtlicher Bestimmungen« vom 26. Mai 1933[4], das u. a. die Strafen gegen Landes- und Hochverräter und »notorische« Verbrecher drastisch verschärfte, waren von großer Bedeutung für den »nationalsozialistischen Kampf« gegen »Staatsfeinde« und »Verbrechertum«.

Aber trotz der Entschlossenheit, mit der die Nationalsozialisten die Bestimmungen aus dem Weg räumten, die ihrem totalitären Herrschaftsanspruch und der ungehemmten Verfolgung ihrer Gegner entgegenstanden, wurde bald offensichtlich, daß ihre Pläne hinsichtlich der neuen »völkischen« Rechtsordnung wenig präzise waren. Manche der neuen Gesetze wirken in ihrer Konzeption und Formulierung ausgesprochen dilettantisch. Das erwähnte Gesetz zur Änderung strafrechtlicher Bestimmungen

---

1 Siehe u. a. die Ausführungen H. Franks auf dem Deutschen Juristentag im Oktober 1933, in: DJ 1933, S. 268 ff.
2 So u. a. das Gesetz des Reichspräsidenten zur Abwehr heimtückischer Angriffe gegen die Regierung der nationalen Erhebung vom 21. 3. 1933, RGBl. 1933/I, S. 135, und das Gesetz zur Abwehr politischer Gewalttaten vom 4. 4. 1933, RGBl. 1933/I, S. 162.
3 Siehe Kap. 2.
4 RGBl. 1933/I, S. 295–302.

zum Beispiel listete ohne jede innere Logik Bestimmungen zu so unterschiedlichen Tatbeständen wie Hochverrat und Tierquälerei auf, und hinsichtlich der Definition der Inhalte der neuen Rechtsordnung gingen NS-Rechtspolitiker zunächst über Gemeinplätze wie »Recht ist, was dem Volke nutzt« nicht hinaus.

In der Tat waren die Nationalsozialisten nur sehr unzureichend auf die äußerst komplexe Aufgabe vorbereitet, die Rechtsordnung eines hochindustrialisierten Staates wie Deutschland von Grund auf neu zu gestalten[5]. Ein rechtspolitisches Gesamtkonzept bzw. originär nationalsozialistische Gesetzespläne hatte man in der »Kampfzeit« nicht entwickelt, und so folgte die Rechtspolitik in der Anfangsphase der NS-Herrschaft – etwa hinsichtlich der Verschärfung der Strafgesetze oder der Einleitung der »Verreichlichung« der Justizverwaltungen der Länder – zumeist Plänen, die bereits in der Weimarer Republik vorformuliert worden waren. Erst nach der Machtübernahme nahmen die juristischen Experten der NS-Bewegung, unterstützt von der Elite der deutschen Rechtsprofessoren[6] und richterlichen Arbeitsgemeinschaften des BNSDJ, den »Kampf für Deutsches Recht«[7] auf[8]. Die Diskussion verlief dabei kontrovers und führte zunächst durchaus nicht zu klaren Ergebnissen, sondern vielmehr – wie der Rechtswissenschaftler Helfritz 1934 meinte – zu einer »Verwirrung der Rechtsbegriffe, wie sie für die Wissenschaft nicht ärger gedacht werden kann«[9].

Zentrale Fragen wie die, welche Gestalt das neue »völkische« Normengefüge annehmen und wie die »völkische« Umwertung der bestehenden Normen aus vornationalsozialistischer Zeit vollzogen werden sollte, beantwortete der NS-Gesetzgeber nicht. Letztlich beschränkte man sich auf zwar äußerst gravierende, aber keineswegs umfassende »Korrekturen« des Bestehenden[10].

Bezeichnend für die Ungereimtheiten der NS-Rechtspolitik ist das Schicksal der Arbeiten an einem neuen »völkischen« Strafrecht, die auf Weisung Hitlers im April 1933[11] von einer Kommission des Preußischen

---

5 Siehe Kap. 1.
6 Siehe v. a. B. Rüthers, Entartetes Recht. Rechtslehren und Kronjuristen im Dritten Reich. München 1988.
7 So der bezeichnende Titel eines Buches von H. E. Knöpfel, eines BNSDJ-Funktionärs, der die publizistische Diskussion um die Grundzüge des NS-Rechts überwachte (Drei Jahre Kampf für Deutsches Recht. Berlin 1936).
8 Siehe u. a. W. Hempfer, Die nationalsozialistische Staatsauffassung in der Rechtsprechung des Preußischen Oberverwaltungsgerichts. Berlin 1974, S. 70 ff.; M. Stolleis, Zur juristischen Terminologie im Nationalsozialismus, in: VfZ 1972, S. 16–38.
9 Helfritz, Rechtsstaat und nationalsozialistischer Staat, in: DJZ 1934, S. 427.
10 Hempfer, a. a. O. NS-Rechtspolitiker kritisierten diese Praxis im übrigen als »Flickwerk«.
11 Siehe F. Gürtner, Von der Entstehung des nationalsozialistischen Strafrechts, in:

Justizministeriums aufgenommen wurden[12]. 1936 konnten die Strafrechtskommission und die Abteilung für Strafgesetzgebung des Reichsjustizministeriums schließlich den Entwurf eines Strafgesetzbuches vorlegen, das alle wesentlichen NS-Rechtsprinzipien verwirklichte, nämlich »Sühne für Unrecht«, »Schutz des Volkes«, »Rasse und Erbgut«, »Zucht und Ordnung« und insbesondere den Grundsatz »Gemeinnutz geht vor Eigennutz«[13].

Wohl weil Hitler seine Machtbefugnisse nicht durch ein gesetzliches Regelwerk einschränken lassen wollte, unterzeichnete er aber diesen Entwurf nicht. Das »Deutsche Strafgesetzbuch« blieb Makulatur. Auch der »Abschied vom BGB«, den der spätere kommissarische Reichsjustizminister Schlegelberger 1937 ankündigte, war letztlich nicht mehr als eine Absichtserklärung[14]. Erst im Herbst 1942 sollten im Zuge einer – unvollendet gebliebenen – »Großen Justizreform« im Reichsjustizministerium in großem Maßstab Arbeiten für ein nationalsozialistisches »Volksgesetzbuch« in Gang gesetzt werden[15].

Die Aufgabe der »Umwertung« von vornationalsozialistischen Gesetzen fiel somit insbesondere in der Anfangsphase der NS-Herrschaft – ganz entgegen dem NS-Führerprinzip, dem zufolge die politische Führung bzw. Hitler selbst die konkreten Inhalte des NS-Rechts hätte bestimmen müssen – in erheblichem Maße der Rechtsprechung zu. Die gesetzgeberische Unfähigkeit der NS-Regierung machte paradoxerweise vielfach ausgerechnet die Berufsgruppe zum Interpreten nationalsozialistischen Rechtsgefühls, die von der NSDAP vor 1933 immer wieder als »reaktionär« attackiert worden war. Die zum Teil recht heftigen Konflikte zwischen Richterschaft und NSDAP hatten auch darin eine wesentliche Ursache: Die verklausulierten »Neuinterpretationen« vornationalistischer Gesetze durch die Richter kollidierten vor allem dann, wenn es um lebensnahe Fragen wie Mietsachen u. ä. ging, mit den nebulösen Rechtserwartungen der juristisch ungeschulten, ja vielfach regelrecht ungebildeten NS-Funktionäre.

Die »Umwertung« der vornationalistischen Gesetze durch die Gerichte legitimierten NS-Rechtswissenschaftler 1933/34, indem sie an das richterliche Prüfungsrecht anknüpften, das die Richterschaft bereits während

ders./R. Freisler (Hrsg.), Das neue Strafrecht. Grundsätzliche Gedanken zum Geleit. Berlin 2. Aufl. 1936, S. 15 ff., hier S. 15.
12 Preußisches Justizministerium (Hrsg.), Nationalsozialistisches Strafrecht. Berlin 1933. Siehe dazu v. a. Gruchmann, Die Justiz im Dritten Reich, a. a. O., S. 980 ff., sowie W. Schmid u. a. (Hrsg.), Quellen zur Reform des Straf- und Strafprozeßrechts, Berlin 1988 ff.
13 Gürtner/Freisler, Das neue Strafrecht, a. a. O., S. 32.
14 F. Schlegelberger, Abschied vom BGB. Berlin 1937.
15 Majer, Fremdvölkische. a. a. O., S. 58 ff.; siehe auch Kap. 10.

der Republik als Mittel der richterlichen »Selbsthilfe« gegen »ungerechte« Gesetze der Parlamente für sich reklamiert hatte. Man hob die rechtspositivistische Einheit von Recht und staatlichem Gesetz auf, trennte zwischen (nationalsozialistischem) Recht und (vornationalistischen) Gesetzen und billigte dem Richter das Recht zu, vornationalistische Gesetze auf ihre Vereinbarkeit mit »völkischen« Rechtsvorstellungen zu prüfen und gegebenenfalls mit neuen Inhalten zu versehen. Der Richter sollte nach Ansicht verschiedener Autoren im Umgang mit vornationalistischen Gesetzen sogar so verfahren, als ob er der Gesetzgeber wäre[16]. Nationalsozialistischen Gesetzen hingegen sollte er strikt folgen[17].

Damit wurde den Richtern eine Machtposition zugesprochen, die dem deutschen Recht bis dahin fremd gewesen war. Das Richterkönigtum, das Hans Frank u. a. auf dem Deutschen Juristentag im Oktober 1933 versprochen hatten, schien sich in solchen Vorstellungen zu verwirklichen. Im Berufsalltag mußten die Richter, mit den Widersprüchen zwischen der bestehenden Gesetzeslage und den Forderungen des NS-Rechtsdenkens konfrontiert, allerdings erfahren, daß die neue Funktionsbestimmung richterlichen Wirkens große rechtliche und politische Probleme in sich barg. So war in der Anfangsphase der NS-Herrschaft höchst umstritten, ob das Parteiprogramm der NSDAP als Rechtsquelle bzw. als Gesetz gelten könne[18]. Auch das Problem, wie weit der Richter bei der Neuinterpretation eines vornationalistischen Gesetzes gehen, ob er etwa auch gegen dessen ursprünglichen Sinn entscheiden dürfe, war durchaus nicht cindeutig geklärt. Vor allem aber gab es keine klare Antwort auf »die Frage nach dem Wesen und dem Inhalt des nationalsozialistischen Rechts«[19].

Den Richtern half es dabei wenig, daß Carl Schmitt 1934 Hitler zum »obersten Gerichtsherrn« und seine Willensbekundungen – gleich in welcher Form – zum Gesetz erklärte[20]. An Äußerungen des »Führers« konnten sie sich nämlich nur höchst selten orientieren, weil Hitler eine intensive Beschäftigung mit diffizilen juristischen Problemen mied und mit seinen »Urteilskorrekturen«, die in rechtswidrigen und völlig überzo-

---

16 So u. a. Matzke, Die Anfechtung der Rassenmischehe nach geltendem Recht, in: JW 1934, S. 2593–2601, hier S. 2598; H. Henkel, Die Unabhängigkeit des Richters in ihrem neuen Sinngehalt. Hamburg 1934, insb. S. 17 f.
17 Siehe u. a. R. Freisler, Richter und Gesetz, in: DJ 1933, S. 694 f.; H. Franzen, Richter und Gesetz. Hamburg 1935; H. Lange, Die Entwicklung des bürgerlichen Rechts seit 1933. Tübingen 1941.
18 Hempfer, a. a. O., S. 67 ff.
19 So Knöpfel, a. a. O., S. 12 und 18, Zitat ebd.
20 C. Schmitt, Der Führer schützt das Recht, in: DJZ 1934, S. 946 ff.; siehe auch Majer, Grundlagen des nationalsozialistischen Rechtssystems. a. a. O., S. 100 ff.

genen nachträglichen Anordnungen der Todesstrafe wie auch in überraschenden Begnadigungen bestehen konnten, oft mehr für Verwirrung als für Aufklärung sorgte[21]. Zudem erhielten die Richter vielfach nur gerüchteweise Kenntnis von Willensbekundungen des »Führers«[22].

Die Probleme, die die »Umwertung« von vornationalistischen Gesetzen für die Gerichte aufwarf, wurden insbesondere in den Rechtsfällen augenfällig, in denen die Gesetzeslage nicht mit der nationalsozialistischen Lehre von der »Minderwertigkeit« der Juden übereinstimmte. Daran, daß der Antisemitismus offizielle Regierungspolitik war, konnte zwar spätestens seit der Verabschiedung des Berufsbeamtengesetzes am 7. April 1933 kein Zweifel bestehen. Die rechtliche Bedeutung des Begriffs »Jude« wurde aber in den ersten Jahren nach der NS-Machtübernahme nicht definiert. Ein Gesetzentwurf, den eine Gruppe von NS-Funktionären und Beamten im Frühjahr 1933 »zur Regelung der Stellung der Juden« erarbeitete[23], verschwand bald in den Akten, ohne bei höheren Stellen Berücksichtigung zu finden[24].

Anstatt die rechtliche Position der Juden durch ein Gesetz umfassend zu regeln, bediente sich das NS-Regime in der Folgezeit »einer Strategie von Einzelregelungen«[25]. Eine Definition des Begriffs »Jude« erfolgte zum Beispiel erst im September 1935 durch die Nürnberger Gesetze[26]. Die meisten der über 500 antisemitischen Gesetze, Verordnungen und Richtlinien[27] ergingen erst danach, so auch die fünfte Ausführungsverordnung

21 So wurde im September 1942 eine Gefängnisstrafe des SG Leitmeritz gegen eine Frau, die wegen verbotenen Umgangs mit einem Kriegsgefangenen ergangen war, auf Befehl Hitlers aufgehoben. Dies verunsicherte die Richterschaft völlig, zumal die Verurteilung den Gesetzen entsprach und das Reichsjustizministerium nicht in der Lage war, aus Hitlers Eingriff allgemeine Anweisungen für die strafrechtliche Behandlung von Frauen abzuleiten. Manche Richter gingen vorübergehend dazu über, Frauen überhaupt nicht mehr zu bestrafen. BA R 43 II/1560 und 1544a. Siehe Kap. 11.
22 Siehe Kap. 9.
23 Hier wurde u. a. der Begriff »Jude« rechtlich fixiert, die Eheschließung sowie der nichteheliche Verkehr zwischen Juden und Ariern verboten. Siehe U. D. Adam, Judenpolitik im Dritten Reich. Düsseldorf 1979, S. 33 ff.; R. Rürup, Das Ende der Emanzipation: Die antijüdische Politik in Deutschland vor der »Machtergreifung« bis zum Zweiten Weltkrieg, in: A. Pauker u. a. (Hrsg.), Die Juden im nationalsozialistischen Deutschland. Tübingen 1986, S. 97–114, hier S. 103f.
24 Rürup, ebd., S. 104.
25 Zit. nach Rürup, a. a. O., S. 104.
26 »Reichsbürgergesetz« und »Gesetz zum Schutz des deutschen Blutes und der deutschen Ehre« vom 15. 9. 1935, RGBl. 1935/I, S. 1146. Siehe u. a. H. Mommsen, Die Realisierung des Utopischen: Die »Endlösung« der Judenfrage im Dritten Reich, in: Geschichte und Gesellschaft 1983, S. 381–420; L. Gruchmann, »Blutschutzgesetz« und Justiz. Zur Entstehung und Auswirkung des Nürnberger Gesetzes vom 15. September 1938, in: VfZ 1983, S. 418–442; ders. unter dem gleichen Titel auch in: Aus Politik und Zeitgeschichte B 48/85, S. 28–38; Rürup, a. a. O., S. 111 ff.
27 Siehe J. Walk (Hrsg.), Das Sonderrecht für Juden im NS-Staat. Eine Sammlung der

zum Reichsbürgergesetz vom 15. September 1938, die erste Regelungen der Rechte der Juden vor Gericht enthielt und ihnen u. a. auferlegte, nur noch jüdische »Rechtskonsulenten« als Rechtsbeistand zu wählen[28]. Zweifelsfragen zur Stellung der Juden vor Gericht ergaben sich noch 1942/43, auf dem Höhepunkt der »Endlösung«, als einige Juden versuchten, das Armenrecht in Anspruch zu nehmen, um den letzten Rest ihrer Rechte vor Gericht zu verteidigen[29].

Die Umwertung des Bürgerlichen Gesetzbuches

Mit den rechtlichen Problemen der »Rassenfrage« wurden die Gerichte bereits im Frühjahr 1933 konfrontiert. So hatten sie sich zum Beispiel mit Klagen auseinanderzusetzen, mit denen »Arier« versuchten, mit einem jüdischen Partner geschlossene Ehen aus »rassischen« Gründen anzufechten[30]. Nach nationalsozialistischer Auffassung war die Aufhebung dieser Ehen eine »lebensgesetzliche« Notwendigkeit, da Rassenmischehen gleichbedeutend waren mit »Rassenverrat« und »Rassenschande«. In den Gesetzen gab es 1933 jedoch weder den Begriff der »Rassenschande« oder des »Rassenverrats« noch irgendeine rechtliche Handhabe, um Ehen aus »rassischen« Gründen anzufechten. Selbst der Begriff »Mischehe« war nicht eindeutig und wurde 1933 in einigen juristischen Kommentaren noch auf das vertraute Problem evangelisch-katholischer Ehen bezogen.

gesetzlichen Maßnahmen und Richtlinien: Inhalt und Bedeutung. Heidelberg/Karlsruhe 1981; B. Blau (Hrsg.), Das Ausnahmerecht für Juden in Deutschland 1933–1945. Düsseldorf 3. Aufl. 1965; Adam, a. a. O., S. 98 ff.
28 5. Verordnung zum Reichsbürgergesetz vom 15. 9. 1938, RGBl. 1938/I, S. 1403 ff.; des weiteren wurde die Zahl der Rechtskonsulenten im Großdeutschen Reich auf insgesamt 170 beschränkt (davon 150 im Altreich und davon wiederum 40 in Berlin). Siehe Archiv OLG Köln »Rechtskonsulenten«. – Allerdings hatte die Gestapo die Rechtsstellung der Juden schon weitgehend ausgehöhlt und nahm seit Juni 1937 vielfach jüdische »Rassenschänder« nach der Justizhaft in Schutzhaft. Siehe Kap. 7.
29 Siehe BA R 43 II/1508a mit Aufzeichnungen über die Verhandlungen zwischen verschiedenen Ministerien und Dienststellen der NSDAP, der SS und des Obersten Kommandos der Wehrmacht über Rechtsmittelbeschränkungen für Juden (August 1942 bis April 1943). Siehe auch die Meldungen aus dem Reich vom 17. 7. 1941, in: Boberach, Lageberichte des SD, a. a. O., Bd. 7, S. 253 ff., sowie Schnellbrief Freislers betreffend die »Rechtsmittelbeschränkung für Juden« an den Reichsminister des Inneren, den Reichsführer der SS u. a. vom 3. 8. 1942, in: Hofer, Dokumente, a. a. O., S. 289.
30 Siehe zum Folgenden H. Wrobel, Die Anfechtung der Rassenmischehe. Diskriminierung und Entrechtung der Juden in den Jahren 1933 bis 1935, in: Kritische Justiz 1983, S. 349–374; Rüthers, Die unbegrenzte Auslegung, a. a. O.; R. Angermund, Die Diskriminierung der Juden durch die nationalsozialistischen Gerichte am Beispiel der Mischehentrennung. Bochum 1981 (Staatsarbeit).

Auf welche Weise diese Widersprüche gelöst werden würden, war für die Situation der Juden von größter Wichtigkeit, da es dabei auch um ihre bürgerlichen Rechte ging. Daneben hatten die Richter bei der Entscheidung darüber, inwieweit die Anfechtung von Mischehen aus »rassischen Gründen« berechtigt sei, ihre eigene Rolle bei der »Umwertung« vornationalsozialistischer Gesetze zu definieren.

Quantitativ gesehen, waren die Prozesse, in die Juden verwickelt waren, im Gerichtsalltag keine bedeutende Größe. Schließlich stellten die Juden nicht einmal ein Prozent der Bevölkerung[31]. Lediglich in den Großstädten wie Berlin oder Frankfurt, wo der jüdische Bevölkerungsanteil relativ hoch war, mußten sich die Richter des öfteren mit »rassengesetzlichen« Fragen befassen[32]. Wie bedeutsam diese Prozesse dennoch gesellschafts- und rechtspolitisch waren, zeigt gerade ein Blick auf die erwähnten Klagen zur Anfechtung von Mischehen[33].

In der Weimarer Republik war der Anteil der »Mischehen« an der Gesamtzahl der von Juden geschlossenen Ehen kontinuierlich gestiegen. 1931/32 hatten 2703 Juden, d. h. rund 36% aller jüdischen Hochzeiter einen nicht jüdischen Ehepartner gewählt[34]. 1933 wurden 1450 Ehen zwischen Juden und »Ariern« geschlossen. Der Anteil der Mischehen an der Gesamtzahl der jüdischen Eheschließungen lag damit bei 44%. Erst 1934 sank die Zahl der Mischehen, bedingt durch den Druck, den die NSDAP auf jüdisch-arische Brautpaare ausübte[35], auf 650 bzw. 15% aller von Juden geschlossenen Ehen[36].

Der Grund für den hohen Anteil von Mischehen lag darin, daß sich die Zahl der heiratsfähigen Juden durch Austritte aus der jüdischen Gemeinde[37] und eine allmähliche »Vergreisung« des deutschen Judentums

31 W. Scheffler, Wege zur »Endlösung«, in: H. A. Strauss/N. Kampe (Hrsg.), Antisemitismus. Von der Judenfeindschaft zum Holocaust. Bonn 1985, S. 186–214, hier S. 192; S. Gordon, Hitler, Germans, and the »Jewish Question«. Princeton 2. Aufl. 1984, S. 119.

32 Wegen »Rassenschande« wurden 1937 insgesamt 512 Personen, davon 355 Juden, verurteilt. 1939 waren es 385, davon 227 Juden; 1940 231, davon 134 Juden und 1941 197, davon 102 Juden. Siehe »Entwicklung der Kriminalität von Kriegsbeginn bis Mitte 1943« hrsg. vom Reichsamt für Statistik. o. O. 1944. BA R 22/1160. Siehe auch H. Robinsohn, Justiz als politische Verfolgung. Die Rechtsprechung in »Rasseschandefällen« beim Landgericht Hamburg 1936–1943. Stuttgart 1977, S. 21 und 78.

33 Siehe B. Blau, Die Mischehe im Nazireich, in: Judaica IV/1948, S. 46–57; Gordon, a. a. O., S. 17ff.

34 1921–1925: 21 689 rein jüdische Ehen und 8896 Mischehen (= ca. 29% aller von Juden geschlossenen Ehen); 1926–1930: 14096 rein jüdische Ehen und 7729 Mischehen. Siehe Statistik des Deutschen Reiches, Band 451/II, Volkszählung 1933, S. 6.

35 Siehe Blau, Mischehe, a. a. O.

36 W. Klemm, Die Lösung deutsch-jüdischer Mischehen, in: DR 1939, S. 1899–1902, Zahlen hier S. 1900, Anm. 12.

37 Gordon, a. a. O., S. 16f.

seit Mitte der 20er Jahre zusehends verringerte[38]. Ein Ehepartner war für viele Juden nur außerhalb ihrer Gemeinden zu finden. Die wachsende Zahl der Mischehen trug noch ein übriges zur Auszehrung des Judentums bei: Nur etwa ein Viertel der aus diesen Ehen stammenden Kinder wurde im jüdischen Glauben erzogen[39]. Auch in dieser Hinsicht vollzog sich also durch die Mischehen eine Integration der Juden in die deutsche Gesellschaft.

Die Auseinandersetzung um die Mischehen wurde im Sommer 1933 durch einen Artikel eines Gerichtsassessors namens Wöhrmann in der »Juristischen Wochenschrift« eröffnet[40]. Ziel Wöhrmanns war es, mit Jüdinnen verheirateten »arischen« Männern einen Weg zu weisen, den »schweren Fehler« dieser Eheschließung auf gerichtlichem Wege zu revidieren.

Da das Judentum eines Ehepartners nicht als »Verschulden« bewertet werden könne und somit die Möglichkeit einer »normalen« Ehescheidung nicht gegeben sei, empfahl Wöhrmann trennungswilligen arischen Ehemännern, auf Eheanfechtung nach § 1333 BGB zu klagen. Dieser Paragraph erlaubte es an sich lediglich, eine Ehe anzufechten, wenn sich ein Ehepartner bei der Eheschließung in einem »Irrtum« über »persönliche Eigenschaften« des anderen befunden hatte, die ihn – wenn sie ihm bekannt gewesen wären – von der Ehe abgehalten hätten. Als solche »persönliche Eigenschaften« galten üblicherweise Trunksucht, Geisteskrankheiten u. ä. Wöhrmann wertete nun auch das »Judentum« als »persönliche Eigenschaft« und behauptete, daß die Arier, die in einer Mischehe lebten, erst durch die Politik Adolf Hitlers »die innern Zusammenhänge der Rassenfrage« hätten wirklich erkennen können. Ein Arier hätte die Ehe mit einer Jüdin nie geschlossen, wenn er gewußt hätte, »daß im Dritten Reich die von ihm mit einem Ehepartner gezeugten Kinder unter Fremdenrecht stehen und nicht die vollen Staatsbürgerrechte genießen würden«. 1933 existierte zwar weder ein »Fremdenrecht« für Juden, noch war ihre staatsbürgerliche Stellung gesetzlich geregelt, aber dennoch sah Wöhrmann diese Behauptung als den schlagenden Beweis dafür an, daß die Rassenmischehen auf einem »Irrtum« beruhten und mit Hilfe des BGB angefochten werden könnten. Die zahlreichen Ungereimtheiten seiner Argumentation wie etwa, daß eine Eheanfechtung nur innerhalb einer mit der Eheschließung beginnenden Frist von sechs Monaten zulässig war und das BGB das Judentum als Zugehörigkeit zu einer Religionsgemeinschaft, nicht aber zu einer »Rasse« verstand, überging Wöhrmann. Dennoch war seine »rassenge-

38 Scheffler, a. a. O., S. 192.
39 Statistik des Deutschen Reiches, a. a. O., S. 5.
40 Wöhrmann, Die Auflösung der Ehe zwischen Juden und Ariern, in: JW 1933, S. 2041.

setzliche« Interpretation des BGB in der Folgezeit Grundlage für eine Vielzahl von Eheanfechtungsklagen.

In den juristischen Fachzeitschriften reagierte man im allgemeinen auf die Argumente Wöhrmanns zunächst sehr zurückhaltend. Dabei richtete sich die Kritik allerdings nicht gegen die Forderung nach Trennung der Mischehen – diese wurde vielmehr nachdrücklich unterstützt –, sondern gegen die rechtspolitischen Risiken seiner Ausführungen. Insbesondere der Vorschlag, die Gerichte sollten das BGB nach »rassengesetzlichen« Gesichtspunkten neu interpretieren, stieß auf Widerspruch, weil man darin einen unzulässigen Vorgriff auf mögliche Gesetzgebungspläne der Regierung sah[41]. Damit die Richter die Absichten des Gesetzgebers nicht durchkreuzten, empfahl man abzuwarten, bis die Regierung die Frage der Mischehen durch entsprechende Gesetze lösen werde oder sich die Mischehen unter dem Druck der politischen Verhältnisse von allein entzweien würden.

Auch einzelne Richter machten auf die offensichtlichen Lücken in Wöhrmanns Argumentationskette aufmerksam. So wies der Berliner Landgerichtsrat Jung darauf hin, daß für eine Entscheidung über eine Anfechtungsklage stets die gesellschaftliche Beurteilung des Anfechtungsgrundes zur Zeit der Eheschließung, nicht aber zur Zeit der Klagestellung entscheidend sein müsse. Folglich könne eine vor 1933 geschlossene Mischehe nicht aus »rassischen« Gründen angefochten werden, da sie zu dieser Zeit noch nicht als »Rassenverrat« gegolten habe[42].

Ähnlich argumentierte der Altonaer Landgerichtsrat Schumacher, der auch zwar das »Judentum« als »persönliche Eigenschaft« ansah, aber stark bezweifelte, daß bei der Anfechtung von Rassemischehen die Klagevoraussetzung eines »Irrtums« überhaupt gegeben sei. Schließlich sei dem arischen Ehepartner bei der Eheschließung bekannt gewesen, daß er eine Jüdin bzw. einen Juden heirate[43]. Schumacher wie auch Jung deuteten zudem die sozialen Probleme an, die aus der Anfechtung von Mischehen insbesondere für die jüdischen Frauen[44] erwachsen würden: Der »nichtarische Teil« würde, weil seine »persönliche Eigenschaft« den Ausschlag für die Anfechtung gegeben habe, vermutlich seine Unterhaltsan-

---

41 Siehe u. a. Jung, Die Auflösung der Ehe zwischen Ariern und Nichtariern, in: JW 1933, S. 2367 f.; H. Stoll, Die Auflösung einer Mischehe, in: DJZ 1934, S. 563–570; Schumacher, in: DJZ 1933, S. 1493; H. Müller, Die Entwicklung des bürgerlichen Rechts seit der Machtübernahme. Freiburg 1938, S. 17 ff. und S. 21.

42 Jung, a. a. O.

43 Schumacher, a. a. O.

44 Die Anfechtungsklagen scheinen sich in der Hauptsache gegen jüdische Frauen gerichtet zu haben. Für die Bejahung dieser Klagen war dies wohl nicht ohne Bedeutung. Die sexistische Komponente in diesen Verfahren wäre – wie in »Rassenschande«-Verfahren – noch zu untersuchen.

sprüche verlieren, was vor allem bei langjährigen Ehen »unbillige Härten« bedingen könne[45].

Bei einer Minderheit von Autoren fand Wöhrmann allerdings Zustimmung. Der Karlsruher Rechtsanwalt Herbert Schneider zum Beispiel stimmte Wöhrmann nicht nur begeistert zu, sondern suchte sogleich einen Weg, um die sechsmonatige Frist, innerhalb der Eheanfechtungen laut Gesetz möglich waren, auszuweiten bzw. zu umgehen[46]. Schneider vertrat die Auffassung, daß es vor 1933 unmöglich gewesen sei, die »volle« Bedeutung der »Rassenfrage« zu erkennen. Deshalb müsse eine »angemessene Zeit« zur Anfechtung zugestanden werden. Zudem sei unzweifelhaft, daß ein Deutscher, der einen jüdischen Partner geheiratet habe, sich quasi notwendigerweise in einem Irrtum befunden haben müsse, da er als »Arier« in Kenntnis des Rassenunterschieds niemals eine Mischehe geschlossen hätte. Aus diesem Grund sei es nicht seine Sache nachzuweisen, daß er bei der Eheschließung geirrt habe. Vielmehr müsse der Jude beweisen, daß kein Irrtum vorgelegen habe.

Einen klaren regierungsoffiziellen Standpunkt zu diesem Meinungsstreit gab es nicht. Vielmehr ließen sich selbst bei geringem interpretatorischen Geschick die Äußerungen von Staatssekretär Freisler und von Franz Maßfeller, dem Rassereferenten des Reichsjustizministeriums, gegeneinander ausspielen. Während nämlich Maßfeller in der »Deutschen Justiz« regelmäßig eine großzügige »rassengesetzliche« Interpretation des BGB forderte, erinnerte Freisler die Richter nachdrücklich daran, daß sie nach wie vor an das geltende Gesetz gebunden seien und nur dann, wenn das vornationalsozialistische Gesetz dem »gesunden Volksempfinden« allzu deutlich widerspreche, von dessen Wort- und Sinngehalt abweichen dürften. Es könne – so Freisler – »nie Aufgabe des Richters sein, dem Gesetz entgegen zu entscheiden, auch dann nicht, wenn er das geschriebene Gesetz als unvereinbar mit nationalsozialistischer Auffassung hält«[47].

Die ersten Entscheidungen, die die Gerichte zur Frage der Anfechtung von Mischehen fällten, waren ebenso gegensätzlich wie die Positionen in der Fachpresse. Das Landgericht Köln zum Beispiel bejahte Mitte 1933 die Anfechtung von Rassemischehen als rechtlich möglich und als »rassenpolitisch« notwendig und kam zu dem Schluß, daß es »als selbstverständlich angenommen werden« könne, daß »dem Kläger bei Abschluß der Ehe nicht bekannt war, was die Tatsache des Judentums im wesentlichen bedeutete«[48]. Zudem machten die Kölner Richter klar, daß nach

---

45 Zit. nach Jung, a. a. O.
46 H. Schneider, Anfechtung der Ehe wegen Irrtums über die Bedeutung der Rasse, in: JW 1934, S. 868 f.
47 R. Freisler, Recht, Richter und Gesetz, in: DJ 1933, S. 694 f. Siehe auch Wrobel, Rassenmischehe, a. a. O., S. 364 f.
48 LG Köln ohne Datumsangabe, in: JW 1933, S. 818 f.

ihrer Ansicht ein Jude als Angehöriger einer »volksfremden – ja volks-
feindlichen – Rasse« vor deutschen Gerichten generell keinen Rechts-
schutz zu erwarten habe, denn: »Wer fremden Blutes ist, kann nicht
Volksgenosse sein«[49].

Weit zurückhaltender zeigte sich dagegen das Kammergericht Berlin in
einem Urteil vom 2. November 1933[50]. Dem Kammergericht lag der Fall
einer Frau vor, die auf die Scheidungsklage ihres jüdischen Mannes eine
Widerklage nach § 1333 BGB eingereicht hatte und nun behauptete, daß
ihr erst aufgrund des Berufsbeamtengesetzes die »Rassenfrage« bewußt
geworden sei. Das Kammergericht konnte indessen keinen »Irrtum« erkennen und lehnte die Klage ab. Zwar gestanden auch die Berliner Richter zu, daß sich die rassenpolitischen Ansichten verändert hätten, allerdings betrachteten sie dies nicht als einen Sachverhalt, der einen Irrtum
gemäß § 1333 BGB begründen könne. In weiteren Urteilen wies das Kammergericht 1933/34 zudem Klagen auf Eheanfechtung ab, weil die Anfechtungsfrist überschritten worden war[51].

Die Entscheidungen des Kammergerichts wurden von Maßfeller harsch
kritisiert – was allerdings auf die Rechtsprechung der Berliner Richter
offenbar ohne Einfluß blieb[52]. Zufrieden konnte sich Maßfeller hingegen
mit der Rechtsprechung des Oberlandesgerichts Karlsruhe zeigen, das
am 2. März 1934 der Klage eines Mediziners und ehemaligen evangelischen Geistlichen stattgab, der bereits verschiedentlich versucht hatte,
von seiner jüdischen Frau freizukommen[53]. Nun brachte er vor, zwar bei
der Eheschließung gewußt zu haben, daß er eine Jüdin heirate, sich aber
über die Bedeutung des Rassenunterschiedes nicht im klaren gewesen zu
sein.

Obwohl der Mediziner von seiner Verwandtschaft nachweislich vor der
Heirat mit einer Jüdin mit Nachdruck »gewarnt« worden war, erkannten
die Karlsruher Richter seine Klage im Gegensatz zur Vorinstanz an. Dabei waren für sie erklärtermaßen weniger juristische als »rassenpolitische« Überlegungen ausschlaggebend. Der Kernpunkt ihrer Entscheidung war vielmehr die Überzeugung, daß »Rassenmischehen« »nicht nur
nicht wünschenswert, sondern verderblich und unnatürlich und widerna-
türlich« seien. Dies gelte unabhängig davon, ob die »spezifischen Rasse-
eigenschaften« des jüdischen Ehepartners »mehr oder weniger« stark

49 Zitat ebd.
50 JW 1933, S. 818f.
51 Siehe u. a. DJ 1934, S. 395 (8. 2. 1934).
52 Siehe z. B. Maßfeller in: DJ 1934, S. 396. Zur Bedeutung von Urteilskommentaren,
wie sie Maßfeller verfaßte, Johe, a. a. O., S. 120ff., demzufolge die Urteilskommentare
bereitwillig aufgegriffen wurden, ohne als Einschränkung der richterlichen Unabhängigkeit empfunden zu werden. Siehe auch Kap. 9.
53 JW 1934, S. 1371.

ausgeprägt seien. Das Oberlandesgericht Karlsruhe umschiffte also das Problem einer juristischen Definition der »jüdischen Rasse«, indem es eben diese Definition angesichts »rassenpolitischer« Notwendigkeiten für unerheblich erklärte. Jude war demnach, wer im Verdacht stand, Jude zu sein.

Offenbar durch diese Entscheidung ermuntert, versuchte einige Monate später, im November 1934, ein »arischer« Ehemann vor dem Oberlandesgericht Hamburg sogar, seine Ehe mit dem Argument anzufechten, daß seine – protestantisch getaufte – Frau jüdische Urgroßeltern habe. Er berief sich dabei auf die »subjektive« Erheblichkeit des Irrtums. Das Oberlandesgericht wies allerdings diesen überaus durchsichtigen Versuch, die »Rassenfrage« für die Lösung privater Probleme zu nutzen, zurück und entschied, daß ein »Hundertsatz jüdischen Blutes« keine Anfechtungsklage begründen könne[54].

Angesichts der unterschiedlichen Positionen zur Anfechtung von Mischehen war zur Klärung der Rechtslage das Reichsgericht gefordert. Es hatte im Juli 1934 in zwei Revisionsverfahren sowohl über das erwähnte Urteil des Oberlandesgerichts Karlsruhe als auch über eine Entscheidung des Kammergerichts Berlin zu befinden.

Der 4. Zivilsenat des Reichsgerichts, der unter der Leitung des parteilosen Fritz Seyfarth stand[55], bezog in diesen Fällen einen eindeutig antisemitischen, im Hinblick auf die Gesetzesbindung des Richters aber letztlich widersprüchlichen Standpunkt. Hinsichtlich des Urteils des Kammergerichts entschied das Reichsgericht, daß die betreffende Anfechtungsklage neu verhandelt werden müsse[56]. Das Kammergericht hatte eine Eheanfechtungsklage abgelehnt, weil der Kläger eingestanden hatte, daß er den »Rassenunterschied« bereits 1926 erkannt habe, die Anfechtungsfrist also lange überschritten war. Demgegenüber wandte das Reichsgericht ein, daß zur Zeit der Weimarer Republik eine Eheean-

---

54 OLG Hamburg vom 15.11.1934, in: Hanseatische Rechtszeitschrift 1934, S. 742–746.
55 Seyfarth stand dem 4. Zivilsenat vom 1.4.1932 bis zum 1.1.1938 vor. Auch sein Nachfolger Martin Jonas war zunächst parteilos und trat der NSDAP erst 1940 bei. Mit Franz Günther gehörte dem RG indes auch ein PG (Eintritt 1.5.1933, seit 1936 Blockleiter) an. Siehe F. K. Kaul, Geschichte des Reichsgerichts, Bd. IV: 1933–1945. Glashütten/Taunus 1971, S. 304ff. und 333ff. Zur Unabhängigkeit des 4. Zivilsenats siehe Frantz (Mitglied des 4. Zivilsenats 1939–1943), in: Zur Rechtsprechung des RG auf familienrechtlichem Gebiet – eine Klarstellung, in: Neue JW 1949, S. 445–450, hier S. 448: »Der Ordnung halber sei hier bemerkt, daß von keiner amtlichen oder parteiamtlichen Stelle der Versuch einer Einwirkung auf die Rechtsprechung des Senats gemacht worden ist. Es hätte auch schon sehr mächtiger Pressionen bedurft, um den starken Unabhängigkeitssinn des Senats zu erschüttern.«
56 Dieses sowie das im folgenden beschriebene Urteil des RG, beide gefällt am 12.7.1934, in: JW 1934, S. 2613ff.

fechtung aus »rassischen« Gründen nicht möglich gewesen sei, folglich höhere Gewalt die Anfechtung und damit auch den Beginn der Anfechtungsfrist verhindert habe. Erst vom 15. Juli 1933 an könne die Anfechtungsfrist gerechnet werden, da an diesem Tag das Berufsbeamtengesetz veröffentlicht und damit der Bevölkerung die Bedeutung des Rassenunterschiedes bekannt gemacht worden sei.

Auch das Urteil des Oberlandesgerichts Karlsruhe vom 2. März 1934 hatte keinen Bestand. Das Reichsgericht entschied, daß in diesem Fall kein »Irrtum« über die Bedeutung des Judentums habe vorliegen können, weil schon das Parteiprogramm der NSDAP von 1920 das Wissen über die grundsätzlichen Unterschiede der Rassen in die Bevölkerung getragen habe. Zudem gelte nach wie vor die Bindung des Richters an das Gesetz. »Ohne die Änderung des § 1333 BGB mit rückwirkender Kraft« sei »die Anfechtung von Mischehen wegen Irrtums über die Rassezugehörigkeit eines Ehepartners außer unter der Bedingung der bewiesenen Unkenntnis des Klägers« nicht zulässig. Eine »rassengesetzliche Umwertung« des BGB, etwa mit Hilfe des Hinweises auf den Wandel der »guten Sitten« oder anderer Generalklauseln, lehnte das Reichsgericht entschieden ab. Auch in Fragen des Rasserechts seien die Richter nicht befugt, »den nationalsozialistischen Gesetzen über diejenigen Grenzen hinaus Geltung zu verschaffen, die die Gesetzgebung des nationalsozialistischen Staates sich selbst gezogen hat«.

Dieses Votum entsprang allerdings nicht der Sorge um den Bestand der Mischehen und um die in ihnen lebenden Menschen[57], sondern lediglich aus den juristischen Bedenken gegen eine extensive, dem Willen des Gesetzgebers möglicherweise widersprechende Rechtsschöpfung durch die Gerichte. Die Ausgrenzung der Juden aus der deutschen Gesellschaft befürworteten die Richter des Reichsgerichts durchaus. So verwiesen sie mit tadelndem Unterton darauf, »daß die Gesetzgebung des nationalsozialistischen Staates in der Rassenfrage bei weitem nicht alle Forderungen des nationalsozialistischen Programms verwirklicht« habe, und forderten zudem die Gerichte auf, »bei der Anwendung des Gesetzes« dem »staatlich anerkannten Rassenunterschied« wenn irgend möglich »Rechnung zu tragen«.

Darüber hinaus hielt das Reichsgericht die Anfechtung von Mischehen aufgrund eines »Irrtums« über die Bedeutung des Rassenunterschiedes prinzipiell durchaus für möglich, etwa dann, wenn der arische Kläger »unter dem Einfluß kirchlicher Lehren vom Rassenunterschied« nichts gewußt habe oder infolge »primitiven Denkens« seinen Fehler nicht habe

---

57 Dagegen Rüthers, der meint, daß sich der 4. Zivilsenat »in der ersten Zeit nach der Machtergreifung« um den rechtlichen Schutz der Mischehe bemüht habe. Rüthers, Die unbegrenzte Auslegung. a. a. O., S. 403 f.

begreifen können. Auch daß das Reichsgericht die Frist für die Anfechtung von Mischehen erweiterte und – wie in einem Urteil vom 22. August 1935 – bereit war, das Judentum selbst dann als »persönliche Eigenschaft« im Sinne des § 1333 BGB zu werten, wenn der »rassische Ursprung derart dunkel« sei, daß lediglich die Möglichkeit jüdischer Abstammung« bestehe[58], spricht nicht dafür, daß es gegen die Diskriminierung der Juden Bedenken gehabt hätte. Es sollte nur eben eine »legale« Diskriminierung sein, die nicht die Gefahr einer allgemeinen Rechtsunsicherheit in sich barg.

Trotzdem wären die Urteile des Reichsgerichts – auch wenn es versuchte, einer antisemitischen Rechtsschöpfung durch die Gerichte Hintertüren zu öffnen –, im großen und ganzen durchaus geeignet gewesen, einer extensiven »rassengesetzlichen Umwertung« des BGB einen Riegel vorzuschieben und die Rechtsprechung – der Forderung Freislers entsprechend – auf die Anwendung der »geltenden Gesetze des Staates« zu beschränken. Aus diesem Grunde stießen seine relativ moderaten Interpretationen des BGB auf die entschiedene Kritik der Befürworter einer großzügigen »rassengesetzlichen« Rechtsschöpfung im Reichsjustizministerium, im Reichsinnenministerium und in der NSDAP[59]. In der »Juristischen Wochenschrift«, der Zeitschrift des BNSDJ, polemisierte beispielsweise der Berliner Rechtsanwalt Matzke gegen die nach seiner Ansicht viel zu enge Auslegung des Begriffs »Irrtum« und die Interpretation der richterlichen Gesetzesbindung durch das Reichsgericht. Matzke zufolge hätte das Reichsgericht, »solange der Gesetzgeber noch [...] schweigt, selbst so entscheiden sollen, wie es entscheiden müßte wenn es Gesetzgeber wäre«[60]. Im übrigen sei der Begriff »Jude« eine »Sammelvorstellung«, deren Bedeutung ein Kläger erst dann richtig erfaßt haben könne, wenn er über »alle Merkmale, die einen Juden von einem Arier unterscheiden« aufgeklärt worden sei. Maßgeblich müsse der Wissensstand der Rassenforschung zum Zeitpunkt der Anfechtungsklage sein. Letztlich aber – so Matzke – seien solche juristischen Operationen unnötig, denn: »Für das staatliche Interesse daran, daß Rassenmischehen nicht weiter bestehen, ist es vollständig gleichgültig, ob der anfechtungsberechtigte [d. h. der arische] Ehegatte sich über den Rassenunterschied eine oder gar keine Vorstellung machte.«[61]
Ähnlich argumentierte der »Direktor für Bevölkerungspolitik« im »Reichsausschuß für Volksgesundheitsdienst« des Reichsinnenministe-

58 RG vom 22. 8. 1935, in: JW 1935, S. 3119.
59 Siehe u. a. Meinhof, Rasse und Recht, in: JW 1935, S. 3072–3080; L. Flügge, Anfechtung der Ehe und erbbiologisches Denken, in: DR 1934, S. 160 f.
60 W. Matzke, Die Anfechtung der Rassenmischehe nach geltendem Recht, in: JW 1934, S. 2593–2601.
61 Ebd., S. 2598.

riums Ruttke[62], der Möglichkeiten zur »Umwertung« vornationalsozialistischer Gesetze vor allem durch die Neuinterpretation von Generalklauseln wie »Treu und Glauben« oder die »guten Sitten« gegeben sah. Aber auch das Fehlen solcher Generalklauseln sei kein Hindernis, denn »auch in den Fällen, in denen Generalklauseln im Gesetz nicht vorhanden sind, wird ein lebensnaher, mit dem nationalsozialistischen Gedankengut vertrauter Richter stets die Möglichkeit finden, der lebensgesetzlichen Rechtsauffassung Rechnung zu tragen«. »Die Rechtsprechung wird für den kommenden Ausbau der Gesetzgebung Vorarbeit zu leisten haben [...].«[63]

Die Gerichte folgten diesen Appellen und ignorierten zumeist – ganz entgegen der im Rechtswesen üblichen Gepflogenheit, sich eng an den Spruch der übergeordneten Instanz zu halten – die moderaten reichsgerichtlichen Richtlinien. So erklärte das Oberlandesgericht Celle am 5. November 1934 die Anfechtung einer Mischehe für berechtigt, obwohl der betreffende Kläger bereits vor 1933 mit der NSDAP in Verbindung gestanden hatte, also durchaus als »rassebewußt« gelten konnte und die Ehefrau sich 1932 auf Wunsch des Mannes hatte taufen lassen. Die Celler Richter begründeten dies damit, daß der Kläger zwar bei der Heirat vom Judentum seiner Frau gewußt habe und auch mit den rassenpolitischen Grundsätzen der NSDAP vertraut, aber doch nicht »vollkommen« aufgeklärt gewesen sei. Ein »Irrtum« gemäß § 1333 BGB könne nicht ausgeschlossen werden[64]. Ein vergleichbares Urteil fällte das Oberlandesgericht Berlin am 8. Mai 1935[65].

In seinen Entscheidungen vom 13. Februar[66] und vom 20. April 1936[67] versuchte das Reichsgericht noch einmal, die »rassengesetzliche« Rechtsschöpfung der Gerichte in engere Bahnen zu lenken. Insbesondere in einem Urteil vom 13. Februar 1936 betonte der 4. Zivilsenat, daß sich auch durch das Nürnberger »Blutschutzgesetz« vom 15. September 1935 die Rechtslage hinsichtlich der Anfechtung von Mischehen nicht geändert habe. Vielmehr habe »die nationalsozialistische Weltanschauung im BlutSchG und der dazu ergangenen Ausführungsverordnung ihren vollständigen und abschließenden Ausdruck gefunden«. Deshalb sei »für eine ausdehnende Auslegung dieser Vorschriften unter Berufung auf das gesunde Volksempfinden kein Raum vorhanden«. Nach wie vor gebe es »nicht zweierlei Recht für Ehen zwischen Rassegleichen und für die be-

62 Ruttke, Erb- und Rassenpflege in Gesetzgebung und Rechtsprechung, in: JW 1935, S. 1369–1376.
63 Ebd., S. 1376.
64 JW 1935, S. 1445 f.
65 JW 1935, S. 3120 f.
66 JW 1936, S. 1112 f.
67 Ebd., S. 1958 ff.

reits bestehenden Mischehen und erst recht nicht für den deutschblütigen und den jüdischen Teil einer Mischehe«.

Aber auch diese Urteile hatten auf die Behandlung der Anfechtungsklagen kaum Einfluß, zumal die Auffassung, daß der Richter auch an vornationalsozialistische Gesetze gebunden sei, in den Fachzeitschriften Mitte der 30er Jahre nicht mehr vertreten wurde[68]. Das Landgericht Münster entschied beispielsweise am 19. März 1936 unter Berufung auf das Desinteresse der Bevölkerung an der Erhaltung von Mischehen, daß diese Ehen »auch jetzt und später« angefochten bzw. für nichtig erklärt werden könnten[69]. Allerdings billigten die Münsteraner Richter dem jüdischen Ehepartner immerhin noch ein Widerspruchsrecht gegen die Anfechtungsklage zu. Der Auffassung, daß Mischehen auch noch nach über drei Jahren nach der NS-Machtübernahme, also lange nach Ablauf der gesetzlichen Anfechtungsfrist angefochten werden könnten, schlossen sich das Landgericht Rudolfsstadt am 22. Februar[70] und das Landgericht Hamburg am 14. Juni 1937[71] an.

Unter Vorsitz seines neuen Präsidenten Martin Jonas fand schließlich auch der 4. Zivilsenat des Reichsgerichts zu einer extensiven »rassengesetzlichen« Auslegung des BGB. In einem Urteil vom 2. Mai 1938 entschied er, daß die Anfechtung einer Ehe auch dann berechtigt sei, wenn lediglich ein »Großelternteil« eines Ehepartners jüdisch sei, da die Kenntnis eines »Bruchteils jüdischer Erbmasse« einen Deutschen durchaus von der Eheschließung abhalten könne. Mit dieser Entscheidung verstieß das Reichsgericht nicht nur gegen § 1333 BGB, sondern auch gegen den Sinngehalt des Blutschutzgesetzes vom 15. September 1935. Nach dessen erster Ausführungsverordnung waren nämlich Personen mit einem jüdischen Großelternteil als Mischlinge zweiten Grades den »Deutschblütigen« hinsichtlich der Wahl ihrer Ehepartner gleichgestellt. Nachdem es zuvor dem NS-Gesetzgeber aus Gründen der allgemeinen Rechtssicherheit nicht hatte vorgreifen wollen, ging das Reichsgericht nun in der »Rassenfrage« weiter als die NS-Regierung selbst[72].

Die Trennung von Rassenmischehen wurde auch durch das neue Ehegesetz vom 7. Juli 1938[73] nicht eindeutig geregelt. Allerdings erweiterte

68 Siehe u. a. Lühr, Darf ein Richter gegen das Gesetz entscheiden?, in: DRiZ 1934, S. 33; Jäger, Rechtsfindung im Gericht, in: DR 1936, S. 440–444; Danielcik, Die Befugnis des Richters zur Rechtsgestaltung, in: DR 1937; Schmidt-Klevenow, Die Bindung des Richters an das Gesetz, in: DR 1939, S. 337.
69 JW 1936, S. 2586f. Siehe auch OLG Köln vom 6.3.1936, in: ebd., S. 1795.
70 Ebd., S. 3231.
71 Ebd., S. 2197.
72 So auch Rüthers, a. a. O., S. 160f.
73 RGBl. 1938/I, S. 897ff. Siehe D. Blasius, Ehescheidung in Deutschland 1794–1945. Göttingen 1987, S. 188ff.

dieses Gesetz die Möglichkeiten, den Klagen auf Anfechtung von Mischehen stattzugeben, erheblich. An die Stelle von § 1333 bzw. § 1339 trat nun § 40 BGB, der die Frist für die Anfechtung einer Ehe auf ein Jahr festlegte, wobei – und dies war entscheidend – der Beginn der Anfechtungsfrist von dem Zeitpunkt an gerechnet wurde, zu dem »der Ehepartner den Irrtum oder die Täuschung entdeckt« hatte[74]. Die Anfechtungsfrist war damit unbegrenzt dehnbar. Mit Hilfe dieser Klausel konnten die Gerichte 1938/39 selbst den Klagen zum Erfolg verhelfen, die nach der Ermordung des Botschaftsrats vom Rath durch den polnischen Juden Grynszpan eingereicht wurden. Zur Begründung dieser Klagen wurde vorgebracht, daß man sich erst durch die Tat Grynszpans der Perfidität der Rasse seines Ehepartners vollends bewußt geworden sei[75].

Ende der 30er Jahre wurde Juden auch kein Widerspruchsrecht gegen Anfechtungsklagen mehr zugestanden, wie es das Landgericht Münster 1936 noch getan hatte. Das Landgericht Hamburg[76] und das Oberlandesgericht Breslau[77] wiesen 1939 den Widerspruch jüdischer Frauen mit der Begründung zurück, daß dieser Jüdinnen nicht zustehe.

In einem Rückblick über die Entwicklung der Rechtsprechung zur Anfechtung von Rassenmischehen konnte Werner Klemm, Amtsgerichtsrat und Leiter des Rechtsamtes der NSDAP, den Gerichten 1939 bescheinigen, daß sie sich in der Regel erfolgreich bemüht hätten, »den überaus engen Rahmen der reichsgerichtlichen Grundsätze zu sprengen« und einer »rassengesetzlichen« Rechtsprechung zum Durchbruch zu verhelfen[78].

Diese Linie setzten die Gerichte auch nach 1939 fort. Der letzte Anlaß für die Anerkennung von Eheanfechtungsklagen gegen Juden sollte schließlich der definitive Beginn der »Endlösung« werden. So waren die Einführung des »Judensterns« und der Beginn der »Evakuierungen« für die Hamburger Gerichte Grund, »etwa im Herbst 1941« eine »neue Anfechtungsfrist für jüdisch-arische Mischehen« anzusetzen. Angesichts des eindeutigen Entwicklungsstands der NS-Judenpolitik war man zudem entschlossen, Unterhaltsforderungen jüdischer Ehefrauen, die von Eheanfechtungen betroffen waren, strikt abzulehnen[79].

74 RGBL. 1938/I, S. 807, § 37 Abs. 1.
75 Siehe u. a. OLG Nürnberg vom 14. 2. 1939, in: DR 1940, S. 331; OLG München vom 11. 12. 1939, in: ebd., S. 327f.
76 JW 1939, S. 489.
77 DR 1940, S. 577.
78 W. Klemm, Lösung deutsch-jüdischer Mischehen, in: DR 1939, S. 1899–1902.
79 Siehe die Ausführungen des Hamburger AG-Präs. Segelken auf der Besprechung der Hamburger Amtsrichter am 16. 6. 1942 (S. 9, Punkt 12), Archiv OLG Hamburg

Währenddessen war die rechtliche Stellung der Mischehen bzw. der in Mischehen lebenden Juden immer noch nicht geregelt, da Reichsinnenministerium, NSDAP und SS aufgrund unterschiedlicher Interessen und Ansichten keine Einigung über entsprechende Gesetze erzielen konnten[80]. Zwar waren die Mischehen durch eine Verordnung vom 30. April 1939 gemäß der »jüdischen Blutanteile« des Ehemannes, der Ehefrau und ihrer Kinder in »privilegierte« und »nichtprivilegierte« Mischehen unterteilt worden, was u. a. eine unterschiedliche Versorgung mit Lebensmittelkarten zur Folge hatte. Aber der rechtliche Status der Mischehen blieb nach wie vor unklar, und auch eine von Partei und SS gewünschte Anordnung zur Zwangsscheidung von Mischehen erging nicht. Angesichts dessen konnten etliche in Mischehen lebende Juden den Gaskammern entgehen, weil sich die Behörden, durch die unklare Rechtslage verunsichert, durch den Protest arischer Ehepartner von Deportationen abhalten ließen[81]. Obwohl man sich durchaus bewußt gewesen war, daß der »Irrtum über die Rassenfrage« häufig nur ein vorgeschobener Klagegrund war[82], hatten die Gerichte dennoch in einer Vielzahl anderer Fälle ohne entsprechende Anweisungen des Gesetzgebers die Entrechtung der in Mischehen lebenden Juden vorangetrieben und ihnen damit einen wesentlichen Schutz vor der Ausgrenzung aus der »Volksgemeinschaft« geraubt.

Die extensive »Umwertung« von § 1333 BGB war keine Ausnahmeerscheinung im Verhalten deutscher Gerichte gegenüber Juden. Auch in anderen zentralen Rechtsfragen wie der, ob jüdischen Arbeitnehmern Kündigungsschutz zu gewähren sei[83], zeigten sich die Gerichte nach anfänglichem Zögern im allgemeinen bemüht, »rassengesetzlichen« Grundsätzen zum Durchbruch zu verhelfen, ohne auf klare Entscheidungen des Gesetzgebers zu warten. Noch vor der Verabschiedung des Nürnberger Blutschutzgesetzes, das den außerehelichen Geschlechtsverkehr zwi-

3131 E-1/4. Das Protokoll hält hierzu fest: »Abweichende Ansichten wurden von der Versammlung nicht geäußert.«

80 Siehe Adam, a. a. O., S. 316ff.

81 Siehe Blau, Mischehe, a. a. O.

82 So auch in Verfahren, in denen die Kläger versuchten, von Kaufverträgen mit Juden zurückzutreten, die sie wider Erwarten über die Gebühr belasteten. Als Beispiel für eine durchaus antisemitische, die Juden gleichwohl schützende Rechtsprechung das 1. AG Köln vom 21. 12. 1936, das zwar die Notwendigkeit des Schutzes des arischen Käufers vor jüdischen Händlern anerkannte, den Rücktritt vom Kaufvertrag jedoch ablehnte, wurde, weil es nicht Aufgabe des Gerichts sein könne, dem arischen Kunden der betreffenden jüdischen Firma »Unannehmlichkeiten zu ersparen« (DJ 1936, S. 1192f.).

83 Zu fristlosen Entlassungen von Juden Noam/Kropat, a. a. O., S. 81ff.; siehe auch Arbeitsgericht Berlin vom 5. 7. 1933, in: JW 1933, S. 2100; KG vom 17. 11. 1933, in: ebd., S. 2918f.; Arbeitsgericht Wiesbaden vom 4. 3. 1935, in: DJ 1935, S. 1038f.; Rohlfing, Rechtsfragen aus der Zugehörigkeit zur jüdischen Rasse im Arbeitsrecht, in: ebd., S. 2098–2101.

schen Juden und Ariern unter Strafe stellte, wurde Juden zum Beispiel das Recht genommen, einen Arier zu heiraten: Als sich verschiedene Standesbeamte im Frühsommer 1935[84] weigerten, jüdisch-arische Ehen zu schließen, wurde dies von der Mehrzahl der Gerichte als Rechtens bestätigt, obwohl man sich durchaus darüber im klaren war, daß »Mischehen bisher gesetzlich noch nicht verboten« waren[85]. Deutschen Frauen, die nach 1933 einen Juden geheiratet hatten, wurde zudem schon vor den Nürnberger Gesetzen der Anspruch auf Aussteuer verweigert, da dies – so das Landgericht Koblenz am 8. August 1935 – der Förderung eines »unsittlichen Zustandes« gleichkäme[86].

Nachdem durch die fünfte Verordnung zum Reichsbürgergesetz eine erste Regelung der Rechtsstellung der Juden vor Gericht getroffen worden war – Juden durften sich nur noch von einem der 170 jüdischen Rechtskonsulenten vertreten lassen –, waren zudem verschiedene Gerichte sichtlich bemüht, die Rechtsstellung der Juden über die Maßgabe dieser Verordnung hinaus weiter zu verschlechtern. So entschied das Landgericht Bochum am 23. Juni 1939, daß die Kosten für die Anreise des jüdischen Rechtskonsulenten, die angesichts der geringen Zahl der noch zugelassenen jüdischen Rechtsanwälte für die jüdische Prozeßpartei fast zwangsläufig entstehen mußten, entgegen der sonst üblichen Praxis auch dann von der jüdischen Partei bestritten werden mußten, wenn diese das Verfahren gewonnen hatte. Schließlich seien die Kosten für die Anreise eines jüdischen Rechtskonsulenten »nicht in der Rechtssache selbst begründet, sondern im Judentum der einen Partei«[87].

Eine entsprechende – der Bochumer Entscheidung im übrigen sehr ähnliche – Verfügung erließ das Reichsjustizministerium erst am 1. Juli 1939[88]. Darüberhinaus wurden die Richter durch eine weitere Verord-

84 Eine – allerdings rechtlich keinesfalls ausreichende – Grundlage erhielten diese Weigerungen mit einem Erlaß des Reichsinnenministers Frick vom 26.7.1935. Dieser Erlaß kündigte eine baldige gesetzliche Regelung an und forderte die Standesbeamten auf, Eheschließungen zwischen Juden und Ariern »bis auf weiteres« zurückzustellen. Siehe DJ 1935, S. 1086. Siehe Gruchmann, »Blutschutzgesetz«, in: Aus Politik und Zeitgeschichte B 48/85, a. a. O., S. 30.
85 AG Wetzlar vom 17.6.1935. Zit. nach Noam/Kropat, a. a. O., S. 61–63, hier S. 62. Siehe auch die diesen Beschluß bestätigende Entscheidung der nächsthöheren Instanz in: Staff, a. a. O., 2. Aufl. 1978, S. 163 ff.; ebenso AG Bad Sülze vom 8.7.1935, in: JW 1935, S. 2309. Dagegen für das Recht gemischtrassiger Paare, die Ehe zu schließen, LG Königsberg vom 26.8.1935, in: DJ 1935, S. 1387.
86 DJ 1935, S. 1420. Ebenso KG Berlin am 11.12.1935, in: JW 1936, S. 280 f.
87 DR 1939, S. 1461. Siehe auch »Die Entjudung der Rechtsanwaltschaft«, in: JW 1938, S. 2796 ff.; Handakten »Jüdische Rechtskonsulenten«, Archiv OLG Köln; W. Klemm, Sind besondere Reisekosten jüdischer Konsulenten erstattungsfähig?, in: DJ 1939, S. 1139.
88 DJ 1939, S. 1241.

nung vom 12. Juni 1940 ermächtigt, jüdische Rechtskonsulenten bei »besonderen Gründen« vom Verfahren auszuschließen. Nach den Beobachtungen des Düsseldorfer Oberlandesgerichtspräsidenten Schwister wurde diese Verordnung von vielen Richtern extensiv ausgelegt und dazu benutzt, Rechtskonsulenten, die zu Beginn des Verfahrens nicht abgelehnt worden waren, die vollen Rechte der Verteidigung zu verweigern, ihnen zum Beispiel die uneingeschränkte Sprecherlaubnis zu entziehen[89].

Wie sehr die Rechtsprechung die Entrechtung der deutschen Juden forcierte und dem Gesetzgeber in der »Rassenfrage« vorgriff, wird auch in mietrechtlichen Prozessen deutlich, die vor allem nach der Verabschiedung der Nürnberger Gesetze gegen Juden angestrengt wurden. Hierbei ging es in der Regel darum, daß arische Vermieter im angeblichen Interesse des Friedens der »Hausgemeinschaft« versuchten, jüdische Mieter aus ihren Wohnungen zu drängen, während diese sich bemühten, ihren Mieter- und Kündigungsschutz und damit ihr elementares Recht auf Wohnung zu behaupten.

Das Landgericht Köln entschied am 11. Mai 1938 in einem dieser Fälle, daß deutschen Mietern eine Hausgemeinschaft mit Juden nicht zuzumuten sei. Deutsche könnten deshalb fristlos kündigen, sobald ein Jude einziehe[90]. Noch weiter ging das Landgericht Berlin, das sich in einem Urteil vom 7. November 1938 mit der Klage eines Juden und seiner arischen Ehefrau auseinandersetzte, denen aus »rassischen Gründen« gekündigt worden war[91]. Die Berliner Richter vertraten die Auffassung, daß Juden prinzipiell nicht das Recht hätten, sich gegen solche Kündigungen auf die Bestimmungen des Mieterschutzgesetzes zu berufen, da als »erbbiologische Tatsache« feststehe, daß »ein Jude ein Fremdkörper innerhalb der deutschen Hausgemeinschaft darstellt und ihm die innere Einstellung zu einer Gemeinschaft mit Deutschen fehlt [...]«. Zu den rechtlichen und sozialen Problemen der Kündigungen aus »rassischen« Gründen führte man aus:

> Es ist nicht richtig, daß die Stellung der Juden durch die Nürnberger Gesetze endgültig geregelt worden ist. Die Nürnberger Gesetze waren nur ein Anfang. Die Entwicklung ist aber noch nicht beendet. Auch die Ansicht, daß jede einzelne Maßnahme gegen Juden nur von der Regierung angeordnet werden könne, ist nicht zutreffend. Wollte man dem beitreten, so würde eine Auslegung der Gesetze zuungunsten der Juden nicht stattfinden dürfen und die Juden hierdurch besonders ge-

89 OLG-Präs. in Düsseldorf vom 1. 9. 1940. BA R 22/3363.
90 DJ 1938, S. 907.
91 BA R 22/1921.

schützt sein. Es liegt auf der Hand, daß das nicht Sinn der Sache ist [...]
Daß bei einer Kündbarkeit der Verträge mit jüdischen Mietern zahlreiche Juden in Deutschland obdachlos werden würden, mag sein, kann aber nichts ändern. Diese Wohnungen werden dann deutschen Volksgenossen zur Verfügung stehen, was bei dem jetzigen Wohnungsmangel nur erwünscht ist.[92]

Die Rechtsansprüche der arischen Ehefrau des jüdischen Klägers schob das Landgericht Berlin im übrigen mit dem Argument zur Seite, daß die Frau das Schicksal des Mannes zu teilen habe.
Ein »Gesetz über die Mietverhältnisse von Juden«, durch das der Kündigungsschutz für Juden aufgehoben wurde, trat erst am 30. April 1939 in Kraft, also rund ein halbes Jahr nach der Entscheidung des Berliner Landgerichts. Hitler hatte sogar noch im Dezember 1938 die Anweisung gegeben, daß der Mieterschutz für Juden generell nicht aufzuheben sei[93]. Die Berliner Richter hatten also nicht nur dem nationalsozialistischen Gesetzgeber vorgegriffen, sondern mit ihrer radikalen Entscheidung sogar gegen den erklärten, ihnen allerdings unbekannt gebliebenen Willen des »Führers« gehandelt.
Die hier skizzierte Rechtsprechung gegen Juden läßt sich nicht mit einem rechtspositivistischen, unkritischen Gehorsam gegenüber dem staatlichen Gesetz erklären. Auch der Hinweis auf die »Fernwirkung« antisemitischer Gesetze und auf den NS-»Zeitgeist« – also die These, die Richterschaft habe lediglich gesellschaftlich allgemein akzeptierte Vorstellungen in die Tat umgesetzt – trägt nicht[94]. Sowohl die Gesetzeslage als auch der »Zeitgeist« waren zwar zweifellos antisemitisch, aber in den praktischen Fragen der rechtlichen Behandlung von Juden waren sie dennoch vielfach unklar und widersprüchlich. Die Rechtsprechung setzte mithin nicht nur ihr vom Gesetzgeber bzw. vom gesellschaftlichen Umfeld vorgegebene Gesetze um, sondern war wesentlich an der Formulierung »rassengesetzlicher« Rechtsvorstellungen beteiligt. Mit ihren Urteilen, in denen die Richter sich verschiedentlich offenbar an Antisemitismus gegenseitig zu übertreffen suchten, füllten die Gerichte trotz gemäßigterer Handlungsalternativen wesentliche Lücken des NS-Rasserechts und weiteten die bestehenden Gesetze – an eine schon vor 1933 bestehende anti-

92 Zit. nach ebd.
93 Geheime Anordnung Bormanns vom 17.1.1939 mit einer Anordnung Görings vom 28.12.1938 betr. eine Entscheidung Hitlers über die Unterbringung von Juden und Mischlingen. Nürnberger Dokumente 069-PS, IMT Band XXV, S. 131 ff., hier S. 132: »Der Mieterschutz für Juden ist generell nicht aufzuheben.«
94 Vgl. dagegen Rüthers, a. a. O., S. 432 f. Kritisch zur Tragfähigkeit des »Zeitgeist«-Begriffs allerdings ders., Zeitgeist und Recht?, in: Zeitschrift für Rechtspolitik 1988, S. 283 ff.

semitische Grundhaltung anknüpfend – zuungunsten der Juden aus. Für den »bürgerlichen Tod« der Juden in NS-Deutschland trugen sie damit maßgebliche Verantwortung[95].

Die Rechtsprechung zum Blutschutzgesetz

Eine extensive Gesetzesauslegung kennzeichnet das Handeln der deutschen Richterschaft nicht nur in den Bereichen des »Rasserechts«, zu denen die NS-Regierung zunächst schwieg. Vielmehr ist auch dort, wo der NS-Gesetzgeber die Diskriminierung der Juden vorschrieb, eine sich allmählich verschärfende antisemitische Rechtsprechung festzustellen. Dies zeigt insbesondere die Handhabung des »Gesetzes zum Schutze des deutschen Blutes und der deutschen Ehre«, des sogenannten Blutschutzgesetzes vom 15. September 1935[96]. Dieses Gesetz enthielt vor allem das Verbot der Eheschließung und des »außerehelichen Verkehrs« zwischen Juden und Ariern. Männer, die gegen dieses Verbot verstießen, mußten mit Gefängnis- oder Zuchthausstrafen bis zu 15 Jahren rechnen. Frauen waren hingegen von Strafe ausgenommen, wohl weil Hitler die Auffassung vertrat, daß im Geschlechtsleben immer der Mann der treibende und allein verantwortliche Teil sei[97].
Ähnlich wie die Zivilgerichte 1933/34 in der Frage der Anfechtung von Rassenmischehen zeigten sich die Strafkammern der Landgerichte, die sich mit »Rassenschande«-Fällen zu befassen hatten, zunächst – zumindest was die Höhe der verhängten Strafen betrifft – relativ zurückhaltend. In den 266 Urteilen, die das Reichsjustizministerium bis Ende Oktober 1936 registrierte, erhielten 222 Angeklagte Gefängnisstrafen von einem Jahr und weniger; 167 Juden wurden im Durchschnitt mit 10,4 Monaten, 56 »arische« Angeklagte mit durchschnittlich 10,2 Monaten bzw. in einem Fall mit einer Geldbuße bestraft[98]. Zuchthausstrafen wurden in 43 Fällen verzeichnet, wobei allerdings – und hier wird eine klare Tendenz zur Diskriminierung jüdischer Angeklagter deutlich – in 39 Fällen Juden betroffen waren[99].

95 So auch W. Hofer, Stufen der Judenverfolgung im Dritten Reich 1933–1939, in: Strauss/Kampe, a. a. O.). S. 172–185, hier S. 178 ff.
96 RGBl. I/1935, S. 1146. Die Rechtsprechung zu diesem Gesetz ist bereits mehrfach geschildert worden (u. a. Gruchmann, Blutschutzgesetz. a. a. O.; Majer, Fremdvölkische, a. a. O.). Hier sollen deshalb lediglich einzelne Urteile analysiert werden, in denen die sozialen Aspekte in »Rassenschande«-Sachen deutlich werden.
97 Siehe Anm. 21.
98 Noam/Kropat, a. a. O., S. 111.
99 Ebd., S. 312 Anm. 17.

Das Gestapa beschwerte sich bereits am 21. März 1936 beim Reichsjustizministerium nachdrücklich über die nach seiner Ansicht viel zu nachsichtige Bestrafung von »Rassenschändern«[100]. Ähnliche Klagen trugen auch verschiedene Dienststellen der Partei vor[101], so der ostpreußische Gauleiter Koch, der im Januar 1938 vom Reichsjustizministerium gar die sofortige Entlassung eines Landgerichtsdirektors verlangte, der gegen einen jüdischen »Rassenschänder« eine angeblich viel zu milde Zuchthausstrafe verhängt hatte[102].

Sicherlich machten sich Gestapo und NSDAP in der Regel nicht die Mühe, in die – zum Teil beträchtlichen – juristischen Probleme der »Rassenschande«-Fälle einzudringen, und auch angesichts ihrer Vorstellungen vom »gesunden Volksempfinden« wären Zweifel an der Berechtigung ihrer pauschalen Kritik an der »Milde« der Richter mehr als angebracht gewesen. Freisler jedoch nahm ihre Beschwerden auf und verlangte 1936 von den Oberlandesgerichtspräsidenten in verschiedenen Rundschreiben, die Strafmaße zu vereinheitlichen, d. h. die Richter zu härteren Strafen anzuhalten[103]. Der Erfolg dieser Appelle war indes gering. Obwohl u. a. der Hamburger Oberlandesgerichtspräsident Rothenberger[104] die Bemühungen Freislers nachdrücklich unterstützte, blieben die Strafen in »Rassenschande«-Fällen – vorerst – relativ milde[105].

Der Grund hierfür lag wohl insbesondere darin, daß es für die Richter vielfach außerordentlich schwierig war, die scheinbar so eindeutigen Begriffe des Blutschutzgesetzes in der Praxis anzuwenden. So mußten sie etwa entscheiden, ob »beischlafähnliche Handlungen« oder der Austausch von Zärtlichkeiten unter dem Begriff »außerehelicher Verkehr« zu subsumieren waren oder ob »Verkehr« lediglich den eigentlichen Geschlechtsverkehr umfassen sollte. Die 1936/37 erschienenen Kommentare waren in diesen Fragen alles andere als einheitlich[106]. Zudem ließ sich zumeist nur durch die sich nicht selten widersprechenden Aussagen der

100 Ebd., S. 111.
101 Siehe z. B. die Kritik der Parteidienststellen im OLG-Bezirk Hamm. GSTA in Hamm vom 30. 11. 1936. BA R 22/1187.
102 Diensttagebuch Gürtner, 14. 1. 1938. BA R 22/945.
103 Noam/Kropat, a. a. O., S. 111.
104 Siehe Robinsohn, a. a. O., S. 124 ff.
105 R. Leppin, Der Schutz des deutschen Blutes und der deutschen Ehre, in: JW 1937, S. 3076–3082, der feststellt, daß im Dezember 1937 die Mehrzahl der registrierten Urteile noch auf Gefängnisstrafen, »vielfach unter 1 Jahr«, lauteten.
106 Siehe Noam/Kropat, a. a. O., S. 312. Für eine Beschränkung auf den »Beischlaf«: B. Lösener/F. Knost, Die Nürnberger Gesetze über das Reichsbürgerrecht und den Schutz des deutschen Blutes und der deutschen Ehre nebst Durchführungsverordnungen. Berlin 1936, S. 53; weitergehend u. a. W. Stuckart/H. Globke, Kommentare zur deutschen Rassengesetzgebung. München–Berlin 1936, S. 112; Siebert-Meyer, in: Jugend und Recht 1936, S. 115 ff.

Angeklagten feststellen, ob es tatsächlich zu einem »außerehelichen Verkehr« bzw. zu welcher Art »Verkehr« es gekommen war. Sofern dies geklärt werden konnte, sahen sich die Richter u. a. vor die Frage gestellt, von wem die Initiative zum »Verkehr« ausgegangen war und inwieweit etwa eine emotionale Bindung oder ein »Geschlechtsnotstand« strafmildernd sein konnten.

Auch die »rassische« Einordnung des Angeklagten bereitete oft Schwierigkeiten, obwohl durch die erste Verordnung zum Reichsbürgergesetz vom 14. November 1935[107] der Modus der Bestimmung der Rasse eindeutig definiert schien. Als Jude sollte gelten, wer von mindestens drei jüdischen Großelternteilen abstammte. Häufig war aber dieser vermeintlich so einfache Nachweis nicht zu erbringen, weil zum Beispiel Stammbücher verloren gegangen waren oder der bzw. die Angeklagte aus unklaren Familienverhältnissen stammte und sich über die eigene Abstammung nicht im klaren war[108].

Die relativ milden Strafen, die die Gerichte 1935/36 gegen »Rassenschänder« aussprachen, erklären sich angesichts dieser Probleme und angesichts des ansonsten immer deutlicher werdenden Trends der Gerichte zur Diskriminierung von Juden wohl weniger aus dem Willen, jüdische Angeklagte zu schonen, als aus Unsicherheiten bei der Handhabung des Blutschutzgesetzes. Daß »milde« Urteile durchaus nicht mit Bedenken gegen die Diskriminierung von Juden gleichzusetzen sind, zeigt u. a. ein Urteil der 4. Strafkammer des Landgerichts Köln vom 18. Dezember 1936[109], das auf ein Jahr und vier Monate Gefängnis gegen einen jüdischen »Rassenschänder« lautete.

Von der Strafhöchstgrenze war man damit weit entfernt. Das Urteil erscheint indes in einem anderen Licht, wenn man berücksichtigt, daß dem Angeklagten, einem Angestellten, ein Vorsatz zur »Rassenschande« nicht zweifelsfrei nachgewiesen werden konnte und die einzige Zeugin des Prozesses eine Prostituierte war – was die Richter in die ihnen merklich unangenehme Lage brachte, ihre Ressentiments gegen »Dirnen« überwinden zu müssen, um dem »rassischen« Rechtsempfinden zum Erfolg verhelfen zu können. Die Beteuerungen des Angeklagten, er habe die Prostituierte aufgrund ihres »jüdisch klingenden« Namens nicht für eine Arierin gehalten, betrachteten die Richter als unerheblich. Ohne irgendwelche Unterlagen zu prüfen, sahen sie das »Ariertum« – und damit die Glaubwürdigkeit – der Prostituierten kurzerhand für verbürgt an. Als Bestätigung dafür genügte ihnen, daß sie »keinerlei jüdische Züge«

---

107 RGBl. I, S. 1334.
108 Siehe Robinsohn, a. a. O. Ähnliches in den Akten der 4. Strafkammer am LG Köln (HSTAD-Kalkum).
109 HSTAD-Kalkum Rep. 112/15165.

trage und ihr Bruder zum Militärdienst einberufen worden sei (wobei 1936 noch keine Verordnung vorlag, die Juden vom Wehrdienst ausschloß[110]). Zudem sahen sie es als sicher an, daß der Angeklagte schon mit der Zeugin habe schlafen wollen, bevor er von ihr über ihr Gewerbe aufgeklärt worden sei. Damit war dann auch das letzte Problem des Falles aus dem Weg geräumt, da so bewiesen schien, daß der Angeklagte böswillig gehandelt hatte und wohl auch versucht hätte, sich an einer »ehrbaren« arischen Frau zu vergehen.

Auch in einem Urteil, das am 2. Juni 1937 gegen einen jüdischen Kaufmann gefällt wurde, blieb das Landgericht Köln mit einem Jahr und drei Monaten Zuchthaus unter der Höchststrafe. Der Kaufmann, der bereits 1909 zum Katholizismus übergetreten war und sich in keiner Weise als Jude fühlte, wurde wegen »versuchter Rassenschande« verurteilt, also wegen eines Tatbestandes, den es im Blutschutzgesetz nicht gab. Das Blutschutzgesetz stellte lediglich den »außerehelichen Verkehr« zwischen Juden und Ariern unter Strafe.

Zudem war auch in diesem Fall die Beweislage höchst unsicher. Wieder einmal stand Aussage gegen Aussage – die des »jüdischen« Angeklagten, der lediglich einen »Freundschaftskuß« zugeben wollte, gegen die der arischen Zeugin, die behauptete, der Angeklagte habe ihr »unter die Röcke gefaßt«. Im übrigen hatte vor Prozeßbeginn der frühere Geschäftspartner des Kaufmanns – er lebte mit dem Angeklagten »in erbitterter Feindschaft« und hatte mit seiner Anzeige das Verfahren ins Rollen gebracht – mit Drohungen und Versprechungen versucht, die Zeugin zu einer möglichst belastenden Aussage zu bewegen. Die Richter hätte dies zumindest skeptisch stimmen können[111].

Auch in auf den ersten Blick milden »Rassenschande«-Urteilen zeigt sich also beträchtliche juristische Willkür. Erkennbar ist dies insbesondere in den Urteilen des Reichsgerichts, in denen sich schon früh eine sehr extensive Auslegung des Blutschutzgesetzes abzeichnete. So entschied das Reichsgericht in einem Urteil vom 9. Dezember 1936, daß der »Verkehr« nicht nur den »Beischlaf«, sondern »alle geschlechtlichen Betätigungen« umfasse, »die nach ihrer Vornahme geeignet sind, anstelle des Beischlafes der Befriedigung des Geschlechtstriebes mindestens des einen Teils zu

110 Dies geschah erst durch eine Verfügung vom 7. 3. 1939. M. Overesch/F. W. Sall (Hrsg.), Chronik deutscher Zeitgeschichte. Das Dritte Reich 1933–1939, Bd. 2/I, Düsseldorf 1982, S. 510.
111 HSTAD-Kalkum Rep. 112/15290. Warum und von wem »Rassenschande«-Fälle zur Anzeige gebracht wurden, ist weitgehend unerforscht. Häufig gingen die Anzeigen wohl von enttäuschten Geliebten aus. Auch Anzeigen, mit denen versucht wurde, persönliche »Rechnungen« zu begleichen, waren offenbar nicht selten. Zudem gab es noch Anzeigen von selbsternannten »Sittenwächtern« – zumeist älteren Hausfrauen, die jede »Untugend« dem Kreisleiter meldeten.

dienen«[112]. In einer Entscheidung vom 2. Februar 1939 sah das Reichsgericht sogar ein »Rassenschande«-Delikt selbst dann als gegeben an, wenn es zu keinerlei körperlicher Berührung gekommen war. Ein Jude, der sich in Gegenwart seiner arischen Freundin selbst befriedigt hatte, wurde zu drei Jahren Zuchthaus verurteilt, da »der andere (weibliche) Teil in irgendeiner Form wenigstens äußerlich, sei es handelnd, sei es duldend, dabei mitgewirkt« habe und somit der Tatbestand der »Rassenschande« gegeben sei[113].

Darüber hinaus dehnte das Reichsgericht den Geltungsbereich des Blutschutzgesetzes auch räumlich aus. Ein Jude, der seine arische Verlobte in der ČSR getroffen hatte, wurde vom Großen Strafsenat des Reichsgerichts am 3. Februar 1938 des Verstoßes gegen das Blutschutzgesetz für schuldig befunden, da er sich der »bewußten Umgehung« deutscher Strafbestimmungen schuldig gemacht habe. Sein Verhalten sei »nach gesundem Volksempfinden [...] ebenso strafwürdig wie wenn der Geschlechtsverkehr auf deutschem Boden vorgekommen wäre«[114].

Die nachgeordneten Instanzen schlossen sich dieser Auslegungspraxis zumeist an und versuchten nun ihrerseits, die Bestimmungen des Blutschutzgesetzes so weit wie möglich zu dehnen[115]. Hohe Zuchthausstrafen gegen jüdische »Rassenschänder« wurden immer mehr die Regel[116]. Nach Beginn des Krieges kam es schließlich auch zu verschiedenen Todesurteilen gegen jüdische »Rassenschänder« – so gegen den Kaufmann Leo Katzenberger, den das Sondergericht Nürnberg am 13. März 1942 für schuldig befand, ein Verhältnis mit der Frau eines Soldaten gehabt zu haben[117], oder gegen den Barmixer Karl Leopold Sch., den das Sondergericht Köln am 8. Juli 1942 aburteilte[118].

Die Ausdehnung des Begriffs »außerehelicher Verkehr« bis hin zum Nichtkörperlichen, die Bestimmung der jüdischen Abstammung per Augenschein, die härtere Bestrafung jüdischer Angeklagter sowie die Vernachlässigung der Aussagen jüdischer Angeklagter und Zeugen lassen sich in der Rechtsprechung fast aller mit »Rassenschande«-Sachen befaßten Gerichte feststellen. Hinsichtlich der Strafen in »Rassenschande«-Verfahren gab es allerdings zwischen den Gerichten markante Unterschiede.

---

112 Zit. nach Noam/Kropat, a. a. O., S. 113. Siehe auch ebd. das Urteil vom 9. 2. 1937, in dem befunden wurde, daß auch »Beischlafersatzhandlungen« strafbar seien.
113 Ebd.
114 DJ 1938, S. 424.
115 Siehe dazu v. a. Robinsohn, a. a. O.; Noam/Kropat, a. a. O.
116 So erkannte z. B. das LG Köln u. a. in Urteilen vom 28. 4. 1937, 10. 11. 1937, 7. 3. 1938 auf jeweils 3 Jahre Zuchthaus (HSTAD Rep. 112/15281, 15291, 15367).
117 Staff, a. a. O., S. 178ff.
118 HSTAD NW 178/235.

In Frankfurt und Köln, wo der jüdische Bevölkerungsanteil mit 3 % bzw. 1,3 % relativ hoch war, wurden »Rassenschande«-Delikte in der Regel milder bestraft als in Hamburg, wo lediglich rund 0,8 % der Bevölkerung Juden waren[119]. Ob diese Unterschiede damit erklärt werden können, daß in Köln der Katholizismus dominierte und es in Frankfurt eine starke katholische Minderheit gab, während Hamburg eine protestantische Region war[120], ist zweifelhaft. Sicherlich war die Zahl der Juden, die in Hamburg wegen »Rassenschande« angeklagt wurden, weit höher als in Köln oder Frankfurt[121], aber der Antisemitismus war beileibe kein rein protestantisches Phänomen[122], und bei näherem Hinsehen ist die Rechtsauslegung der durchweg katholischen Kölner Richter kein Beleg dafür, daß sie weniger antisemitisch gewesen wären als ihre protestantischen Hamburger Kollegen.

Als sicher kann hingegen gelten, daß auch in »Rassenschande«-Verfahren sowohl in Köln als auch in Hamburg der soziale Status der Angeklagten maßgeblichen Einfluß auf den Urteilsspruch hatte. Angeklagte, die aus gehobenen Verhältnissen stammten, hatten – gleich ob sie Juden oder Arier waren – eine deutlich größere Chance, mit ihren Aussagen Glauben zu finden und mit Freispruch oder einer geringen Strafe davonzukommen[123]. Außerdem verbesserten insbesondere die aktive Teilnahme am Ersten Weltkrieg und der Besitz von Kriegsauszeichnungen die Position des Angeklagten erheblich. Auch sein Vorstrafenregister und sein politischer Standpunkt waren von Bedeutung.

Unter dem Vorsitz des Landgerichtsdirektors F. verurteilte zum Beispiel das Landgericht in Köln im Sommer 1938 einen Arbeiter zu einer Zuchthausstrafe von zwei Jahren und einem Monat sowie zur Aberkennung der bürgerlichen Ehrenrechte auf zwei Jahre, weil dieser angeblich mit einer Jüdin »Beischlafersatzhandlungen« vorgenommen hatte[124]. Dem Angeklagten wurde strafverschärfend angerechnet, daß er versucht hatte, die Kriminalpolizei über seine Identität zu täuschen, und er wegen des Verteilens kommunistischer Flugblätter vorbestraft war. Vor allem aber fiel negativ ins Gewicht, daß er die Beziehung zu seiner jüdischen Verlobten, die er bereits seit 1927 kannte und mit der er zwei Kinder hatte, trotz des

119 Ebd., S. 20 ff. – ein Vergleich der Freisprüche und Verurteilungen in Rassenschande-Sachen in Köln, Hamburg und Frankfurt a. M. hier S. 78 ff.
120 So Robinsohn, ebd.
121 Nach Robinsohn in Hamburg bis 1943 insgesamt 269, in Köln 35 und in Frankfurt 50.
122 Siehe I. Kershaw, Popular Opinion and Political Dissent in the Third Reich. Bavaria 1933–1945. Oxford 1983, S. 224 ff.
123 Robinsohn, a. a. O., S. 69 ff. auf der Grundlage der Untersuchung der Strafzumessung der 6. Strafkammer des LG Hamburg bei 288 Personen. Dieser Befund bestätigt sich in den Akten der 4. Strafkammer des LG Köln.
124 22. 8. 1938, HSTAD-Kalkum Rep. 112/15378.

Blutschutzgesetzes nicht aufgegeben hatte. Das Landgericht sah darin ein »erhebliches Maß an verbrecherischer Energie«.

Andere Maßstäbe legten die Kölner Richter – ebenfalls unter dem Vorsitz des Landgerichtsdirektors F. – zwei Jahre später in einem sehr ähnlichen Fall an. Am 29. November 1940 verurteilten sie einen jungen Autoschlosser, der ebenfalls den Kontakt zu seiner jüdischen Verlobten nicht abgebrochen, sie vielmehr im Mai 1940 in Holland geheiratet hatte, zu einer Gefängnisstrafe von einem Jahr und sechs Monaten[125]. Von einer Zuchthausstrafe sahen die Richter ab, weil sie den Angeklagten als »fleißigen und zuverlässigen Facharbeiter« von »einwandfreier Persönlichkeit« einstuften. Zudem erschien ihnen der Verstoß gegen das Blutschutzgesetz »menschlich begreiflicher und in einem milderen Lichte«, da die Beziehung des Angeklagten zu seiner jüdischen Verlobten »Ausfluß eines echten Liebesverhältnisses« sei, das nur wegen wirtschaftlicher Probleme nicht schon vor dem Inkrafttreten der Nürnberger Gesetze zu einer Ehe geführt habe.

Es bleibt die Frage, warum die Gerichte 1935/37 vielfach relativ milde urteilten und sich erst allmählich eine härtere Rechtsprechung in »Rassenschande«-Sachen durchsetzte. Die »Nadelstich-Taktik«[126], mit der das Reichsjustizministerium, verschiedene Chefpräsidenten sowie NSDAP und Gestapo auf eine härtere Bestrafung von »Rassenschändern« drängten, mag bei manchen Richtern Wirkung gezeigt haben. Allein ausschlagend war die »Nadelstich-Taktik« indes wohl nicht, da sie die richterliche Entscheidungsfreiheit letztlich nicht ernsthaft gefährdete[127]. Bedeutender dürfte die Rechtsprechung des Reichsgerichts gewesen sein, das vom Dezember 1936 an immer weitere Möglichkeiten zu einer extrem ausufernden und harten Bestrafung von jüdischen »Rassenschändern« eröffnete.

Auch verdient Beachtung, daß Mitte der 30er Jahre in zunehmendem Maße die stark völkisch-national und antisemitisch geprägte Generation der 30 bis 40jährigen[128], die nach der langen »Assessoren-Not« das Dritte Reich in Amt und Würden gebracht hatte, in die mit »Rassenschande«-Fällen befaßten Strafkammern nachrückte[129]. Diese Richter standen – so zeitgenössische Beobachter – der NS-Ideologie im allgemeinen weit aufgeschlossener gegenüber als ihre älteren Kollegen[130] und dürften wohl

---

125 29. 11. 1940, HSTAD-Kalkum Rep. 112/15549.
126 So Robinsohn, a. a. O., S. 133.
127 So auch Robinsohn, ebd.
128 Siehe Kap. 1.
129 Robinsohn, a. a. O., insbesondere S. 135 f. Eine ähnliche Entwicklung ist auch an den Sondergerichten des OLG-Bezirks Köln zu beobachten.
130 Siehe Kap. 3. Antisemitische Einstellungen und Verhaltensmuster waren im allgemeinen in jüngeren Generationen stärker ausgeprägt. Siehe u. a. Kershaw, German

nicht zuletzt auch von dem Wunsch nach rascher Karriere getrieben worden sein. Im Umgang mit jüdischen Rechtsanwälten [131] und vor allem in der Handhabung der Strafgesetze gegen Juden zeigten sie vielfach eine bis dahin ungewohnte Härte [132].

Popular Opinion and the »Jewish Question«, 1939–1943: Some further Reflections, in: Paucker u. a., Die Juden im nationalsozialistischen Deutschland, a. a. O., S. 365–386. Von den Assessoren, die zwischen 1933 und 1936 ernannt wurden, sollen 99 Prozent Mitglieder der NSDAP, davon die Mehrzahl »Altparteigenossen« gewesen sein. Neumann, Behemoth, a. a. O., S. 442.
131 Siehe SOPADE vom 5. 2. 1938, in: SOPADE-Berichte, a. a. O., 5. Jg., S. 193.
132 Siehe Robinsohn, a. a. O., S. 135 f.

VI. Gegen »Heimtücke« und »Hochverrat«

Bald nach dem 30. Januar 1933 verabschiedete das NS-Regime eine Reihe von Gesetzen und Verordnungen, die – neben der Staatspolizei – auch den Gerichten die Aufgabe übertrugen, Widerstand und Unmutsäußerungen zu unterdrücken – so zum Beispiel das »Gesetz zur Abwehr heimtückischer Angriffe auf Staat und Partei und zum Schutz der Parteiuniform« vom 20. Dezember 1934[1], dem zufolge jeder, der »öffentlich gehässige, hetzerische oder von niedriger Gesinnung zeugende Äußerungen« über die NSDAP, den NS-Staat oder ihrer Führer gemacht hatte, mit bis zu zwei Jahren Gefängnis bestraft werden konnte. Insbesondere wurden die Bestimmungen zum Landes- und Hochverrat erweitert und die Strafen hierfür verschärft. Das Strafgesetz wurde zum Instrument politischer Verfolgung umfunktioniert. Allein im Jahre 1933 wurden 1698 Personen – die meisten von ihnen Mitglieder oder Sympathisanten von KPD und SPD – wegen Hochverrats verurteilt. 1937 – auf dem Höhepunkt der Welle der Hochverratsprozesse – waren es 5255 Personen[2].

Wie viele Männer und Frauen zwischen 1933 und 1945 aus politischen Gründen verurteilt worden sind, ist angesichts der lückenhaften Quellen wohl kaum mehr zuverlässig zu ermitteln. Die französische Zeitung L'ordre bezifferte jedenfalls im April 1939 unter Berufung auf angeblich von der Gestapo stammende Unterlagen die Zahl der politischen Häftlinge in den deutschen Gefängnissen und Zuchthäusern auf ca. 122000[3]. Auch wenn zweifelhaft sein mag, wie zuverlässig diese Zahl ist, so vermittelt sie doch einen ungefähren Eindruck vom Ausmaß der Beteiligung der Justiz an der Verfolgung von Regimegegnern und Andersdenkenden.

Die Hauptlast der politischen Verfahren ruhte auf den im März 1933 gegründeten Sondergerichten[4], die in den 30er Jahren vor allem in »Heim-

1 RBGl. I, S. 1269–1271. Vorläuferin dieses Gesetzes war die etwas enger gefaßte Verordnung des Reichspräsidenten zur Abwehr heimtückischer Angriffe gegen die Regierung der nationalen Erhebung (RGBl. I, S. 135), die am 21.3.1933, am gleichen Tag wie die VO zur Errichtung der Sondergerichte erging.
2 Angaben nach dem Statistischen Jahrbuch für das Deutsche Reich. o. O. 1943.
3 Siehe Material zu einem Weißbuch der deutschen Opposition gegen die Hitlerdiktatur. Erste Zusammenstellung ermordeter, hingerichteter oder zu Freiheitsstrafen verurteilter deutscher Gegner des Nationalsozialismus, hrsg. vom Vorstand der Sozialdemokratischen Partei Deutschlands, London 1946, S. 188. Hier auch eine Auflistung der Strafmaße in einer Vielzahl von Hochverratsverfahren.
4 Verordnung der Reichsregierung zur Bildung von Sondergerichten vom 21.3.1933, in: RGBl. 1933/I, S. 136. Zuerst wurde pro Oberlandesgerichtsbezirk jeweils ein Sonder-

tücke«-Sachen tätig wurden, sowie auf dem Volksgerichtshof[5], der in erster und letzter Instanz für Hochverratssachen zuständig war. Daneben hatte aber auch die ordentliche Gerichtsbarkeit bedeutenden Anteil an der Verfolgung von Regimegegnern, da der Volksgerichtshof (VGH) – wohl nicht zuletzt aufgrund von Arbeitsüberlastung – eine Vielzahl von Verfahren an die Oberlandesgerichte abgab[6]. So wurden die meisten der Hochverratsprozesse gegen die Mitglieder von KPD und SPD, die im Ruhrgebiet mit Flugblattaktionen, »Flüsterpropaganda« u. ä. Widerstand geleistet hatten, vom Oberlandesgericht Hamm abgeurteilt[7]. 1935/36 war die Zahl der Hochverratsprozesse dort so groß, daß vier Strafsenate damit voll beschäftigt[8] und Prozesse mit Dutzenden von Angeklagten fast die Regel waren. Nach Berichten der Staatspolizeileitstelle Düsseldorf wurden allein im Spätherbst 1935 vom Oberlandesgericht Hamm »mehrere hundert Kommunisten [...] zu hohen Zuchthausstrafen« verurteilt[9]. Im Sommer 1936 folgte dann ein Massenprozeß gegen rund 600 Mitglieder des sozialdemokratischen Widerstands (Brotfabrik-Prozeß)[10].

Auch in Hamburg[11] und München[12] sowie am Kammergericht Berlin gab es in den 30er Jahren zahlreiche Hochverratsprozesse gegen Kommuni-

gericht gebildet. Die Zahl der Sondergerichte bzw. die Zahl der dort tätigen Richter wurde dann Mitte der 30er Jahre zusehends aufgestockt.
5 Siehe Kap. 3.
6 Nach Broszat, Der Staat Hitlers, a. a. O., S. 409, entschied der VGH zwischen 1934 und 1937 in 450 Hochverratssachen. Auch wenn der VGH – wie 1935 in Wuppertal mit 500 Angeklagten – vielfach Massenprozesse abgewickelt hat, wird angesichts einer Zahl von 5255 wegen Hochverrats Verurteilten im Jahre 1937 doch deutlich, daß er nicht in der Lage gewesen sein kann, alle Hochverratsverfahren zu bewältigen. Siehe auch Weißbuch der deutschen Opposition, a. a. O., in dem erkennbar ist, wie groß die Zahl der Hoch- und Landesverratsprozesse vor den Oberlandesgerichten war.
7 In vielen Fällen war die Anklage auf Hochverrat unzutreffend, da die Angeklagten sich keiner Gewalt bedient hatten. Wie schon in der Weimarer Republik wurden die Anklagen dann darauf aufgebaut, daß die KPD als kommunistische Partei den gewaltsamen Umsturz der Staatsordnung des Deutschen Reiches anstrebe. Die Akten des OLG Hamm (STA Münster) waren zur Zeit dieser Untersuchung noch nicht umfassend katalogisiert. Zur Absicherung der folgenden Aussagen wurden einzelne Gerichtsurteile in den Stadtarchiven Bochum und Herne eingesehen. Zu Hochverratsurteilen des OLG Hamm siehe v. a. H.-J. Steinberg, Widerstand und Verfolgung in Essen 1933–1945. Hannover 1969, S. 64 ff., S. 306 ff.; Beispiele der Verfolgung und des Widerstandes in Gelsenkirchen 1933–1945, hrsg. vom Schul- und Kulturdezernat der Stadt Gelsenkirchen, Gelsenkirchen 1982, S. 40 ff., S. 91, S. 133.
8 OLG-Präs. Hamm vom 4. 1. 1936. Siehe auch GSTA Hamm vom 31. 1. 1936 und vom 27. 11. 1937. BA R 22/1187.
9 Stapo Düsseldorf vom 7. 12. 1935. Geheimes Staatsarchiv Berlin-Dahlem Rep. 90 P Nr. 82 H 4.
10 Neuer Vorwärts vom 16. 8. 1936 (Braune Justiz-Olympiade).
11 Johe, a. a. O., S. 35.
12 Siehe P. Hüttenberger, Heimtückefälle vor dem Sondergericht München 1933–

sten und Sozialdemokraten. Die Hamburger Richter hatten allein Anfang 1934 387 dieser Verfahren zu bewältigen, weshalb Justizsenator Rothenberger in dem Reichsjustizministerium den Vorschlag unterbreitete, die für Hochverrat mögliche Freiheitsstrafe auf zehn Jahre Zuchthaus zu erhöhen. Dies sollte vor Widerstandshandlungen abschrecken und so die Zahl der Hochverratsprozesse reduzieren[13].

Die Urteile, die die Oberlandesgerichte gegen kommunistische und sozialdemokratische »Hochverräter« aussprachen, waren offensichtlich zumeist überaus hart, zum Teil härter als die des VGH[14]. In Köln und Hamburg zum Beispiel ergingen nicht nur hohe Zuchthausstrafen, sondern verschiedentlich auch Todesurteile[15]. Insbesondere im Ruhrgebiet, wo KPD und SPD in den 30er Jahren noch zahlreiche zum aktiven Widerstand bereite Mitglieder besaßen[16], war diese Strafpraxis für den Erfolg der »Kommunismusbekämpfung« von größter Bedeutung: »Den abschreckenden Urteilen des Oberlandesgerichts Hamm und dem festen Zugreifen des Generalstaatsanwaltes am gleichen Oberlandesgericht« – so die Staatspolizeileitstelle Düsseldorf am 7. Dezember 1935 – »ist es mit zu verdanken, daß mit der kommunistischen Seuche so gründlich aufgeräumt werden konnte.«[17]

Ohne die Unterstützung der Hammer Justiz hätte die Staatspolizei dem kommunistischen und sozialdemokratischen Widerstand im Ruhrgebiet Mitte der 30er Jahre in der Tat wohl kaum so erfolgreich begegnen können. Ihr Apparat war personell und organisatorisch noch im Aufbau begriffen. Zur Überwachung der rund 4,7 Millionen Einwohner des Ruhrgebiets, unter denen angesichts anhaltend hoher Arbeitslosigkeit und sozialer Not immer wieder Unwillen gegen das NS-Regime laut

1939, in: M. Broszat u. a. (Hrsg.), Bayern in der NS-Zeit. Herrschaft und Gesellschaft im Konflikt. München/Wien 1981, S. 435–526, hier S. 436.

13 Johe, a. a. O., S. 35.

14 Siehe Stapo Düsseldorf vom 7. 12. 1935, a. a. O.; Steinberg, a. a. O., S. 64 f. Anm. 1, sowie mit ungefähren Angaben zu den von den Gerichten verhängten Strafen das Weißbuch der deutschen Opposition, a. a. O.

15 Widerstand und Verfolgung in Köln 1933–1945. Katalog zur Ausstellung. Köln 1974, S. 359 (Urteile gegen Mitglieder Kölner KP-Organisationen); K. Bästlein, »Hitlers Niederlage ist nicht unsere Niederlage, sondern unser Sieg!« Die Bästlein-Organisation in Hamburg und Nordwestdeutschland während des Krieges (1939–1945), in: B. Meyer/J. Szodrzynski (Hrsg.), Vom Zweifeln und Weitermachen. Fragmente der Hamburger KPD-Geschichte, Hamburg 1988, S. 44–89; I. Marßolek/R. Ott, Bremen im 3. Reich. Anpassung – Widerstand – Verfolgung. Bremen 1986, S. 183 ff., die darauf verweisen, daß die Hamburger Strafsenate sich anders als bei Kommunisten bei Sozialdemokraten um eine »individuelle Behandlung des Hochverrats-Vorwurfs« bemühten (S. 187).

16 Siehe v. a. D. Peukert, Die KPD im Widerstand. Verfolgung und Untergrundarbeit an Rhein und Ruhr. Wuppertal 1980; K. Mammach, Widerstand 1933–1939. Berlin (Ost) 1983.

17 Stapo Düsseldorf vom 7. 12. 1935, a. a. O.

wurde[18], standen ihr 1935/36 kaum mehr als 40 SD-Agenten zur Verfügung[19].

Weit schwieriger als die Rechtsprechung in Hochverratsprozessen gegen Kommunisten und Sozialdemokraten ist die Rechtsprechung der Sondergerichte zu charakterisieren[20]. Seit Mitte der 30er Jahre bis etwa Ende 1938 – von da an wurden die Sondergerichte auch zur Bekämpfung der allgemeinen Kriminalität eingesetzt[21] – waren sie überwiegend mit der »Strafverfolgung an sich meist harmloser individueller regimekritischer Äußerungen«[22] befaßt und urteilten im wesentlichen über »Heimtückertäter« ohne parteipolitische Bindungen, die – häufig nach reichlichem Alkoholgenuß – ihrer Not und ihrer Unzufriedenheit in Beschimpfungen des NS-Regimes oder in Witzen über die »braunen Bonzen« Luft gemacht hatten. Zudem standen insbesondere Mitte der 30er Jahre vielfach auch katholische Priester und Angehörige der Zeugen Jehovas vor den Sondergerichten, weil sie verbotene religiöse Versammlungen u. ä. organisiert oder aus religiösen Gründen Kritik an der NS-Ideologie geübt hatten.

Der Kreis der Angeklagten und der Delikte, über die die Sondergerichte zu entscheiden hatten, war somit weit heterogener als in den Hochverratsprozessen am Volksgericht und an den Oberlandesgerichten. Zudem waren die hier anhängigen »Heimtücke«-Delikte strafrechtlich weniger scharf umrissen, so daß die Richter der Sondergerichte bei der Bewertung des Tatbestandes und der politischen Gefährlichkeit der Angeklagten und damit auch bei der Festsetzung der Strafe größeren Entscheidungsfreiraum hatten. Ihre Urteile sind deshalb nicht nur ein wichtiges Indiz dafür, wie »systemkonform« die Richterschaft die Bestimmungen des politischen Strafrechts gegen die Bevölkerung handhabe. In ihnen

---

18 Siehe die Lageberichte der Staatspolizei Münster und der NSDAP-Gauleitung Westfalen-Nord (STA Münster, STA Detmold) sowie die Beobachtungen der SOPADE.
19 Stapo Düsseldorf vom 7.12.1935, a.a.O. Insgesamt verfügte die preußische Gestapo im Juni 1935 über 2367 Beamte und Angestellte (Schreibkräfte etc. incl.). P. Leßmann, Die preußische Schutzpolizei in der Weimarer Republik, Düsseldorf 1989, S. 401. Siehe v.a. J. Tuchel/R. Schattenfroh, Zentrale des Terrors. Prinz-Albrecht-Straße 8: Hauptquartier der Gestapo. Berlin 1987.
20 Siehe u.a. I. Müller, Das Strafprozeßrecht des Dritten Reiches, in: U. Reifner/B.-R. Sonnen (Hrsg.), Strafjustiz und Polizei im Dritten Reich. Frankfurt 1984, S. 59–76; A. Wagner, Die Umgestaltung der Gerichtsverfassung und des Verfahrens- und Richterrechts im nationalsozialistischen Staat. Stuttgart 1968, S. 244; W. Idel, Die Sondergerichte für politische Strafsachen. Diss. jur. Freiburg 1935.
21 Siehe Kap. 7.
22 Hüttenberger, a.a.O., S. 435, dessen – für das SG München geltende – Einschätzung sich in den Akten der Sondergerichte Köln und Düsseldorf (HSTAD), in Berichten des Vertreters des GSTA in Hamm (BA R 22/1187) sowie in einer Liste der Justizbehörden Rheinland-Pfalz über die Fälle des SG Frankenthal bestätigt (ich danke dem BMJ für die Einsicht in diese Liste).

136

wird vielmehr auch deutlich, inwieweit die politische Rechtsprechung des Dritten Reiches sozial- und gruppenspezifische Brechungen aufwies.

Entstehung und Besetzung der Sondergerichte

Die Sondergerichte waren keine originär nationalsozialistischen Einrichtungen, sondern hatten ihre unmittelbaren Vorläufer in der von heftigen politischen Straßenkämpfen gekennzeichneten Endphase der Weimarer Republik. Durch eine Verordnung des Reichspräsidenten vom 6. Oktober 1931 ließ sich Reichskanzler Brüning das Recht zusichern, zur Bekämpfung von politischen Ausschreitungen Sondergerichte einzurichten[23]. Sein Nachfolger Papen setzte mit Hilfe dieser Verordnung im August 1932 z. B. in Berlin, dem Ruhrgebiet und Schlesien, wo die Straßenkämpfe mit besonderer Heftigkeit tobten, Sondergerichte »gegen den politischen Terror« ein[24]. Diese Gerichte existierten rund vier Monate lang[25]. Sie waren für zahlreiche – im engeren oder weiteren Sinne – politische Straftaten zuständig[26] und urteilten in Schnellverfahren, in denen die Rechte des Angeklagten weitgehend außer Kraft gesetzt waren. Insbesondere konnten die Sondergerichte darauf verzichten, die Beweise zu berücksichtigen, mit denen der Angeklagte seine Unschuld zu belegen suchte. Zudem standen dem Angeklagten keine Rechtsmittel (Revision oder Berufung) gegen das Urteil zu, obwohl schwere Zuchthausstrafen und u. U. sogar die Todesstrafe verhängt werden konnten.

Die Regierung Hitler/Papen orientierte sich bei der Formulierung der Verordnung, mit der sie am 21. März 1933 die Errichtung von zunächst jeweils einem Sondergericht in den 36 Oberlandesgerichtsbezirken des Reiches befahl, eindeutig an der entsprechenden Vorlage vom 9. August 1932, aus der sie insbesondere die radikale Einschränkung der Rechte des Angeklagten übernahm. Legitimiert wurde die Verordnung vom 21. März 1933 im übrigen – wie ihre Vorgängerin – mit der Verordnung des Reichspräsidenten »zur Bekämpfung politischer Ausschreitungen«

---

23 Dritte Verordnung des Reichspräsidenten zur Sicherung von Wirtschaft und Finanzen und zur Bekämpfung politischer Ausschreitungen vom 6. 10. 1931. RGBl. I, S. 537–570, hier Kap. II, S. 565 ff.
24 Verordnung des Reichspräsidenten gegen den politischen Terror vom 9. 8. 1932. RGBl. I, S. 403–407.
25 Die Aufhebung der Sondergerichte erfolgte am 19. 12. 1932. RGBl. I, S. 550.
26 So für Hausfriedensbruch aus politischen Gründen oder Körperverletzungen gegen Polizisten.

vom 6. Oktober 1931, und wie diese trug auch sie sinnfälligerweise die Unterschrift Papens, des ehemaligen Kanzlers der Republik und Vizekanzlers des »Kabinetts der nationalen Konzentration«.

Angesichts dieser weitgehenden Parallelitäten und bereits vorhandener technischer und juristischer Erfahrungen bereitete der Aufbau der Sondergerichte im Frühjahr 1933 keine Probleme. Das Preußische Justizministerium übernahm bei der Formulierung der Ausführungsbestimmungen vom 23. März 1933[27], mit denen u. a. die Besetzung der Sondergerichte geregelt wurden, einfach wortwörtlich die zentralen Abschnitte der entsprechenden Bestimmungen vom 19. August 1932[28]. Die Sondergerichte bestanden – ebenso wie 1932 – aus drei Berufsrichtern, einem Vorsitzenden und zwei Beisitzern. Wie 1932 waren es auch wieder die Landgerichtspräsidenten, die darüber entschieden, welche Richter und Staatsanwälte an die Sondergerichte berufen wurden. Ihre Personalvorschläge wurden offenbar weder durch die NSDAP noch durch das Preußische Justizministerium präjudiziert. Justizminister Kerrl erfuhr zumindest die Namen der ausgewählten Richter erst, nachdem er die Oberlandesgerichtspräsidenten im Mai 1933 um entsprechende Auskunft gebeten hatte[29].

Zweifellos dürften die Landgerichtspräsidenten nur diejenigen Richter für die Sondergerichte bestimmt haben, die als besonders »zuverlässig« galten. Aber selbst einem fanatischen Nationalsozialisten wie dem Kölner Landgerichtspräsidenten Müller waren bei der Personalauswahl Grenzen gesetzt. »Alte Parteigenossen« gab es unter den Richtern nur sehr wenige, und zudem waren die Landgerichtspräsidenten gehalten, bei ihren Personalentscheidungen nicht nur auf die politische Zuverlässigkeit, sondern wegen der großen Machtfülle der Sondergerichte insbesondere auch auf die fachliche Qualifikation der Richter zu achten. Es sollten »nach Möglichkeit« nur Landgerichtsdirektoren, also ältere Richter mit langjähriger Berufserfahrung, an die Sondergerichte berufen werden[30].

Bis Mitte der 30er Jahre gelang es Müller noch, die Richter des Kölner Sondergerichts aus der kleinen Gruppe aktiver richterlicher PGs zu rekrutieren. Das Sondergericht Köln bestand bis 1937 aus dem Landgerichtsdirektor von V., PG seit 1932 und seit 1935 Mitglied des NSRB-Ehrengerichts und NSRB-Gaustellenleiter, dem Landgerichtsrat K.,

---

27 Justiz-Ministerial-Blatt für die preußische Gesetzgebung und Verwaltung (JMBl.) 1933, S. 98 f.
28 JMBl. 1932, S. 195 ff.
29 Siehe Schreiben Kerrls an die preußischen OLG-Präs. und GStÄ vom 8. 5. 1933. HSTAD-Kalkum Rep. 86/12652.
30 Siehe Anm. 26

NSDAP-Mitglied seit Mai 1932, und dem Landgerichtsdirektor F., ebenfalls PG seit 1933 und Blockleiter[31]. Als Mitte der 30er Jahre die Zahl der »Heimtücke«-Verfahren und damit auch die Arbeitsbelastung am Kölner Sondergericht zusehends stieg, war Müller indes gezwungen, auch Richter zu benennen, die nationalsozialistischen Maßstäben nur bedingt genügten. Diese Richter hatten zwar zumeist im Ersten Weltkrieg »Fronterfahrung« und Orden erworben, was als Zeichen »nationaler Zuverlässigkeit« galt, waren aber durchweg »Märzgefallene« und verhielten sich sowohl in der Parteiarbeit als auch im NSRB passiv. Der Landgerichtsdirektor L. zum Beispiel, der im Sommer 1937 den Vorsitz am Sondergericht Köln führte, hatte sich 1933 sogar zunächst demonstrativ geweigert[32], dem BNSDJ beizutreten, und sich erst in der Folgezeit – ausgerechnet durch sein Engagement als Gemeinschafts- und Schulungsleiter des BNSDJ – rehabilitiert[33]. Erst zu Beginn des Krieges, als die Generation der 30 bis 40jährigen, die der NSDAP zumeist weit aufgeschlossener gegenüberstand, genügend Berufserfahrung besaß, um an den Sondergerichten eingesetzt werden zu können, konnte Müller wieder auf Richter zurückgreifen, die ihre »nationalsozialistische Gesinnung« durch aktive Mitarbeit in der Partei unter Beweis gestellt hatten.

Im übrigen waren die Richter des Kölner Sondergerichts – wie ihre Kollegen an anderen Sondergerichten auch[34] – zugleich auch an ordentlichen Strafkammern tätig. Bis 1937 war beispielsweise die 4. Strafkammer des Kölner Landgerichts, zu deren Zuständigkeitsbereich u.a. die Rassenschande-Delikte gehörten, personell mit dem Kölner Sondergericht identisch. Auch wenn die Sondergerichte aufgrund ihres Aufgabenkreises und ihres besonderen Verfahrensrechts eine »Auslagerung aus der Justiz« darstellten[35], waren sie also in personeller Hinsicht doch aufs engste mit ihr verflochten und in diesem Sinne durchaus keine »Ausnahmegerichte«.

---

31 Diese und die folgenden Angaben nach einem Vergleich der Akten des SG Köln (HSTAD-Kalkum Rep. 112) mit dem Personalverzeichnis des LG Köln (Rep. 28/541).
32 Schorn, a.a.O., S. 365ff.
33 Siehe Akte »Arbeitsgemeinschaften«. HSTAD-Kalkum Rep. 28/569.
34 Siehe die Besprechung der Hamburger Chefpräsidenten am 2.11.1942. Archiv OLG Hamburg 3131 E-1f.
35 J. Meinck, Justiz und Justizfunktion im Dritten Reich, in: Zeitschrift für Neuere Rechtsgeschichte 1981, S. 28–49, hier S. 44.

Bis etwa 1935 waren die Sondergerichte in sehr starkem Maße mit Prozessen befaßt, in denen sich Personen aus dem Umfeld der KPD wegen »Verächtlichungmachung« der Regierung und »kommunistischer Umtriebe« zu verantworten hatten[36]. Vermutlich aufgrund der großen Zahl dieser Fälle wurden sie dabei zunächst von der ordentlichen Gerichtsbarkeit unterstützt. So verurteilte das 3. Schöffengericht in Köln 1934 eine Reihe von Angeklagten, die mit »Rot Front« bzw. »Heil Moskau« gegrüßt oder »kommunistische Hetzreden« geführt hatten[37], wobei es sich paradoxerweise auf eine Verordnung der Weimarer Republik, nämlich auf die Verordnung des Reichspräsidenten »zur Erhaltung des inneren Friedens« vom 19. Dezember 1932 berief, nach der die Unterstützung oder Aufrechterhaltung von verbotenen Organisationen mit Gefängnis und zusätzlich mit Geldstrafen geahndet werden konnte[38]. Die Strafen des Kölner Schöffengerichts waren in diesen Fällen im übrigen recht unterschiedlich. Wenn ein Angeklagter lediglich mit »Rot Front« gegrüßt hatte und keine Indizien dafür vorlagen, daß er Mitglied der KPD gewesen war, erkannte es oft auf »groben Unfug« und verhängte geringe Gefängnis- oder Geldstrafen[39]. Stand der Angeklagte jedoch im Verdacht, der KPD nahe zu stehen, konnte ein harmloses »Rot Front« durchaus eine mehrmonatige Gefängnisstrafe zur Folge haben[40].

Ernstzunehmende Unmutsäußerungen wurden hingegen offenbar von den hierfür zuständigen Sondergerichten nach der Vorläuferin des Heimtückegesetzes, der Verordnung des Reichspräsidenten zur Abwehr heimtückischer Angriffe gegen die Regierung der nationalen Erhebung vom 21. März 1933[41] abgeurteilt. Nach dieser Verordnung konnte eine »unwahre oder gröblich entstellte Behauptung tatsächlicher Art«, die das »Wohl des Reiches« oder das »Ansehen der Reichsregierung« gefährdete, mit Gefängnis bis zu zwei Jahren oder in schweren Fällen sogar mit Zuchthaus geahndet werden.

36 Laut Hüttenberger, a.a.O., S. 448, waren am Sondergericht München 1933 rund 50% aller Fälle von »Heimtücke« parteipolitisch motiviert, wobei kommunistische Angeklagte bei weitem überwogen. 1934 betrug der Anteil parteipolitischer Fälle 25%, 1935 noch 20%. Ähnliches gilt für das SG Köln, wo allerdings noch 1934/35 Anklagen wegen »kommunistischer Umtriebe« überwogen. Siehe auch die Aufstellung über die Fälle des Sondergerichts Frankenthal (Anm. 22).
37 Siehe die Urteile des Schöffengerichts Köln B III von 1934. HSTAD-Kalkum Rep. 112.
38 RGBl. 1932/I, § 5, S. 548ff.
39 Siehe Anm. 37.
40 Siehe auch o.V., Uneinheitliche Rechtsprechung durch die ordentlichen Strafgerichte auf dem Gebiet der staatsfeindlichen, insbesondere der kommunistischen Propagandatätigkeit, in: DR 1936, S. 146.
41 RGBl. I, S. 135.

Mitte der 30er Jahre rückten die Fälle, in denen die Angeklagten dem kommunistischen oder sozialdemokratischen Umfeld zuzurechnen waren, mehr und mehr in den Hintergrund. Im Januar 1936 berichtete der Münchener Oberlandesgerichtspräsident[42] ebenso wie der Vertreter des Generalstaatsanwalts in Hamm[43], daß sich der Kreis der »Heimtücke«-Täter grundlegend gewandelt habe. Sondergerichtsverfahren würden nun zumeist nicht mehr gegen »Marxisten«, sondern gegen unbescholtene Bürger durchgeführt, die sich zu unbedachten Äußerungen hätten hinreißen lassen. Diese »Heimtücke«-Delikte – die zum Beispiel in abfälligen Bemerkungen über die Kinderlosigkeit Hitlers, die Dickleibigkeit Görings oder die Goebbelschen Redetiraden bestanden – seien »ohne Bedeutung für das staatliche Leben« und kämen nur zur Anzeige, weil sich in der Bevölkerung ein »übles Denunziantentum« breit gemacht habe[44].

Zudem mußten die Behördenchefs der Justiz zu ihrem Erstaunen registrieren, daß trotz der Erfolge bei der »Kommunismusbekämpfung« die Zahl der »Heimtücke«-Verfahren nicht sank, sondern stetig stieg. So wurden am Sondergericht Dortmund im ersten Halbjahr 1936 zum erstenmal mehr Verhandlungen durchgeführt als an den Strafkammern des Landgerichts. Während die Richter am Dortmunder Sondergericht 316 Fälle entschieden, waren es für ihre Kollegen am Landgericht 297[45].

Diese Entwicklung hatte für die Richter an den Sondergerichten auch ein Anwachsen der Arbeitsbelastung zur Folge. Oft konnten sie nur noch bedingt ihre Aufgabe erfüllen, politische Straftäter möglichst rasch abzuurteilen. Die Zeitspanne, die zwischen Tat, Anklage und Verhandlung verging, wurde an vielen Sondergerichten immer größer. Die Angeklagten, die beispielsweise Mitte der 30er Jahre vor dem Sondergericht Düsseldorf standen, hatten vor der Verhandlung häufig drei bis sechs Monate in Untersuchungshaft verbracht[46].

Schwerer als das Anwachsen der Arbeitsbelastung wog für die Richter an den Sondergerichten allerdings, daß die politische Brisanz der »Heimtücke«-Fälle Mitte der 30er Jahre im Vergleich zu denen in den ersten Jahren nach der »Machtergreifung« deutlich abgenommen hatte. Während man damals noch das Gefühl gehabt hatte, einen wichtigen Beitrag zur »Kommunismusbekämpfung« zu leisten, schien nun der Sinn der Arbeit an den Sondergerichten oft fragwürdig zu werden. In der Tat gab es an den Sondergerichten »viel Leerlauf«[47], nicht zuletzt deshalb, weil gerade in den Fällen, die aufgrund von Denunziationen zur Anzeige kamen,

42 OLG-Präs. München vom 4.1.1936. BA R 22/2958.
43 GSTA Hamm vom 31.3.1936. BA R 22/1187.
44 Zit. nach ebd.
45 OLG-Präs. Hamm vom 4.7.1937. BA R 22/1187.
46 Siehe HSTAD RW 58.
47 OLG-Präs. Hamm vom 4.7.1936. BA R 22/1187.

die Beweislage häufig höchst unsicher war. Am Sondergericht in Dortmund, das bis 1935 sowohl gegen »Marxisten« als auch gegen regimekritische Priester kaum einmal auf Freispruch erkannt hatte, endeten 1936 mehr als 15 % aller Verhandlungen wegen erwiesener Unschuld oder mangelnder Beweise mit Freispruch. Die sieben Richter des Dortmunder Sondergerichts empfanden ihre Arbeit aufgrund der wachsenden Belastung durch Bagatellfälle zusehends als Last[48]. Ihre Einsatzfreude wurde zudem dadurch geschmälert, daß ihnen die NSDAP trotz der relativ hohen Zahl von Freisprüchen vorwarf, am Sondergericht Dortmund würden viel zu häufig unbescholtene Volksgenossen wegen harmloser politischer Äußerungen angeklagt und viel zu hart bestraft[49]. Die Dortmunder Richter, die sich ohnehin nicht recht darüber im klaren waren, wie sie gegen die »Heimtücke«-Delikte nichtmarxistischer Volksgenossen vorgehen sollten, reagierten auf diese Vorhaltungen mit merklicher Verunsicherung und ließen beim Hammer Oberlandesgerichtspräsidenten Schneider um die Bekanntgabe von Richtlinien bitten, die das Reichsjustizministerium ihres Wissens nach zur Behandlung der »Heimtücke«-Delikte erlassen hatte. Schneider waren diese Richtlinien indes nicht bekannt. Er konnte die Anfrage lediglich an das Reichsjustizministerium weitergeben[50], das aber keine die Probleme der Richter lösenden Richtlinien zu bieten vermochte.

Welcher Art die »Heimtücke«-Fälle waren, die die Sondergerichte Mitte der 30er Jahre zu verhandeln hatten, und wie diese Prozesse entschieden wurden, läßt sich aus den Akten ersehen, in denen die Staatspolizei in Düsseldorf die Entscheidungen des dortigen Sondergerichts sammelte[51].

Das Düsseldorfer Sondergericht hatte danach zwischen 1935 und 1939 zumeist über »Heimtücke«-Fälle zu urteilen, die zwar zum Teil von einem beträchtlichen Unwillen gegen das NS-Regime zeugten, aber in der Regel nicht parteipolitisch motiviert waren. Hintergrund dieser Fälle waren vielmehr Ärger und Verbitterung über persönliche, soziale oder berufliche Probleme, denen man – oft nach etlichen Gläsern Bier – in »miesmacherischen Reden« oder in Beschimpfungen der »braunen Bonzen« Luft gemacht hatte. Häufig erinnern diese »Heimtücke«-Prozesse an die Verfahren, die im Kaiserreich wegen »Majestätsbeleidi-

48 Ebd.
49 GSTA Hamm vom 30.11.1936. BA R 22/1187. Ähnliche Kritik an der Rechtsprechung der Sondergerichte übten auch andere Gaurechtsämter der NSDAP. Eine vom 8.6.1937 datierte Umfrage der Gaurechtsämter ergab, daß die Urteile der Sondergerichte »wegen ihrer allzu großen Schärfe und Strenge« sowohl im Volke als auch bei den Gauleitern auf Unverständnis stießen. Johe, a.a.O., S. 94.
50 OLG-Präs. Hamm vom 5.1.1937. BA R 22/1187.
51 HSTAD RW 58.

gung« durchgeführt wurden. Insbesondere zwischen 1935 und 1937 standen zum Beispiel vielfach Angeklagte vor dem Düsseldorfer Sondergericht, die das Gerücht verbreitet hatten, daß der »Führer« homosexuell sei. Arbeiter bevorzugten den »Reichsjägermeister« Göring als Zielscheibe ihrer Kritik, wohl weil dessen Prunksucht angesichts der Armut, in der sie trotz der Versprechungen des NS-Regimes oft lebten, besonders provozierend wirkte.

Die Strafen, auf die die Düsseldorfer Richter wegen Beleidigungen von NS-Größen entschieden, waren zum Teil überaus hart. Hatte der Angeklagte den »Führer« »verächtlich« gemacht, mußte er je nach Schwere der Beleidigung mit drei bis neun Monaten Gefängnis rechnen[52]. Ein Hafenarbeiter, der Hitler als »Lump« und »Drecksack« titulierte und einen empört protestierenden Amtswalter der NSDAP tätlich angegriffen hatte, erhielt 1936 sogar eine Strafe von einem Jahr und sechs Monaten Gefängnis[53].

Derart harte Strafen wurden allerdings im allgemeinen nur gegen Angehörige der unteren sozialen Schichten verhängt, insbesondere dann, wenn sie vorbestraft waren. Unbescholtene und politisch unverdächtige bürgerliche »Volksgenossen« hatten dagegen gute Chancen, mit milden Strafen davon zu kommen.

Eine Wuppertaler Lehrerin, die auf das »Heil Hitler« eines Kollegen mit dem Satz »Den können Sie nicht heilen, der hat ja einen Klaps« geantwortet hatte, wurde zum Beispiel vom Düsseldorfer Sondergericht unter Vorsitz von Landgerichtsdirektor P. mit einer Geldstrafe von 100,– RM oder wahlweise zehn Tagen Gefängnis bestraft. Die Angeklagte hatte dem Gericht glaubhaft machen können, daß sie zum Zeitpunkt der Tat aufgrund von Periodenstörungen und wegen des Genusses von Alkohol auf leeren Magen nur bedingt zurechnungsfähig gewesen sei[54]. Wesentlich schlechter erging es hingegen fast genau ein Jahr später einem vorbestraften Hilfsarbeiter, der den Hitler-Gruß in der gleichen Weise erwidert hatte. Ebenfalls unter Vorsitz von Landgerichtsdirektor P. verurteilte ihn das Sondergericht Düsseldorf – »mit Rücksicht auf die gemeine Gesinnung des Angeklagten« – wegen gefährlicher »Heimtücke« zu sechs Monaten Gefängnis[55].

Insbesondere Arbeiter, die verdächtig waren, zum »marxistischen« Umfeld zu gehören, hatten selbst wegen harmloser Unmutsäußerungen mit

---

52 Vielfach wurde darauf die Untersuchungshaft angerechnet, wodurch wegen der Verzögerungen, die zwischen Verhaftung und Durchführung des Verfahrens entstanden, die Strafen oft schon verbüßt waren.
53 15.10.1936. HSTAD RW 58/59449.
54 25.10.1935. HSTAD RW 58/48096. Nach dem Verfahren erhielt die Lehrerin von seiten der Schulbehörde einen Verweis und wurde versetzt.
55 26.10.1936. HSTAD RW 58/42528.

empfindlichen Strafen zu rechnen. So verurteilte das Sondergericht Düsseldorf im August 1936 den Heizer Johann A. unter Vorsitz von Landgerichtsdirektor Dr. F. zu fünf Monaten Gefängnis, weil A. gesagt hatte, daß die NS-Regierung »nichts wert« sei und die Arbeitslosigkeit nicht beseitigt habe. Daß A. bei seiner Tat maßlos betrunken gewesen war und kaum Herr seiner Sinne gewesen sein dürfte, fiel nicht ins Gewicht. Vielmehr meinten die Richter, entschlossen durchgreifen zu müssen, da A. wegen des Verteilens von kommunistischen Flugblättern vorbestraft war[56].

Völlig anders war der Hintergrund von Felix F., der sich drei Wochen nach A. vor dem – wiederum von Dr. F. geleiteten – Sondergericht Düsseldorf zu verantworten hatte. Felix F. war Kaufmann, ehemaliges Mitglied der SA, Weltkriegsteilnehmer und ohne Vorstrafen. F. hatte das NS-Regime als »Bonzokratie« bezeichnet, die unfähig sei, der Arbeitslosigkeit Herr zu werden. In seinem Fall wandte das Gericht § 2,2 des Gesetzes zur Gewährung von Straffreiheit an, nach dem Verfahren, die vor dem 20. April 1936 anhängig waren, eingestellt werden konnten, sofern eine Gefängnisstrafe unter einem Monat erwartet wurde. Diese – im Vergleich zur Bestrafung von A. außerordentlich nachsichtige – Entscheidung begründeten die Richter im übrigen damit, daß F. zum Zeitpunkt der Tat erregt gewesen sei. Zudem stellten seine Äußerungen keine Beleidigung der nationalsozialistischen Regierung dar, sondern lägen »an der Grenze von Urteilen und Meinungen«[57].

Am Sondergericht in Düsseldorf, aber auch an den Sondergerichten in Köln und München[58] und anderen Sondergerichten waren die Strafen wegen »Heimtücke« also nicht nur von der Schwere des Deliktes, sondern ganz wesentlich auch von der sozialen und politischen Provenienz der Angeklagten abhängig. Vor allem in Verfahren gegen Kommunisten und Sozialdemokraten war dabei für die Richter im Laufe der 30er Jahre immer mehr nicht die eigentliche Straftat, sondern die »innere Tatseite«, d. h. die politische Gefährlichkeit des Angeklagten ausschlaggebend. Das Abhören von Radio Moskau wurde von den Hamburger Gerichten 1933/34 zumeist noch als Verstoß gegen die Verordnung des Reichspräsidenten vom 19. Dezember 1932 mit einigen Wochen Gefängnis bestraft. 1936 galt es indes schon als Vorbereitung zum Hochverrat, da es als Stärkung des

---

56 4.8.1936. HSTAD RW 58/60362. Das Schicksal von A. ist ein Beispiel für die zunehmenden Eingriffe der Staatspolizei. A. wurde dem SG Düsseldorf aus dem KZ Esterwegen überstellt und unmittelbar nach dem Urteil wieder ins KZ zurücktransportiert. Aufgrund eines Erlasses Himmlers, dem zufolge rückfällige Schutzhäftlinge nicht vor Ablauf von drei Jahren zu entlassen waren, blieb A. bis zum 20.4.1939 in KZ-Haft. Der Erlaß war der Justiz unbekannt.
57 27.8.1936. HSTAD RW 58/54749.
58 Siehe Hüttenberger, a.a.O.

kommunistischen »Durchhaltewillens« zum Sturz des nationalsozialistischen Staates zu betrachten sei[59].

Weniger eindeutig als gegen Kommunisten, Sozialdemokraten und Angeklagte aus unteren Schichten stellen sich die Urteile der Sondergerichte in den Verfahren dar, die seit Mitte der 30er Jahre gegen Geistliche vor allem der katholischen Kirche durchgeführt wurden[60]. Gegenstand dieser Verfahren, in denen sich die zunehmenden Spannungen zwischen der katholischen Kirche und dem NS-Regime u. a. um die Konfessionsschule und die christliche Jugendarbeit widerspiegeln, waren zumeist kritische Äußerungen über die »Gottlosigkeit« der NS-Ideologie oder Versuche, der Indoktrinierung der Jugend entgegenzuwirken. Sofern die Geistlichen den Gottesdienst als Forum für ihre Kritik am NS-Regime genutzt hatten, wurden sie vielfach wegen »Kanzelmißbrauchs« nach § 130 a StGB angeklagt. Nach diesem strafgesetzlichen Relikt aus den Tagen des Kulturkampfes konnte ein Geistlicher, der den öffentlichen Frieden »vor mehreren« gefährdet hatte, mit zwei Jahren Gefängnis oder Festungshaft bestraft werden. In der Mehrzahl der Fälle diente hingegen das Heimtückegesetz vom 20. Dezember 1934 als Grundlage für die Anklage.

Die Strafen gegen die »Heimtücke«-Täter im Priesterrock fielen zunächst – zumindest an den westdeutschen Sondergerichten – recht empfindlich aus. So berichtete der Hammer Generalstaatsanwalt im März 1936, daß die »Heimtücke«-Delikte katholischer Geistlicher vor dem Sondergericht in Dortmund »fast alle zu erheblichen Gefängnisstrafen« geführt hätten. Angesichts dieser Strafen sei es rasch »zu einer friedvolleren Einstellung der fraglichen kirchlichen Kreise« gekommen[61].

Auch vom Sondergericht in Köln wurden »Heimtücke«-Delikte katholischer Geistlicher 1935/36 durchweg hart bestraft. In seiner aus zwei »alten Parteigenossen« und einem jüngeren aktiven Nationalsozialisten bestehenden Stammbesetzung verurteilte es beispielsweise im November 1935 einen Priester zu einem Jahr und sechs Monaten Gefängnis, weil dieser in einem privaten Gespräch behauptet hatte, daß nicht, wie von der NS-Propaganda behauptet, die KPD den Reichstag in Brand gesetzt habe, sondern Göring, um einen Vorwand für die Verfolgung der Kommuni-

---

59 Siehe A. Schmidt, Entwicklung und Rechtsprechung des politischen Strafsenat, in: Rothenberger, Das Hanseatische Oberlandesgericht, a. a. O., S. 169–180, hier s. 174f. – So 1938 auch der VGH, siehe G. Werle, Justiz-Strafrecht und polizeiliche Verbrechensbekämpfung, Berlin 1989, S. 114 ff.

60 Die Häufung der »Heimtücke«-Verfahren gegen Priester war an den einzelnen Sondergerichten recht unterschiedlich: am SG Dortmund 1935/36, in Köln und Düsseldorf 1936/37 und in München 1938/39. Zu den Verfahren, die ansonsten vor den Strafgerichten gegen Priester und Ordensangehörige insbesondere wegen des Schmuggels von Devisen ins Ausland durchgeführt wurden, siehe u. a. BA R 22/847, BA R 43 II/175.

61 GSTA Hamm vom 31. 3. 1936, BA R 22/1187.

sten zu schaffen. Die Schwester des Priesters, die ihren Bruder hierin unterstützt hatte, erhielt eine Gefängnisstrafe von fünf Monaten[62]. Die Staatspolizei, die sich gerade im Rheinland um die Abwehr der »katholischen Subversion« bemühte, nahm dieses Urteil verständlicherweise mit Genugtuung auf[63].

Ähnlich hart bestraften die Richter des Kölner Sondergerichts – ebenfalls im November 1935 – einen Priester aus dem Hunsrück, der einen 30 Meter hohen, weit im Land sichtbaren Mast errichtet und daran eine acht Meter lange Fahne mit den päpstlichen Insignien gehißt hatte. Zudem hatte er einen katholischen Jugendverein gegründet. Wegen »Heimtücke« und Verstoßes gegen die Verordnung zum Schutze von Volk und Staat wurde er zu einem Jahr und drei Monaten Gefängnis verurteilt[64]. Im selben Verfahren erhielten 26 Mitglieder der Gemeinde des Priesters, die mit Gewalt versucht hatten, die Beschlagnahme der päpstlichen Fahne zu verhindern, Gefängnisstrafen von bis zu acht Monaten, wobei ihnen das Gericht strafmildernd in Rechnung stellte, daß sie lediglich der »gewissenlosen Hetze« des Priesters erlegen seien.

Dieses Urteil ging selbst dem für den Raum Trier/Koblenz zuständigen NSDAP-Gauleiter Simon um einiges zu weit. Simon, der offensichtlich die Spannungen mit der Kirche in seinem sehr katholisch geprägten Gau nicht noch verschärfen wollte, verlangte unmittelbar nach Bekanntwerden des Urteils für 13 Verurteilte »die Aussetzung der Strafe auf Bewährung«. Später forderte er zudem, daß – wie bei Freisprüchen – für diese Verurteilten die Staatskasse die Untersuchungs- und Prozeßkosten zu tragen habe[65].

Als Mitte 1936 der Vorsitz am Sondergericht Köln von dem »Altparteigenossen« von V. auf Dr. F. überging, der der NSDAP erst im Mai 1933 beigetreten war, wurden die Urteile des Kölner Sondergerichts gegen Geistliche deutlich milder. Im Juli 1936 hatte sich der evangelische Pfarrer K. vor dem Kölner Sondergericht zu verantworten, weil er Konfirmanden vor der »Gottlosigkeit« Nietzsches und des NS-Ideologen Rosenberg gewarnt hatte. Nietzsche sei von Gott zur Strafe mit dem Wahnsinn geschlagen worden, Rosenberg werde es genauso ergehen. Zudem hatte K. seine

---

62 11.11.1935. HSTAD-Kalkum Rep. 112/16671.
63 Stapo Koblenz vom 14.12.1935. Geheimes Staatsarchiv Berlin-Dahlem Rep. 90 P Nr. 85/H. 3.
64 27.11.1935. HSTAD-Kalkum Rep. 112/16594.
65 Im Februar 1936 befand sich offenbar ein Teil der Verurteilten wieder auf freiem Fuß. Siehe HSTAD-Kalkum Rep. 112/16596. Urteile des SG Köln gegen Geistliche unter Vorsitz von Landgerichtsdirektor von V. u. a.: 12.2.1936 – sechs Monate wegen Beschimpfung der HJ und Fortsetzung der katholischen Jugendarbeit (Rep. 112/16736); 25.3.1936 – zwei Monate Gefängnis wegen der Behauptung, daß die »rechten Führer« nur von Gott gesandt seien (Rep. 112/16756); 6.5.1936 – vier Monate Gefängnis wegen des Vergleichs Hitlers mit dem »Antichristen« (Rep. 112/19773).

Schüler aufgefordert, den »falschen Göttern« des Nationalsozialismus nicht zu folgen. Unter dem Vorsitz von Dr. F. entschied das Sondergericht Köln, daß in diesem Fall keine Strafe von über einem Monat Gefängnis zu erwarten sei[66]. Das Verfahren wurde gemäß § 2,2 des Gesetzes über die Gewährung von Straffreiheit vom 23. April 1936[67] eingestellt.

Ähnlich großzügig gegenüber Geistlichen zeigte sich das Sondergericht Köln 1938/39 unter Vorsitz von Landgerichtsdirektor L. Allein zwischen Mai und Juni 1938 wurden 15 »Heimtücke«-Verfahren gegen katholische Geistliche wegen Geringfügigkeit[68] eingestellt, obwohl in einigen dieser Fälle zweifellos schwere Verstöße gegen das »Heimtücke«-Gesetz vorlagen. So hatte der Priester F. die NSDAP öffentlich als »braunes Ungeziefer« tituliert[69], und der Priester J. F. hatte in einer Predigt prophezeit, daß Gott das nationalsozialistische Deutschland für dessen Sünden bald mit einer schweren Hungersnot strafen werde[70].

Aber nicht nur Priester, sondern auch unbescholtene Bürger, die sich über die Verfolgung der Kirche empört oder die nationalsozialistischen Führer gar – wie eine tief katholisch gesinnte ältere Dame anläßlich der Veröffentlichung des Sterilisationsgesetzes[71] – als »hergelaufenes Ausländerpack« bezeichnet hatten, konnten bei L. und Dr. F. sehr zum Unwillen des Reichsjustizministeriums[72] mit milden Strafen oder Verfahrenseinstellungen rechnen. Grenzen fand das Verständnis von L. und Dr. F. für solche religiös motivierte Unmutsäußerungen allerdings, wenn die Angeklagten die Rechtschaffenheit der Staatsorgane in Zweifel gezogen hatten. Der Metzgerlehrling H. zum Beispiel, der seine Bekannten darüber informiert hatte, daß Priester in den KZs brutal mißhandelt wurden, erhielt für diese »Heimtücke« sechs Monate Gefängnis[73]. Schließlich ist bei der Beurteilung der Rechtsprechung von L. und Dr. F. nicht zu übersehen, daß Angeklagte aus dem kommunistischen Umfeld in ihnen stets harte und unnachsichtige Richter fanden, so etwa der fahrende Seifenhändler M., ein ehemaliger KPD-Funktionär, den das Son-

66 Beschluß des SG Köln vom 3. 7. 1936. HSTAD-Kalkum Rep. 112/16803.
67 RBGl. I, S. 378.
68 Grundlage war das – dem Gesetz von 1936 weitgehend entsprechende – Gesetz über die Gewährung von Straffreiheit vom 30. 4. 1938. RGBl. I. S. 433f.
69 Beschluß des SG Köln vom 19. 5. 1938. HSTAD-Kalkum Rep. 112/17146.
70 Beschluß des SG Köln vom 17. 5. 1938. HSTAD-Kalkum Rep. 112/17144.
71 SG Köln (Vorsitz L.) vom 20. 6. 1938, HSTAD-Kalkum Rep. 112/17713 – Verfahren eingestellt wegen »Altersschwachsinns« (!) der 64jährigen Angeklagten; SG Köln (Vorsitz Dr. F.) vom 2. 12. 1936, Rep. 178/36 – 60. – RM Geldstrafe, weil Goebbels in Zusammenhang mit den Koblenzer Sittlichkeitsprozessen als »auch schwul« bezeichnet worden war.
72 Siehe Kap. 4, sowie Schorn, a. a. O., S. 365 ff.
73 Allerdings mit Anrechnung der U-Haft, SG Köln (Vorsitz Dr. F.) vom 5. 1. 1937, HSTAD-Kalkum Rep. 112/16900.

dergericht Köln unter Vorsitz von L. am 15. Januar 1938 zu einer Gefängnisstrafe von einem Jahr und drei Monaten verurteilte, weil er vor Kunden u. a. erklärt hatte, der »Führer« kenne die Übelstände im Reich nicht, er könne vor dem »Führer« keine Achtung haben[74]. Auf Konfrontationskurs zu den Interessen des NS-Regimes befanden sich L. und Dr. F. also nur bedingt.

Bei der Bestrafung von »Heimtücke«-Delikten katholischer Geistlicher zeigte das Sondergericht Köln – abgesehen von den Urteilen, die 1935/36 unter dem Vorsitz des »Altparteigenossen« von V. gefällt wurden – in den 30er Jahren im allgemeinen keine Neigung zu einer extensiven Auslegung der Strafgesetze. Ähnliches gilt für das Sondergericht Düsseldorf in den Jahren 1937/38 und für das Sondergericht in München in den Jahren 1938/39. Hier wurde 1938 von 77 wegen »Heimtücke« angeklagter katholischer Geistlichen lediglich einer verurteilt. Die übrigen Verfahren wurden wegen Geringfügigkeit eingestellt[75].

Die Einstellungen von Verfahren gegen Geistliche hatten ihre Berechtigung zum Teil sicherlich vielfach darin, daß die betreffenden »Heimtücke«-Delikte in der Tat recht geringfügig waren. Viele Geistliche standen nur deshalb vor den Sondergerichten, weil sie sich geweigert hatten, an nationalen Feiertagen die Pfarrgebäude mit der Hakenkreuzfahne zu schmücken. Eine Bestrafung hätte in diesen Fällen zweifellos gegen eine allgemeine Verfügung verstoßen, die das Reichsjustizministerium am 28. Dezember 1934 erlassen hatte. Danach sollte nur in schweren »Heimtücke«-Fällen die Strafverfolgung eingeleitet werden, »um die neue Waffe im Kampf gegen Staatsfeinde« nicht stumpf werden zu lassen[76]. Von Bedeutung war wohl auch, daß die rhetorisch geschulten Priester ihre Kritik am NS-Staat zumeist in sorgfältig gewählte Worte kleideten und sich vor Gericht oft geschickt zu verteidigen verstanden. Möglicherweise schreckten die Richter auch vor harten Strafen zurück, weil Verhaftungen von Priestern insbesondere in dörflichen Gemeinden zu Unmut[77], ja gelegentlich zu handgreiflichen Auseinandersetzungen zwischen Kirchgängern und der Polizei[78] geführt hatten und man diese Spannungen nicht verstärken wollte.

Ausschlaggebend für die Milde gegenüber Geistlichen waren solche Überlegungen indes wohl kaum, zumal man trotz der erwähnten Verfügung auch unbedeutende »Heimtücke«-Delikte von Kommunisten oder

---

74 HSTAD-Kalkum Rep. 112/17682. Vgl. die Entscheidungen L.s in Rep. 112/17725, 17715, 17713 etc.; wesentlich härter in vergleichbaren Fällen L.s Kollege F., siehe Rep. 112/17691, 17714 etc.
75 Hüttenberger, a. a. O., S. 446f. (Tab. 3).
76 DJ 1934, S. 7f.
77 Siehe OLG-Präs. Hamm vom 4. 1. 1936 zur Situation im Münsterland.
78 Siehe HSTAD-Kalkum Rep. 112/16671 und 16594.

Angehörigen unterer Schichten zum Teil äußerst hart ahndete. Vielmehr wollten die Justizbehörden der stark katholisch geprägten Oberlandesgerichtsbezirke Köln und München – im Gegensatz zu den überwiegend protestantischen Richtern des Sondergerichts Dortmund und vor allem im Gegensatz zur Staatspolizei[79] – offensichtlich in den Priestern der katholischen Kirche keine »Staatsfeinde« erkennen[80].

Deutlich macht dies auch die – in den Verfahren gegen Kommunisten, Zeugen Jehovas oder »Rassenschänder« zumeist gänzlich unübliche – Akribie, mit der sich die Kölner Justizbehörden in »Heimtücke«-Verfahren gegen katholische Geistliche um die Beachtung der straf- und verfahrensrechtlichen Regeln bemühten. Zwischen 1936 und 1938 blieb die überwiegende Mehrzahl dieser Verfahren bereits im Vorfeld der staatsanwaltschaftlichen Ermittlungen stecken, weil der Kölner Oberstaatsanwalt es aufgrund beweisrechtlicher Bedenken ablehnte, Anklage zu erheben. In den Fällen, in denen Priester nur von einem Zeugen belastet wurden, beantragte die Kölner Staatsanwaltschaft generell die Einstellung der Strafverfolgung, da ein einziger Zeuge nicht ausreiche, um einen Verstoß gegen die Strafgesetze zweifelsfrei nachzuweisen[81].

Selbst wenn ein Priester von mehreren Zeugen der »Heimtücke« beschuldigt wurde, hatte dies nicht unbedingt eine Anklage zur Folge. So wurde gegen einen Priester, der im Gottesdienst dazu aufgefordert hatte, die NS-Presse ungelesen zu verbrennen, kein Verfahren eingeleitet, weil nach Ansicht des Kölner Oberstaatsanwalts »die Möglichkeit eines Irrtums [der Zeugen über die genauen Worte des Priesters] nicht ausgeschlossen« sei[82]. Auch gegen einen Priester, der sich in einer Predigt gegen das NS-»Neuheidentum« gewandt und die nationalsozialistische Germanenverehrung lächerlich gemacht hatte, kam kein Verfahren in Gang. Sowohl der Oberstaatsanwalt als auch der Generalstaatsanwalt in Köln vertraten die Auffassung, daß es »doch nicht unzweifelhaft« sei, daß »der Beschuldigte nicht nur christentumsfeindliche Strömungen« habe treffen wollen[83]. Ähnlich wurde in einem Fall vom Oktober 1937 entschieden. Der

79 Siehe u. a. Gestapo Karlsruhe vom 14. 4. 1934, in: Verfolgung und Widerstand in Baden. Die Lageberichte der Gestapo und des Generalstaatsanwalts in Karlsruhe. Bearb. von J. Schadt. Stuttgart 1976, S. 87.
80 Dies deckt sich mit den Ergebnissen von K. J. Volkmann, Die Rechtsprechung staatlicher Gerichte in Kirchensachen 1933–1945. Mainz 1978. Danach bot z. B. die Rechtsprechung der Gerichte zur Frage, ob die evangelischen Kirchen ein Recht auf Selbstverwaltung hätten, »wirksame Rechtsschutzgewährung gegenüber zumeist willkürlichen Akten der nationalsozialistisch geprägten Kirchenleitungen«. »Eine solch allgemeine Unempfänglichkeit gegenüber dem nationalsozialistischen Zeitgeist ist sonst nirgends festzustellen.« Ebd., S. 108.
81 Siehe u. a. HSTAD-Kalkum Rep. 112/9864.
82 Einstellungsbeschluß vom 2. 9. 1936. HSTAD-Kalkum Rep. 112/10145.
83 Einstellungsbeschluß vom 28. 6. 1937. HSTAD-Kalkum Rep. 112/10219.

betreffende – als Gegner des NS-Regimes bekannte – Priester hatte während eines Gottesdienstes in scharfer Form gegen die NS-Parole »Du bist nichts, Dein Volk ist alles« polemisiert und seine Gemeinde zum strikten Gehorsam gegenüber Gott aufgefordert. Die Staatspolizei forderte von der Justiz ein entschlossenes Eingreifen, da es sich hier um einen erklärten »Staatsfeind« handele. Das Ermittlungsverfahren wurde dennoch eingestellt: Ein Gesetzesverstoß liege nicht vor, da die betreffenden »heimtückischen« Äußerungen nicht in »gehässiger Form« erfolgt seien[84].

Konflikte zwischen Justiz und Staatspolizei wegen der Behandlung von politischen Straftaten katholischer Geistlicher sind im Oberlandesgerichtsbezirk Köln im übrigen nicht nur anläßlich von »Heimtücke«-Verfahren, sondern vor allem auch im Rahmen der Koblenzer Sittlichkeitsprozesse zu beobachten. Während die Gestapo 1935/36 vor Erpressungen und Folterungen von Zeugen nicht zurückschreckte, um möglichst viel Belastungsmaterial gegen die der homosexuellen »Unzucht« mit geisteskranken Anstaltszöglingen verdächtigen Franziskanermönche zusammenzutragen[85], verhielten sich die Richter des Koblenzer Landgerichts nach den Beobachtungen des Emissärs des Trierer Bischofs während der gesamten Verhandlung »sachlich und objektiv«, ja zeigten sich gegenüber den jüngeren Ordensbrüdern »bisweilen geradezu väterlich«[86]. Der Landgerichtspräsident in Koblenz berichtete im Mai 1949, »fast alle« Koblenzer Richter hätten es »auf das tiefste« bedauert, daß die NS-Presse die ans Licht gekommenen Straftaten der Ordensbrüder zu einer Kampagne gegen die katholische Kirche nutzte[87]. Der Vorsitzende der für die Sittlichkeitsprozesse zuständigen Strafkammer bat die Vertreter der Presse schon zu Prozeßbeginn nachdrücklich darum, jede Polemik gegen den Orden und die katholische Kirche zu unterlassen[88]. Daß die Verfahren dennoch mit zum Teil langjährigen Zuchthausstrafen endeten, hatte seine Ursache sicher nicht in einer antikatholischen Einstellung der Richter. Vielmehr bestätigte sich im Laufe des Prozesses, daß sich verschiedene Angeklagte in der Tat schwere Verstöße gegen § 175 StGB hatten zuschulden kommen lassen.

84 Einstellungsbeschluß vom 10.10.1937. HSTAD-Kalkum Rep. 112/10037.
85 Siehe die Akten des Archivs des Oberlandesgerichts Köln zu den Koblenzer Sittlichkeitsprozessen. Ohne Sign., ohne Az.
86 Zit. nach H.-G. Hockerts, Die Sittlichkeitsprozesse gegen katholische Ordensangehörige und Priester 1936/37. Eine Studie zur nationalsozialistischen Herrschaftstechnik und zum Kirchenkampf. Mainz 1971, S. 34.
87 Erklärung des ehemaligen Landgerichtspräsidenten Z. vom 6.5.1949, ohne Az, ohne Sign., Archiv OLG Köln.
88 E.J. Thul, Das Landgericht Koblenz im nationalsozialistischen Unrechtsstaat, in: 150 Jahre Landgericht Koblenz. Hrsg. vom Landgericht Koblenz und der landeskundlichen Arbeitsgemeinschaft im Regierungsbezirk Koblenz e.V., Boppard a.R. 1970, S. 63–134, hier S. 80f.

Unwillen, sich für eine Propagandakampagne gegen die katholische Kirche mißbrauchen zu lassen, hatten Richter des Landgerichtsbezirks Koblenz schon im Vorfeld der Sittlichkeitsprozesse gezeigt. So lehnten es zwei Trierer Amtsrichter im Sommer 1935 ab, offenkundig von der Gestapo erzwungene Geständnisse anzuerkennen, und hoben die Haftbeschlüsse gegen verschiedene Geistliche auf. Der 2. Strafsenat des Oberlandesgerichts Köln bestätigte diese Entscheidungen und beschuldigte sowohl die Gestapo als auch die Koblenzer Staatsanwaltschaft, die Rechte der Beschuldigten gröblich verletzt zu haben. Die Durchführung der Koblenzer Sittlichkeitsprozesse, die Goebbels zu einer Generalabrechnung mit dem Katholizismus nutzen wollte, geriet ernsthaft in Gefahr. Um die Verfahren dennoch zu ermöglichen, war das Reichsjustizministerium gezwungen, massiv zu intervenieren und die Entscheidung des 2. Strafsenats aufzuheben. Da sich aber sämtliche Richter der Strafsenate des Kölner Oberlandesgerichts weiterhin weigerten, die betreffenden Haftbefehle zu billigen, wurden die Haftprüfungsverfahren einem – offenbar weniger prokatholischen – Zivilsenat übertragen, der eigens für diesen Zweck zu einem Strafsenat umfunktioniert wurde[89].

Trotz des Verhaltens der Gerichte des Oberlandesgerichtsbezirks Köln sowie der Sondergerichte in München und Düsseldorf gegenüber Geistlichen ist indes nicht zu übersehen, daß die Justiz auch an der Verfolgung religiös motivierten Widerstands bedeutenden Anteil hatte[90]. Aus den 30er Jahren und aus der Kriegszeit liegen – z. B. vom VGH oder von Berliner Sondergerichten[91] – eine Reihe überaus harter Urteile gegen »Heimtücke«-Täter aus dem Priesterstand vor. Dennoch ist festzuhalten, daß die Sondergerichte in katholisch geprägten Regionen in Verfahren gegen Geistliche ihren Ermessensspielraum oft eindeutig zu deren Gunsten nutzten.

Weit weniger Verständnis für religiös motivierte Unbotmäßigkeit gegen das Dritte Reich entdeckt man hingegen, wenn man einen vergleichenden Blick auf die Strafpraxis gegen die ca. 20000 Personen umfassende Glaubensvereinigung der Zeugen Jehovas (Bibelforscher)[92] wirft. Die Zeugen

89 Siehe Diensttagebuch Gürtner, 17.9.1935. BA R 22/1088; Archiv OLG Köln, ohne Sign., ohne Az; Klein, Die rheinische Justiz, a.a.O., S. 226ff.
90 Der überwiegende Teil der Maßregelungen von Geistlichen wurde nicht von der Justiz, sondern vor allem seit 1941/42 von der Staatspolizei getragen. Hier wird nur ein Teil dieser Verfolgungen tangiert. Siehe – allerdings auf einem weiten Widerstandsbegriff und nicht unproblematischen Befragungen von Zeitzeugen beruhend –: Priester unter Hitlers Terror. Eine biographische und statistische Erhebung. Bearb. von U. v. Hehl. Mainz 1984, insb. S. LIVf.
91 Siehe u. a. B. Schimmler, Recht ohne Gerechtigkeit. Zur Tätigkeit der Berliner Sondergerichte im Nationalsozialismus. Berlin 1984, S. 30ff.
92 Siehe Michael H. Kater, Die ernsten Bibelforscher im Dritten Reich, in: VfZ 1969, S. 181–218.

Jehovas hatten sich vor allem in den Jahren 1936/37 wegen des Abhaltens von Bibelstunden oder des Verteilens von religiösen Flugschriften vor den Sondergerichten zu verantworten. Etwa die Hälfte aller Urteile, die das Sondergericht in München 1937 aussprach, erging gegen Mitglieder ihrer Religionsgemeinschaft[93]. Am Sondergericht in Düsseldorf waren die Verhältnisse ähnlich. 1937 gab es hier über 170 Verurteilungen von Bibelforschern[94].

Begonnen hatte die Prozeßwelle gegen die Zeugen Jehovas bereits 1933. Obwohl am 25. Juni 1933 auf einem Kongreß in Berlin 5000 Bibelforscher ihre Loyalität gegenüber der NS-Regierung und ihre Zustimmung zu den antisemitischen Grundsätzen der NSDAP versicherten[95], wurde die Sekte noch im gleichen Monat durch Verordnungen der Innenministerien der Länder verboten. Legitimiert wurden diese Verbote mit der Verordnung des Reichspräsidenten vom 28. Februar 1933, obwohl diese eigentlich die »Abwehr kommunistischer staatsgefährdender Gewaltakte« bezweckte, also kaum das Verbot einer religiösen Sekte rechtfertigen konnte. Zudem verstießen die Bibelforscherverbote gegen Art. 137 der – de jure nicht aufgehobenen – Weimarer Reichsverfassung, der das Recht auf religiöse Vereinigungsfreiheit garantierte.

Die Richter der Sondergerichte hatten sich also in den Prozessen gegen Bibelforscher mit einer Reihe grundlegender Rechtsfragen auseinanderzusetzen. Verfassungsrechtlich war höchst zweifelhaft, ob die Bibelforscherverbote überhaupt rechtsgültig waren. Und selbst wenn man dies bejahte, stellte sich immer noch die Frage, inwiefern das Abhalten von Bibelstunden oder das Verteilen religiöser Flugschriften als »kommunistische staatsgefährdende Gewaltakte« im Sinne der Verordnung vom 28. Februar 1933 definiert werden konnten.

Allem Anschein nach wurden diese Probleme von der Mehrzahl der Sondergerichte ohne Bedenken beiseite geschoben. Lediglich die Sondergerichte in Darmstadt und Halle vertraten 1934 noch den Standpunkt, daß Art. 137 der Weimarer Reichsverfassung weiterhin geltendes Recht sei, folglich die Bibelforscherverbote ungültig seien[96]. Die weitere Entwicklung der Rechtsprechung prägten jedoch Urteile wie das des Sondergerichts in Weimar vom 27. August 1935, das das Verbot der Bibelforscher durch das Preußische Innenministerium ohne Umschweife als »bindend«

93 Hüttenberger, a. a. O., S. 446f. (Tab. 3).
94 Siehe Rep. 114 HSTAD-Kalkum.
95 Mammach, a. a. O., S. 39. Danach erfolgten die Verbote auf Bitten des Episkopats.
96 SG Darmstadt vom 26.3.1934, in: JW 1934, S. 1744–1747; Erörterung der Urteile des SG Halle vom 11. und 20.11.1934 in einer Entscheidung des Hanseatischen SG vom 15.3.1935, in: DR 1935, S. 566–570, hier S. 568. Das Reichsgericht hielt zwar Art. 137 WRV weiterhin für gültig, erkannte dennoch das Verbot der Bibelforscher als Rechtens an. Gruchmann, Die Justiz im Dritten Reich, a. a. O., S. 543.

anerkannte, obwohl man sich dabei durchaus darüber im klaren war, daß dieses Verbot »nicht in der richtigen Form und nicht in der richtigen Weise« bekanntgegeben worden war, also schon formale Gesichtspunkte gegen seine Gültigkeit sprachen[97]. Auch die verfassungsrechtliche Problematik der Bibelforscherverbote irritierte die Weimarer Richter nicht: Da »gerade in der Verordnung vom 28. Februar 1933 wichtige Grundrechte aus staatsnotwendigen Gründen aufgehoben worden« seien, könnten »natürlich auch viel weniger wichtige Grundrechte« wie das auf freie Religionsausübung fortfallen.

Die Hauptangeklagten des Verfahrens, ein Ehepaar, das in seiner Wohnung Bibelstunden abgehalten hatte, wurden zu zwei bzw. anderthalb Jahren Gefängnis verurteilt. Die restlichen Angeklagten, Teilnehmer der Bibelstunden, erhielten Gefängnisstrafen zwischen drei und sechs Monaten. Begründet wurden diese Strafmaße im übrigen mit der außerordentlichen »Gefährlichkeit der Internationalen Bibelforschervereinigung für das Dritte Reich«, die in der Verweigerung des Wehrdienstes, der Ablehnung der »rassischen und völkischen Ideen« des Nationalsozialismus und der »bewußten« Zurückhaltung bei »nationalen Feiern der deutschen Nation« zum Ausdruck komme.

So einig sich die Richter an den Sondergerichten offensichtlich hinsichtlich der verfassungsrechtlichen Probleme der Verbote der Bibelforscher waren, so uneinheitlich waren indessen die gegen sie verhängten Strafen. Bei vergleichbaren Delikten schwankten die Strafen Mitte der 30er Jahre zwischen vier Monaten und drei Jahren und drei Monaten Gefängnis[98].

Die Strafen, die die Sondergerichte in Köln und Düsseldorf gegen Bibelforscher aussprachen, lagen in der Regel leicht unter dem Durchschnitt, fielen aber im Vergleich zu den Strafen gegen »Heimtücke«-Täter aus der bürgerlichen Mittelschicht empfindlich aus. Unter Vorsitz von Landgerichtsdirektor Dr. F., der insbesondere in Verfahren gegen katholische Geistliche zu auffallender Milde neigte, verurteilte das Sondergericht Köln beispielsweise am 11. Februar 1937 mehrere Mitglieder der Zeugen Jehovas zu Strafen zwischen fünf Monaten und einem Jahr Gefängnis, weil sie religiöse Druckschriften verteilt hatten[99]. Bibelforscher, die in ihrer Gemeinschaft leitende Positionen bekleideten, wurden in Köln und Düsseldorf für ähnliche Delikte zu Gefängnisstrafen von bis zu drei Jahren verurteilt. Wer lediglich an Bibelstunden teilgenommen oder den

---

97 HSTAD RW 18/7.
98 Siehe die Daten der Erhebung des Reichsjustizministeriums, die der Oberreichsanwalt den GSTÄ am 23.9.1935 präsentierte. Der Oberreichsanwalt forderte dazu auf, die Strafanträge zu vereinheitlichen. BA R 22/931. Siehe auch die Aufstellung des Reichsjustizministeriums über auffällige Unterschiede im Strafmaß, BA R 22/4277. Siehe auch Uneinheitliche Rechtsprechung, a.a.O., S. 146.
99 HSTAD-Kalkum Rep. 112/16946.

»Wachturm«, die Zeitschrift der Bibelforscher, gelesen oder weitergereicht hatte, mußte – sofern er als Überzeugungstäter galt – mit mehr als einem Jahr Gefängnis rechnen[100]. Freisprüche oder Verfahrenseinstellungen waren im übrigen in Verfahren gegen Bibelforscher an den Sondergerichten in Köln und Düsseldorf wie auch am Sondergericht München höchst selten.

Seit Mitte 1937 verschärfte sich die Rechtsprechung gegen die Bibelforscher noch, was seine Ursache vermutlich darin hatte, daß im September 1936 ein Bibelforscher-Kongreß in Luzern eine Resolution gegen Hitler verfaßt hatte, die die deutschen Bibelforscher im Dezember in mehreren Großstädten mittels »Briefkastenaktionen« verteilten[101]. Die Folge war, daß die Gestapo ihre Verhaftungsaktionen wesentlich verschärfte und zahlreiche Bibelforscher ohne Gerichtsverfahren in die KZs verschleppte. Wohl um den Kompetenz- und Gesichtsverlust der Justiz in Grenzen zu halten, mischte sich nun das Reichsjustizministerium verstärkt in die Rechtsprechung gegen die Bibelforscher ein. Am 18. Juni 1937 wurden die Oberlandesgerichtspräsidenten und Generalstaatsanwälte von Gürtner und Freisler auf einer Sitzung in Berlin mit Nachdruck dazu aufgefordert, für schärfere Urteile gegen die Bibelforscher zu sorgen, da diese in zunehmendem Maße kommunistisch unterwandert würden. Sollte es der Justiz nicht gelingen, »gegenüber dem Verbrechertum das Schlußwort des Staates zu sprechen und zu vollziehen«, müsse – so Freisler – damit gerechnet werden, daß die Staatspolizei immer mehr in die Strafhoheit der Gerichte eingreifen werde. Die Behördenchefs aus Düsseldorf, Breslau, Stettin, Hamburg, Celle und Zweibrücken wurden zu mehr Härte ermahnt und auf die Strafpraxis der Sondergerichte in Dresden, Darmstadt, Jena und Königsberg verwiesen, die gegen führende Mitglieder der Zeugen Jehovas regelmäßig die Höchststrafe von fünf Jahren Gefängnis verhängten[102].

Die Urteilskritik des Reichsjustizministeriums führte rasch zu dem er-

---

100 Siehe u. a. SG Köln gegen einen ehemaligen »Dienstleiter« der Bibelforscher vom 17.3.1937 – wegen fortgesetzter Tätigkeit für die Zeugen Jehovas drei Jahre Gefängnis unter Anrechnung der Schutz- und Untersuchungshaft (HSTAD-Kalkum Rep. 112/16965); SG Düsseldorf vom 27.11.1937 gegen drei Bibelforscher, die in der Bezirksvertretung ihrer Gemeinschaft aktiv waren – Strafen zwischen sechs Monaten und drei Jahren Gefängnis unter Anrechnung der Untersuchungshaft (HSTAD-Kalkum Rep. 114/1139); SG Düsseldorf vom 12.2.1937 gegen einen wegen Wehrdienstverweigerung vorbestraften Bibelforscher – neun Monate Gefängnis für Annahme und Lektüre illegaler religiöser Schriften (Rep. 114/992).
101 Kater, Bibelforscher, a. a. O., S. 207.
102 BA R 22/4277. Ministerialdirektor Crohne betonte allerdings, daß seine Ausführungen lediglich als »Anregung« zu verstehen seien. Sein Vortrag wurde von den OLG-Präs., von denen einige Höchststrafen gegen Bibelforscher aus verschiedenen Gründen nicht für angebracht hielten, kontrovers diskutiert.

wünschten Erfolg. Schon Ende 1938 konnte der SD feststellen, daß die Rechtsprechung der Sondergerichte wesentlich »einheitlicher und straffer« geworden sei und keinen Grund mehr zur Beanstandung gebe[103]. Zu Kriegsbeginn wurden sogar verschiedentlich Bibelforscher zum Tode verurteilt, weil sie aufgrund ihrer strikt pazifistischen Einstellung den Wehrdienst verweigert und in Flugblattaktionen gegen die Kriegspolitik des Dritten Reiches protestiert hatten[104].

Der Weg zu dieser Rechtsprechung war – wie gezeigt – bereits vor den Übergriffen der Gestapo und den gegensteuernden Lenkungsbemühungen des Reichsjustizministeriums geebnet worden. Auch die Sondergerichte, deren Urteile vom Reichsjustizministerium in der Besprechung der Behördenchefs im Juni 1937 als zu milde kritisiert wurden, hatten das Fehlen ausreichender gesetzlicher Grundlagen für die strafrechtliche Verfolgung der Bibelforscher ignoriert und auch bei geringfügigen Vergehen unverhältnismäßig harte Strafen gegen sie verhängt. Daß die Bibelforscher – so das Sondergericht Köln im März 1937 – »kein Vaterland kennen, international eingestellt sind und alle Menschen als ihre Brüder betrachten«[105], galt auch ohne entsprechende Ermahnungen aus Berlin als sicherer Beweis für ihre Unterwanderung durch die KPD. Das Sondergericht in Düsseldorf fügte dem in seinen Urteilsbegründungen oft noch die absurde Behauptung hinzu, die Zeugen Jehovas würden von jüdischen Geldgebern finanziert.

Sicherlich gab es Richter, die die Bibelforscher – wie auch manche fanatische Nationalsozialisten[106] – als »harmlose Irre« betrachteten, als religiös Verblendete, bei denen Gefängnisstrafen ohnehin nichts fruchteten[107]. Der Mehrzahl der Richter an den Sondergerichten galten sie hingegen offenbar als gefährliche Vereinigung, die – obwohl ihre Flugblattaktionen und Bibelstunden das NS-Regime zu keinem Zeitpunkt tatsächlich gefährdeten – unnachsichtig verfolgt werden müsse. Hier wirkte offensichtlich die Agitation der völkischen Rechten der Weimarer Republik nach, die die Zeugen Jehovas wegen deren pazifistischer, antimilitaristischer Einstellung schon in den 20er Jahren konsequent diffamiert hatte.

Opfer einer sich zunehmend radikalisierenden Rechtsprechung wurden die Bibelforscher wohl nicht zuletzt auch, weil sie – ähnlich wie die »Heimtücke«-Täter aus dem Umfeld von KPD und SPD – zumeist den unteren Schichten entstammten. Anders als viele wegen »Heimtücke« angeklagte Geistliche hatten sie nicht die rhetorischen Mittel bzw. den

103 Jahresbericht des SD für 1938. Lageberichte des SD, a. a. O., Bd. 2, S. 126.
104 Kater, Bibelforscher, a. a. O., S. 198 f.
105 3. 3. 1937. HSTAD-Kalkum Rep. 112/16956.
106 Kater, Bibelforscher, a. a. O., S. 183.
107 Siehe die Stellungnahmen verschiedener OLG-Präsidenten auf der Besprechung am 18. 6. 1937. BA R 22/4277.

Willen, sich zu verteidigen, sondern standen zumeist mit großem Bekennertum zu den ihnen zur Last gelegten Delikten. Zudem waren sie in der Regel auch nicht begütert genug, um sich einen qualifizierten Rechtsbeistand leisten zu können.

Gerade die Urteile gegen die Zeugen Jehovas verdeutlichen, daß die Rechtsprechung der Sondergerichte in starkem Maße von der sozialen Position der Angeklagten bzw. der sozialen und wertmäßigen Verbundenheit der Richter mit den Angeklagten bestimmt war[108]. Von extensiver Gesetzesauslegung und harten Strafen waren insbesondere politische und soziale »underdogs« betroffen, während die Richter in Angeklagten aus dem Bürgertum vielfach keine »Staatsfeinde« zu erkennen vermochten. In Verfahren gegen katholische Geistliche stand zudem offenbar – zumindest in Bayern und im Rheinland – die starke Einbindung vieler Richter in ein stark ausgeprägtes katholisches Milieu einer ausufernden Gesetzesauslegung entgegen. Ähnliches gilt wohl auch für die Sondergerichte im protestantischen Schleswig-Holstein, die sich auffallend häufig zur Einstellung von »Heimtücke«-Verfahren gegen evangelische Pfarrer entschlossen[109].

Den Interessen des NS-Regimes, das auch in »heimtückischen« Geistlichen und »Miesmachern« und »Meckerern« aus dem Bürgertum ernstzunehmende Gegner sah, dienten die Richter an den Sondergerichten somit nur partiell. Während sie das Umfeld des kommunistischen und sozialdemokratischen Widerstands entschlossen bekämpften, schonten sie vielfach – ohne sich dabei gegen den NS-Staat stellen zu wollen – Widerstandspotentiale in ihnen nahestehenden sozialen Milieus und Gruppen.

Diese Ungleichheit der Maßstäbe wurde von Gestapo und NSDAP mit Verärgerung registriert und bestärkte sie in ihrer Forderung nach neuen, dem »gesunden Volksempfinden« gemäßeren Rechtsinstitutionen[110]. Insbesondere die häufig auffallend milden Urteile gegen Geistliche nährten die alten Aversionen gegen die »bürgerlich-reaktionäre« Klassenjustiz[111]. Wieviel die Gerichte zur erfolgreichen Bekämpfung der »Kommunismusgefahr« beitrugen, wurde dabei zumeist vergessen. Aber selbst bei mehr

108 So auch M. Broszat / E. Fröhlich, Alltag und Widerstand. Bayern im Nationalsozialismus. München 1987, S. 44 f.
109 Siehe dazu demnächst die Analyse norddeutscher Sondergerichtsakten von K. Bästlein, dem ich für diesen Hinweis danke.
110 So nach »Volksgerichten« aus ehemaligen SS-Männern, die zivile Rechtsstreitigkeiten von den Amtsgerichten übernehmen sollten. Siehe Kap. 8.
111 Siehe u. a. die Arbeitsanweisungen des RSHA für das Lebensgebiet Recht von 1941 (BA R 58/990), sowie den NSDAP-Ortsgruppenleiter in Erklenz über einen Prozeß gegen elf Priester (März 1942) vor dem SG Düsseldorf wegen des Abhörens von Feindsendern. HSTAD RW 23/99, Bd. II.

Erinnerungsvermögen wäre die Kritik an der »bürgerlichen« Justiz gerade auf seiten der Gestapo wohl kaum weniger fundamental ausgefallen; Ihr Apparat expandierte Mitte der 30er Jahre personell und organisatorisch zusehends. Himmler drängte auf eine Ausweitung seiner Macht, und dies konnte letztlich nur durch die Verdrängung der Justiz auf dem Gebiet der Bekämpfung der allgemeinen und politischen Kriminalität geschehen.

VII. Richterschaft und Staatspolizei – Konkurrenz und Kooperation

Obwohl die Richterschaft in der Erwartung eines autoritären Rechtsstaates bereit war, die »nationale Revolution« zu unterstützen, zeigte sich bald nach der »Machtergreifung« eine prinzipielle Konkurrenz zwischen der Justiz und der von Himmler geführten SS. Die SS nahm zunehmend Einfluß auf die Polizeien der Länder und gewann schließlich 1936 mit der Ernennung Himmlers zum Chef der Deutschen Polizei die Kontrolle über den gesamten Polizeiapparat. Ihr Machtanspruch erstreckte sich auf die politische »Gegnerbekämpfung« wie auch auf die Bekämpfung der allgemeinen Kriminalität[1].

Insbesondere auf dem Gebiet der »Kommunismus-« bzw. der »Gegnerbekämpfung« agierte die Polizei seit 1933 »ergänzend« oder »korrigierend« neben der Justiz. Im Geheimen Staatspolizeiamt (Gestapa) in Berlin bemühte man sich unter Leitung Heydrichs intensiv darum, die politischen Urteile der Gerichte systematisch zu erfassen und auszuwerten. Am 26. April 1935 gab Heydrich den Staatspolizeileitstellen Befehl, Listen aller Urteile zu erstellen, die eine »ungenügende« Arbeit der Justiz gegen »Staatsfeinde« erkennen ließen. Dabei sollte insbesondere vermerkt werden, ob die bemängelten Urteile »ihre Ursache in einer negativen Einstellung des Richters oder Staatsanwalts zum nat.soz. Staat« hätten. Fehlurteile sollten allerdings nicht eigenmächtig »korrigiert«, sondern dem Gestapa umgehend mitgeteilt werden, damit es im Einvernehmen mit dem Reichsjustizministerium entsprechende Maßnahmen ergreifen könne[2].

Das Gestapa behielt sich jedoch oft allein die Entscheidung darüber vor, ob Kommunisten, Sozialdemokraten u. a. den Gerichten überstellt wurden, ob sie aus der Schutz- bzw. U-Haft entlassen wurden, wenn dies das Gericht anordnete[3], oder ob die gegen sie gefällten Gerichtsurteile der Korrektur durch »polizeiliche Verwahrungsmaßnahmen«, d. h. durch

---

1 Siehe D. Majer, Zum Verhältnis von Staatsanwaltschaft und Polizei im Nationalsozialismus, in: Reifner/Sonnen, Strafjustiz und Polizei, a. a. O., S. 121–160; K.-L. Terhorst, Polizeiliche planmäßige Überwachung und polizeiliche Vorbeugungshaft im Dritten Reich. Heidelberg 1985; G. Wieland, Die normativen Grundlagen der Schutzhaft in Hitler-Deutschland, in: Jahrbuch der Geschichte 1982, S. 75–102.
2 Schreiben des Chefs der Sicherheitspolizei an die Staatspolizeileitstellen vom 26. 4. 1935. HSTAD RW 18/37.
3 Siehe u. a. eine Notiz der Staatspolizeistelle Düsseldorf (vermutlich September 1934), HSTAD RW 34/1; GSTA Köln vom 30. 9. und 28. 12. 1936 (BA R 22/1462); Schreiben des OSTA Prenzlau an den GSTA Berlin vom 4. 8. 1936 (ebd.); Gruchmann, Die Justiz im Dritten Reich, a. a. O., S. 585.

KZ-Haft bedurften[4]. Nach der strafrechtlichen »Erledigung einer politischen Strafsache« wurden immer wieder »Maßnahmen der Politischen Polizei« – wie Überwachung oder Verhaftung nach Verbüßen der Justizhaft – angeordnet, um den »Staatsfeinden« jede Möglichkeit zu nehmen, »ihr politisches Treiben gegen den nationalsozialistischen Staat erneut auf [zu] nehmen«[5].

In solchen Anweisungen zeichnete sich immer eindeutiger ab, daß die im Reichsjustizministerium gehegte Hoffnung auf eine »Verrechtlichung« der Schutzhaft, d. h. auf eine Kontrolle der Schutzhaft durch die Gerichte oder gar auf deren gänzlichen Verzicht nach der »revolutionären« Phase der Machtübernahme sich nicht erfüllen würde[6]. Das sogenannte Gestapo-Gesetz vom 10. Februar 1936 beseitigte vielmehr die Kontrolle staatspolizeilicher Aktionen durch die Verwaltungsgerichte und stellte es der Staatspolizei anheim, ihre Arbeitsbereiche »im Einvernehmen mit dem Minister des Inneren« selbst festzulegen[7].

1937/38 eroberte die Staatspolizei de facto auch die Strafhoheit über »Rassenschänder« und Bibelforscher, die, falls dies für notwendig gehalten wurde, mit Billigung des Reichsjustizministeriums unmittelbar nach der Entlassung aus der Justizhaft in ein KZ eingewiesen wurden[8]. Nach Kriegsbeginn radikalisierte die Staatspolizei dann ihre Methoden noch und »korrigierte« – vorgeblich oder tatsächlich auf Befehl Hitlers – etliche Gerichtsurteile gegen Wehrdienstverweigerer u. a., indem sie diese kurzerhand exekutierte[9]. Auf dem Höhepunkt des Krieges schließlich war die Aburteilung der »Fremdvölkischen«, d. h. vor allem der polnischen und russischen Zwangsarbeiter[10], und auch politischer und »asozialer« »Volksschädlinge« zumeist nur noch dann Sache der Gerichte, wenn die Staatspolizei dies aus propagandistischen Gründen für opportun hielt.

Der Machtzuwachs der Polizei und die Entwicklung der Strafrechtsprechung, die nach 1939 eine bis dahin ungeahnte Härte zeigte[11], werden oft

4 Ein Beispiel hierfür der kommunistische Heimtücke-Täter A., der 1936 dem SG Düsseldorf zur Aburteilung überstellt und unmittelbar danach für drei Jahre ins KZ überführt wurde. Grundlage hierfür war ein Erlaß Himmlers, nach dem Häftlinge, die zum zweitenmal wegen eines politischen Vergehens in Schutzhaft genommen worden waren, nicht vor drei Jahren aus dem KZ entlassen werden durften. HSTAD RW 58/60362.
5 Schreiben Heydrichs an die Staatspolizeileitstellen vom 15. 7. 1935. HSTAD RW 18/2.
6 Siehe Gruchmann, Die Justiz im Dritten Reich, a. a. O., S. 525 ff.
7 Preußische Gesetzessammlung, S. 21 (§ 1 Abs. 1).
8 Majer, Fremdvölkische, S. 650, Anm. 66. Hier die diese Praxis unterstützenden Erlasse des Reichsjustizministeriums von 2. 7. 1937 und 8. 3. 1938.
9 M. Broszat, Zur Perversion der Strafjustiz im Dritten Reich, in: VfZ 1958, S. 390–443, hier S. 397.
10 Siehe Majer, Fremdvölkische, a. a. O.; U. Herbert, Fremdarbeiter. Politik und Praxis des »Ausländer-Einsatzes« in der Kriegswirtschaft des Dritten Reiches. Bonn/Berlin 2. Aufl. 1986.
11 Siehe Kap. 8.

in einer kausalen Verbindung gesehen. Die Gerichte – so die überwiegende Meinung – hätten versucht, durch eine stetige Verschärfung der Rechtsprechung die »Urteilskorrekturen« der Staatspolizei zum Stillstand zu bringen und so »eine gewisse Eigenständigkeit der Justiz zu retten«[12].

Ex post erscheint dies überzeugend, zumal die erdrückende, ständig wachsende Machtfülle des Polizeiapparates zweifellos ein grundlegendes Charakteristikum der NS-Herrschaft darstellt. Allerdings war diese Expansion ein allmählicher, von verschiedenen »Burgfrieden« mit der Justiz[13] unterbrochener Prozeß[14]. Sein Endergebnis dürfte für die Zeitgenossen nur schwer absehbar gewesen sein – insbesondere dann, wenn man wie die Richterschaft bereit war, im Staatsinteresse vorübergehende »Ausnahmeregelungen« hinzunehmen und sich im übrigen der Illusion des »völkischen« Rechtsstaats hinzugeben.

Der »Kampf gegen Verbrechertum und Staatsfeinde«

1933 begannen die Mitglieder der SS, die in leitende Positionen in der Polizei aufgestiegen waren, den »nationalsozialistischen Kampf gegen das Verbrechertum«[15]. Erfolge stellten sich rasch ein. So konnte sich Kurt Daluege, ein junger SS-Führer, der im Mai 1933 die Polizeiabteilung des Preußischen Innenministeriums übernahm und wenig später schon als Befehlshaber der preußischen Polizei fungierte, bereits Ende 1933 wichtige Kompetenzen bei der »Verbrechensbekämpfung« sichern. Durch einen Erlaß des Preußischen Innenministers vom 13. November 1933 wurde die Polizei ermächtigt, Personen, die aus »Gewinnsucht« Straftaten bzw. Sittlichkeitsverbrechen begangen hatten und mindestens dreimal zu wenigstens sechs Monaten Gefängnis oder Zuchthaus verurteilt worden waren, »vorbeugend« zu verhaften und zur »Erziehung« durch kör-

---

12 Zit. nach Majer, Grundlagen des nationalsozialistischen Rechtssystems, a.a.O., S. 113; siehe auch dies., Fremdvölkische, a.a.O., S. 697 ff.; Johe, a.a.O., S. 154 f.; Gruchmann, Rechtssystem und nationalsozialistische Justizpolitik, a.a.O., S. 89.
13 Siehe Gruchmann, Die Justiz im Dritten Reich, a.a.O., S. 673.
14 R. L. Koehl, The Black Corps. The Structure and Power Struggle of the Nazi SS. Wisconsin 1983, S. 121 ff.; H. Buchheim, Die SS – das Herrschaftsinstrument, in: ders./ M. Broszat u. a., Anatomie des SS-Staates, Bd. 1, 2. Aufl. München 1979, S. 15–214, hier S. 101 ff.; N. Frei, Der Führerstaat. München 1987, S. 120 ff.
15 Siehe K. Daluege, Nationalsozialistischer Kampf gegen das Verbrechertum. 2. Aufl. München 1936; siehe auch Terhorst, a.a.O.; Gruchmann, Die Justiz im Dritten Reich, a.a.O., S. 719 ff.; jetzt auch Werle, Justiz-Strafrecht und polizeiliche Verbrechensbekämpfung, a.a.O.

perliche Arbeit in ein KZ einzuliefern[16]. Zudem weitete der Erlaß die polizeiliche Generalklausel, d. h. das Recht der Polizei, Maßnahmen zur Aufrechterhaltung von Sicherheit und Ordnung zu ergreifen, so aus, daß selbst bei laut Gesetz nicht strafbaren Handlungen polizeiliche »Vorbeugungshaft« angeordnet werden konnte. Schon wenn ein »verbrecherischer Wille« erkennbar war, war eine Verhaftung möglich.

Damit war die Polizei nicht mehr an die Leitung und Aufsicht durch Staatsanwaltschaft und Gerichte gebunden und besaß eine rechtliche Handhabe, um Entscheidungen der Justiz durch »vorbeugende« Maßnahmen zu korrigieren bzw. – wie es Daluege formulierte – »die Lücken des Strafgesetzbuches« zu schließen[17]. Letztlich war es eben diese prinzipielle Verschiebung im Kräfteverhältnis zwischen Justiz und Polizei, auf die Daluege und andere SS-Führer zielten. Ihrer Auffassung nach war die Justiz ohnehin nicht in der Lage, die Kriminalität effektiv zu bekämpfen: Sie könne schließlich Verbrechen nur »nachträglich« bestrafen, nicht aber durch präventive Schritte verhindern[18].

Quantitativ bleiben die Erfolge der polizeilichen Verbrechensbekämpfung – auch wenn eine »planmäßige Überwachung« von »Berufs- und Gewohnheitsverbrechern« durch die Kriminalpolizei erreicht werden konnte – allerdings zunächst noch weit hinter den Erwartungen der SS zurück. Zwei Erlasse des Innenministeriums vom 13. November 1933 und vom 10. Februar 1934 schrieben nämlich vor, daß in Preußen maximal 525 Personen in Vorbeugungshaft genommen werden sollten – obwohl Daluege die Zahl der dafür in Frage kommenden »Gewohnheitsverbrecher« mindestens dreimal höher bezifferte[19].

Die Strafbefugnisse, die die Gerichte nach der NS-Machtübernahme gegen das »Verbrechertum« erhielten, waren im Vergleich dazu weit weniger eingeschränkt. Im Zuge der allgemeinen Verschärfung der Strafgesetze gab ihnen insbesondere das »Gesetz gegen gefährliche Gewohnheitsverbrecher« vom 24. November 1933[20] die Möglichkeit, äußerst harte Strafen gegen »gewohnheitsmäßige Kriminelle«, Bettler, Landstreicher und »Asoziale« zu verhängen. Wiederholungstäter mußten mit bis zu 15 Jahren Zuchthaus rechnen. Falls es die Richter für notwendig hielten, konnten sie zudem zusätzlich zur Haftstrafe verschiedene »Maßregeln« aussprechen. Der Katalog dieser »Maßregeln« umfaßte die Einweisung in eine Heilanstalt, in ein Arbeitshaus oder – sofern es sich um einen »gefährlichen Gewohnheitsverbrecher« handelte – in die Siche-

---

16 Siehe Daluege, a. a. O., S. 34 ff.; Archivfundstellen bei Terhorst, a. a. O., S. 61.
17 Zit. nach Daluege, a. a. O., S. 37.
18 Ebd.
19 Daluege, a. a. O., S. 36. Danach betrug die Zahl der »Gewohnheitsverbrecher« in Vorbeugungshaft Ende 1935 476, ebd., S. 40.
20 RGBl. 1933/I, S. 995–1010.

rungsverwahrung[21]. Bei Homosexuellen, »Schwachsinnigen« und Sittlichkeitsverbrechern waren die Richter zudem befugt, die »Entmannung« anzuordnen.

Entsprechend der in der Richterschaft wie in der Öffentlichkeit vertretenen Auffassung, daß zur Eindämmung der Kriminalität härteste Strafen bzw. die »Aussonderung« der »Nichtbesserungsfähigen« nötig seien[22], wurde das »Gewohnheitsverbrecher-Gesetz« extensiv gehandhabt. Nach der vermeintlichen »Erweichung« der Strafgesetze und des Anstiegs der Kriminalitätskurve in den 20er Jahren glaubte man nun offensichtlich, Versäumtes nachholen zu müssen. So wurde die »Entmannung« bis Ende 1940 in mindestens 2000 Fällen angeordnet[23], und die Sicherungsverwahrung nicht nur gegen Schwerkriminelle, sondern auch gegen vorbestrafte Landstreicher und Bettler, die zum Beispiel ein paar Unterhosen von einer Wäscheleine hatten verschwinden lassen[24]. Allein im ersten Jahr nach dem Inkrafttreten des »Gewohnheitsverbrecher-Gesetzes« entschieden die Gerichte in 3723 Fällen auf Sicherungsverwahrung bzw. auf die »Ausscheidung des Täters« aus der »Volksgemeinschaft« (Freisler)[25]. 553 Angeklagte wurden in Heil- und Pflegeanstalten eingewiesen, 97 in Trinkerheilanstalten, 1832 in Arbeitshäuser[26].

Angesichts dieser Entwicklung mahnte das Reichsgericht zu mehr Zurückhaltung und rügte insbesondere die – nach dem Wortlaut des Gesetzes allerdings durchaus mögliche – nachträgliche Anordnung der Sicherungsverwahrung, auf die die Gerichte 1934 in 2367 Fällen entschieden hatten. Dies zeigte Wirkung. 1935 ordneten die Gerichte diese Maßregel in 1464 und 1937 in 765 Fällen an[27]. Als das Reichsjustizministerium die

21 Die »Besserung« der Sicherungsverwahrten, die in der Regel zu körperlicher Arbeit herangezogen wurden, wurde alle drei Jahre geprüft. Entlassungen galten als »bedingte Aussetzung« und konnten bei Verfehlungen jederzeit widerrufen werden. Siehe R. Freisler/F. Schlegelberger, Dringende Fragen der Sicherungsverwahrung. Berlin 1938.
22 Siehe zur langen Tradition solcher Vorstellungen D. J. K. Peukert, Grenzen der Sozialdisziplinierung. Köln 1986.
23 »Führerinformation« vom 1. 1. 1941. BA R 43 II/1559a.
24 Siehe dazu entsprechende Entscheidungen der Gerichte der OLG-Bezirke Köln und Düsseldorf, HSTAD-Kalkum.
25 Laut B. Wehner, Die (Kriminal)Polizei und der Nationalsozialismus. Sonderdruck aus: Kriminalistik (Mai–Dezember) 1989, wurde die Sicherungverwahrung in der Regel in den nicht der Justiz unterstellten KZs vollzogen.
26 Exner, Wie erkennt man den gefährlichen Gewohnheitsverbrecher, in: DJ 1943, S. 377f.; davon geringfügig abweichend die Zahlen bei R. Freisler, Fragen zur Sicherungsverwahrung, in: DJ 1938, S. 626–629. Nach der Statistik des Deutschen Reiches, Bd. 507, Berlin 1938, wurde die Sicherungsverwahrung in 2367 Fällen in einem nachträglichen Sicherungsverfahren und in 1356 Fällen in einem ordentlichen Strafverfahren angeordnet. Die Zahlen zu den Einweisungen in Arbeitshäuser etc. ebd.
27 Siehe Anm. 26. 1934 wurden 7, 1935 72 und 1936 165 Personen aus der Sicherungsverwahrung entlassen (Gruchmann, Die Justiz im Dritten Reich, a. a. O., S. 728).

Richter jedoch im März 1938 aufforderte, gegen »Gewohnheitsverbrecher« »ihre Befugnisse voll aus[zu]schöpfen«[28], genügte dies, um die Zahl der Sicherungsverwahrungen in kürzester Zeit wieder deutlich ansteigen zu lassen. 1938 wurde die Sicherungsverwahrung gegen 964 und 1939 gegen 1827 Personen angeordnet. Insgesamt belief sich die Zahl der Personen, die zwischen 1934 und 1939 in die Sicherungsverwahrung eingewiesen wurden, auf 9689[29]. Mit Beginn des Krieges stieg die Zahl dann noch einmal drastisch an: Allein 1942 befanden sich rund 7400 Personen in Sicherungsverwahrung[30].

Staatssekretär Freisler stellte den Richtern 1938 für die Art und Weise, in der sie gegen »Gewohnheitsverbrecher« vorgingen, ein überaus gutes Zeugnis aus. Mit Hilfe der Sicherungsverwahrung habe man »die Brut- und Lehrstätten des Verbrechernachwuchses« ausgetrocknet[31]. Diese Erfolgsmeldung war allerdings nicht allein als Lob für die Richterschaft gedacht. Vielmehr sollte sie wohl in erster Linie der SS demonstrieren, daß nicht ihre Methode der »Verbrechensvorbeugung«, sondern allein »die gesetzliche Regelung der Sicherungsverwahrung [...] eine geeignete Grundlage für erfolgreiche Verbrechensbekämpfung« sei.

In der Tat hatte die Justiz gegenüber der Polizei seit Mitte der 30er Jahre an Boden verloren. Nach der Ernennung Himmlers zum Chef der Deutschen Polizei am 17. Juni 1936[32] hatte nämlich nicht nur eine »Verklammerung der Polizei mit der SS«[33] eingesetzt, sondern es war auch der Polizeiapparat neu organisiert und trotz der weiterhin bestehenden formalen Unterstellung unter das Reichsinnenministerium in seinen Aktionen freier und mächtiger geworden. Die uniformierte Ordnungspolizei (Schutzpolizei, Verkehrspolizei u. a.) unterstand seit Juni 1936 dem nun als General der Polizei fungierenden Daluege, während Kriminalpolizei und Politische Polizei unter dem Oberbefehl des Chefs der Sicherheitspolizei und des SD Heydrich stand. Die Kriminalpolizei wurde aus der

28 AV des Reichsjustizministeriums zu Strafsachen gegen gefährliche Gewohnheitsverbrecher, in: DJ 1938, S. 323 ff.
29 Zahlen nach Exner, a. a. O. – Nicht eingerechnet sind hier offenbar die Einweisungen in Arbeitshäuser und Heilanstalten.
30 So Reichsjustizminister Thierack auf der Besprechung am 29. 9. 1942. BA R 22/4199.
31 Freisler, Sicherungsverwahrung, a. a. O., hier S. 626.
32 RGBl. 1936/I, S. 487.
33 Zit. nach Buchheim, Die SS, a. a. O., S. 49. – Werner Best hat allerdings gegenüber dem Verfasser in einem Brief vom 10. 1. 1986 bestritten, daß es zu einer personellen »Verschmelzung« von Polizei und SS gekommen sei. Es sei für die Sicherheitspolizei lediglich – auf seine Initiative – zu einer »Angleichung« durch das Anlegen der »SS-Uniform mit dem Dienstgrad-Abzeichen des Beamten-Dienstgrades« gekommen. Das unten genannte Projekt zur Hamburger Polizei bestätigt zumindest, daß es in der Tat nur eine sehr schleppende »Verschmelzung« von SS und Polizei gab.

Zuständigkeit der Landeskriminalämter gelöst und im Juli 1937 dem »Reichskriminalhauptamt« zugeordnet[34].

Damit waren die organisatorischen Voraussetzungen für eine enge Zusammenarbeit zwischen Kriminalpolizei und Gestapo und für eine Intensivierung der polizeilichen »Verbrechensbekämpfung« geschaffen, zumal zugleich die Finanzmittel für einen großzügigen personellen Ausbau des KZ-Wesens und der Politischen Polizei zur Verfügung gestellt wurden. Die Wachmannschaften der KZs vergrößerten sich von rund 2000 Mann im Januar 1935 auf 4833 im Dezember 1937[35]; die preußische Gestapo, die ihren Personalbestand bereits 1934/35 von 1670 auf 2367 Beamte und Angestellte gesteigert hatte[36], erhielt 1936 rund 870 weitere Stellen[37].

Gestützt auf einen wesentlich verstärkten SS- und Polizeiapparat, konnte Himmler im Januar 1937 in einer Rundfunkansprache aus Anlaß des »Tags der Deutschen Polizei« nun auch öffentlich die »Ausschaltung« von »unverbesserlichen asozialen Elementen« als Aufgabe der Polizei reklamieren[38]. Seine Mitarbeiter Werner Best und Albrecht Böhme bemühten sich unterdessen, in der juristischen Fachpresse der Polizei als besonderen Zweig der »inneren Verwaltung« eine von der Justiz unabhängige und nicht zu kontrollierende Handlungskompetenz zuzuschreiben[39].

Himmlers Rundfunkansprache folgte Anfang März 1937 eine Verhaftungsaktion, in deren Verlauf 2752 »Berufs- und Sittlichkeitsverbrecher« in die KZs Sachsenhausen und Dachau verschleppt wurden, ohne daß auch nur in einem Fall ein Richter einen Haftbefehl unterzeichnet hätte[40]. Die polizeirechtlichen Voraussetzungen für diese Aktion klärte Himmler erst in einem Runderlaß vom 14. Dezember 1937[41], der dem Reichsjustizministerium bezeichnenderweise erst am 19. Januar 1938 zur Kenntnisnahme zugesandt wurde[42]. Danach waren alle Personen in Haft zu nehmen, die mindestens dreimal zu wenigstens drei Monaten Gefängnis oder Zuchthaus verurteilt worden waren und ihren Lebensunterhalt »ganz

---

34 Siehe »Die Hamburger Polizei im Dritten Reich«. Zwischenbericht über die 2. Projektphase. Hamburg 1986 (Typoskript), S. 51, S. 55 f.
35 Tuchel/Schattenfroh, a. a. O., S. 95.
36 Leßmann, a. a. O., S. 401.
37 Ebd., S. 87 f.; siehe auch »Die Hamburger Polizei im Dritten Reich«, a. a. O.
38 Zit. nach: P. Maier-Bennenckenstein (Hrsg.), Dokumente der deutschen Politik, Bd. 5, Berlin 1938, S. 235–240.
39 Siehe u. a. A. Böhme, Die Vorbeugungshaft der Polizei, in: DR 1936, S. 142–145 (»Die Kriminalpolizei ist auch nicht nur ausführendes Organ der Justiz, sondern erledigt Verwaltungsaufgaben, die weit über den Bereich der Justiz hinausgehen.«).
40 Siehe M. Broszat, Nationalsozialistische Konzentrationslager 1933–1945, in: Buchheim u. a., Anatomie des SS-Staates, Bd. 2, a. a. O., S. 11–136, hier S. 67 ff., sowie Terhorst, a. a. O., S. 113.
41 Broszat, Konzentrationslager, a. a. O., S. 70.
42 Siehe Diensttagebuch Gürtner, 19. 1. 1938. BA R 22/945.

oder teilweise« mit Hilfe von Straftaten bestritten. In »ganz besonderen Ausnahmefällen« sollten auch »Berufsverbrecher« in Vorbeugungshaft genommen werden, auf die zwar diese Bestimmungen nicht zutrafen, die aber dennoch »durch ihr asoziales Verhalten die Allgemeinheit« gefährdeten[43]. Die Schutzhaft sollte im übrigen so lange währen, »wie ihr Zweck es erfordert«, war also unbegrenzt dehnbar.

Im Vergleich zu den Bestimmungen von 1933 waren damit die Befugnisse der Polizei wesentlich ausgeweitet worden, zumal nun die Prüfung von Beschwerden gegen die Verhängung der Vorbeugungshaft nicht mehr wie zuvor beim Innenministerium, sondern beim Reichskriminalamt, also letztlich beim Reichsführer SS lag, d. h. bei der Stelle, die die Vorbeugungshaft selbst angeordnet hatte.

Die Aufforderung des Reichsjustizministeriums an die Richter, die Sicherungsverwahrung »rücksichtlos« anzuwenden, vermochte die Expansion der polizeilichen »Verbrechensbekämpfung« nicht zu bremsen. Vielmehr kam es im Juni 1938 zu einer weiteren »Sonderaktion« der Polizei gegen »Asoziale«, der Aktion »Arbeitsscheu Reich«. Auf Befehl Heydrichs sollten mindestens 200 »Arbeitsscheue, Landstreicher, Bettler, Zigeuner, Zuhälter, Widerstandleister, Körperverletzer, Hausfriedensbrecher« und zudem alle vorbestraften männlichen Juden[44] verhaftet und ins KZ Buchenwald eingeliefert werden. Grund hierfür war der Mangel an Arbeitskräften für die Erfüllung des Vierjahresplans. Zudem hatte die SS in Buchenwald eine Baustoffproduktion in Betrieb genommen, für die sie dringend Arbeiter benötigte[45].

Die Vorgabe Heydrichs wurde bei weitem übererfüllt. Die Häftlingszahlen in Buchenwald stiegen nicht um 200, sondern um über 4000 von 3145 auf 7723[46]. In Einzelfällen zeigten die Kriminalpolizeistellen sogar solchen Eifer, daß sie versuchten, die Aktion auch auf »asoziale« Häftlinge der Justiz auszuweiten, die nur kurze Freiheitsstrafen verbüßten bzw. kurz vor der Haftentlassung standen[47]. Insgesamt erhöhte sich die Zahl der »Asozialen« und »Gewohnheitsverbrecher« in den KZs von 2484 Ende 1937 auf 12921 Ende 1938[48].

---

43 Zit. nach Broszat, Konzentrationslager, a.a.O., S. 70f.
44 Zit. nach einem Schreiben der Kriminalpolizeistelle Gleiwitz an den dortigen OSTA vom 15.6.1938. BA R 22/947.
45 Siehe W. Ayaß, »Ein Gebot der nationalen Arbeitsdisziplin«. Die Aktion »Arbeitsscheu Reich« 1938, in: G. Aly u.a. (Hrsg.), Feindaufklärung und Prävention. Kriminalbiologie, Zigeunerforschung und Asozialenpolitik. Berlin 1988, S. 43–74. Nach Angaben der SS betrug die Zahl der in der Aktion von Juni 1938 Verhafteten »weit über 10000«, von denen anläßlich der Amnestie im April 1939 lediglich rund 1400 entlassen wurden (ebd., S. 60f.); Broszat, Konzentrationslager, a.a.O., S. 74f.
46 Tuchel/Schattenfroh, a.a.O., S. 151.
47 Siehe Anm. 44.
48 Terhorst, a.a.O., S. 153.

Mit der Aktion »Arbeitsscheu Reich« war die Prädominate in der Verbrechensbekämpfung eindeutig auf die Polizei übergegangen. Während die Gerichte nur diejenigen »Asozialen« und »Gewohnheitsverbrecher« in die Sicherungsverwahrung einweisen konnten, die straffällig geworden waren, hatten sich Polizei und SS nun endgültig das Recht zur »präventiven Verbrechensbekämpfung« gesichert.

Anzeichen für eine Beunruhigung der Richterschaft durch die polizeilichen Aktionen gegen »Gewohnheitsverbrecher« finden sich indes für die 30er Jahre weder in den Lageberichten der Justiz noch in den Meldungen von SD und SOPADE, die ansonsten die Stimmungslage der Richterschaft sehr genau widerspiegeln. Wesentlich hierfür dürfte wohl die in der Richterschaft offensichtlich sehr weit verbreitete Auffassung gewesen sein, daß man – wie es ein Hamburger Richter 1942 formulierte – gegen »Gewohnheitsverbrecher mitleidlos« und auch ohne allzu große Rücksicht auf die Verfahrensregeln der Strafprozeßordnung vorgehen müsse[49]. Ohnehin hatte die Vorstellung, daß »Asoziale« und »Gewohnheitsverbrecher« »auszusondern« und »unschädlich« zu machen seien, eine weit in die Zeit vor 1933 zurückreichende Tradition[50]. Zudem galt es offenbar vielen Richtern – wie maßgeblichen Vertretern der Kriminologie seit dem Ende des 19. Jahrhunderts – als ausgemacht, daß die Neigung zum Verbrechen ein Produkt biologischer Fehlsteuerungen und nur bei jüngeren bzw. weniger kriminell »verseuchten« Personen erfolgreich zu bekämpfen sei[51].

Angesichts dessen konnte man der »vorbeugenden Verbrechensbekämpfung« zumindest eine gewisse Berechtigung nicht absprechen, auch wenn man die Kompetenzüberschreitungen und Methoden der Polizei im einzelnen mißbilligte. Es ist bezeichnend für diese äußerst ambivalente Haltung, daß die brutale »Ausmerze« von »Gemeinschaftsfremden«, die die SS während des Krieges betrieb, in der Richterschaft im Prinzip vielfach durchaus auf Zustimmung stieß. Scharf kritisiert wurde lediglich, daß die Gerichte bei der Entscheidung darüber, wer der »Ausmerze« zum Opfer fiel, ausgeschaltet waren[52].

Sicherlich hat man in der Richterschaft auch die Tragweite der Polizeiak-

---

49 Der Hamburger LG-Präs. Korn auf einer Besprechung der Vorsitzenden der Hamburger Sondergerichte am 29.8.1942. Archiv OLG Hamburg 3131 E 1c/4. Ähnlich die Hamburger Amtsrichter auf ihrer Besprechung am 16.2.1942, ebd. 3131 E 1 d 5, auf der der Entwurf des RSHA zum »Gemeinschaftsfremdengesetz« diskutiert wurde.
50 Siehe Peukert, Sozialdisziplinierung, a. a. O.
51 So verlangte man 1942 in der Hamburger Richterschaft, die »Entmannung« von Homosexuellen zu erleichtern. GSTA Hamburg vom 5.1.1942. BA R 22/3366. Siehe auch P. Strasser, Verbrechermenschen. Zur kriminalwissenschaftlichen Erzeugung des Bösen. Frankfurt 1984.
52 Siehe Anm. 49.

tionen gegen die »Asozialen« sträflich unterschätzt. Schließlich kam die
Mehrzahl der Richter mit den »asozialen« Gruppen, auf die die Polizei
ihre Aktionen konzentrierte, kaum in Berührung, und die Möglichkeiten
der polizeilichen Verbrechensbekämpfung schienen zunächst noch recht
beschränkt. Zudem konnte man in den 30er Jahren noch den Eindruck
gewinnen, daß SS und Polizei nicht danach strebten, die Verbrechensbekämpfung auf Dauer an sich zu reißen. So hatte Heydrich im April 1935
die Staatspolizei angewiesen, die Strafhoheit der Gerichte zu respektieren, und mit verschiedenen Anweisungen dafür gesorgt, daß die Zahl der
Eingriffe der Staatspolizei in »Rassenschande«-Verfahren 1935/36 deutlich rückläufig war. Lediglich in »besonders schweren Fällen«, in denen
aufgrund »erheblicher Erregung der Öffentlichkeit« Gefahr für den
»Rassenschänder« bestehe, sollte die Staatspolizei »bis zum Wegfall der
Gefährdung« Schutzhaft anordnen[53]. In der Richterschaft erkannte man
dabei offensichtlich nicht, daß das – vorübergehende – Nachlassen der
staatspolizeilichen Übergriffe lediglich in deren »Überlastung mit politischen Aktionen« begründet war[54].
Fehleinschätzungen und Fehlwahrnehmungen dürften noch dadurch verstärkt worden sein, daß die Befugnisse der Justiz bei der Verbrechensbekämpfung Ende 1938 nochmals ausgeweitet wurden.
Im Frühjahr 1938 standen die Brüder Götze vor Gericht, die verschiedene Überfälle auf Kraftwagen durchgeführt hatten. Um sicher zu stellen, daß ihr Verfahren mit der Todesstrafe enden würde, ließ Hitler wenige Tage vor Abschluß der Hauptverhandlung rückwirkend das sogenannte Autofallen-Gesetz im Strafgesetzbuch verankern, nach dem
Überfälle auf Kraftwagen zwingend mit dem Tode zu bestrafen waren[55].
Zudem sandte Hitler am 20. November 1938 Briefe an Heydrich und

---

53 Siehe das – von etlichen Dienststellen offenbar nicht befolgte – Schreiben des Gestapa an die Staatspolizeileitstellen in Preußen vom 18.9.1935, HSTAD RW 18/3. Siehe
ebd. auch das Schreiben des Gestapa vom 27.3.1936, dem zufolge Verstöße gegen das
Blutschutzgesetz ausschließlich von der Kriminalpolizei bearbeitet werden sollten, um
die Staatspolizei für ihre eigentlichen politischen Aufgaben freizuhalten. Die Kriminalpolizei sollte die Staatspolizei indes über laufende Rassenschande-Verfahren informieren, um ihr die Gelegenheit zu geben, »in besonders wichtigen Fällen eingreifen zu
können«.
54 Siehe Anm. 33 ff. sowie Staatspolizeileitstelle Düsseldorf vom 7.12.1936, Geheimes
Staatsarchiv Berlin-Dahlem Rep. 90 P Nr. 82 H4; die Niederschrift über die Arbeitsta-
gung der Stapostellen des Regierungsbezirks Düsseldorf am 14.2.1940, HSTAD RW 36/
38. Siehe auch den Lagebericht des GSTA Köln für das zweite (?) Quartal 1941, wonach
die Staatspolizei aufgrund von Personalmangel auch in »vernehmungstechnisch«
schwierigen politischen Straffällen die Ortspolizei mit der Durchführung der Ermittlungen beauftrage, BA R 22/3374. Ähnlich auch der GSTA Naumburg vom 25.5.1939, BA
R 22/1462. Siehe auch Tuchel/Schattenfroh, a.a.O., S. 86 ff.
55 Broszat, Der Staat Hitlers, a.a.O., S. 419; Gruchmann, Die Justiz im Dritten Reich,
a.a.O., S. 897 f.

Reichsjustizminister Gürtner, in denen er sowohl die Leistungen der Polizei als auch die der Justiz bei der Verbrechensbekämpfung scharf kritisierte und eine schnellere und härtere Aburteilung von Schwerverbrechern verlangte.

Während Heydrich darauf gelassen wissen ließ, daß die Kriminalpolizei angesichts ihrer Erfolge gegen das »Verbrechertum« ihre Arbeitsweise nicht ändern müsse, reagierte Gürtner mit vorauseilendem Gehorsam. Schon einen Tag bevor Hitlers Schreiben im Reichsjustizministerium eintraf, hatte er eine Verordnung entworfen, die die »sofortige Aburteilung« von schweren Straftaten »in einem schnellen und rechtsmittellosen Verfahren« garantieren sollte[56]. Nach kurzer Rücksprache mit Reichsinnenminister Frick und der Reichskanzlei konnte bereits am 21. November die »Verordnung zur Erweiterung der Zuständigkeit der Sondergerichte«[57] in Kraft treten. Hierdurch wurden die Staatsanwaltschaften ermächtigt, auch nichtpolitische Straftaten in einem – weitgehend rechtsmittellosen – Sondergerichtsverfahren – abzuwickeln, wenn eine rasche Aburteilung im öffentlichen Interesse notwendig erschien.

Sofern Gürtner »Schlimmeres« verhüten wollte, wie u. a. sein Biograph Reitter meint[58], so tat er dies – nicht nur in diesem Fall –, indem er den Rechtsstaat noch weiter aushöhlte. Aussichten, die Okkupation gerichtlicher Kompetenzen durch die Polizei zu bremsen, hatte die Verordnung vom 21. März 1938 jedenfalls nur, wenn man die Zahl der mit politischen Verfahren ohnehin schon überlasteten Sondergerichte ausbaute und einen großen Teil der Strafrechtspflege in »Blitzverfahren« abwickelte. In der Richterschaft konnte die Verordnung allerdings als Indiz dafür verstanden werden, daß es der Justiz gelungen sei, sich wieder die Prädominate in der Verbrechensbekämpfung zu sichern.

Bei der Bekämpfung von »Staatsfeinden« zeigte das Gestapa noch weit mehr Aggressivität als bei der allgemeinen Verbrechensbekämpfung, bei der sie zumeist mit Unterstützung der Kriminalpolizei vorging bzw. sich ganz auf deren Arbeit verließ. Bereits wenige Monate nach der »Machtergreifung« hatte die Staatspolizei die ihr gefährlich erscheinenden »Widerständler« und »Meckerer« zu Tausenden in den KZs zusammengepfercht[59].

Diese »Erfolge« kamen nicht ohne wesentliche Mithilfe der Justiz zustande. In Preußen, wo – wie in den übrigen Ländern des Reiches – die

56 Dazu und zum Folgenden BA 43 II/1553a.
57 RGBl. 1938/I, S. 1632.
58 E. Reitter, Franz Gürtner. Politische Biographie eines deutschen Juristen 1881–1941. Berlin 1976.
59 Nach Broszat, Nationalsozialistische Konzentrationslager, a. a. O., S. 61, hatten die Lager Dachau, Esterwegen, Sachsenburg, Columbia-Haus, Oranienburg und Fuhlsbüttel im März 1935 7000 bis 9000 Häftlinge.

Staatspolizei nach der »Machtergreifung« zur »rücksichtslosen Ausrottung« von »kommunistischen Umtrieben« aller reichs- und landesgesetzlicher Beschränkungen enthoben wurde[60], überließ ihr Justizminister Kerrl im Frühjahr 1933 bereitwillig wesentliche Kompetenzen bei der Bestrafung von politischen Delikten. Durch einen Erlaß vom 6. Mai 1933 bestimmte Kerrl, daß Personen, die wegen Verdachts auf staatsfeindliches Verhalten festgenommen worden waren, aber nicht mehr unter dringendem Tatverdacht standen, nicht ohne Zustimmung der politischen Polizei aus der Untersuchungshaft entlassen werden durften[61]. Noch einen Schritt weiter ging er mit einem Erlaß vom 20. Dezember 1933, mit dem er es den Justizbehörden freistellte, »verurteilte Landesverräter« und politische Untersuchungsgefangene, gegen die die Justiz aufgrund mangelnder Verdachtsmomente und Beweise nicht weiter ermitteln konnte, der Staatspolizei zu überlassen[62].

Nach der »Verreichlichung« der Justizverwaltungen opferte auch Reichsjustizminister Gürtner der politischen Polizei wesentliche rechtsstaatliche Prinzipien und Kompetenzen der Justiz. So gab er zum Beispiel 1935 im Interesse der »Kommunismusbekämpfung« das richterliche Haftprüfungsrecht de facto auf. Da das »dringende Staatsinteresse« an der »Bekämpfung« von Hoch- und Landesverrätern »nicht überall eine verständnisvolle Würdigung und Beachtung« gefunden habe, verpflichtete er die Gerichte durch einen Geheimerlaß vom 5. Januar 1935 zu einer äußerst engen Zusammenarbeit mit der Staatspolizei. Die Richter hatten die Staatspolizei unverzüglich zu benachrichtigen, wenn sie den Haftbefehl gegen eine Person, die eines politischen Delikts verdächtig wurde, aufheben oder diesen Haftbefehl aufgrund mangelnder Beweise nicht ausstellen wollten. Damit sollte der Staatspolizei Gelegenheit gegeben werden, »selbst Verwahrungsmaßnahmen zu treffen«[63].

In den Verhandlungen, die 1935/36 in der Hauptsache zwischen Best, Himmlers Fachmann für Rechts- und Verwaltungsfragen, und dessen Freund Joel als Vertreter der Justiz geführt wurden[64], erklärte sich Gürtner nach anfänglichem Widerstand[65] bereit, auf die Strafhoheit der Justiz

60 Siehe Erlaß des Preußischen Ministers des Inneren vom 3.3.1933, in: MBliV I, S. 233.
61 K.-D. Bracher/W. Sauer/G. Schulz, Die nationalsozialistische Machtergreifung. Köln/Opladen 2. Aufl. 1962, S. 541.
62 Ebd.
63 BA R 22/1075. Aus den Akten der Staatspolizeileitstelle Düsseldorf ist zu ersehen, daß dieser Erlaß auch auf Bibelforscher Anwendung fand. Siehe HSTAD RW 18/2 (Bl. 210, 218).
64 So Werner Best in verschiedenen Briefen an den Verfasser. Joel wechselte später ins RSHA und wurde 1943 GSTA in Hamm.
65 Gruchmann, Die Justiz im Dritten Reich, a. a. O., S. 703 ff., der Gürtners Zustimmung zur »verschärften Vernehmung« von politischen Straftätern darin begründet sieht,

gegenüber Beamten der Staatspolizei zu verzichten und sagte zu, daß gegen Stapo-Beamte, die »Hoch- und Landesverräter« in »verschärften Vernehmungen« folterten, keine Strafverfahren mehr in Gang gesetzt werden würden[66]. Best konnte daraufhin den Leitern der Staatspolizeistellen mitteilen, daß die Stapo-Beamten insbesondere in Vernehmungen von kommunistischen Hoch- und Landesverrätern »die erforderliche Selbstkontrolle« fallen lassen könnten. Sie dürften nun den »gegenwärtigen Angriff auf den Staat mit jedem Mittel« abwehren[67]; die Staatspolizei habe lediglich die Pflicht, für die Anwesenheit eines Arztes zu sorgen, wenn mehr als zehn Stockhiebe verabreicht werden sollten. Zu Beginn des Krieges setzte das Reichssicherheitshauptamt diese Zahl eigenmächtig auf zwanzig herauf[68].

Ende 1936 erklärte sich Gürtner mit dem Wunsch Himmlers einverstanden, daß die Orts- und Kreispolizei alle politischen Fälle nicht mehr unmittelbar an die Staatsanwaltschaft, sondern an die Staatspolizei weiterleiten sollte[69]. Dabei war sich Gürtner durchaus darüber im klaren, daß er damit gegen geltendes Recht verstieß, meinte aber »im Interesse einer wirksamen Bekämpfung aller staatsfeindlichen Bestrebungen und der Herbeiführung einer hierzu notwendigen möglichst engen Zusammenarbeit zwischen Staatsanwalt und Behörden der Geheimen Staatspolizei« sich nicht verweigern zu können. Er ergänzte sogar den Erlaß Himmlers vom 18. Februar 1937, mit dem dieser der Orts- und Kreispolizei befahl, alle politischen Vorgänge nur über die Staatspolizei an die Staatsanwaltschaften weiterzuleiten[70], seinerseits durch die Weisung an die Staatsanwaltschaften, alle bei der Justiz eingegangenen »Erörterungsersuche politischen Inhalts« den Polizeibehörden mitzuteilen[71].

---

daß Hitler Gürtner im Februar 1936 angewiesen habe, in einem Prozeß gegen einen Kindesmörder diese Art der Vernehmung zu dulden (S. 709 f.).

66 Siehe dazu das vertrauliche Schreiben des Düsseldorfer OSTA Dr. Steimer an den GSTA in Düsseldorf vom 8. 6. 1937, in: Beweisdokumente für die Spruchgerichte des Generalinspekteurs für die Spruchgerichte in der britischen Zone, hrsg. von der Dienststelle des Generalinspekteurs für die Spruchgerichte in der britischen Zone, Hamburg 1947, Dok. G. J. Nr. 144, S. 279 ff.

67 Zit. nach den Auszügen aus der Erklärung Bests auf der »Abwehrbesprechung« am 19. 10. 1936. HSTAD RW 34/24.

68 Siehe das Schreiben Steimers vom 8. 6. 1937, in: Beweisdokumente, a. a. O., S. 279 ff. Zur Durchführung der »verschärften Vernehmung« während des Krieges siehe die – als Geheime Reichssache deklarierten – Anweisungen des Chefs der Sicherheitspolizei und des SD vom 6. 10. 1941 und vom 12. 6. 1942. HSTAD RW 34/24. Die »verschärfte Vernehmung«, die neben Schlägen u. a. »einfachste Verpflegung«, »Dunkelzelle«, »Schlafentzug«, »Ermüdungsübungen« umfassen konnte, hatte die Staatspolizei bereits seit 1933 angewandt, siehe Gruchmann, Die Justiz im Dritten Reich, a. a. O., S. 703.

69 Siehe Schreiben Gürtners vom 30. 12. 1936. BA R 22/1462.

70 BA R 22/1462 sowie HSTAD RW 18/3.

71 Siehe Schreiben an die GSTÄ vom 10. 3. 1937. BA R 22/1462.

Anfang 1937 wurde zudem zwischen Reichsjustizministerium und Gestapa die polizeiliche »Nachüberwachung« von politischen Häftlingen der Justiz institutionalisiert. Nachdem verschiedene Staatsanwaltschaften schon zuvor ohne Weisung des Reichsjustizministeriums die Staatspolizei über anstehende Haftentlassungen von kommunistischen und sozialdemokratischen »Hochverrätern« informiert hatten[72], verfügte Gürtner am 18. Januar 1937, daß die Generalstaatsanwälte der Staatspolizei »Hoch- und Landesverräter« einen Monat vor deren Haftentlassung namhaft zu machen hatten[73]. Ähnliche Verfügungen ergingen wenig später auch in bezug auf »Rassenschänder« und Bibelforscher[74]. Des weiteren bestellte Gürtner Anfang 1938 auf Anregung von Best die Generalstaatsanwälte zu »Politischen Abwehrbeauftragten« und verpflichtete sie zu einer engen »persönlichen« Zusammenarbeit mit den Staatspolizeistellen[75].

Das Entgegenkommen Gürtners gegenüber der Staatspolizei ist sicherlich nicht zuletzt auf Druck von seiten Himmlers und gelegentlich auch Hitlers zurückzuführen, der die Aktionen der Staatspolizei offensichtlich billigte bzw. sie verschiedentlich sogar selbst veranlaßte[76]. Versuche Gürtners, SS und Staatspolizei ein etwas engeres rechtliches Korsett anzulegen, zum Beispiel die hohe Zahl der Todesfälle in den KZs einzuschränken und den Schutzhäftlingen Hilfe durch Rechtsanwälte zu gewähren, konnte Himmler nach Rücksprache bei Hitler zum Scheitern bringen[77]. Nicht zu übersehen ist indessen, daß Gürtner an einer Effektivierung der »Bekämpfung aller staatsfeindlichen Bestrebungen« außerordentlich stark interessiert war, dieses Interesse rechtsstaatlichen Prinzipien eindeutig überordnete und der Staatspolizei zum Teil sehr bereitwillig das Feld räumte.

Dabei mag es Gürtner die Kooperation mit der Staatspolizei erleichtert haben, daß er offensichtlich in der Vorstellung befangen war, es müsse zunächst eine vollständige Ausschaltung aller »Staats- und Volksfeinde«

---

72 Siehe die Berichte des Gestapa über »Sonderabmachungen« verschiedener Staatspolizeistellen vom 24. 11. 1936 (BA R 22/1143). Da einige Staatsanwaltschaften (z. B. in Darmstadt) die Staatspolizei nicht oder nur teilweise informierten, betrachtete die Gestapa die Praxis der »Sonderabmachungen« jedoch als unbefriedigend. Die GSTA Dresden behielt ihre vor der Verfügung Gürtners getroffene »Sonderabmachung« mit dessen Billigung bei: Sie informierte die Staatspolizei schon zwei Monate vor der Entlassung von »Hoch- und Landesverrätern« (siehe den Vermerk des Reichsjustizministeriums vom 2. 3. 1937, BA R 22/1143).
73 Siehe die geheimen »Richtlinien für die Nachüberwachung« des Chefs der Sicherheitspolizei vom 17. 2. 1938. HSTAD RW 36/38.
74 Siehe Anm. 8.
75 Siehe Schreiben Bests vom 24. 3. 1938. HSTAD RW 36/36.
76 Siehe Gruchmann, Die Justiz im Dritten Reich, a. a. O., S. 703 ff.
77 Buchheim, a. a. O., S. 40 f.

erreicht werden, bevor sich der NS-»Rechtsstaat« etablieren könne. Dies dürfte im übrigen auch manche naiv anmutende Fehleinschätzung des Verhältnisses zwischen Justiz und Staatspolizei erklären. So meinte Gürtner, daß sich trotz der Umleitung von politischen Anzeigen auf die Staatspolizei im Machtverhältnis zwischen Staatsanwaltschaft und Staatspolizei wenig ändern würde. »Für den Fall, daß sich Mißstände herausstellen sollten«, war er sicher, Himmler um »Abänderung« der Vereinbarung bitten zu können[78].

Solche Hoffnungen konnte Gürtner darin bestätigt sehen, daß sich die Beziehungen zwischen dem Reichsjustizministerium und dem Gestapa Mitte der 30er Jahre vermeintlich positiv entwickelten und die Zahl der Schutzhaftgefangenen in den KZs deutlich sank – so in Preußen von rund 15 000 im Juli 1933 auf unter 2200 Mitte 1935[79]. Obwohl es immer wieder zu Eingriffen der Staatspolizei in gerichtliche Verfahren und verschiedentlich sogar zu Erschießungen von KZ-Häftlingen kam[80], vermittelten verschiedene Erlasse Heydrichs 1934/35 doch den Eindruck, als wolle die Staatspolizei im Prinzip nicht an der Strafhoheit der Gerichte rühren[81].

Der Umgangston zwischen Gestapa und Reichsjustizministerium war denn auch zeitweise recht zuvorkommend. So bedankte sich Himmler in einem Schreiben vom 6. Januar 1936 bei Gürtner für seine Zusammenarbeit mit dem Gestapa, die das Jahr 1935 – vermutlich anläßlich der Verhaftungswelle gegen Mitglieder von KPD und SPD – »so schön angebahnt« habe[82], und im Mai 1936 stattete er »herzlich« seinen Dank dafür ab, daß Gürtner der Kritik des Gestapa an einigen Gerichtsurteilen zugestimmt und eine rechtzeitige »Fühlungnahme« vorgeschlagen hatte, um der Staatspolizei nicht genehme Entscheidungen von vornherein zu verhindern[83]. Bei dieser Gelegenheit versicherte Himmler dem Reichsjustizminister, daß er ihm auch in Zukunft alle entsprechenden Fälle umgehend zur »Prüfung« vorlegen werde. Durch »sofortige Fühlung-

---

78 Zit. nach Anm. 69.
79 Tuchel/Schattenfroh, a. a. O., S. 114, 117.
80 Siehe die Berichte über Erschießungen von Häftlingen »auf der Flucht« in Gürtners Diensttagebuch, Sommer 1935, BA R 22/1059, sowie den Bericht des OSTA Weimar über 18 Erschießungen im KZ Buchenwald von August bis Dezember 1937, BA R 22/734. Gemäß den von Hitler genehmigten Dienstvorschriften für das KZ-Personal mußte auf fliehende oder revoltierende Gefangene sofort und ohne Anruf geschossen werden. Die Schützen blieben straffrei. Erschießungen von Gefangenen wurden deshalb in der Regel als Erschießungen »auf der Flucht« deklariert.
81 Siehe Anm. 2 und 53.
82 Brief Himmlers an Gürtner vom 6. 1. 1936. BA R 22/1467. Für den Hinweis auf dieses Schreiben danke ich Stefan König.
83 Zu den hier angesprochenen Fällen siehe Gruchmann, Die Justiz im Dritten Reich, a. a. O., S. 659 f.

nahme« ließen sich »alle Meinungsverschiedenheiten« in gegenseitigem Einvernehmen »ohne Verzögerungen aus der Welt« schaffen[84]. »Meinungsverschiedenheiten« zwischen Staatspolizei und Justiz sollten indes in der Folgezeit unvermindert, in verschiedenen Bezirken sogar weit stärker als zuvor auftreten, was u. a. die umfangreiche Liste dokumentiert, die der Generalstaatsanwalt in Naumburg im Mai 1989 über Übergriffe der Staatspolizei in seinem Bezirk vorlegte. Die Ministerialbeamten des Reichsjustizministeriums reagierten darauf sehr zurückhaltend. Ministerialdirektor Crohne befand, daß der Bericht aus Naumburg »so, wie geschrieben« zu scharf und für eine »Weitergabe« nicht geeignet sei. Ob Gürtner über die Vorkommnisse in Naumburg in vollem Umfang informiert wurde, geht aus den Akten nicht hervor. Zumindest ist nicht auszuschließen, daß man ihm einen geschönten Bericht präsentierte. Ein Protest bei Himmler unterblieb jedenfalls[85].

Hinsichtlich der Übergriffe der Staatspolizei gegen die als »kommunistisch« geltenden Bibelforscher zeigte Gürtner jedoch auch bei voller Kenntnis der Sachlage keine Neigung zu intervenieren. Im Frühsommer 1937 häuften sich im Reichsjustizministerium die Meldungen über Eingriffe der Staatspolizei in Verfahren gegen Bibelforscher. Verschiedentlich wurden Bibelforscher sogar noch im Gerichtssaal in Schutzhaft genommen, wenn den Beamten der Staatspolizei der Urteilsspruch nicht angemessen erschien[86].

Der Schilderung zufolge, die das Gestapa von den daraufhin in Gang gesetzten Verhandlungen zwischen Staatspolizei und Reichsjustizministerium gab, war Gürtner »die Notwendigkeit staatspolizeilicher Maßnahmen auch nach der Strafverbüßung [...] durchaus verständlich«. Die »Autorität der Gerichte« sehe der Reichsjustizminister im Prinzip nicht gefährdet; er befürchte jedoch, daß die Verhaftungen von rechtskräftig verurteilten Bibelforschern noch im Gerichtssaal dem »Ansehen der Gerichte abträglich« sein könnten. Angesichts einer solch großzügigen Haltung zeigte sich das Gestapa zu einem gewissen Entgegenkommen bereit und befahl, die Verhaftungen von Bibelforschern im Gerichtssaal »zunächst« einzustellen[87].

Auch gegenüber den Oberlandesgerichtspräsidenten und Generalstaatsanwälten machte Gürtner auf einer Besprechung am 18. Juni 1937 deut-

84 Schreiben Himmlers vom 26. 5. 1936. BA R 22/629.
85 Eingabe des GSTA Naumburg vom 25. 5. 1939 mit den entsprechenden handschriftlichen Notizen. BA R 22/1462.
86 Grundlage für diese Aktionen war ein Erlaß des Gestapo vom 22. 4. 1937, der dem Reichsjustizministerium »vertraulich« mitgeteilt wurde. Die OLG-Präs. und GSTÄ erhielten bis zur Sitzung am 18. 6. 1937 davon keine Kenntnis.
87 Zit. nach Schreiben des Gestapo an die Staatspolizeistellen vom 5. 8. 1937, in: Beweisdokumente, a. a. O., G. J. Nr. 178, S. 358.

lich, daß es wegen der Bibelforscher nicht zu einer Konfrontation mit dem Gestapa kommen werde[88]. Zwar meinte er, daß die Schutzhaftaktionen der Staatspolizei »auch heute noch« einer »ausgesprochen rechtlichen Grundlage« entbehrten und in gewissen »Anwendungsformen [...] auf Dauer« nicht akzeptiert werden könnten. Dennoch ließ er durch Ministerialdirektor Crohne erklären, daß die entsprechende Anordnung des Chefs der Polizei »nun einmal« bestehe und akzeptiert werden müsse, zumal das Gestapa versichert habe, daß es sich bei den polizeilichen Eingriffen gegen Bibelforscher »nicht um eine Kritik der Urteile« handle.

Es ist bezeichnend für die Linie des Reichsjustizministeriums, daß Crohne die Behördenchefs zudem darauf verwies, daß die Bibelforscher zunehmend von der KPD unterwandert würden. Der »Kampf« gegen sie müsse deshalb »schärfer und schärfer« werden, d. h. die Gerichte müßten mehr und mehr gegen Bibelforscher die gesetzliche Höchststrafe von fünf Jahren Gefängnis aussprechen.

Dieser Ansicht war auch Staatssekretär Freisler, der ebenfalls an der Sitzung vom 18. Juni 1937 teilnahm. Selbstverständlich erkannte auch er die Berechtigung polizeilicher Präventivmaßnahmen an, warnte allerdings davor, daß die Gefahr von Urteilskorrekturen durch die Staatspolizei wachse, wenn es nicht gelinge, gegen die Bibelforscher »eine Strafzumessungspraxis herbeizuführen, die den Meinungen der beteiligten Stellen entspricht«. Im Klartext hieß dies, daß sich die Gerichte in ihren Urteilen den Vorstellungen der Staatspolizei anzupassen hätten. Dennoch war auch Freisler weit davon entfernt, zu befürchten, daß die Staatspolizei die Justiz entmachten könnte. Wenn die Gerichte die Sicherungsverwahrung »in dem sinngemäßen Maße« gebrauchten, würde er vielmehr bezweifeln, »ob eine polizeiliche Präventivhaft nötig« sei.

Die Oberlandesgerichtspräsidenten und Generalstaatsanwälte folgten nur mit Unwillen der Forderung Freislers, die Urteile gegen Bibelforscher auf die Vorstellungen der Staatspolizei abzustimmen. Von der Polizei wollte man sich die Strafpraxis der Gerichte nicht vorschreiben lassen, und zudem galten die Bibelforscher verschiedenen Chefpräsidenten als »religiöse Spinner«, gegen die harte Strafen ohnehin nichts fruchteten. Hinsichtlich präventiver staatspolizeilicher Maßnahmen gegen »Staatsfeinde« und der Aufforderung, den Kampf gegen den »Kommunismus« zu verschärfen, wurden indes keine Bedenken laut.

Diese Reaktion entsprach durchaus der Haltung, die die Gerichte gegenüber der polizeilichen »Kommunismusbekämpfung« zeigten. Bevor die Staatspolizei der Strafhoheit der Justiz entzogen wurde, mußten zwar Gestapo-Beamte, die sich brutale Exzesse gegen Schutzhäftlinge hatten zuschulden kommen lassen, u. U. mit empfindlichen Strafen rechnen –

88 BA R 22/4277. Die folgenden Zitate ebd.

sofern die in diesen Dingen zumeist sehr zurückhaltend agierenden Staatsanwaltschaften nicht an Ermittlungen gehindert wurden[89]. Prinzipiell zeigten die Gerichte jedoch in der Regel Verständnis, wenn die Staatspolizei gegen »kommunistische Umtriebe« hart vorging[90]. So wurde zum Beispiel die gegen »kommunistische Gewaltakte« gerichtete Verordnung zum Schutz von Volk und Staat vom 28. Februar 1933, mit der die Staatspolizei u. a. auch die Verhaftungen von Geistlichen und Bibelforschern legitimierte, in einer Reihe von Urteilen äußerst extensiv ausgelegt. Das Landgericht Berlin entschied beispielsweise am 1. November 1933, daß »alle gegen den Bestand des Staates gerichteten Angriffe als kommunistische im weitesten Sinne aufzufassen« seien. Zudem meinte das Gericht, daß sich der Aufgabenbereich der Staatspolizei von dem der allgemeinen Polizei grundlegend unterscheide. Deshalb dürfe nicht verlangt werden, »daß ein Einschreiten der Geheimen Staatspolizei nur dann zulässig« sei, »wenn die allgemeinen Voraussetzungen für ein polizeiliches Einschreiten gegeben« seien[91].

Mitte der 30er Jahre war es – trotz einiger anderslautender Entscheidungen – allgemeine Auffassung an deutschen Gerichten, daß die Justiz zwar »Willkürakte« der Polizei zu verhindern, sich aber im allgemeinen im Staatsinteresse nicht in die Arbeit der Staatspolizei einzumischen habe. Bezeichnend hierfür ist ein Urteil des Preußischen Oberverwaltungsgerichts vom 2. Mai 1935. Obwohl dieses Gericht ansonsten stets das Recht der Verwaltungsgerichtsbarkeit betonte, polizeiliche Anordnungen auf deren Rechtmäßigkeit zu prüfen, verneinte es die Nachprüfbarkeit der Aktionen der Geheimen Staatspolizei, weil diese politischen Charakter hätten. Die Staatspolizei sei eine »Sonderpolizeibehörde«, auf die die gesetzlichen Bestimmungen zur Überprüfung von Verwaltungsakten nicht angewendet werden könnten.

Ähnliche Ansichten vertraten u. a. das Landgericht Tübingen in einem Beschluß vom 25. Januar 1934[92] sowie das Hamburger Verwaltungsgericht in einer Entscheidung vom 7. Oktober 1935. Die Hamburger Verwaltungsrichter meinten sogar, daß es ein »Unding« sei, »daß Gerichte sich auch nur irgendwie auf das Gebiet der Staatspolizei begeben und

89 Siehe das Urteil des LG Stettin vom 6. 4. 1934 gegen den ehemaligen Gestapo-Angestellten Hoffmann u. a. Hoffmann wurde u. a. wegen Körperverletzung im Amt und Erpressung zu 13 Jahren Zuchthaus verurteilt. Siehe Geheimes Staatsarchiv Berlin Rep. 90 P/11.
90 Siehe W. Spohr, Das Recht der Schutzhaft. Berlin 1937; Fraenkel, Der Doppelstaat, a. a. O., S. 45ff.; Chr. Kirchberg, Der Badische Oberverwaltungsgerichtshof im Dritten Reich. Berlin 1982; Hempfer, Staatsauffassung des Preußischen Oberverwaltungsgerichts, a. a. O.
91 Zit. nach Spohr, a. a. O., S. 69.
92 Ebd., S. 70.

möglicherweise im Einzelfall behördliche Maßnahmen staatspolizeilicher Art durchkreuzen oder aufheben. Dazu sind die Gerichte schlechterdings nicht befugt, findet doch der staatspolizeiliche Verwaltungsakt seine Begründung und Rechtfertigung in den Lebensnotwendigkeiten des Staates, die zu wahren und zu sichern einzig Aufgabe der Regierung und Verwaltung sein kann.«[93]

Angesichts solcher Urteile verwundert es nicht, daß auch die praktische Zusammenarbeit zwischen Justiz und Staatspolizei vielfach reibungslos verlief. Am Oberlandesgericht Hamm, dessen Strafsenate Mitte der 30er Jahre die Hauptlast der »Kommunismusbekämpfung« im Ruhrgebiet trugen, gab es zum Beispiel seit Dezember 1936 regelmäßige Treffen zwischen den Richtern der für Hoch- und Landesverratssachen zuständigen Senate, dem Oberlandesgerichtspräsidenten, dem Generalstaatsanwalt und der Staatspolizei. Während dieser Zusammenkünfte sollte die gemeinsame Marschroute in »heißen Sachen« festgelegt werden. Das Einvernehmen, das dabei erzielt werden konnte, war so groß, daß die Treffen im November 1937 eingestellt werden konnten[94].

Dennoch auftretende Konflikte zwischen den Hammer Gerichten und der Staatspolizei resultierten offenbar im wesentlichen daraus, daß den Richtern die zahlreichen Vereinbarungen, die Gestapa und Reichsjustizministerium zur Erleichterung des Kampfes gegen »Staatsfeinde« getroffen hatten, in der Regel nicht bekannt waren. Die »verschärften Vernehmungen«, zu denen Reichsjustizminister Gürtner im Oktober 1936 sein Einverständnis gegeben hatte, waren beispielsweise »Geheime Reichssache«, d. h. lediglich der zuständige Oberstaatsanwalt wurde informiert, wenn sich die Staatspolizei beim Verhör eines Angeklagten ihrer besonderen Methoden bedient hatte[95]. Verschiedentlich wurden deshalb Angeklagte vom Sondergericht Dortmund oder vom Landgericht in Bielefeld freigesprochen, weil ihre Schuldbekenntnisse allzu offensichtlich durch Mißhandlungen erzwungen worden waren[96].

Auch von anderen Gerichten wurden in den 30er Jahren verschiedentlich augenfällig durch Folterungen erpreßte Geständnisse von politischen Angeklagten nicht anerkannt und die entsprechenden Verfahren mit Freispruch beendet[97]. Dies bestätigt die Beobachtungen der SOPADE, nach

---

93 DJ 1935, S. 187f.
94 Siehe dazu die Lageberichte des OLG-Präs. und des GSTA in Hamm vom 5. 1. 1937 bzw. vom 30. 1. und 28. 11. 1937. BA R 22/1187.
95 Siehe Abs. 6 des Schreibens des Chefs der Sicherheitspolizei und des SD vom 12. 6. 1942. HSTAD RW 34/24. Danach wurde der OSTA von der »verschärften Vernehmung« unterrichtet, wenn der Häftling dem Richter vorgeführt wurde.
96 Siehe OLG-Präs. Hamm vom 5. 5. 1937. BA R 22/1187.
97 Gruchmann, Die Justiz im Dritten Reich, a. a. O., S. 703 mit Bezug auf Urteile von 1934.

denen die Mehrheit der Richter die Anwendung von Prügel bei Verhören ablehnte. Im allgemeinen jedoch zeigten sich die Richter »sehr abgebrüht«, wenn ein Angeklagter behauptete, von der Staatspolizei mißhandelt worden zu sein. Solche Beschwerden hatten nur dann Aussicht auf Erfolg, wenn sie in »glaubhafter Form« vorgebracht wurden und zudem die »Respektabilität« der Polizei nicht in Frage stellten [98].

Der Grund für die oftmals sehr bereitwillige Kooperation mit der Staatspolizei dürfte nicht zuletzt die offenbar von vielen Richtern vertretene Auffassung gewesen sein, daß die Mittel und Methoden der Justiz nicht ausreichten, um die »Bolschewismus«-Gefahr zu bannen. In extremer Weise formulierte diese Meinung 1935 der Kasselaner Oberlandesgerichtsrat Wolff. Da die Gerichte mit politischen Prozessen überlastet seien und Zuchthaus- und Gefängnisstrafen bei Kommunisten keine ausreichende Wirkung zeigten, plädierte Wolff dafür, die Verfahren gegen Kommunisten aus der ordentlichen Gerichtsbarkeit auszugliedern und an besondere, mit Vertretern der Staatsanwaltschaft, der Staatspolizei und der NSDAP besetzte Standgerichte zu übergeben. Diese Standgerichte müßten befugt sein, kommunistische »Staatsfeinde« in rechtsmittellosen mündlichen Schnellverfahren in ein KZ einzuweisen, wo die Verurteilten ein bis fünf Jahre »erzogen« werden sollten [99].

Als sich vor allem seit 1937/38 die Kompetenzanmaßungen und offenen Rechtsverletzungen der Staatspolizei häuften, wurden die tieferen Ursachen hierfür in den Justizbehörden offensichtlich ebensowenig erkannt wie im Reichsjustizministerium. So machten die Generalstaatsanwälte in Köln [100] und Naumburg [101] den Übereifer der oft noch recht jungen und unerfahrenen Stapo-Beamten bzw. die Arbeitsüberlastung ihrer Chefs für die Spannungen mit der Staatspolizei verantwortlich. Der Naumburger Generalstaatsanwalt beklagte sich zwar beim Reichsjustizministerium über eine allgemeine Entwicklung »eines fortschreitenden Ausschaltens und Beiseiteschiebens der Staatsanwaltschaft und der Justiz überhaupt«, bat aber bezeichnenderweise zugleich darum, nicht »höheren Orts« zu intervenieren, da er von sich aus das tun könne, was »im Interesse der Strafrechtspflege« notwendig sei. Als die Spitzen der jewei-

---

98 Bericht vom 21.7.1937. Archiv für soziale Demokratie, PV – Emigration, Mappe 130. Zit. in: König, Vom Dienst am Recht, a.a.O., S. 138f.

99 Denkschrift Wolffs vom 8.10.1935. Geheimes Staatsarchiv Berlin-Dahlem Rep. 90 P Nr. 66, Heft 4. Siehe auch Steinberg, Widerstand und Verfolgung in Essen, a.a.O., S. 207, Dokument Nr. 12.

100 Siehe Schreiben des Kölner GSTA vom 28.12.1936. BA R 22/1462.

101 Siehe die Eingabe des GSTA in Naumburg an das Reichsjustizministerium vom 25.5.1939, BA R 22/1462, sowie das Schreiben des Naumburger GSTA vom 26.6.1940, ebd., mit der Notiz Joels, daß »bei dieser Sachlage« von der bereits vorgesehenen Besprechung der GSTA über die Übergriffe der Staatspolizei abgesehen werden könne.

ligen Staatspolizeileitstellen ausgetauscht wurden, sahen denn auch sowohl der Naumburger Generalstaatsanwalt als auch sein Kölner Kollege die Probleme als gelöst an, zumal darauf kurze Phasen konfliktloser Zusammenarbeit mit der Staatspolizei folgten.

Lediglich der Hamburger Oberlandesgerichtspräsident Rothenberger äußerte 1938 die Befürchtung, daß die politische Polizei »als Generalsicherheitsorgan des Staates auch auf den der Justiz vorbehaltenen Gebieten funktionell kontrollierend« eingreifen und auf Dauer die »Funktionszuständigkeit« der Justiz gefährden könnte. Damit beschrieb Rothenberger die Realitäten zwar klarer als die Generalstaatsanwälte in Köln und Naumburg, von einer »präzisen« Erfassung der macht- und rechtspolitischen Entwicklungen[102] war aber auch er noch weit entfernt. In unerschüttertem Vertrauen auf den »Führer« forderte Rothenberger nämlich den Reichsjustizminister auf, dafür Sorge zu tragen, daß »endlich einmal von autoritativster Seite diese ausschließliche Funktionszuständigkeit der Justiz betont und gegen die Korrekturen und Kontrollmaßnahmen der [...] Geheimen Staatspolizei Widerspruch erhoben« werde. »Ein starker Staat« dürfe es nicht zulassen, »daß die Stellung des Richters auf Grund einzelner Entscheidungen, die objektiv gesehen Fehlentscheidungen sein mögen, allgemein dadurch geschwächt wird, daß in solchen Fällen ein unzuständiger Funktionsträger eingreift«[103]. Von der Illusion des NS-Rechtsstaates und von der Hoffnung auf »rechtsstaatliche« Absichten des »Führers« hatte sich also auch Rothenberger keineswegs distanziert[104].

Ausdruck einer prinzipiellen Ablehnung der rigorosen Bekämpfung von »Staatsfeinden« waren die Proteste, die die Chefpräsidenten und Generalstaatsanwälte in den 30er Jahren wegen des Vorgehens der Staatspolizei an das Reichsjustizministerium richteten, ohnehin nur in den seltensten Fällen. Der Hamburger Landgerichtspräsident Korn[105] und der Präsident des Volksgerichtshofes Thierack[106] zum Beispiel, die 1938/39 zu den vehementesten Kritikern der Eingriffe der Staatspolizei gehörten, billigten die »Ausmerze« von »Asozialen« und unverbesserlichen »Staatsfeinden« durchaus. Thierack bot der Staatspolizei sogar 1940 an, ihr Personen, die vor dem VGH angeklagt waren, auf Wunsch zu überlassen. Grundbedingung für eine Kooperation mit der Staatspolizei war

---

102 So Gruchmann, Die Justiz im Dritten Reich, a. a. O., S. 563.
103 Rothenberger vom 8.7.1938, hier zit. nach Gruchmann, Die Justiz im Dritten Reich, a. a. O., S. 563 f.
104 Dies zeigt sich auch in Rothenbergers Reformoptimismus im Herbst 1942. Siehe Kap. 10.
105 Johe, a. a. O., S. 166 ff.
106 Broszat, Der Staat Hitlers, a. a. O., S. 411 f.

für Korn wie auch für Thierack allerdings deren Bereitschaft, die Kompetenzen der Justiz nicht zu beschneiden[107].

Daß das Gestapa einem solchen Agreement nicht zustimmen würde, machte Werner Best, der Justitiar Himmlers, im »Deutschen Recht«, der Zeitschrift des NSRB, 1938 unmißverständlich klar. Best setzte sich hier mit dem Versuch des Preußischen Oberverwaltungsgerichts auseinander, die radikale Bekämpfung von »Staatsfeinden« mit den Grundsätzen des autoritären Rechtsstaates zu vereinbaren. Wie auch andere Gerichte habe das Preußische Oberverwaltungsgericht die Befugnisse der Staatspolizei »ausschließlich aus den bestehenden Polizeigesetzen bzw. bisher anerkannten Gewohnheitsrechtssätzen« hergeleitet und dabei insbesondere die Nachprüfbarkeit von Polizeiaktionen durch die Verwaltungsgerichte betont. Damit habe es die »neue Auffassung vom Wesen und vom Recht der Polizei [...] im völkischen Führerstaat« völlig mißverstanden. Solche Bemühungen, die Polizei der Oberaufsicht der Gerichte zu unterwerfen, beruhten lediglich auf der »Fiktion der Gesetzmäßigkeit«[108]. Damit hatte Best die Illusionen der Richterschaft und ihre Fehlwahrnehmung des NS-Regimes treffend charakterisiert.

Die Expansion der SS-Macht nach 1939

Von der Vereinigung der Polizei in der Hand Himmlers profitierte insbesondere die Gestapo. Sie wurde personell stark ausgebaut und zudem im Februar 1938 mit dem Fahndungsnetz von Kriminal- und Ortspolizei verknüpft, deren Kräfte sie sich in der Folgezeit u. a. immer wieder bei der Durchführung weniger wichtiger Verhöre bediente[109]. Auf diese Weise war zwar der »Personalmangel«, den Beamte der Staatspolizei angesichts ihrer wachsenden Aufgaben des öfteren beklagten, nicht zu beseitigen, und auch die weiteren Gestapo-Außenstellen in den Landkreisen, die

107 Siehe die Äußerungen Korns zur Verbrechensbekämpfung in der Besprechung der Vorsitzenden der Hamburger Sondergerichte am 29.8.1942, Akten des Oberlandesgerichts Hamburg 3131 E 1c/4. Zu Thierack siehe Broszat, Der Staat Hitlers, a.a.O., S. 411f.

108 W. Best, Werdendes Polizeirecht, in: DR 1938, S. 224–226; siehe auch Tesmer (Regierungsrat im Gestapa), Die Schutzhaft und ihre rechtlichen Grundlagen, in: DR 1936, S. 135–137.

109 Der entsprechende Erlaß Himmlers vom Februar 1938 ist erwähnt in der Besprechung der Leiter der Staatspolizeistellen des Reg.-Bezirks Düsseldorf vom 14.2.1940, Absatz 10, HSTAD RW 36/38. Wie sehr die Gestapo auf die Orts- und Kreispolizei zurückgriff, geht aus verschiedenen Lageberichten der GSTÄ hervor. Wesentliche Erlasse, die u. a. die Verhängung von Schutzhaft während des Krieges u. ä. betrafen, wurden indes der Orts- und Kreispolizei nicht mitgeteilt.

man sich zur Verbesserung der Observationsmöglichkeiten wünschte, konnten nicht eingerichtet werden[110]. Dennoch hatte sich die Schlagkraft der Staatspolizei seit Mitte der 30er Jahre zweifellos beträchtlich erhöht.

Anlaß, diese Machtposition noch mehr auszubauen, bot im September 1939 der Angriff gegen Polen. Himmler und Heydrich nutzten die angebliche Bedrohung des Reiches von außen, um sich von den letzten rechtlichen Fesseln zu befreien. An die Stelle der Verordnung des Reichspräsidenten zum Schutz von Volk und Staat vom 28. Februar 1933, mit der bis dahin die Arbeit der Staatspolizei legitimiert worden war, trat nun ein Runderlaß Himmlers vom 15. April 1940[111], der die Befugnis der Staatspolizei »zur Durchführung aller Maßnahmen [...] nicht aus einzelnen Gesetzen und Verordnungen [ableitete], sondern aus dem Gesamtauftrag«[112] zur unerbittlichen Bekämpfung aller »Schädlinge an Volk und Staat«.

Die polizeiliche Generalklausel war damit auch de jure in keiner Weise mehr eingegrenzt. Lediglich in den Fällen, in denen es »erwünscht« schien, »staatspolizeiliche Anordnungen unter strafrechtlichen Schutz« zu stellen, sollte sich die Staatspolizei auf die Verordnung vom 28. Februar 1933 zum Schutz von Volk und Staat berufen und die Gerichte einschalten. Zudem – und das nahm der Justiz jede Möglichkeit der Kontrolle – wurden Straftaten von Angehörigen der SS und der »Polizeiverbände im besonderen Einsatz« den Gerichten entzogen. SS und Polizei erhielten ihre eigene Gerichtsbarkeit[113].

Zugleich mit dem Abbau der letzten die Staatspolizei hemmenden rechtlichen Bestimmungen wurde die Organisation von Polizei und SS noch stärker konzentriert und effektiviert. Sicherheitspolizei, Reichskriminalamt und SD-Hauptamt wurden am 27. September 1939 unter Heydrichs Oberbefehl unter dem Dach des Reichssicherheitshauptamtes (RSHA) vereinigt. Allein die Abteilung für »Gegnerbekämpfung« (Amt IV) dieses monströsen Apparates soll im Reich mehr als 20000 Beamte befehligt haben[114].

Auch in der Spitze der politischen Polizei vollzogen sich bedeutsame Veränderungen. Im Sommer 1940 wechselte Werner Best, der mit Joel eine

---

110 Dienstbesprechung der Stapo-Offiziere Düsseldorf, ebd.
111 Allgemeine Erlaßsammlung, Teil 2, hrsg. vom Chef der Sicherheitspolizei und des SD. HSTAD RE 17, II. Die folgenden Zitate ebd.
112 Der »Gesamtauftrag« der Polizei wurde erklärtermaßen aus einer Rede Görings in Wien am 26.3. 1938 abgeleitet. Siehe Runderlaß des Chefs der Sicherheitspolizei und des SD vom 14.4.1938, Erlaß-Sammlung, a.a.O.
113 Tuchel/Schattenfroh, S. 153ff.
114 Leßmann, a.a.O., S. 401. Die Ordnungspolizei soll 1939 ca. 131000 Mann umfaßt haben.

Art Kontakt- und Clearingstelle zwischen Staatspolizei und Reichsjustizministerium gebildet hatte, wohl aufgrund ständiger Meinungsverschiedenheiten mit Heydrich in den Verwaltungsstab des Militärbefehlshabers in Frankreich. An seine Stelle rückte der später maßgeblich an der Ermordung der europäischen Juden beteiligte SS-Brigadeführer Streckenbach, der anders als der ehemalige Gerichtsassessor Best keine juristische Kenntnisse besaß und wie seine Vorgesetzten Heydrich und Heinrich Müller, der Leiter des Amts IV, für die Justiz keinerlei Verständnis aufbrachte[115]. Auch menschlich waren sich Streckenbach und Joel fremd[116].

Die Phase der Verhandlungen zwischen Justiz und Staatspolizei war ohnehin beendet. Himmler, Heydrich und Müller waren angesichts der veränderten Machtverhältnisse nicht mehr bereit, auf die Justiz Rücksicht zu nehmen – dies um so weniger, als nach ihrer Ansicht die Richterschaft politisch unzuverlässig war, keinen Sinn für das »nationalsozialistische Rechtsdenken« besaß und vor allem viel zu schwerfällig operierte, um Sicherheit und Ordnung während des Krieges garantieren zu können. Die Beobachtungen des SD schienen dies zu bestätigen. Seine Spitzel meldeten zum einen, daß einzelne Gerichte zu große Milde gegenüber polnischen Arbeitskräften walten ließen, und zum anderen, daß die Justiz immer mehr Prozesse gegen »Volksgenossen« in Schnellverfahren und »ohne sorgfältige Prüfung der Schuldfrage« abwickele. Angesichts dessen verfestigte sich im RSHA die Meinung, daß weitere polizeiliche Maßnahmen angezeigt seien, um die »Rechtssicherheit« zu bewahren[117].

Der Machtzuwachs der Staatspolizei wurde zu einer großangelegten Verhaftungswelle gegen »Staatsfeinde«, »Arbeitsbummelanten«[118] und »Asoziale« genutzt. Bezeichnenderweise meldete das RSHA Anfang Oktober 1939, daß der Kriegsbeginn »zwangsläufig zu einer ungleich höheren Festnahmetätigkeit der Staatspolizei(leit)stellen gegenüber normalen Zeiten« geführt habe[119]. Allein im KZ Buchenwald stieg die Zahl der Häftlinge bis zum 28. September 1939 um rund 3500[120], spezielle

115 Siehe Gruchmann, Die Justiz im Dritten Reich, a. a. O., S. 712.
116 Siehe Brief Bests an den Verfasser vom 4. 4. 1985.
117 Siehe die rechtspolitischen Arbeitsanweisungen des RSHA von 1941. BA R 58/990.
118 »Arbeitsbummelanten« sollten der Justiz nur dann übergeben werden, wenn Schutzhaft nichts »gefruchtet« hatte. Eine Überstellung an die Staatsanwaltschaft sollte nur unter der Auflage erfolgen, daß die Justiz »drakonische Strafen« verhängen werde. Siehe Dienstbesprechung der Stapo-Offiziere Düsseldorf. HSTAD RW 36/38.
119 Zit. nach Geheimer Runderlaß des Reichsministeriums des Inneren vom 4. 10. 1939 betr. die Verlängerung der Frist für vorläufige Festnahmen in Schutzhaftverfahren, Abs. 1, in: Erlaß-Sammlung, a. a. O.
120 Tuchel/Schattenfroh, a. a. O., S. 130.

Lager für minderjährige »Asoziale« entstanden[121], und »Staatsfeinde« sollten auf Befehl Heydrichs vor Kriegsende nur noch in Ausnahmefällen entlassen werden[122]. Vor allem aber griff die Staatspolizei nun extensiv zu Methoden, die bei weitem über die übliche »Erziehung« im KZ hinausgingen: In einer Reihe von Fällen wurden im Herbst 1939 Wehrdienstverweigerer und andere kurzerhand erschossen, weil man die von den Gerichten verhängten Strafen für unzureichend hielt. Bis Mitte 1942 wurden im Reichsjustizministerium 96 dieser »Urteilskorrekturen« bekannt[123].

Die Staatspolizei sollte ihre Verhaftungstätigkeit im Verlaufe des Krieges noch intensivieren, was nicht zuletzt daraus resultierte, daß sich Himmler im Oktober 1939 entschloß, »die Leiter der Staatspolizei(leit)stellen in ihrer Entscheidung über die Dauer von Festnahmen freier zu stellen«, um ihnen größere Möglichkeiten zu »Festnahmen vorbeugenden und erzieherischen Charakters« zu geben. Verdächtige Personen konnten nun bis zu drei Wochen in Schutzhaft genommen werden, ohne daß beim RSHA eine Genehmigung eingeholt werden mußte[124]. Zudem wurde den Befehlshabern der Staatspolizeistellen eingeschärft, stets einzugreifen, wenn aufgrund von »Lücken des Gesetzbuches« die öffentliche Sicherheit gefährdet sei. Die Schutzhaft – so die Anweisung an die Stapo-Offiziere des Regierungsbezirks Düsseldorf – müsse immer dann angewendet werden, wenn nicht strafbare, aber gleichwohl staatsgefährdende Handlungen vorlägen[125]. Die Rechtsprechung sei verstärkt zu beobachten und die Schutzhaft stärker als bisher zur »Nacherziehung« rechtskräftig verurteilter Straftäter einzusetzen[126]. Auch wenn nach wie vor ausschließlich die Gerichte befugt seien, Straftaten abzuurteilen, beständen doch »selbstverständlich« keine Bedenken, »auch nach Ab-

121 »Jugendschutzlager der Sicherheitspolizei« für männliche Minderjährige in Moringen seit August 1940, für weibliche Minderjährige in Uckermark seit Juni 1942.
122 Runderlaß vom 24.10.1939, in: Erlaß-Sammlung, a.a.O.
123 Tuchel/Schattenfroh, a.a.O., S.134.
124 Runderlaß vom 24.10.1939, Abs.2, in: Erlaßsammlung, a.a.O. Nach einem Erlaß des Reichsministeriums des Inneren vom 25.1.1938 hatte die Höchstgrenze der Verhaftungen, die ohne Befehl oder Genehmigung des Gestapa erfolgt waren, zuvor bei 10 Tagen gelegen. Siehe auch den Runderlaß vom 4.5.1943, ebd., mit dem die nachgeordneten Stapostellen hinsichtlich der Verhängung von Schutzhaft gegenüber Polen von Anweisungen des RSHA freigestellt wurden.
125 Siehe Anm. 109.
126 Siehe dazu u.a. Anm. 109 sowie ein geheimes Schreiben des Chefs der Sicherheitspolizei und des SD betr. die Überwachung der Rechtsprechung gegen »Gewaltverbrecher« an die Dienststellen von Staatspolizei, Kriminalpolizei und SD vom 19.5.1941. HSTAD RW 34/1. Siehe auch die Anweisung des Chefs der SS und des SD vom 1.5.1941, derzufolge alle Urteile, in denen die Gerichte entgegen dem »Volksempfinden« nicht auf die Todesstrafe entschieden, per Schnellbrief an das Amt IV (Müller) zu melden waren. Dies sollte »absolut geheim« bleiben. HSTAD RW 34/10.

schluß eines Strafverfahrens – selbst bei etwaigem Freispruch – Schutzhaft zu verhängen« [127].

Angesichts dieser Erweiterung ihrer Entscheidungsmöglichkeiten wurde das Auftreten der Stapo-Offiziere spürbar aggressiver. Sie legten ihre Befugnisse vielfach sehr weit aus, nahmen schon bei harmlosesten Delikten Einweisungen in die KZs vor und trieben diese Praxis schließlich so weit, daß sich Himmler im Mai 1942 gezwungen sah, Mäßigung zu befehlen und klarzustellen, daß man sich hinsichtlich der Anwendung, der Durchführung und der Dauer der KZ-Haft an seinen »genauesten Richtlinien« zu orientieren habe [128].

Neben den »direkten« Korrekturen von Gerichtsentscheidungen bediente sich das RSHA in verstärktem Maße auch der »indirekten« Urteilskorrektur, die es schon in den 30er Jahren immer wieder praktiziert hatte. »Unverständliche Strafurteile« wurden dem Reichsjustizministerium mit der Bitte um »Nachprüfung« übersandt. Insbesondere nachdem Schlegelberger nach dem Tode Gürtners Anfang 1941 kommissarisch den Posten des Reichsjustizministers verwaltete, konnte man damit offenbar Erfolge erzielen. »Mehrfach« wurden Entscheidungen der Strafgerichte aufgrund von Beschwerden des SD aufgehoben und durch härtere Urteile ersetzt [129].

Mit Fortdauer des Krieges wurde das Überwachungsnetz des RSHA noch dichter. Durch einen Geheimerlaß Heydrichs vom 19. Mai 1941 erhielten neben der Staatspolizei auch Kriminalpolizei und SD den Befehl, dem Chef der Abteilung für »Gegnerbekämpfung« im RSHA Müller umgehend Bericht zu erstatten, wenn ein Gericht lediglich eine Haftstrafe ausgesprochen hatte, obwohl nach dem »gesunden Volksempfinden« die Todesstrafe angebracht gewesen wäre [130]. Wo solche »ungenügenden« Urteile ausfindig gemacht wurden, griff Müller nach Möglichkeit »direkt« ein. So wurden im Februar und März 1942 im Bezirk des Kammergerichts Berlin 13 rechtskräftig verurteilte Angeklagte von der Staatspolizei exekutiert, weil ihre Verbrechen nach Ansicht des RSHA todeswürdig waren, die Gerichte aber lediglich auf Freiheitsstrafen entschieden hatten [131]. Insbesondere »Asoziale« und »fremdvölkische« Arbeitskräfte

127 Siehe Anm. 1.
128 Geheimschreiben Himmlers vom 27. 5. 1942 an die Leiter aller Staatspolizei(leit)-stellen. HSTAD RW 36/38.
129 Siehe SS-Sturmbannführer Dr. Gengenbach über die Erfolge der Kontrolle der Rechtsprechung durch den SD an die Führer der Leitabschnitte des SD vom 3. 11. 1941. BA R 58/990.
130 Siehe Anm. 1.
131 GSTA Berlin vom 31. 3. 1942. BA R 22/3356. 11 der betroffenen Personen waren ohne Vorstrafen. Ihre Strafen lagen zum Teil lediglich bei Gefängnis oder Zuchthaus unter 2 Jahren. Die Berliner Justiz fällte demgegenüber in den Monaten Februar und März 1942 12 Todesurteile.

wurden oft wegen geringster Vergehen Opfer der Exekutionskommandos der Polizei. Von diesen »Urteilskorrekturen« erfuhren die Richter zumeist nur durch Gerüchte oder durch die Presse[132].

Der Angriff gegen die Sowjetunion im Sommer 1941 gab Himmler Anlaß, die »Bekämpfung« der »Staatsfeinde« und »Volksschädlinge« noch weiter zu forcieren. In einem vertraulichen Runderlaß vom 27. August 1941 befahl er, »sämtliche hetzerische Pfaffen, deutschfeindliche Tschechen und Polen sowie Kommunisten und ähnliches Gesindel grundsätzlich auf längere Zeit einem Konzentrationslager« zuzuführen. Soweit »die Einleitung eines Strafverfahrens in Betracht« komme, sei dafür zu sorgen, daß die Übergabe eines Häftlings an die Justiz mit einem Antrag auf »Rücksistierung«, d. h. auf Rücküberstellung in Polizeihaft nach dem richterlichen Urteil verbunden werde. Außerdem seien die Staatsanwaltschaften zu »ersuchen«, »in Fällen von Gnadenerlassen, Strafaussetzungen usw. die Staatspolizei zu beteiligen«[133]. Infolgedessen stieg die Zahl der staatspolizeilichen Verhaftungen sprunghaft an. Allein für Oktober 1941 berichtete die Gestapo von 15 160 Verhaftungen (davon 4384 im Protektorat und in den eingegliederten Ostgebieten), zehnmal mehr, als man auf dem Höhepunkt der Verfolgung von Kommunisten und Sozialdemokraten 1935/36 monatlich gemeldet hatte[134].

1942/43 hatten die Gerichte die Strafhoheit über »Asoziale« und »Fremdvölkische« endgültig verloren. Straffällig gewordene »Ostarbeiter« wurden der Justiz seit Mitte 1943 nur noch dann überstellt, wenn ein öffentliches Gerichtsverfahren dem RSHA »stimmungspolitisch« sinnvoll erschien und in einer »Fühlungnahme« mit der Staatsanwaltschaft zuvor sichergestellt worden war, daß der Prozeß mit der Todesstrafe enden würde[135]. Ermittlungsvorgänge gegen Polen wurden ohnehin schon seit Januar 1942 nur noch in Ausnahmefällen abgegeben[136].

Nachdem sich das Kriegsglück nach Stalingrad eindeutig gegen das NS-Regime gewandt hatte, häuften sich schließlich auch die Eingriffe der Staatspolizei in Gerichtsverfahren gegen deutsche »Volksgenossen«, die oft noch vor der Verkündigung des Urteils aus dem Gerichtssaal geschleppt oder – so insbesondere in den Frontgebieten gegen Ende des Krieges – gar unmittelbar nach der Verhaftung »auf der Flucht« erschos-

---

132 Siehe z. B. OLG-Präs. Hamm vom 4. 7. und 8. 11. 1940. BA R 22/3357.

133 Runderlaß des Chefs der Sicherheitspolizei und des SD vom 27. 8. 1941, in: Allgemeine Erlaßsammlung, a. a. O.

134 Buchheim, Die SS, a. a. O., S. 94 f.

135 Geheimer Runderlaß des RSHA vom 30. 6. 1943 betr. die Verfolgung der Kriminalität von polnischen und sowjetrussischen Zivilarbeitern, in: Beweisdokumente, a. a. O., S. 344.

136 Siehe K. Bästlein, Der Tod des Jan Kasprzak, in: Nordfriesland, 87/1989, S. 15 Anm. 7.

sen wurden[137]. Reichsbürger, die sich des Verkehrs mit »fremdvölkischen« Zivilarbeiterinnen schuldig gemacht hatten, verschleppte die Staatspolizei beispielsweise seit Februar 1944 ausnahmslos ohne Gerichtsverhandlung in ein KZ[138]. Wo sich die Gelegenheit bot, riß sie selbst die Bestrafung der Kleinkriminalität an sich[139], und in Einzelfällen versuchte sie sogar, Richter, die Justizgefangene nicht an sie ausliefern wollten, einzuschüchtern, indem sie ihnen mit KZ-Haft drohte[140].

Die Justiz konnte immer weniger mit der vergleichsweise unbürokratischen polizeilichen »Verbrechensbekämpfung« konkurrieren. Die Einberufungen von Richtern und anderem Justizpersonal zur Wehrmacht reduzierte ihren Personalstand immer mehr, allein bis Mitte 1943 an manchen Gerichten bis zu 60 %[141]. Die massierten Angriffe der alliierten Bomber, denen auch viele Justizgebäude und große Mengen unersetzlicher Gerichtsakten zum Opfer fielen, taten ein übriges, um die »Schlagkraft« der Justiz insbesondere in den großstädtischen Ballungsräumen zu schwächen. Der »totale Krieg« führte zu einem fast völligen Stillstand der Zivilrechtspflege und stellte auch die Strafrechtspflege, auf die die verbliebenen Kräfte konzentriert wurden, vor große personelle und organisatorische Probleme, zumal 1944/45 in den frontnahen Gebieten vielfach das gesamte Gerichtspersonal zu wochenlangen Schanzarbeiten abberufen wurde[142]. Trotz zahlreicher »Vereinfachungsmaßnahmen« und der Rekrutierung von pensionierten Richtern, Rechtsanwälten und unerfahrenen Assessoren vermochten selbst die Sondergerichte ihren Aufgaben kaum mehr nachzukommen. In Trier beispielsweise lag im Januar 1945 die gesamte Strafrechtspflege bei einem Richter, einem Staatsanwalt und einem Justizangestellten, die sich verzweifelt bemühten, ihrer Aufgabe

137 Siehe u. a. den Frankfurter OLG-Präs. Ungewitter an das Reichsjustizministerium vom 26.1.1944, BA R 22/239; Liste des Gestapo-Kommandos Köln I über Erschießungen im letzten Quartal 1944 vom 5.1.1945 (80 Erschossene, davon 13 Deutsche, auch wegen politischer Delikte). HSTAD RW 36/12.
138 Geheimerlaß des Reichsführers der SS an die Befehlshaber der höheren Dienststellen von Staatspolizei und SD vom 10.2.1944, in: ebd., S. 304 f.
139 Siehe z. B. Schreiben der Staatspolizeistelle Köln an die nachgeordneten Dienststellen vom 2.7.1943 betr. Abgabe von Akten an den Düsseldorfer OSTA nach Verlust dessen Akten durch Bombenangriff. Fälle, in denen Strafen unter 6 Monaten erwartet wurden, sollten nicht abgegeben werden. HSTAD RW 36/16.
140 Siehe z. B. GSTA Celle vom 31.5.1942, BA R 22/3359. Danach bedrohte die Staatspolizei einen Ermittlungsrichter in Lüneburg mit KZ-Haft, weil er die U-Haft gegen einen steckbrieflich gesuchten Polen angeordnet hatte. Der Richter war selbstbewußt genug, seinerseits damit zu drohen, daß er dem Reichsführer der SS Bericht erstatten werde, was den Stapo-Beamten ins KZ bringen werde.
141 Siehe u. a. die Besprechung der Behördenchefs am 10./11.2.1943, BA R 22/4200, sowie Thierack auf der Hochschullehrertagung vom 16.–18.9.1944, BA R 22/4165.
142 Siehe Kap. 10.

mit Hilfe von Schnellverfahren einigermaßen Herr zu werden[143]. Der Staatspolizei boten sich angesichts dessen ständig von neuem Anlässe, zum vermeintlichen Schutz von Sicherheit und Ordnung »vorbeugend« oder korrigierend einzugreifen.

Wesentlich für den Vormarsch der Polizei waren indes nicht nur Personalmangel und Kräfteverschleiß in der Justiz, sondern auch die der SS äußerst entgegenkommende Politik von Otto-Georg Thierack, der am 20. August 1942 die Führung des Reichsjustizministeriums übernahm. Nach dem Tode Gürtners im Januar 1941 hatte Schlegelberger zwar die Kooperation zwischen der Staatspolizei und den Staatsanwaltschaften allem Anschein nach verschiedentlich noch vertieft[144], hatte sich aber doch auch in verschiedenen Fällen bemüht, den Kompetenzverfall der Justiz zu begrenzen[145]. Seine Machtmittel waren allerdings sehr begrenzt gewesen, zumal er bei Hitler nicht gelitten war. Thierack hingegen forcierte die Unterstellung der »Fremdvölkischen«, »Gewohnheitsverbrecher« und »Asozialen« unter die Strafhoheit von Polizei und SS ohne jeden Vorbehalt.

Nach Beratungen mit Goebbels[146] kam Thierack bereits kurz nach seinem Amtsantritt, am 18. September 1942, mit Himmler überein, alle im Gewahrsam der Justiz befindlichen Juden, Russen und Ukrainer sowie alle Polen und Tschechen mit Haftstrafen von drei bzw. acht Jahren der SS »zur Vernichtung durch Arbeit« zu überstellen[147]. Für die rund 15000 Deutschen, die sich Mitte 1942 in Sicherungsverwahrung befanden oder Zuchthausstrafen von über acht Jahren verbüßten[148], einigte man sich auf die gleiche Regelung. Deutsche Strafgefangene mit Zuchthausstrafen

143 GSTA Köln vom 30. 1. 1945. BA R 22/3374.
144 Siehe die Besprechung der Hamburger SG-Präs. am 26. 6. 1942, auf der der Erste STA Seidel berichtete, er spreche »in Verfolg einer Verfügung des Reichsjustizministeriums« mit der Polizei ab, ob er Sicherungsverwahrung beantrage. Wenn die Polizei ihm anzeige, daß nach dem Urteil ohnehin KZ-Haft geplant sei, nehme er davon Abstand. Archiv OLG Hamburg 3131 E – 1 f/3.
145 Siehe u. a. den Streit Schlegelbergers mit Bouhler über die Mitwirkung der Kanzlei des Führers in Gnadensachen. BA R 22/4425. Sehr ambivalent die Haltung Schlegelbergers im Fall Hirschfeld, eines PGs, der 59 polnische Staatsbürger ermordet hatte. Bouhler forderte die volle Begnadigung, während Schlegelberger eine »Bewährung« an der Front vorschlug, was das OKW ablehnte. BA R 22/4087.
146 Siehe die Besprechungsnotiz Thieracks über seine Aussprache mit Goebbels am 14. 9. 1942. Danach gehen wesentliche Punkte der Abmachungen mit Himmler am 18. 9. 1942 auf Goebbels zurück, in: Beweisdokumente, a. a. O., G.J. Nr. 105, S. 229.
147 Siehe die Besprechungsnotizen Thieracks, BA R 22/4062; siehe u. a. auch P. Wagner, Das Gesetz über die Behandlung Gemeinschaftsfremder. Die Kriminalpolizei und die »Vernichtung des Verbrechertums«, in: G. Aly u. a. (Hrsg.), Feinderklärung und Prävention. Kriminalbiologie, Zigeunerforschung und Asozialenpolitik. Berlin 1988, S. 75–100, hier S. 88 ff.
148 Zahlenangabe nach Thierack in der Besprechung am 29. 9. 1942. BA R 22/4199.

von unter drei Jahren sollten sich hingegen an besonders gefährlichen Frontabschnitten »bewähren«, sofern sie gesund und nicht älter als 35 Jahre waren[149]. Die Strafgerichtsbarkeit über die »fremdvölkischen« Arbeitskräfte im Reich sollte mit »Rücksicht auf die von der Staatsführung für die Bereinigung der Ostfragen beabsichtigten Ziele« völlig von Polizei und SS übernommen werden.

Thierack betrachtete diese Vereinbarungen nach eignen Worten als »lebensgesetzliche« Notwendigkeit, als »ethische« Notwehr zum Schutz des deutschen Volkes. »Fremdvölkische« und »Asoziale« seien »unwertes Leben in höchster Potenz«, das vernichtet werden müsse, um Lebensraum im Osten zu schaffen und das durch den kriegsbedingten Verlust »guten Blutes« gestörte gesellschaftliche Gleichgewicht wiederherzustellen. Diese Aufgabe – so Thierack vor den Oberlandesgerichtspräsidenten am 29. September 1942 – könne nur die Polizei erledigen, zumal sie bereits entsprechende Erfahrungen gesammelt habe. Die Richter hingegen würden innerlich »zerbrechen«, wenn man von ihnen verlangte, daß jedes Verfahren gegen einen »Fremdvölkischen« mit dem Todesurteil zu enden habe[150].

In den Verhandlungen mit Himmler am 18. September 1942 erklärte sich Thierack auch nachdrücklich damit einverstanden, daß die Staatspolizei die Gerichte überwachte und beim Reichsjustizministerium gegebenenfalls die Korrektur »ungenügender« Gerichtsentscheidungen beantragte. Sofern solche Beanstandungen Urteilen über deutsche Reichsbürger galten, zeigte er sich aber entschlossen, sich selbst das Entscheidungsrecht darüber zu sichern, ob tatsächlich eine »Nachbesserung« durch eine »polizeiliche Sonderbehandlung« erfolgen sollte[151]. Die Strafhoheit über die »Volksgenossen« galt Thierack als Aufgabe der deutschen Justiz, und so lehnte er es denn auch »rundweg ab«, als das RSHA 1942/43 den Wunsch vorbrachte, die Aufgaben der Staatsanwaltschaft sowie die Gerichtshoheit über bestimmte politische und asoziale deutsche Straftäter von der Polizei wahrnehmen zu lassen. Was die Methoden und Ergebnisse der

149 »Bewähren« hieß – so Thierack – Kriegseinsatz dort, »wo sie [die Sicherungsverwahrten] zu Grunde gehen«. Die Tragweite dieser Regelungen erhellt sich u. a. dadurch, daß die Strafgerichte selbst Straftaten wie den Diebstahl von Hühnern mit Zuchthausstrafen von über 8 Jahren belegten, sofern der Täter vorbestraft war und als »asozial« galt.
150 BA R 22/4199. Siehe auch Thierack auf der Besprechung am 10./11. 2. 1943, BA R 22/4200, sowie seinen Brief an Bormann vom 13. 10. 1942, wonach ohnehin »die Justiz nur in kleinem Umfang dazu beitragen kann, diesen Volksstamm auszurotten«. IGM, NG – 558.
151 Siehe die Liste von 72 Urteilsbeanstandungen des RSHA, die die Parteikanzlei Thierack am 17. 10. 1942 zur Entscheidung zusandte. Nach Prüfung der Fälle durch hohe Beamte seines Ministeriums entschied Thierack im Januar 1943, 9 Urteile bestehen zu lassen. In 43 Fällen ordnete er den »Sonderarbeitseinsatz« in einem KZ an.

Rechtsprechung betrifft, zeigte sich Thierack indes auch hinsichtlich deutscher Straftäter gegenüber dem RSHA einfühlsam und anpassungsbereit. So vermochte er Kaltenbrunner, den Nachfolger Heydrichs, mit der Erklärung zu verblüffen, daß der VGH ebenso rasch wie die Polizei »judizieren« und auch ohne Probleme auf die – in SS-Kreisen offenbar bevorzugte – Hinrichtung durch den Strang entscheiden könne. Zudem machte Thierack dem sichtlich beeindruckten Chef des RSHA plausibel, daß mit einer »justizförmigen Vernichtung« von »Volksschädlingen« eine weitaus größere Öffentlichkeitswirkung zu erzielen sei als mit polizeilichen Maßnahmen [152].

In der Tat vermochte Thierack die Position der Justiz in den genannten beiden Punkten zumindest partiell zu behaupten, und auch hinsichtlich der »Asozialen« und »Fremdvölkischen« hätte er wohl gewisse Chancen gehabt, die – allerdings schon sehr weit vorgeschrittene – Entmachtung der Justiz zu verlangsamen. Statt dessen war er bemüht, die Auslagerung dieser Gruppen aus dem Zuständigkeitsbereich der Gerichte zu beschleunigen. Als Himmler und der Chef der Kriminalpolizei Nebe im Dezember 1942 verlangten, die Durchschnittsstrafe für »Asoziale« auf fünf Jahre festzusetzen, versteifte sich Thierack darauf, »daß es 10 Jahre sein« müßten – eine Strafhöhe, die nach den Abmachungen vom 18. September 1942 unweigerlich die Auslieferung »zur Vernichtung durch Arbeit« bedeutete. Auch auf das Angebot Himmlers, im kommenden »Gemeinschaftsfremdengesetz« die Bestimmung zu verankern, daß bei der Bestrafung von Asozialen »die Entscheidungen des Gerichts den Vorrang« vor polizeilichen Maßnahmen haben sollten, ging Thierack nicht ein [153]. Vielmehr sorgte er dafür, daß die »Auslieferung asozialer Elemente aus dem Strafvollzug an den Reichsführer SS zur Vernichtung durch Arbeit« innerhalb weniger Monate vollzogen wurde. Am 1. November 1942 begannen Beamte des Reichsjustizministeriums, in den Haftanstalten die Gefangenen zu selektieren, die für die Abgabe an die SS in Frage kamen. Bis zum 30. April 1943 wurden 14 700 Personen in die KZs deportiert; die Selektionen wurden bis zum Oktober 1944 fortgeführt. Schon am 1. April 1943 waren über 5900 der ehemaligen Gefangenen der Justiz verstorben, was nicht allein aus der Brutalität der SS, sondern auch daraus resultierte, daß sich die Justiz bevorzugt kranker Gefangener entledigt hatte [154].

In ähnlicher Weise wollte Thierack offensichtlich auch die Übergabe der

152 Siehe Gesprächsnotizen Thieracks vom 13. 12. 1942 und 6. 11. 1943. BA R 22/4062. Siehe auch Wagner, Das Gesetz über die Behandlung Gemeinschaftsfremder, a. a. O., S. 90 ff.
153 Zit. nach Aufzeichnungen Thieracks über seine Verhandlungen mit Himmler und Nebe am 13. 12. 1942. BA R 22/4062.
154 Siehe Runderlaß des Chefs der Sicherheitspolizei und des SD vom 12. 7. 1943, in: Erlaßsammlung, a. a. O.

Strafhoheit über die »Fremdvölkischen« an Polizei und SS realisieren. Im Spätherbst 1942 erhoben jedoch die Gauleiter der Ostgebiete sowie Rosenberg, der Minister für die besetzten Ostgebiete, energischen Widerspruch gegen die Vereinbarungen, die Thierack und Himmler am 18. September ausgehandelt hatten. Sie sahen ihre Verfügungsgewalt über die in ihren Einflußgebieten lebenden bzw. von dort stammenden »Fremdvölkischen« verletzt, zumal sich diese gegen profitable Gebühren an die Kriegswirtschaft verleihen ließen. Die Übernahme der Strafhoheit über alle Polen durch die Polizei, die das RSHA in einem Erlaß vom 5. November 1942 schon für den 1. Januar 1943 angekündigt hatte, wurde daraufhin – vorerst – gestoppt[155]. Letztlich distanzierte sich sogar Himmler selbst zeitweilig von den Abmachungen des 18. September, da er nun meinte, daß die Überwachung der rund sieben Millionen im Reich arbeitenden Polen, Russen, Ukrainer u. a. die Kräfte der Polizei überfordern würde[156].

Dennoch war Thierack nur bedingt bereit, von seinen Vorstellungen über die strafrechtliche Behandlung von »Fremdvölkischen« abzurücken. In einer Besprechung mit den Oberlandesgerichtspräsidenten am 10./11. Februar 1943 gestand er zwar ein, daß man den »Ost-Menschen [...] eine Art Gerichtsverfahren« zugestehen müsse, zumal inzwischen russische und ukrainische Verbände (Wlassow-Armee) auf deutscher Seite kämpften[157]. Im Prinzip rückte er aber nicht von der Ansicht ab, daß die in Deutschland lebenden »Fremdvölkischen« nicht in den Zuständigkeitsbereich der Justiz gehörten. Wenn ein höherer Polizeiführer es für notwendig halte, einen Polen ohne Gerichtsverfahren »zur Abschreckung« zu erhängen, werde er auch in Zukunft nicht intervenieren, da der Polizeioffizier nur seine Pflicht tue. Die Mittel der Justiz seien nicht geeignet, die »Masse« der »Fremdvölkischen« niederzuhalten.

Die Übergabe der Gerichtshoheit über die »Fremdvölkischen« an die Polizei und SS wurde 1943 nach Verhandlungen zwischen dem Reichsjustizministerium, dem RSHA, der Parteikanzlei, dem Ost-Ministerium und dem Generalbevollmächtigten für den Arbeitseinsatz realisiert[158]. Von großer Bedeutung war dabei offenbar, daß sich Bormann im November

155 M. Broszat, Nationalsozialistische Polenpolitik 1939–1945. Stuttgart 1961, S. 152 f.
156 So Thierack vor den OLG-Präs. und GStA am 10./11.2.1943. BA R 22/4200. Zu der zu diesem Zeitpunkt zwischen Polizei und Justiz noch ungelösten Kompetenzfrage in Verfahren gegen Polen siehe dort Ministerialdirigent Schaefer.
157 Zit. nach BA R 22/4200.
158 Zu den beteiligten Regierungsstellen siehe Erlaß des RSHA vom 4.5.1943; in: Erlaßsammlung, a.a.O. Siehe auch U. Herbert, Fremdarbeiter. Politik und Praxis des »Ausländer-Einsatzes« in der Kriegswirtschaft des Dritten Reiches. Bonn 1985, S. 245 f., dem zufolge das Reichsjustizministerium in dieser Phase nun doch die Strafhoheit über Polen und Ostarbeiter reklamierte.

1942 bereit erklärt hatte, der Polizei in jeder Gemeinde zwei bis drei bewährte Parteigenossen als Hilfskräfte bei der Überwachung der »Fremdvölkischen« zur Verfügung zu stellen, und die NSDAP zudem begann, auf Kreisebene »Schutztrupps« gegen die »Fremdvölkischen« aufzubauen[159]. Himmlers Befürchtung, die Polizei könnte der Überwachung der »Fremdvölkischen« nicht gewachsen sein, war damit zumindest zum Teil ausgeräumt.

Am 30. Juni 1943 konnte das RSHA nun definitiv bekannt geben, daß alle Straftaten von Polen und Russen durch die Gestapo zu behandeln seien. Gerichtliche Verfahren gegen »Fremdvölkische« sollten nur noch dann durchgeführt werden, wenn es die Polizei wünschte und sichergestellt war, daß der Prozeß mit der Todesstrafe enden würde[160]. Zwar wurde die Überstellung der »Fremdvölkischen« unter die Gerichtsbarkeit der Polizei nicht vollständig in die Praxis umgesetzt[161] – 1943 wurden zum Beispiel an den Münchener Sondergerichten noch 105 Verfahren gegen Polen durchgeführt, von denen 78 mit der Einweisung in ein Straflager und »nur« 17 mit der Todesstrafe endeten[162] –, dennoch waren die Richter mit nachdrücklicher Förderung des Reichsjustizministers zum Propagandainstrument der SS degradiert worden.

Sofern die Richterschaft in ihrem Berufsalltag mit der Kompetenzokkupation von Polizei und SS unmittelbar konfrontiert wurde, reagierte sie allem Anschein nach sensibler, als man dies im Reichsjustizministerium tat. Empfindlichkeit zeigte man insbesondere in bezug auf die »Urteilskorrekturen«. Sie führten zu zahlreichen Beschwerden der Oberlandesgerichtspräsidenten und Generalstaatsanwälte beim Reichsjustizministerium. Vor dem Hintergrund der Erschießungen, mit denen Polizei und SS im Herbst 1939 verschiedene Gerichtsentscheidungen »korrigiert« hatten, flocht etwa der Münchener Oberlandesgerichtspräsident Dr. Dürr in seinen Lagebericht vom 3. Januar 1940 vorsichtige, aber kaum mißzuver-

159 Siehe Schreiben der Staatspolizeileitstelle Düsseldorf an die nachgeordneten Dienststellen vom 17.11.1942, in: Beweisdokumente, a.a.O., G.J. Nr. 88, S. 193ff., sowie die Anordnung des Reichsorganisationsleiters der NSDAP Ley vom 30.9.1943 zur Aufstellung von »Politischen Staffeln« sowie von Selbstschutztrupps der NSDAP auf Kreisebene. StA Münster, Kreis- und Ortsgruppenleitungen Nr. 105 (Gauleitung Westfalen-Nord, Anordnung des Leiters des Gauorganisationsamtes Nr. 02/43 vom 22.10.1943).

160 Schreiben des RSHA an die nachgeordneten Dienststellen vom 30.6.1943, in: Beweisdokumente, a.a.O., G.J. Nr. 171, S. 344.

161 Mitte 1944 gab es noch 19 500 Justizgefangene im »Polenvollzug« und zudem 2565 »asoziale« Sicherungsverwahrte. Da 1944 rund 90 % der Justizgefangenen als Arbeitskräfte in Industrie und Landwirtschaft eingesetzt wurden, ergibt sich die Vermutung, daß hier die Interessen der Kriegswirtschaft der »Vernichtung durch Arbeit« entgegenstanden. Zahlenangaben nach einer Statistik des Reichsjustizministeriums von Mitte 1944, in: Wagner, Umgestaltung der Gerichtsverfassung, a.a.O., S. 276.

162 Schorlemer, a.a.O., Tabelle 16a.

stehende Bemerkungen über »neuerdings wieder« auftretende »Gerüchte über Verhaftungen und über das Verschwinden von Volksgenossen« ein[163]. Sein Hammer Kollege Schneider, ein alter Parteigenosse, der in den 30er Jahren die Staatspolizei bei der »Kommunismusbekämpfung« tatkräftig unterstützt hatte, nannte die Urteilskorrekturen der Staatspolizei unverblümt »einen Faustschlag ins Gesicht der Justiz«. Wenn die Todesstrafe »ohne Strafgesetzbuch von der Polizei« verfügt werden könne, frage man sich, »wozu es eines Strafgesetzbuchs und der peinlichen Sorgfalt eines Gerichtsverfahrens« bedürfe[164].

Bei manchen Richtern, die in die besetzten Ostgebiete versetzt und dort zum erstenmal durch eigene Anschauung mit den blutig-brutalen Methoden konfrontiert wurden, deren sich die SS bediente, regten sich – wie der Hamburger Oberlandesgerichtspräsident Rothenberger berichtete – ernste Bedenken gegen eine solche Behandlung der »Fremdvölkischen«[165]. Ähnliches war im Oberlandesgerichtsbezirk Köln zu beobachten. Nachdem sich hier im Sommer 1941 herumgesprochen hatte, wie die SS in Polen vorging, kam es zu »erheblicher Erregung«, weil einige Richter nach Osten abkommandiert werden sollten. Für »drakonische Maßnahmen zur Sicherung und Säuberung [...] nach Tscheka-Manier« wollte man sich nicht mißbrauchen lassen[166].

Eine eindeutige ethisch-moralische Ablehnung der brutalen SS-Aktionen gegen »Fremdvölkische« war jedoch die Ausnahme. Proteste gegen Versetzungen in die Ostgebiete resultierten oft lediglich daraus, daß der Dienst dort als hart und entbehrungsreich galt[167]. Im allgemeinen zeigte man in bezug auf das Schicksal von »fremdvölkischen« Straftätern ebensowenig Sensibilität wie gegenüber Homosexuellen, »Gemeinschaftsfremden« und »Asozialen«. So waren viele Richter und Staatsanwälte der bezeichnenden Auffassung, daß Haftstrafen bei Polen »keine Wirkung« hätten, da die deutschen Gefängnisse und Zuchthäuser, gemessen an polnischen Standards, geradezu luxuriös seien und die von Natur aus »arbeitsscheuen« Polen sich dort sehr gerne aufhielten[168].

Die Proteste, die man gegen die Lynchjustiz gegen die »Fremdvölki-

---

163 OLG-Präs. München vom 3.1.1940 (hier Wiedergabe eines Berichts eines LG-Präs.), hier zit. nach Schorlemer, a.a.O., S. 48.
164 Zit. nach OLG-Präs. Hamm vom 7.11.1940. BA R 22/3387. Siehe auch OLG-Präs. Bamberg vom 30.4.1942 (BA R 22/3355), demzufolge die Richter »mit Sorge die Bestrebungen [beobachteten], ihnen ureigene richterliche Aufgaben zu entziehen und anderen Stellen, der Verwaltung und hauptsächlich der Polizei« zuzuteilen.
165 OLG-Präs. Hamburg vom 8.1.1940. BA R 22/3366. Grundlage für diese Feststellung war die Auswertung von Urlaubsgesuchen von Richtern in Polen arbeitenden Richtern.
166 Zit. nach OLG-Präs. Köln vom 31.8.1941. BA R 22/3374.
167 Siehe Meldungen des SD vom 24.7.1940, 12.6.1941 und 5.9.1941, in: Boberach, Meldungen aus dem Reich, a.a.O., Bd. 5, S. 1302ff., Bd. 7, S. 2402ff., Bd. 8, S. 2731ff.
168 GSTA in Celle vom 1.8.1941. BA R 22/3359.

schen« erhob, resultierten denn auch offenbar zumeist aus der Sorge um die Kompetenzen der Gerichte und der Richterschaft und um deren Ansehen in der Öffentlichkeit. Einen Gesichtsverlust befürchtete man vor allem dann, wenn die Eingriffe von Polizei und SS durch die Presse allgemein bekannt gemacht wurden.

Bezeichnenderweise ließen sich denn auch die Bedenken gegen die Aktionen der Polizei zumindest mildern, wenn deutlich wurde, daß diese mit Billigung der Staatsführung operierte: Der Hammer Oberlandesgerichtspräsident Schneider protestierte 1940 bei Freisler verschiedentlich gegen Exekutionen von polnischen Zivilarbeitern in seinem Bezirk[169]. Freisler teilte daraufhin mit, daß die Staatspolizei aufgrund eines Geheimerlasses Görings ermächtigt sei, »Fremdvölkische« und »Volksschädlinge« »wegen Widerstandes« zu liquidieren. Den Hammer Richtern, die bis dahin auf die Exekutionen von Polen »unsicher« und »gedrückt« reagiert hatten, wurde dies auf einer eigens einberufenen Versammlung mitgeteilt. Ohne den genauen Wortlaut des Erlasses Görings zu erfahren, zeigten sie sich von den Mitteilungen Schneiders sehr beeindruckt. Zwar sahen sie weiterhin die Gefahr, daß die Gerichte »unter der Kontrolle der StAPO stünden«, distanzierten sich aber ausdrücklich von der Ansicht, »daß die in den Zeitungen veröffentlichten Erschießungen ›wegen Widerstandes‹ Akte der Polizeiwillkür seien«[170].

Zumindest in den höheren Rängen der Richterschaft betrachtete man die Exekutionen von »unverbesserlichen Asozialen« und »Fremdvölkischen« – trotz der Sorge um die Kompetenzen und das Prestige der Justiz – ohnehin oft mit gewissem Verständnis. So empfand es der Oberlandesgerichtspräsident in Breslau von Steinaecker zwar als »unzulässig« und als »eine schwere Zumutung für die Organe der Rechtspflege«, daß die Staatspolizei in seinem Bezirk im September 1940 20 Polen erschossen hatte. Dennoch glaubte er, »daß die besonderen Verhältnisse in Oberschlesien«, wo besonders viele »Fremdvölkische« lebten, »solche Maßnahmen notwendig machen«[171].

Damit spielte Steinaecker vermutlich auf die Probleme an, die es bereitete, die in den Bergwerken Schlesiens zu Zehntausenden eingesetzten

169 OLG-Präs. in Hamm vom 4. 7. und 7. 11. 1940. BA R 22/3367.
170 Siehe OLG-Präs. in Hamm vom 23. 3. und 8. 5. 1941, ebd. Zit. nach ebd. Gemeint ist vermutlich der Erlaß des Vorsitzenden des Ministerrats für die Reichsverteidigung über polnische Zivilarbeiter im Reich vom 8. 3. 1940. Ähnlich auch der GSTA Celle vom 31. 7. 1940, BA R 22/3359, sowie die Versammlung der Hamburger Amtsrichter am 27. 4. 1942. Als letzten(!) Punkt der Versammlung vermerkt das Protokoll, daß in Poppenbüttel an einem Polen ein Todesurteil eines SS-Gerichts durch Erhängen vollstreckt worden sei. Zwei Richter teilten mit, daß derartige Fälle auch in anderen Teilen Deutschlands vorgekommen seien. AG-Präs. Segelken wies darauf hin, »daß das Verfahren eine rechtliche Grundlage hat«. Archiv OLG Hamburg 3131 1e/4.
171 OLG-Präs. Breslau vom 11. 9. 1940. BA R 22/3358.

polnischen Zwangsarbeiter zu größerer Arbeitsleistung anzutreiben. Lohnabzüge u. ä. hatten ebensowenig Erfolge gezeigt wie Strafen der Justiz. »Maßgebliche Männer der Industrie, der Verwaltung und der Justiz« waren deshalb der Meinung, daß es »unzweckmäßig« sei, die Polen »wie deutsche Arbeiter zu behandeln«. Statt dessen plädierte man für ein »strenges, aber gerechtes Sonderrecht« und insbesondere für Einweisungen von polnischen Unruhestiftern in unter »härtesten« Bedingungen lebende »Arbeitskompanien«[172].

In anderen Oberlandesgerichtsbezirken dürfte vor allem die überproportional hohe Beteiligung von »Fremdvölkischen« an Plünderungen nach Bombenangriffen die Richter darin bestärkt haben, den polizeilichen Aktionen gegen Polen u. a. eine gewisse Berechtigung zuzubilligen. Für den Münchener Oberlandesgerichtspräsidenten Dr. Stepp, einem hochrangigen SS-Mitglied, war hingegen paradoxerweise die Sorge um das Ansehen der Justiz der Grund, die Strafhoheit über die »Fremdvölkischen« lieber der Polizei überlassen zu wollen. Er meinte beobachtet zu haben, daß die strengen Strafen der Gerichte gegen Polen u. a. bei Teilen der Bevölkerung zu einer das allgemeine Vertrauen in die Rechtspflege schmälernden Kritik geführt hätten, weshalb er es »wohl weiterhin« für »erwägenswert« hielt, »ob diese Elemente nicht zweckmäßiger der Polizei zu nichtöffentlicher Behandlung überlassen werden könnten«[173].

Auch gegen »Gewaltverbrecher« und »Asoziale« hielt man aufgrund der Kriegsumstände polizeiliche Maßnahmen unter Umständen für durchaus angebracht, zumal man vielfach insbesondere die Erfolge der Justiz bei der Bekämpfung von Plünderungen und »Jugendbanden«[174] als unzulänglich empfand[175]. Trotz härtester Strafen wiesen die Kriminalitätsziffern seit Kriegsbeginn steil nach oben[176]. So schwankte man auch hinsichtlich der brutalen Polizeiaktionen gegen »Gewohnheitsverbrecher« oft zwischen Zustimmung und Sorge um den Zuständigkeitsbereich der Justiz. Bezeichnend hierfür ist die Reaktion des Darmstädter Oberlandesgerichtspräsidenten Scriba auf die Nachricht, daß die Staatspolizei einen 17jährigen Arbeiter, den das Sondergericht Darmstadt wegen Diebstahls und Totschlags zu zehn Jahren Gefängnis verurteilt hatte,

172 SD-Bericht vom 27.3.1941, in: Boberach, Meldungen aus dem Reich, a.a.O., Bd. 6, S. 2158f. Zitate ebd.
173 OLG-Präs. München vom 27.3.1943, hier zit. nach Schorlemer, a.a.O., S. 67.
174 Dazu Kap. 8.
175 Siehe z. B. auch GSTA Celle vom 27.1.1942 über Polizeiaktionen gegen »herumstreunende« Jugendliche. BA R 22/3359. Siehe auch H. Muth, Jugendopposition im Dritten Reich, in: VfZ 1982, S. 369–417.
176 Siehe Kriminalität von Jugendlichen und Erwachsenen 1882–1952 (in Kriminalitätsziffern) nach C. Kennert, Entwicklung der Jugendkriminalität in Deutschland 1882–1952, Diss. Berlin 1957, S. 37, zit. nach Peukert, Weimarer Republik, a.a.O., S. 153.

»wegen Widerstands« erschossen hatte. Scriba protestierte zwar im Oktober 1941 beim Reichsjustizministerium, ließ aber zugleich erkennen, daß ihm angesichts der Kriegslage Exekutionen von in flagranti ertappten Schwerverbrechern durchaus verständlich seien[177]. In vergleichbarer Weise äußerten sich 1941/42 der Hamburger Oberlandesgerichtspräsident Rothenberger und verschiedene Hamburger Richter, die zwar die Übergriffe der Staatspolizei scharf mißbilligten, die »Ausmerze« von Schwerverbrechern und »Asozialen« aber prinzipiell für notwendig hielten, da »Gemeinschaftsfremdheit« erblich sei[178].

Von der Notwendigkeit einer harten Gangart gegen alle rassisch oder sozial »Minderwertigen« überzeugt, erhoben denn auch die Oberlandesgerichtspräsidenten keinen Widerspruch, als Thierack sie in einer Besprechung am 29. September 1942 über seine Absicht unterrichtete, die Strafhoheit über die »Fremdvölkischen« an Polizei und SS abzutreten. Auf die Frage Thieracks, ob er »Unbehagen« verspüre, wenn die SS vor seinem Amtsgebäude einen Polen exekutiere, antwortete der Posener Oberlandesgerichtspräsident Froböß lapidar mit »nein«, denn der Richter bleibe »nicht da«, wenn dies passiere[179]. Der Breslauer Oberlandesgerichtspräsident von Steinaecker zeigte sich sogar über die anstehende Regelung »sehr beglückt«. Ihn habe es empört, daß die SS in Oberschlesien ohne jedes Gerichtsverfahren an einem Tage bis zu 50 Polen aufgehängt habe. Er habe stets betont, daß »diese politischen Sachen vor ein Militärgericht oder vor ein Gestapo-Gericht oder was« gehörten, da sie »mit der Justiz nichts zu tun« hätten. »Ich begrüße es also als wahre Befreiung, daß man uns davon endlich erlöst.«[180]

Lediglich der Danziger Oberlandesgerichtspräsident Wohler machte Bedenken geltend – allerdings aus eigennützigen Gründen. Er befürchtete, daß infolge der Auslagerung der »Fremdvölkischen« aus der Justiz in seinem zumeist von Polen bewohnten Bezirk rund 75 % aller Strafrechtsfälle an die Polizei übergehen würden. Die Zahl der Strafverfahren im Danziger Raum würde dann auf ein Minimum sinken, was die Einberufung der freiwerdenden Richter zur Wehrmacht und damit die Auflösung des Oberlandesgerichtsbezirks Danzig zur Folge haben würde.

Es ist offensichtlich, daß man sich in der Justiz in der Regel vom Schicksal rassischer und sozialer Randgruppen kaum berührt fühlte und die Hintergründe und Konsequenzen, die die Okkupation richterlicher und staats-

177 OLG-Präs. Darmstadt vom 10.11.1941. BA R 22/3361.
178 Siehe OLG-Präs. Hamburg vom 4.7.1941, BA R 22/3366, sowie der Hamburger LG-Präs. Korn auf der Besprechung der Vorsitzenden der SGs am 29.8.1942 (Archiv OLG Hamburg 3131 E 1c/4) sowie der AG-Rat Dr. D. auf der Besprechung der Hamburger Amtsrichter am 16.2.1942 (Akten OLG Hamburg 3131 E 1d/5).
179 Zit. nach dem wörtlichen Protokoll der Besprechung am 29.9.1942. BA R 22/4199.
180 Ebd.

anwaltschaftlicher Kompetenzen durch die Polizei hatte, nur unzureichend erkannte. So gaben sich die Generalstaatsanwälte in Köln und Naumburg oder der Hamburger Oberlandesgerichtspräsident Rothenberger trotz ernster Sorgen um den »NS-Rechtsstaat« auch noch während des Krieges der Hoffnung hin, daß die Übergriffe der Staatspolizei in der Hauptsache auf persönliche Fehlgriffe der örtlichen Polizeiführer zurückzuführen seien. Die Richter im Oberlandesgerichtsbezirk Celle meinten hingegen, daß die Ursachen für die Urteilskorrekturen der Staatspolizei darin lägen, daß die Strafgerichte zuviel Zeit bräuchten, um Schwerverbrecher und »Fremdvölkische« ihrer Strafe zuzuführen. Wenn die Strafrechtspflege mehr und mehr auf die schnell – und rechtsmittellos – urteilenden Sondergerichte übergehen würde, würden die Übergriffe der Staatspolizei von allein nachlassen[181].

Insbesondere die Oberlandesgerichtspräsidenten waren in den ersten Kriegsjahren vielerorts noch optimistisch, die Zusammenarbeit zwischen Justiz und Staatspolizei durch »kameradschaftliche« Gespräche wieder normalisieren zu können. Der Hamburger Oberlandesgerichtspräsident Schmidt-Egk glaubte dies noch im Frühjahr 1944[182], zumal es seinem Vorgänger Rothenberger 1941/42 in der Tat gelungen war, die Beziehungen zur Hamburger Staatspolizei zu verbessern und die Zahl ihrer Übergriffe – vorübergehend – einzudämmen[183].

Auf mittlerer Ebene hoffte man hingegen offenbar vielfach auf klärende Gespräche zwischen Reichsjustizministerium und RSHA. Die Landgerichtspräsidenten in Duisburg, Düsseldorf und Krefeld zum Beispiel meinten noch im Juli 1944, daß ein Machtwort des Reichsjustizministers genügen würde, um die Staatspolizei zur Raison zu bringen, wenn der Minister nur von den Eigenmächtigkeiten der Staatspolizei in ihren Bezirken Kenntnis erhielte[184]. Verschiedenen Chefpräsidenten war die Machtfülle der Gestapo offenbar sogar selbst gegen Ende des Krieges noch nicht

181 GSTA Celle vom 31.7.1940. BA R 22/3359.
182 OLG-Präs. Hamburg vom 12.4.1944. BA R 22/3366.
183 Siehe OLG-Präs. in Hamburg vom 1.5.1942, BA R 22/3366. Siehe auch die Protokolle der Besprechungen der Hamburger Chefpräsidenten vom 1. und 6.5.1942, Archiv OLG Hamburg 3000 1c/d. Danach konnte sich Rothenberger Ende April 1942 in Verhandlungen mit dem Führungsstab der Hamburger Staatspolizeileitstelle ein Mitspracherecht bei den Eingriffen in gerichtliche Entscheidungen sichern. Jede polizeiliche Beschwerde über Gerichtsurteile sollte zuerst dem OLG-Präs. zur Stellungnahme zugehen, bevor eine polizeiliche Maßnahme ergriffen wurde. Siehe auch die Notizen, die Rothenberger am 29.4.1942 für eine Rede des Gauleiters Kaufmann fertigte. Danach gab es im Hamburger OLG-Bezirk bis April 1942 keine Korrektur von Gerichtsurteilen durch Erschießungen der SS, da Besprechungen zwischen Kaufmann, Rothenberger und dem SS-Gruppenführer Querner dies verhinderten. Archiv OLG Hamburg 3131 E-1e/4.
184 Siehe Schreiben der LG-Präs. Duisburg, Düsseldorf und Krefeld an den OLG-Präs. Düsseldorf vom 14., 19. bzw. 22.7.1944. HSTAD-Kalkum Rep. 86/1394.

bewußt geworden. Der Landgerichtspräsident in Krefeld zum Beispiel zeigte sich »höchst verwundert«, als er erfuhr, daß es die Staatspolizei in Braunschweig wage, in gerichtliche Verfahren einzugreifen[185]. Die Informationslage vieler anderer Richter war wohl ähnlich. In den Befragungen, die das Reichsjustizministerium zwischen 1943 und 1945 zur Vorbereitung der »Großen Justizreform« in der Richterschaft durchführte, gab es zumindest keine Anzeichen dafür, daß man sich von der Staatspolizei existentiell bedroht fühlte. Im allgemeinen herrschte vielmehr die Meinung vor, daß die Übergriffe der Staatspolizei durch die Kriegsumstände bedingt seien und der »Führer« die Kompetenzen der Gerichte nach Kriegsende voll wiederherstellen werde[186].

Wesentlich realistischer schätzte hingegen im April 1943 der Hammer Oberlandesgerichtspräsident Semler die Lage ein. Semler, ein intimer Kenner der Staatspolizei, der 1937 als Vertreter der Justiz an den Verhandlungen über die »verschärften Vernehmungen« teilgenommen hatte, kam angesichts der sich auch in seinem Bezirk häufenden Übergriffe der Staatspolizei zu der Einsicht, daß die Geschichte der Justiz nach 1933 »eine einzige Serie von Niederlagen« gewesen sei[187].

Die in der Richterschaft weitverbreitete Fehleinschätzung der Staatspolizei resultierte wohl nicht zuletzt daraus, daß von seiten des Reichsjustizministeriums in der Regel keine Auskünfte über deren Übergriffe zu erhalten waren und es in den meisten Oberlandesgerichtsbezirken während des Krieges keinerlei »Fühlung« mit den Staatspolizeistellen gab[188]. Informationsgesuche der Justiz lehnte die Staatspolizei vielmehr in der Regel schroff ab[189], während sie ihrerseits durch die Staatsanwaltschaften auf Geheiß des Reichsjustizministeriums über alle bedeutsamen Verfahren informiert wurde[190].

Lediglich in Hamburg, wo Oberlandesgerichtspräsident Rothenberger 1941/42, unterstützt von Gauleiter Kaufmann, recht informative Kontakte zum Hamburger Gruppenführer der SS knüpfen konnte[191], wurde den Richtern Einblick in die Arbeit der Staatspolizei gewährt. Hamburger Strafrichter erhielten Gelegenheit, das KZ Neuengamme zu besichti-

---

185 Ebd.
186 Siehe BA R 22/4443 und 3314.
187 OLG-Präs. in Hamm vom 28. 4. 1943. BA R 22/3367.
188 Siehe z. B. GSTA Hamm und OLG-Präs. Karlsruhe vom 31. 8. 1943 bzw. 13. 9. 1943. BA R 22/3367 bzw. 3370. Siehe auch OLG-Präs. Hamm vom 8. 5. 1941. BA R 22/3367.
189 Thierack erreichte erst am 6. 11. 1943 von Kaltenbrunner die Zusage, daß die General- und Oberstaatsanwälte das Befehlsblatt der Sicherheitspolizei erhalten sollten. Besprechungsnotizen Thieracks, BA R 22/4062.
190 Siehe u. a. D. Majer, Das Verhältnis von Staatsanwaltschaft und Polizei im Nationalsozialismus, in: U. Reifner/B.-R. Sonnen (Hrsg.), Strafjustiz und Polizei im Dritten Reich. Frankfurt 1984, S. 121–160, hier S. 139 ff.
191 Siehe z. B. OLG-Präs. Hamburg vom 1. 5. 1942. BA R 22/3366.

gen und mit dem dortigen Führungspersonal eine »freie Aussprache« zu führen[192]. Zudem wurde der Hamburger Richterschaft im Frühjahr 1941 einer der ersten Entwürfe des RSHA zum Gemeinschaftsfremdengesetz zur Kenntnisnahme vorgelegt[193].

In anderen Bezirken war die Informationslage hingegen keineswegs so gut. So sah sich der Braunschweiger Oberlandesgerichtspräsident genötigt, das Reichsjustizministerium im Frühjahr 1941 zu bitten, den Richtern seines Bezirks über die Übergriffe der Staatspolizei Auskunft zu geben, da man »so wenig Authentisches über all diese Dinge« erfahre[194]. Darüber, welche Delikte von der Polizei nicht an die Justiz abgegeben und welche gerichtliche Entscheidungen von der Staatspolizei überwacht wurden, herrschte selbst bei den Chefpräsidenten vielfach Unklarheit[195]. Der Hammer Oberlandesgerichtspräsident Schneider erfuhr beispielsweise erst im Februar 1942 durch eine Statistik des Reichstreuhänders für Arbeit, daß die Staatspolizei bereits seit Kriegsbeginn bei »Arbeitsvertragsbruch« Schutzhaft oder die Einweisung in ein »Arbeitserziehungslager« anordnete[196]. Zahlenmaterial, das wie eine Liste der Düsseldorfer Justizbehörden über die Bestrafung von »Arbeitsbummelanten« eindeutig das Ausmaß der Übergriffe der Staatspolizei dokumentierte[197], lag nur selten vor und wurde zwischen den Chefpräsidenten nicht ausgetauscht. Vor allem in bezug auf Maßnahmen der Polizei gegen »Jugendbanden« war man unzureichend informiert. Erst in einer Besprechung am 10./ 11. Februar 1943 wurde von seiten des Reichsjustizministeriums darüber aufgeklärt, welche Strafbefugnisse die Polizei usurpiert hatte. Allerdings waren auch diese Informationen sehr ungenau. Es wurde zwar klargestellt, daß die Bestrafung von »Fremdvölkischen« und politischen »Volksschädlingen« in die Zuständigkeit der Polizei übergegangen war. Daß die

192 Ebd., 5.9.1941.
193 Ebd., 4.7.1941.
194 OLG-Präs. Braunschweig vom 5.5.1941. BA R 22/3357.
195 Siehe z. B. GSTA Hamm vom 21.7.1942. BA R 22/3367. Der Hammer GSTA zweifelte nicht daran, daß alle Strafsachen, in denen die Todesstrafe oder Sicherungsverwahrung zu erwarten stand, von der Staatspolizei überwacht wurden. Allerdings war er sich nicht darüber im klaren, ob die Sondergerichte überwacht würden.
196 OLG-Präs. Hamm vom 27.2.1942. BA R 22/3367. Von Mai bis August 1941 wurden rund 7300 Verhaftungen wegen Arbeitsniederlegung gezählt, im gleichen Zeitraum 1942 bereits 21500. Herbert, Fremdarbeiter, a. a. O., S.123.
197 In den Lageberichten der OLG-Präs. findet sich z. B. nur in den Berichten des Düsseldorfer OLG-Präs. vom 3.6. und 2.9.1942 eine Aufstellung über die Maßnahmen der Staatspolizei zur Aufrechterhaltung der »Arbeitsdisziplin«, die vermutlich von den Düsseldorfer Arbeitsämtern oder vom Reichstreuhänder der Arbeit stammte. Danach gab es im Gau Düsseldorf im ersten Halbjahr 1942 wegen Verstößen gegen die Arbeitsdisziplin 117 Strafverfahren, 141mal Jugendarrest, 57mal Schutzhaft, 121 Einweisungen in ein Arbeitserziehungslager, 6 Einweisungen in ein KZ, 663 Ordnungsstrafen. BA R 22/3363.

Staatspolizei auch weitgehend die Strafverfolgung von »Gewohnheitsver-brechern«, »Arbeitsbummelanten« u. a. in die Hand genommen hatte, wurde indessen nicht erwähnt[198].

Insbesondere in den großen, wenig überschaubaren Oberlandesgerichts-bezirken war es für die Richter schwierig, ein klares Bild zu gewinnen, da die Kommandeure der Staatspolizeistellen das Instrument der Schutzhaft sehr zum Unwillen Heydrichs selbst innerhalb eines Oberlandesgerichts-bezirks zum Teil sehr uneinheitlich handhabten[199]. Im Großraum Celle zum Beispiel überließ die Staatspolizei im Landgerichtsbezirk Hildes-heim 1939/40 die Aburteilung von »fremdvölkischen« Straftätern in der Regel den Gerichten. In den benachbarten Landgerichtsbezirken Osna-brück und Stade tat sie dies hingegen nur in Ausnahmefällen, während im Landgerichtsbezirk Detmold schwerer Straftaten verdächtige »Fremd-völkische« noch vor den Abmachungen zwischen Thierack und Himmler der Justiz prinzipiell nicht übergeben wurden[200].

Die Einschätzung der Lage wurde den Richtern zudem noch dadurch er-schwert, daß die Chefpräsidenten oft nicht genügend Sorge dafür trugen, daß die – ohnehin vielfach unzureichenden – Informationen, die sie auf den Besprechungen im Reichsjustizministerium erhielten, in ihren Bezir-ken allgemein bekannt wurden. Arbeitsüberlastung, Nachlässigkeit und Unsicherheit darüber, ob die Auskünfte des Ministeriums nicht vertrau-lich zu behandeln seien[201], waren die Gründe hierfür. Selbst wesentliche Vereinbarungen zwischen Justiz und SS erreichten die Richter nicht oder nur mit großer Verspätung. So waren die Richter im Oberlandesgerichts-bezirk Karlsruhe noch im September 1943 »nicht allerorts« über die Ab-

198 Siehe v. a. die Äußerungen des Ministerialdirigenten Schaefer über die Scheidung zwischen Justiz und Polizei, die nach der »Zweckmäßigkeit« und nach »vernünftiger Betrachtung der bestehenden Verhältnisse« erfolgen solle (BA R 22/4200). Siehe auch Majer, Staatsanwaltschaft und Polizei, a. a. O., S. 143 f.
199 Siehe den Erlaß Heydrichs an die Dienststellen der Kriminal- und Staatspolizei vom 19. 1. 1942, in dem gerügt wurde, daß die Vorschriften des RSHA zur Festnahme straffäl-liger polnischer Zivilarbeiter und zur Einleitung von Gerichtsverfahren gegen »Fremd-völkische« »noch immer nicht genügend Beachtung« fänden und vielfach »falsch ausge-legt« würden, in: Beweisdokumente, a. a. O., G.J. 161, S. 315 f.
200 Nach Erhebungen der Celler Generalstaatsanwaltschaft waren im LG-Bezirk Hildesheim im Herbst 1940 929 Verfahren gegen polnische Fremdarbeiter anhängig. In Osnabrück und Stade waren die Zahlen sowohl absolut als auch relativ wesentlich nied-riger: in Osnabrück 18, in Stade 17 Verfahren. Schwerer Straftaten verdächtige Polen gab die Staatspolizei in Detmold überhaupt nicht an die Gerichte ab. Siehe GSTA Celle vom 29. 11. 1940 und 27. 1. 1942. BA R 22/3359.
201 Siehe den Hammer OLG-Präs. an Freisler vom 31. 3. 1941: »Ich kann dem [dem mangelhaften Wissen der Richter über die Polizeiaktionen gegen ›Fremdvölkische‹] nur ungenügend abhelfen, da ich selbst nicht ausreichend unterrichtet bin und überdies Zweifel haben muß, inwieweit ich das, was ich bei meinen Besuchen im Reichsjustizmi-nisterium erfahre, den Richtern mitteilen darf.«

gabe der Strafhoheit über »Fremdvölkische« an die Polizei informiert[202], obwohl die Oberlandesgerichtspräsidenten bereits in der Besprechung vom 29. September 1942 von Thierack über entsprechende Pläne unterrichtet worden waren.

Die These, daß die Konkurrenz mit Polizei und SS die Richterschaft zu immer härteren Urteilen getrieben habe[203], wird man angesichts dieser Ergebnisse differenzieren müssen, zumal die Brutalisierung der Strafrechtspflege bereits begann, noch bevor bzw. ohne daß die Richter den existentiellen »Konkurrenzdruck« der SS erkannten. Auch ist es wohl falsch anzunehmen, daß man im RSHA eine solche Rechtsprechung herbeiführen wollte, wie sie sich insbesondere seit 1942 entwickelte. Das RSHA – wo man sich im übrigen trotz aller Bedenken gegen die bürgerliche Richterschaft um deren gesellschaftliches Ansehen und deren Entscheidungsfreiheit sowie um die Rechtserziehung des Volkes sorgte[204] – kritisierte zwar zumeist angeblich zu milde Urteile, ließ aber die Staatspolizeistellen zugleich darauf achten, daß sich in der Rechtsprechung keine übergroße Härte zeigte. Dementsprechend wurden von der Staatspolizei vielfach auch Urteile wegen unangemessener Schärfe gerügt[205]. Offensichtlich folgte man auch im RSHA – wenigstens zu Beginn des Krieges – dem nebulösen nationalsozialistischen Grundsatz, daß man nur die »Unverbesserlichen« mit unnachsichtiger Härte strafen, die aufgrund unglücklicher Umstände gestrauchelten »Volksgenossen« aber mit Hilfe von »Denkzetteln« wieder der »Volksgemeinschaft« zuführen solle.

Das Reichsjustizministerium wies denn auch die Richter darauf hin, daß die Verschärfung der Kriegsrechtsprechung mit einer gewissen »Dosierung« zu erfolgen habe, wenn man die Kompetenzanmaßungen von Polizei und SS eindämmen wolle, und versuchte verschiedentlich u. a. mit Hilfe der Richterbriefe, Tendenzen zu überharten Urteilen zu bekämpfen. Freisler führte in einer Besprechung mit den Chefpräsidenten Anfang 1942 zwar »fast alle« Urteilskorrekturen der Staatspolizei auf »unzureichende«, d. h. zu milde Gerichtsentscheidungen zurück, machte aber zugleich auch klar, daß eine übermäßig harte Rechtsprechung die Übergriffe der SS nicht verhindern, sondern fördern würde. Eine Zuchthausstrafe von zehn Jahren – so Freisler – ziehe unweigerlich eine Nachprü-

202 OLG-Präs. Karlsruhe vom 13. 9. 1943. BA R 22/3370.
203 So insbesondere Majer, Grundlagen des nationalsozialistischen Rechtssystems, a. a. O., S. 113.
204 Siehe die Arbeitsanweisungen des SD für das Lebensgebiet Recht vom November 1941. BA R 22/990. Möglicherweise spielte bei diesen Überlegungen die Tatsache eine Rolle, daß sich das Führungspersonal des RSHA selbst oft aus Juristen rekrutierte. Wesentlich erscheint hier der Hinweis, daß die Justiz- und Rechtspolitik des RSHA noch nicht umfassend erforscht ist.
205 Siehe u. a. Besprechung der Stapo Düsseldorf (Anm. 109).

fung des Verfahrens durch die Staatspolizei nach sich. Eine Zuchthausstrafe von zwölf Jahren komme gar einem Todesurteil gleich, da die Staatspolizei bei dieser Strafhöhe unweigerlich einen unverbesserlichen »Volksschädling« vermuten würde[206].

Großen Erfolg hatten solche Ermahnungen indes nicht. Vielmehr entwickelte sich an den Gerichten und insbesondere am Volksgerichtshof eine Rechtsprechung, die an Härte oft die Erwartungen der Staatspolizei übertraf. Auf Grund dessen – aber sicherlich auch aufgrund von Personalengpässen der Staatspolizei – befahl Kaltenbrunner im März 1944, alle Fälle von »Heimtücke« prinzipiell an die Gerichte abzugeben. Lediglich in ausgesprochen geringfügigen Fällen oder in den Fällen, in denen ein Gerichtsverfahren wegen des Fehlens von Zeugen oder anderer Umstände aussichtslos sei, sollte keine Überweisung an die Justiz erfolgen. Kaltenbrunner begründete dies damit, »daß bei nachträglicher Verurteilung solcher Fälle durch die Sondergerichte mehrfach Strafen verhängt wurden, die bei weitem über die zunächst staatspolizeilich ergriffenen Maßnahmen hinausgingen. In einem Fall z. B. hatte die in Frage kommende Staatspolizei(leit)stelle sechs Monate Meckererbautrupp beantragt, während der Täter später vom Volksgerichtshof zum Tode verurteilt wurde.«[207]

Für die Richter war diese Order ein mehr als zweifelhafter Erfolg. Zum einen hatten sie sich die Zuständigkeit in »Heimtücke«-Sachen durch eine Rechtsprechung wiedererobert, die die Unterschiede zwischen polizeilichen Maßnahmen und gerichtlichem Verfahren letztlich fast völlig verwischt hatte. Zum anderen standen sie seit Anfang 1944 unter Aufsicht eines weiteren Lenkungsreferats, das nach Absprachen zwischen RSHA und Reichsjustizministerium speziell zur Verhinderung einer »uneinheitlichen« Rechtsprechung in »Zersetzungssachen« eingerichtet worden war[208].

206 Protokoll der Besprechung der OLG-Präs. am 31.3.1942. BA R 22/4162.
207 Zit. nach Schreiben der Staatspolizeistelle Düsseldorf an die nachgeordneten Dienststellen mit der Wiedergabe des Erlasses Kaltenbrunners vom 22.3.1944. HSTA Düsseldorf RW 36/12.
208 Siehe dazu den vertraulichen Bericht des Reichsjustizministeriums über eine Tagung zu Rechtsprechungsfragen am 3./4.2.1944. HSTAD-Kalkum Rep. 86/1395.

VIII. Strafrechtsprechung im Krieg – eine Skizze

Wenige Tage nach dem Beginn des Überfalls auf Polen forderte das Reichsjustizministerium die Richter auf, angesichts der nun eingetretenen Umstände gegen alle »Volksschädlinge« mit »äußerster Strenge« vorzugehen, und erklärte sie in einer Rundverfügung vom 12. September 1939 gleichsam zu »Soldaten der inneren Front«[1]. Ein »Dolchstoß« in den Rücken der kämpfenden Truppe, wie er vermeintlich 1918 den Sieg der Alliierten herbeigeführt hatte[2], sollte unbedingt vermieden werden.

Wie man sich im Reichsjustizministerium eine »kriegsgerechte« Rechtsprechung vorstellte, machten Reichsjustizminister Gürtner und Staatssekretär Freisler in einer Besprechung mit den Vorsitzenden der Sondergerichte am 24. Oktober 1939 unmißverständlich deutlich[3]. Gürtner und Freisler verlangten, die »Friedensmaßstäbe« fallen zu lassen und bei der Beurteilung bzw. der Bestrafung von Verbrechen eine »Umwertung der Werte« zu vollziehen. Der Wille oder der Versuch zu einer Straftat sei ebenso unnachsichtig zu ahnden wie das vollendete Verbrechen (sogenanntes Willensstrafrecht). Zur Aufrechterhaltung der Disziplin in der Bevölkerung müßten selbst harmlose Vergehen – sofern sie unter Ausnutzung der Kriegsumstände begangen worden seien – mit härtesten Strafen gesühnt werden. Wer etwa die Verdunkelung für eine Straftat ausnutze, solle – so Freisler – damit rechnen müssen, daß er »höchstwahrscheinlich [...] seinen Kopf verliert«. Die besonderen Umstände der Straftat sowie die Persönlichkeit des Täters sollten für den richterlichen Urteilsspruch nicht mehr von ausschlaggebender Bedeutung sein.

Nicht die Besserung und die Wiedereingliederung des Straftäters, sondern die generalpräventive Abschreckung durch extreme Strafen und gegebenenfalls die Vernichtung von unverbesserlich erscheinenden Verbrechern war also die Aufgabe, die Gürtner und Freisler den Strafgerichten zuwiesen. Den Sondergerichten dachten sie dabei eine besondere Rolle zu: Sie sollten besonders rasch und besonders hart urteilen und somit die »Panzertruppe«[4] der Rechtspflege bilden.

---

1 H.-A. Jacobsen/W. Jochmann (Hrsg.), Ausgewählte Dokumente zur Geschichte des Nationalsozialismus 1933–1945. Bielefeld 1966, H-Dokument – 12. IX. 1939.
2 Siehe U. Heinemann, Die Last der Vergangenheit. Zur politischen Bedeutung der Kriegsschuld- und Dolchstoßdiskussion, in: Bracher/Funke/Jacobsen, Die Weimarer Republik, a. a. O., S. 371–386.
3 BA R 22/4158.
4 Freisler, ebd.

Die Voraussetzungen für eine solche Rechtspflege versuchte das NS-Regime im wesentlichen durch eine Vereinfachung des Gesetzgebungsverfahrens, eine weitere Verschärfung des Strafrechts und verschiedene Maßnahmen zur »Vereinfachung« der Rechtspflege (u. a. Verkleinerung der Richterkollegien) zu schaffen[5]. Die Möglichkeit, das Gesetzgebungsverfahren abzukürzen, das nach der Ausschaltung des Reichstages ohnehin im Grunde nur noch in der Produktion von Verordnungen bestand, war bereits vor dem Überfall auf Polen geschaffen worden. Am 30. August 1939 wurde der Ministerrat für die Reichsverteidigung ins Leben gerufen, der sich aus dem Generalbevollmächtigten für den Vierjahresplan Göring, den Reichsministern Frick, Funk und Lammers sowie aus Keitel, dem Chef des Oberkommandos der Wehrmacht, und dem StdF Heß rekrutierte. Der Ministerrat sollte »für die Zeit der gegenwärtigen außenpolitischen Spannung« als das »höchste, nur dem Führer verantwortliche, ständig tätige und mit umfassender Zuständigkeit ausgestattete Organ des Reiches«[6] »Verordnungen mit Gesetzeskraft« erlassen[7]. Die gleiche Kompetenz besaß – neben dem »obersten Gerichtsherrn« Hitler selbst – das von Frick, Keitel und Funk[8] gebildete »Dreierkollegium« für die Bereiche Reichsverwaltung, Wehrmacht und Wirtschaft.
In den ersten Septembertagen 1939 erarbeitete der Ministerrat mit äußerster Eile acht Verordnungen, die den Grundstock für das NS-Kriegsrecht bilden sollten[9]. Eine dieser Verordnungen war die Verordnung gegen Volksschädlinge (VVO) vom 5. September 1939[10], die wohl zu den wichtigsten Bestimmungen des NS-Kriegsrechts zählt und in vielfacher Weise symptomatisch für die Gesetzgebungsarbeit des Ministerrats ist.
Die VVO führte zum Schutz der »inneren Front« vor Sabotage und »Zersetzung« vier Straftatbestände ein: Plünderungen in »freigemachten Gebieten«, »Verbrechen bei Fliegergefahr«, die Widerstandskraft des Vol-

---

5 Siehe u. a. F. Ostler, Die deutschen Rechtsanwälte 1871–1971. Essen 1971, S. 280ff.; A. Wagner, Die Umgestaltung der Gerichtsverfassung und des Verfahrens- und Richterrechts im nationalsozialistischen Staat. Stuttgart 1968, S. 190–366, hier S. 242ff. Zur Verkleinerung der Richterkollegien u. a. durch den Wegfall der Schöffen und Geschworenen siehe ebd., S. 228f. Ein Schwurgericht hatte vor 1939 neun Richter, seit 1939 (nun als Strafkammer) nur noch drei. Durch verschiedene Vereinfachungsverordnungen wurde u. a. die Beteiligung von Laien an den Schwurgerichten beseitigt, die Zahl der Richter an den Gerichten bis hin zum Einzelrichter beschränkt, kleinere Gerichtsbezirke wurden zusammengelegt.
6 Frick (1940), zit. nach Werle, a. a. O., S. 204.
7 Erlaß des Führers über die Bildung des Ministerrats für die Reichsverteidigung vom 30. 8. 1939. RGBl. 1939/II, S. 1539ff.
8 Werle, a. a. O., S. 205f. An die Stelle von Funk trat Anfang 1940 Göring.
9 Ab Dezember 1939 trat der Ministerrat nicht mehr zusammen, Gesetzesentwürfe gingen danach im Umlaufverfahren an seine Mitglieder. Mit dem Niedergang der Macht Görings verlor der Ministerrat an Bedeutung. Werle, a. a. O., S. 205.
10 RGBl. 1939/II, S. 1679.

kes schädigende »gemeingefährliche« Verbrechen sowie »sonstige« Verbrechen und Vergehen, die »vorsätzlich unter Ausnutzung der durch den Kriegszustand verursachten Verhältnisse« begangen worden waren. Wie diese Tatbestände im einzelnen zu definieren und wie sie zu ahnden waren, wurde in der VVO allerdings nur unscharf umrissen. »Verbrechen bei Fliegergefahr« oder die »Ausnutzung des Kriegsumstandes« zu einer Straftat, d. h. insbesondere Plünderungen, konnten zum Beispiel mit dem Tode, mit lebenslangem Zuchthaus oder mit Zuchthaus bis zu 15 Jahren geahndet werden. Welche Strafe jeweils angemessen war, oblag dem »gesunden Volksempfinden«.

Das gab jedoch alles andere als eine klare Antwort auf die sich im richterlichen Berufsalltag vor allem seit dem Beginn der Bombenangriffe der Alliierten immer wieder stellende Frage, was eigentlich unter »Plünderung« zu verstehen war und nach welchem Paragraphen der VVO Plünderungen geahndet werden sollten[11]. Hatten zum Beispiel der Feuerwehrmann, der während eines Einsatzes seinen Durst mit einer Flasche Wein aus einem von Bomben getroffenen Haus gelöscht hatte, und der Halbwüchsige, der ein Taschentuch aus einem zerbombten Gebäude an sich genommen hatte, »geplündert« oder nicht? Lag hier ein »verbrecherischer Wille« vor, der eine harte Bestrafung unabdingbar machte, oder handelte es sich lediglich um harmlose Mißgriffe von »Volksgenossen«, die lediglich von den Umständen verführt worden waren?

Sofern dies überhaupt zu klären war, mußte die Frage beantwortet werden, ob die jeweilige »Plünderung« unter § 1 (»Plünderung in freigemachten Gebieten oder in freiwillig geräumten Gebäuden oder Räumen«), § 2 (»Verbrechen bei Fliegergefahr«) oder § 4 (»Ausnutzung der Kriegsumstände«) der VVO fiel. Für das Schicksal des Angeklagten war diese Entscheidung im wahrsten Sinne des Wortes »lebenswichtig«. § 1 der VVO – der, streng genommen, auf die meisten Plünderungsfälle nicht paßte, weil er nur für »freigemachte«, d. h. von den deutschen Truppen geräumte Gebiete galt – schrieb nämlich zwingend die Todesstrafe vor. § 2 und § 4 eröffneten hingegen auch die Möglichkeit, eine Zuchthausstrafe von bis zu 15 Jahren oder eine lebenslange Zuchthausstrafe zu verhängen.

---

11 Die Definition des Begriffs »Plündern« wurde bis zum Kriegsende nicht eindeutig geklärt, obwohl das Problem u. a. auf der Besprechung der OLG-Präs. am 21. 9. 1942 zur Sprache gebracht wurde (BA R 22/4199). Die Richterbriefe vom 1. 10. 1942 und vom 1. 4. 1943 beschäftigen sich zwar mit der Bestrafung von »Volksschädlingen« bei »Verdunkelung« und »Luftangriffen« (Boberach, Richterbriefe, a. a. O., S. 5 ff. und 95 ff.), aber die Definition des Plünderungsbegriffs in der Richterschaft war weiterhin nicht klar. Siehe u. a. die Besprechung der Vorsitzenden der Sondergerichte im OLG-Bezirk Köln am 20. 1. 1944 (Archiv OLG Köln Az 3234/2). Die Bestrafung von Plünderungen wurde im Richterbrief vom 1. 4. 1944 nochmals besprochen (Boberach, Richterbriefe, a. a. O., S. 280 ff.).

Es muß dahingestellt bleiben, ob die für die VVO und viele andere NS-Kriegsverordnungen typische Unschärfe der Tatbestände und der Strafrahmen gesetzgeberischem Dilettantismus oder dem Bemühen entsprang, eine flexible, der jeweiligen Kriegslage angepaßte Rechtsprechung zu ermöglichen. Für die erste Vermutung spricht zumindest, daß die Mehrzahl der Mitglieder des Ministerrats – ebenso wie der »oberste Gerichtsherr« des Reiches – in juristischen Dingen alles andere als beschlagen waren. Offensichtlich ist jedenfalls, daß man sich im Reichsjustizministerium und in den anderen mit Rechtsfragen befaßten Staats- und Parteistellen des Dritten Reiches der mühevollen Aufgabe, ein systematisches und detailliertes Kriegsrecht auszuarbeiten, entzog und statt dessen zumeist ad hoc recht unscharfe Verordnungen erließ. Diese wurden zwar in der Regel durch etliche Ausführungsbestimmungen ergänzt und in Fachzeitschriften erläutert, ließen aber dennoch oft genug die notwendige Eindeutigkeit vermissen. Damit gaben sie den Richtern einen weiten Ermessensspielraum[12], woraus zwangsläufig höchst unterschiedliche Urteile in ähnlich gelagerten Verfahren resultierten. Sofern man eine einheitliche Entwicklung der Rechtsprechung erreichen und der Bevölkerung Erwartungssicherheit bzw. den Anschein von »Rechtssicherheit« vermitteln wollte, machte diese Gesetzgebungstechnik die Lenkung der Richter durch Empfehlungen und Weisungen nahezu unausweichlich[13].

Die Kriegsverordnungen veränderten den Rahmen für die Strafrechtsprechung indes nicht nur, indem sie zahlreiche Tatbestände mit der Todesstrafe bedrohten – 1943/44 waren es insgesamt 46 gegenüber dreien im Jahre 1933[14] – und den Richtern einen großen Ermessensspielraum bei der Urteilsfindung gaben. Sie erweiterten vor allem auch durch zahlreiche neue Kompetenzzuweisungen den Zuständigkeitsbereich der Sondergerichte, die bis Ende 1938 fast ausschließlich für politische Delikte wie »Heimtücke« u. ä. zuständig gewesen waren. Darüber hinaus erlaubte es die Verordnung über Maßnahmen auf dem Gebiet der Gerichtsverfassung und der Rechtspflege vom 1. September 1939[15] der Staatsanwaltschaft, prinzi-

---

12 Siehe die Charakterisierung der NS-Gesetzgebungstechnik durch einen Koblenzer Richter in: OLG-Präs. Köln vom 30.7.1943 (BA R 22/3374). »Die Verordnungen des Gesetzgebers seien in steigendem Maße verwirrend. In den Verordnungen seien zumeist nur einige Kernsätze enthalten, das Recht finde sich in zahlreichen Durchführungsverordnungen. Es gebe keine Unterscheidung zwischen wesentlichen und unwesentlichen Punkten.« Siehe auch SD-Bericht vom 17.6.1943, in: Boberach, Meldungen aus dem Reich, a. a. O., Bd. 14, S. 5370ff.
13 Siehe Kap. 11.
14 M. Broszat, Die Perversion der Strafjustiz im Dritten Reich, in: VfZ 1958, S. 390–443, hier S. 397.
15 RGBl. 1939/II, S. 1658–1662. Siehe auch die Verordnung über die Zuständigkeit der Strafgerichte, die Sondergerichte und sonstige strafrechtliche Vorschriften. RGBl. 1940/I, S. 405–411.

prinzipiell jedes Delikt vor einem Sondergericht anzuklagen, sofern sie eine rasche Aburteilung für notwendig hielt.

Aufgrund dieser Regelungen und aufgrund der ausgeprägten Neigung vieler Staatsanwälte, Strafverfahren möglichst rasch und mit möglichst harten Strafen abschließen zu wollen, verlagerte sich das Schwergewicht der Strafrechtspflege während des Krieges immer mehr auf die Sonderge-richte[16]. Nachdem seit dem 1. September 1939 nicht nur wie 1933 ein Son-dergericht pro Oberlandesgerichtsbezirk, sondern eines pro Landge-richtsbezirk eingerichtet werden konnte[17], stieg ihre Zahl sprunghaft an. Im Bezirk des Kammergerichts Berlin gab es im Juli 1940 sechs, Ende 1942 acht und wenig später sogar neun Sondergerichte[18]. Im Februar 1940 betrug die Gesamtzahl der Sondergerichte, die 1938 noch bei 27 gelegen hatte, 55. Ende 1942 existierten bereits 74 Sondergerichte[19], die zudem aufgrund ihrer großen Arbeitsbelastung vielfach doppelt besetzt[20] bzw. in verschiedene Kammern[21] aufgespalten waren. Nach 1942 sollte die Zahl noch weiter steigen, die Sondergerichte waren damit zu den Standard-gerichten der deutschen Strafrechtspflege geworden. In Hamburg zum Beispiel erledigten sie 1943 rund 73% aller Strafverfahren[22]. Ihre Auf-gabe, Straftäter »blitzartig« abzuurteilen, vermochten die Sondergerichte angesichts solcher Belastungen oft kaum mehr zu erfüllen, zumal auch sie mehr und mehr von dem immer drückender werdenden Personalmangel in der Justiz betroffen waren.

Die Verlagerung der Strafrechtspflege auf die Sondergerichte brachte einen weiteren wesentlichen Verlust an Rechtsstaatlichkeit mit sich, da sich nun Angeklagte und Verteidigung zumeist den besonderen Regeln

---

16 Siehe Weinkauff, a. a. O., S. 244 f.; OLG-Präs. Köln vom 30. 4. 1942 (BA R 22/3374); Az 3234/11 »Sondergerichte«, Archiv OLG Köln; SD über die Entwicklung der Sonder-gerichtsbarkeit vom 20. 5. 1943, in: Boberach, Meldungen aus dem Reich, a. a. O., Bd. 13, S. 5268 ff.; Majer, Fremdvölkische, S. 595 f., S. 871 ff.; A. v. Schorlemer, Das Sondergericht München als Bestandteil der Strafjustiz 1939 bis 1945. München 1985 (Magisterarbeit, maschinenschriftlich).

17 Verordnung über Maßnahmen auf dem Gebiet der Gerichtsverfassung und der Rechtspflege vom 1. 9. 1939, a. a. O.

18 Präs. KG Berlin vom 15. 7. 1940 und 30. 11. 1942. BA R 22/3356.

19 L. Herbst, Deutschland im Krieg 1939–1945, in: M. Broszat/N. Frei (Hrsg.), Ploetz. Das Dritte Reich. Ursprünge, Ereignisse, Wirkungen. Freiburg/Würzburg 1983, S. 63–74, hier S. 68.

20 Dies ergibt sich aus verschiedenen Lageberichten der OLG-Präs. Siehe auch B. Schimmler, Recht ohne Gerechtigkeit. Zur Tätigkeit der Berliner Sondergerichte im Nationalsozialismus. Berlin 1984, S. 13.

21 Siehe u. a. SD vom 20. 5. 1943, in: Boberach, Meldungen aus dem Reich, a. a. O., Bd. 13, S. 5268 ff.; GSTA am KG Berlin vom 1. 8. 1940 (BA R 22/3356); OLG-Präs. Düs-seldorf vom 3. 5. 1942 (BA R/3363). Das SG Düsseldorf hatte Anfang 1942 zwei und seit Mai 1942 drei Kammern. Siehe auch Schorlemer, a. a. O., S. 43.

22 Weinkauff, a. a. O., S. 245.

des Sondergerichtsverfahrens zu unterwerfen, d. h. eine fast völlige Beschränkung ihrer Rechte hinzunehmen hatten[23]. Allerdings galten auch an den ordentlichen Strafgerichten die üblichen Regeln des Verfahrensrechts nicht mehr. Auch hier bestand seit dem 1. September 1939 für die Richter die Möglichkeit, die Rechte der Verteidigung drastisch zu beschneiden bzw. ganz auf die Bestellung eines Verteidigers zu verzichten. Dennoch war das Verfahren vor den ordentlichen Strafgerichten wohl kaum so einfach auf eine schnelle und rechtsmittellose Aburteilung des Angeklagten zuzuschneiden wie vor den Sondergerichten, zumal die Kriegsverordnungen deren Richter nochmals ermächtigten, ggf. sogar ohne Beweiserhebung zu einem Urteil zu kommen. So hieß es in § 5 der VVO, daß die Aburteilung des Angeklagten »in allen Verfahren vor den Sondergerichten [...] sofort ohne Einhaltung von Fristen« durchzuführen sei, wenn der Angeklagte auf frischer Tat gestellt worden sei oder die Richter der Auffassung seien, daß seine Schuld »offen zutage« liege. Die prinzipiellen Unterschiede zwischen gerichtlichen Strafen und polizeilichen Maßregeln verwischten sich immer mehr.

Wille zur Härte

Allen zeitgenössischen Meldungen zufolge war die überwiegende Mehrheit der Richterschaft willens, den Auftrag zu erfüllen, den ihr das NS-Regime zu Kriegsbeginn erteilt hatte. Die Verschärfung des Strafrechts wurde im allgemeinen begrüßt[24]. Insbesondere die Gleichsetzung des Willens bzw. des Versuches zu einer Straftat mit deren Vollendung stieß auf Zustimmung, weil man darin ein Mittel sah, »gemeinschaftswidrigem« Verhalten wirkungsvoll entgegenzutreten und durch abschreckende Urteile ein Anwachsen der Kriminalität von vornherein zu verhindern.
Eine Minderheit von »Rechtswahrern« kritisierte lediglich, daß die Kriegsverordnungen jede strafrechtliche Systematik vermissen ließen, was notwendigerweise die Anwendung der neuen Rechtsvorschriften und eine dem Willen des Gesetzgebers gemäße Auslegung erschweren müsse[25]. Für viele Richter war indes auch dies kein wesentliches Problem. Sie plädierten dafür, die Unklarheiten der Kriegsverordnungen durch die Anwendung »rechtsähnlicher Tatbestände«, d. h. insbesondere

23 Siehe Kap. 6. Siehe v. a. König, Vom Dienst am Recht, a. a. O., S. 287 ff.
24 Siehe u. a. SD vom 7.2.1940, in: Boberach, Meldungen aus dem Reich, a. a. O., Bd. 3, S. 734 ff.
25 Ebd.

durch den Analogieparagraphen des Gesetzes vom 28. Juni 1935[26] zu überwinden. Danach konnten auch an sich nicht strafbare Taten abgeurteilt werden, wenn es das »gesunde Volksempfinden« verlangte. Völlig einheitlich war das Stimmungsbild jedoch nicht. Es gab auch – zumeist ältere – Richter, denen es widerstrebte, geringfügige Delikte mit härtesten Strafen zu ahnden bzw. Strafprozesse in Schnellverfahren abzuwickeln[27]. Infolgedessen war immer wieder zu beobachten, daß verschiedene Sondergerichte zum Beispiel gegen »Heimtücke«-Täter oder bei Verstößen gegen die Kriegswirtschaftsverordnung (v. a. Schwarzschlachtung) relativ milde urteilten und die Strafmöglichkeiten keineswegs immer voll ausschöpften[28]. Die generelle Entwicklung der Rechtsprechung vermochte dies allerdings kaum zu beeinflussen. Als der Hammer Oberlandesgerichtspräsident Schneider dem Reichsjustizministerium im September 1941 berichtete, daß verschiedene Richter seines Bezirks meinten, die nach den Kriegsverordnungen möglichen Höchststrafen nicht mit ihrem Gewissen vereinbaren zu können[29], konnte Freisler dem bezeichnenderweise entgegenhalten, daß die Richter in anderen Bezirken diese Gewissensnöte nicht teilten. Vielmehr stoße die Forderung nach einer harten Kriegsrechtsprechung durchweg auf volles Verständnis[30].

In der Tat wurden die Möglichkeiten, die Strafrechtsprechung zu verschärfen und die Strafverfahren zu verkürzen, zumeist ohne Zögern und vielfach mit übertriebener Härte angewandt. Bereits 1940 wurden bis zu 40 % aller Strafrechtsfälle in Schnellverfahren abgewickelt. Im Oberlandesgerichtsbezirk Celle waren es Ende 1940 sogar über 60 %[31]. Dabei

26 Gesetz zur Änderung des Strafgesetzbuches vom 28. 6. 1935. RGBl. 1935/I, S. 839, Art. 1, § 2: »Bestraft wird, wer eine Tat begeht, die das Gesetz für strafbar erklärt oder die nach dem Grundgedanken eines Strafgesetzes und nach dem gesunden Volksempfinden Bestrafung verdient. Findet auf die Tat kein bestimmtes Strafgesetz unmittelbar Anwendung, so wird die Tat nach dem Gesetz bestraft, dessen Grundgedanken auf sie am besten zutrifft.«
27 OLG-Präs. Karlsruhe vom 30. 3. 1944. BA R 22/3370. Eine Absage an eine extensive Auslegung des Strafrahmens der Kriegsverordnungen auch im Lagebericht des 1943 auf Drängen der Gauleitung entlassenen LG-Präs. in Aachen vom 28. 2. 1942. BA R 22/3374.
28 Siehe Schimmler, Recht ohne Gerechtigkeit, a. a. O., S. 24; Schorlemer, a. a. O., S. 48 ff.; K. Bästlein, Die Akten des ehemaligen Sondergerichts Kiel als zeitgenössische Quelle, in: Zeitschrift der Gesellschaft für Schleswig-Holsteinische Geschichte 1988, S. 157–211.
29 OLG-Präs. Hamm vom 1. 9. 1941. BA R 22/3367. Auch der OLG-Präs. Köln berichtete am 2. 1. 1940, daß in der Kölner Richterschaft Bedenken beständen, die Strafmaße zu »überspannen«. BA R 22/3374.
30 Schreiben Freislers an OLG-Präs. Hamm vom 20. 10. 1941. BA R 22/3367.
31 Bericht über den Gebrauch von Schnellverfahren im OLG-Bezirk Celle im Zeitraum Oktober/November 1940 vom Januar 1941. BA R 22/1126.

wurde insbesondere in Strafverfahren gegen Jugendliche, bei Arbeitsniederlegungen bzw. Arbeitsvertragsbruch[32] und bei verbotenem Umgang deutscher Frauen mit Kriegsgefangenen buchstäblich »kurzer Prozeß« gemacht[33], und auch die Strafen wurden seit Kriegsbeginn spürbar härter. Im Vergleich zu 1937 zeigt sich in den Erhebungen des Reichsamtes für Statistik über die pro Jahr von den Gerichten ausgesprochenen Strafen seit 1939 ein deutlicher Anstieg der lebenslangen und der langfristigen Zuchthausstrafen von drei Jahren und mehr, während zugleich der Anteil der Geld- und der kurzfristigen Gefängnisstrafen von unter drei Monaten zurückging[34]. Resultat dieser Entwicklung war nicht zuletzt ein stetiges Anwachsen der Zahl der Justizgefangenen. Sie erhöhte sich von rund 108000 am Beginn des Krieges auf ca. 190000 Mitte 1944[35]. Vor allem aber setzte sich immer mehr ein extensiver und schließlich inflationärer Gebrauch der Todesstrafe durch.

Die Verschärfung des Strafrechts wurde allerdings nicht nur in der Richterschaft, sondern – zumindest unter gewissen Umständen und für bestimmte Verbrechen – auch in weiten Kreisen der Bevölkerung befürwortet. Insbesondere für schwere Kriegswirtschafts- und Gewaltverbrechen[36] wurden härteste Strafen verlangt, und für »Lebensmittelschieber« aus der Oberschicht und aus leitenden Positionen in Staat und Partei forderte man häufig sogar kategorisch die Todesstrafe. Wenn diese ausblieb, zweifelte man offen an der »Gerechtigkeit des Staates« und seiner Fähigkeit, mit den »Bonzen« fertig zu werden[37].

32 Kündigungen eines Arbeitsverhältnisses durften nach der Verordnung über die Beschränkung des Arbeitsplatzwechsels vom 1. 9. 1939 (RGBl. 1939/II, S. 1688, Abschnitt I, § 1,1) sowohl von seiten des Arbeitgebers als auch des Arbeitnehmers nur nach Billigung durch das Arbeitsamt erfolgen. Siehe auch Dritte Durchführungsverordnung zum Abschnitt III (Kriegslöhne) der Kriegswirtschaftsverordnung vom 2. 12. 1939. RGBl. 1939/II, S. 2370f.
33 »Sammelberichte« des Reichsjustizministeriums über »Schnellverfahren« (1940/41). BA R 22/1126.
34 Siehe Reichsamt für Statistik, Die Entwicklung der Kriminalität im Deutschen Reich vom Kriegsbeginn bis Mitte 1943, hier Tab. 2 (Altes Reichsgebiet 1937–1941), BA R 22/1160. Siehe dazu B. Blau, Die Kriminalität in Deutschland während des Zweiten Weltkrieges, in: Zeitschrift für die gesamte Strafrechtswissenschaft, Bd. 64, 1952, S. 31–81.
35 Nach Angaben des Reichsjustizministeriums. Wagner, Umgestaltung der Gerichtsverfassung, a. a. O., S. 276. In der Zahl für 1944 sind 9000 Polizeigefangene und 19400 Gefangene im Polenvollzug enthalten.
36 Verordnung gegen Gewaltverbrecher vom 5. 12. 1939. RGBl. 1939/II, S. 2378. Als Gewaltverbrecher galt, wer »schwere Gewalttaten« mit Hilfe einer Waffe durchgeführt oder versucht hatte, sich der Verfolgung und Verhaftung mit Hilfe einer Waffe zu entziehen.
37 Als Beispiele für Todesurteile gegen hochgestellte Parteifunktionäre siehe den Fall des Gauamtsleiters Janowski, der 1942 vom SG Lübeck wegen Unterschlagung von Lebensmitteln verurteilt wurde (BA R 43 II/1559b, 1544a), oder den Fall des Amtsbürgermeisters in Altenahr, eines Vertrauten der lokalen Parteispitze, der Ende 1941 wegen

Andererseits wurden in der Bevölkerung wie auch in der NSDAP, im SD und vereinzelt auch in den Justizbehörden selbst schon Anfang 1940 Bedenken laut, weil die Gerichte die Todesstrafe vielfach in Fällen verhängten, in denen man eine Gefängnisstrafe oder gar nur eine Ermahnung für angemessen gehalten hätte[38]. Der Hamburger Oberlandesgerichtspräsident Rothenberger, selbst durchaus kein Gegner einer harten »Verbrechensbekämpfung«, wies in einem Bericht an das Reichsjustizministerium im Januar 1940 warnend darauf hin, daß die »grundsätzlich anerkannte Notwendigkeit scharfen Durchgreifens« zu bedenklichen Übertreibungen geführt habe. Auf seiten des Hamburger Gauleiters, der Hamburger Bürger und auch verschiedener Hamburger Richter sei »eine gewisse Sorge wegen allzu zahlreicher Todesurteile« festzustellen[39].

In der Richterschaft reagierte man auf derartige Kritik im allgemeinen mit wenig Sensibilität, was u. a. die Reaktion des Celler Oberlandesgerichtspräsidenten von Garßen auf Stimmen aus der Bevölkerung zeigt, die der Justiz Anfang 1941 vorwarfen, das Eigentum höher zu halten als das Leben und die körperliche Unversehrtheit. Grund für diesen Vorwurf war, daß die Celler Gerichte unbedeutende Eigentumsdelikte, die unter Ausnutzung der Verdunkelung begangen worden waren, oft härter bestraften als schwere Körperverletzungen. Von Garßen war jedoch von dieser Reaktion des »Volksempfindens« gänzlich unbeeindruckt. Er wies jede Kritik an den Gerichten zurück, ja verlangte vom Reichsjustizministerium sogar, die Bevölkerung darüber aufzuklären, daß eine unnachsichtige Bestrafung von Verstößen gegen die Kriegsverordnungen zur Aufrechterhaltung von Sicherheit und Ordnung unerläßlich sei[40].

Schiebereien abgeurteilt wurde (GSTA Köln vom 3. 12. 1941. BA R 22/3374). Zu den Reaktionen der Bevölkerung auf harte Urteile gegen »Volksschädlinge«, »Bonzen« u. a. siehe u. a. GSTA Bamberg vom 3. 2. 1940 (BA R 22/3355); OLG-Präs. Braunschweig vom 5. 3. 1940 (BA R 22/3357); SD vom 7. 2. 1940, 26. 3. 1942, 14. 5. 1942 und 18. 6. 1942, in: Boberach, Meldungen aus dem Reich, a. a. O., Bd. 3, S. 734ff., Bd. 9, S. 3326ff. und Bd. 10, S. 3034ff. und S. 3847ff.

38 Zu den kritischen Stimmen zur Strafpraxis der Gerichte bei Eigentumsdelikten, Plünderungen u. ä. siehe GSTA Bamberg vom 3. 2. 1940 und OLG-Präs. Bamberg vom 30. 4. 1942 (BA R 22/3355); OLG-Präs. Köln vom 2. 1. 1940, 27. 11. 1942 und 30. 11. 1943 (BA R 22/3374); GSTA Darmstadt vom 6. 6. 1940 und 3. 2. 1942 (BA R 22/3361); GSTA Hamburg vom 1. 6. 1943 (BA R 22/3366); Schorlemer, a. a. O., S. 78f.; H. Schütz, Justiz im Dritten Reich. Dokumentation aus dem Bezirk des Oberlandesgerichts Bamberg. Bamberg 1984, S. 235. Dagegen OLG-Präs. Köln vom 1. 4. 1944, der die Rechtsprechung der Kölner Gerichte in Eigentumssachen als oft zu milde rügte (BA R 22/3374) und der GSTA in Breslau vom 27. 6. 1940, der kritisierte, daß viele Richter in den eingegliederten Ostgebieten zu milde urteilten (BA R 22/3358).

39 OLG-Präs. Hamburg vom 8. 1. 1940. BA R 22/3366.

40 OLG-Präs. Celle vom 6. 1. 1941. BA R 22/3354.

Die Befürchtungen Rothenbergers hinsichtlich der Entwicklung der Rechtsprechung erwiesen sich als keineswegs übertrieben. Insbesondere mit dem Einsetzen des Bombenkrieges, der tatsächlich eine »innere Front« schuf, radikalisierte sich die Strafrechtsprechung zusehends. Diebstahl, Betrügereien, das Abhören von »Feindsendern«, der Umgang mit Kriegsgefangenen, defaitistische Äußerungen oder abfällige Bemerkungen über das NS-Regime[41] wurden zumeist ohne Nachsicht bestraft, wobei insbesondere wegen »Plünderns« neben hohen Zuchthausstrafen immer häufiger auf Todesstrafe entschieden wurde[42].

Die Bevölkerung der Großstädte, die nach den Bombenangriffen der Alliierten immer wieder mit Nachrichten über die drakonischen Strafen der Sondergerichte gegen Plünderer und »Volksschädlinge« konfrontiert wurde, ging nun vielerorts zusehends auf Distanz zur Justiz. So sehr man hartes Durchgreifen gegen die korrupten »Bonzen« verlangte, so wenig konnte man verstehen, daß bislang oft unbescholtene »arme Teufel« wegen Nichtigkeiten zu jahrelangem Zuchthaus oder gar zum Tode verurteilt wurden. Plünderungen wurden vielfach nicht mehr zur Anzeige gebracht, »weil man« – so der Kölner Oberlandesgerichtspräsident am 30. November 1943 – »vor der hohen Strafe, die den Täter treffen würde, aus Rücksicht auf diesen selbst oder doch mindestens seine Angehörigen zurückschreckte«[43].

Dennoch gingen die Gerichte gegen Diebe und Plünderer weiterhin mit übergroßer Härte vor. Die Aburteilung von Eigentumsdelikten wurde, als sich die alliierten Bombenangriffe verstärkten und in den Ballungsräumen Eigentum, Sicherheit und Ordnung immer mehr durch Plünderungen gefährdet schienen, – neben dem Kampf gegen Widerständler bzw. »Hoch- und Landesverräter«, der allein 1943 1745 Personen das Leben kostete – zu einem wesentlichen Schwerpunkt der Bemühungen der Justiz um den Schutz der »inneren Front«. Bezeichnenderweise wurden die Sondergerichte seit 1942 von den Justizverwaltungen vielfach geradezu auf die rasche und harte Aburteilung von Eigentumsdelikten »programmiert«. Nach dem britischen »Tausend-Bomber-Angriff« auf Köln am 30./31. Mai 1942 setzte man dort zum Beispiel in Bombennächten einen richterlichen »Bereitschaftsdienst« ein, der auf frischer Tat gestellte Plün-

41 Siehe u. a. HSTAD-Kalkum Rep. 112/18843, 18794, 18836, 18792, 18736; Schimmler, Recht ohne Gerechtigkeit, a. a. O.
42 Siehe z. B. die Sammlung mit rund 300 Todesurteilen aus dem westdeutschen Raum im HSTAD NW 174. Siehe auch Schorlemer, a. a. O., und demnächst Bästlein.
43 BA R 22/3374. Ähnliche Feststellungen mußten auch die OLG-Präs. in anderen Großstädten, z. B. in München, machen. Siehe Schorlemer, a. a. O., sowie Schütz, a. a. O., S. 235 f.

derer sofort aburteilen und so vor weiteren Plünderungen abschrecken sollte[44].

Welch außerordentlich hohen Stellenwert der Schutz des Eigentums für den Schutz der »inneren Front« durch die Justiz besaß, wird insbesondere in den Meldungen der Oberlandesgerichtspräsidenten über die in ihren Bezirken gefällten Todesurteile deutlich. Von den 52 Todesurteilen zum Beispiel, die 1941 von den Sondergerichten in Dortmund, Essen und Bielefeld gefällt wurden, entfielen 32 auf Eigentumsdelikte, von 45 Todesurteilen im ersten Halbjahr 1943 20[45]. Daß die Verhältnisse zumindest in den anderen Oberlandesgerichtsbezirken des Reiches ähnlich waren, zeigt die Tatsache, daß von den 1943 gefällten Todesurteilen über 25 Prozent auf Eigentumssachen entfielen. Von 5336 Todesurteilen ergingen 938 gegen »Gewohnheitsverbrecher«, die zumeist Diebstähle und Betrügereien begangen und dazu die Verdunkelung bzw. die »Kriegsverhältnisse« ausgenutzt hatten; 122 Todesurteile betrafen Eisenbahndiebstähle, 182 Plünderungen in bombengeschädigten Häusern, 136 Diebstähle aus Feldpostsendungen, drei Diebstähle von Gegenständen aus der Wintersachensammlung für die Soldaten an der Ostfront[46].

Grund für die extremen Strafen der Sondergerichte für Diebstähle, Plünderungen bzw. für die »Ausnutzung der Kriegsverhältnisse« war wohl nicht zuletzt die bei diesen Delikten sehr niedrige Aufklärungsquote. Rund 60 %, in manchen Gerichtsbezirken sogar 80 % der Verdunkelungs-

---

44 Personalakte Müller. Archiv OLG Köln, hier: Prozeß gegen den ehemaligen Landgerichtspräsidenten in Köln vor dem Schwurgericht Bonn. 1948, S. 20.
45 OLG-Präs. Hamm vom 27.2. und 7.7.1942. BA R 22/3367. 1941 entfielen im OLG-Bezirk Hamm 32 Todesurteile auf Eigentumsdelikte, 11 auf Kapitalverbrechen, 7 auf Sittlichkeitsverbrechen und 2 auf Kriegswirtschaftsverbrechen. Im ersten Halbjahr 1942 wurden die meisten Todesurteile wiederum in Eigentumssachen verhängt. Von Bedeutung waren weiterhin Sittlichkeitsverbrechen (10), Gewaltverbrechen (8) und Kriegswirtschaftsverbrechen (6). Siehe GSTA Hamm vom 30.1.1940 (BA R 22/3367), der sieben Todesurteile meldete, alle in Eigentumssachen. Siehe auch Schorlemer, a.a.O., S. 62f. Danach entfielen 1942 an den Sondergerichten München 399 Fälle auf Kriegswirtschaftsvergehen, 255 auf verbotenen Umgang mit Kriegsgefangenen, 255 auf Heimtückefälle, 215 auf Verstöße gegen die VVO, 180 auf Verstöße gegen die Polenstrafrechtsverordnung. Todesurteile: 47 gegen Polen, 26 gegen Deutsche.
46 Siehe »Die Strafrechtspflege im fünften Kriegsjahr« (BA R 22/4692). Weitere Todesurteile: Hoch- und Landesverrat 1745; Mord, Mordversuch und Gewaltverbrechen – 250; Verbrechen gegen die Besatzungsmacht – 282; Verweigerung der Hilfe gegenüber Bombengeschädigten – 3; Brandstiftung – 33; Abtreibung – 1; Kriegswirtschaftsverbrechen – 236; Sittlichkeitsverbrechen – 114; Sabotage und Aufsässigkeit ausländischer Arbeiter – 138; Waffenbesitz von Protektoratsangehörigen – 39; Waffenbesitz von Polen – 2; Rundfunkverbrechen – 11; Veruntreuung von NSV zum Nachteil Bombengeschädigter – 2; Wehrkraftzersetzung – 108; Betrug und Untreue zum Nachteil von Frontsoldaten – 2; Sabotage im Protektorat – 66; Wehrpflichtentziehung – 19; Rassenschande – 4; sonstige Verbrechen 6; Todesurteile aus den eingegliederten Ostgebieten 894.

täter konnten unerkannt entkommen[47], die Zahl der Eigentumsdelikte nahm seit Kriegsbeginn ständig zu[48]. Angesichts dessen war man offensichtlich bemüht, in den Fällen, in denen man Plünderern habhaft werden konnte, eine möglichst hohe Abschreckungswirkung zu erzielen. Hinzu kam wohl auch, daß Plünderungen und Verdunkelungsdelikte vor allem von Mitgliedern der Unterschicht, von kleinen Kriminellen und von den »fremdvölkischen« Zwangsarbeitern verübt wurden[49], also von den gesellschaftlichen Gruppen, unter denen man ohnehin die »Brutstätten des Verbrechens« vermutete.

Die Tendenz zu harten Strafen bei Eigentumsdelikten wurde mit den zunehmenden alliierten Bombenangriffen immer ausgeprägter. Angesichts der Zerstörung und des Chaos, die die britischen und amerikanischen Bomber in die deutschen Städte trugen, wuchs die Furcht, Sicherheit und Ordnung könnten durch Diebe, Plünderer und raubende »Fremdarbeiter« untergraben werden. An den Sondergerichten ging man angesichts dieser Bedrohung vielfach dazu über, weniger »juristisch« als »praktisch« zu arbeiten – wie es der Vorsitzende eines Kölner Sondergerichts im Mai 1942 formulierte[50].

»Praktisch« arbeiten bedeutete eine noch stärkere Vernachlässigung der Besonderheiten und Umstände des einzelnen Falles und eine noch stärkere Orientierung der Strafmaße am Schutz der »inneren Front«. Selbst das Plündern von zerschlissener Kleidung, Schokoriegeln, Weinflaschen oder zerbrochenen Bilderrahmen wurde nun mit mehrjährigen Zuchthausstrafen und der Aberkennung der bürgerlichen Ehrenrechte bestraft[51]. Vor allem aber bedienten sich die Richter an den Sondergerichten gerade unmittelbar nach Bombenangriffen – offenbar oft noch schockiert und erregt durch die Ereignisse – in geradezu inflationärer Weise der Todesstrafe. So verurteilte das Sondergericht Rostock Ende April 1942 nach einer Reihe schwerer Flächenbombardements – die ersten, die das Reich in dieser Art erlebte – 30 Personen in Schnellverfahren zum Tode, weil sie in zerbombten Häusern geplündert hatten. Der Wert der gestohlenen Gegenstände lag in allen Fällen bei 100,– bis 150,– RM[52].

---

47 Siehe GSTA Köln vom 31.1.1940. BA R 22/3374. Siehe auch SD vom 29.11.1943, in: Boberach, Meldungen aus dem Reich, a.a.O., Bd. 15.
48 Siehe Reichsamt für Statistik, Die Entwicklung der Kriminalität, a.a.O., Tab. 1 (leichter und schwerer Diebstahl).
49 Dieser Eindruck ergibt sich zumindest in den Akten der SG Köln und Düsseldorf. Vgl. demnächst Bästlein zu den norddeutschen SGs.
50 Siehe OLG-Präs. Köln vom 1.5.1942. BA R 22/3374.
51 Siehe u.a. die Urteile der Kölner SGs in Plünderungssachen 1942/43. HSTAD-Kalkum Rep. 112/18031, 18030, 17689, 17610, 17597, 17593, 17591, 17562, 17561, 17558, 17463, 17456, 17444, 17442, 17439, 17433 u.a.
52 Das Urteil des SG Rostock ist erwähnt in dem Protokoll der Besprechung der Hamburger Sondergerichtsvorsitzenden vom 10.7.1942. Akten OLG Hamburg 3131 E - 1 f/5.

Ähnlich reagierte das Sondergericht Köln auf den berüchtigten »Tausend-Bomberangriff« vom 30./31. Mai 1942 und das Sondergericht Essen auf den Luftangriff vom 5. März 1943, der weite Teile Essens in Schutt und Asche legte und 479 Menschen das Leben kostete[53]. Im Juni 1942 sprach das Kölner Sondergericht die Todesstrafe gegen die Näherin Paula W. aus, die in der bewußten Bombennacht einige Herrenunterhosen, Gardinen, ein Kleid sowie drei Büchsen Kaffee geplündert hatte[54]. Noch weniger reichte dem Sondergericht Essen für ein Todesurteil. Es verurteilte am 8. März 1943 den invaliden litauischen Rentner P. zum Tode, weil er aus einem von einer Bombe getroffenen Laden drei Blechnäpfe entwendet hatte. Obwohl die Blechnäpfe lediglich einen Wert von ca. drei Reichsmark hatten und zudem nicht klar war, ob der Angeklagte willentlich geplündert hatte oder lediglich von den Umständen verführt worden war, ließen die Essener Richter keine Gnade walten, da »nach einem besonders schweren Feindangriff [...] jede Aneignung auch geringwertiger Sachen [...] besonders gefährlich« sei und im Interesse der öffentlichen Sicherheit mit dem Tode bestraft werden müsse[55].

Obwohl sich solche Urteile in den Akten der Sondergerichte immer wieder finden, wird man die Kriegsrechtsprechung – sieht man vom Volksgerichtshof unter Freisler und verschiedenen Sondergerichten ab – jedoch nicht pauschal als Serie von Todesurteilen beschreiben können. Bei näherer Betrachtung bietet sich vielmehr ein durchaus facettenreiches Bild, das je nach Delikt, Person des Angeklagten, Region und Richterpersönlichkeit eine sehr unterschiedlich stark ausgeprägte Bereitschaft zu harten Strafen bzw. zur Anwendung der Todesstrafe zeigt[56]. Dennoch wird die Entwicklung der Rechtsprechung seit 1939 durch nichts so sehr charakterisiert wie gerade durch den rapiden Anstieg der Zahl der Todesurteile. 1937 zählte das Reichsamt für Statistik für das Deutsche Reich (»Altes Reichsgebiet« in den Grenzen von 1937) 86, 1939 bereits 173, 1940 306 und 1941 533 Todesurteile. 1942 stieg die Zahl auf 1592 und im ersten Halbjahr 1943 auf 1119[57]. Wenn man zugleich berücksichtigt, daß die Zahl der von den Strafgerichten verurteilten Personen von rund 444000 im Jahre 1937 auf ca. 266000 im Jahre 1940 sank und erst 1941 auf knapp 300000 an-

53 N. Krüger, Die Bombenangriffe auf das Ruhrgebiet, in: U. Borsdorf/M. Jamin, Überleben im Krieg. Reinbek 1989, S. 88–100.
54 HSTAD NW 174/231.
55 BA R 22/4171. Zu ähnlichen Urteilen siehe u. a. GSTA Köln vom 31.3.1940 (BA R 22/3374); Richterbriefe vom 1.4.1943 und vom 1.4.1944, in: Boberach, Richterbriefe, a. a. O., S. 95ff. und S. 280ff.
56 Siehe Bästlein, Akten des Sondergerichts Kiel, a. a. O.; Schimmler, Recht ohne Gerechtigkeit, a. a. O., Schorlemer a. a. O.
57 Siehe Reichsamt für Statistik, Entwicklung der Kriminalität, a. a. O.

stieg[58], wird noch deutlicher, daß die Richter immer mehr dazu tendierten, ihre Strafmöglichkeiten bis zum äußersten auszuschöpfen.

Nach den Angaben der NS-Regierungsstellen belief sich die Zahl der Todesurteile, die zwischen 1933 und 1944 auf dem Gebiet des Großdeutschen Reiches gefällt wurden, auf rund 16 500[59]. Allerdings erreichten die Meldungen über Todesurteile das Reichsjustizministerium bzw. das Reichsamt für Statistik aufgrund der Kriegswirren vielfach nicht[60], und zudem wurden auch die Todesurteile der im Februar 1945 errichteten Standgerichte, die lediglich auf Tod, Freispruch oder Überweisung an ein ordentliches Gericht entscheiden konnten, nicht erfaßt. Angesichts dessen dürfte die tatsächliche Gesamtzahl der Todesurteile sicherlich um einiges höher sein als die von den Regierungsstellen des Dritten Reiches ermittelten Angaben.

Im einzelnen meldete das Reichsjustizministerium für das Großdeutsche Reich im Jahre 1941 1292, 1942 3660 und 1943 5336 Todesurteile[61]. Von den Todesurteilen des Jahres 1943 entfielen mindestens 1662 auf den VGH[62], der unter Freisler[63] immer mehr die Neigung entwickelte, die Kriegsverordnungen bis zum äußersten zu dehnen, um »Hoch- und Landesverräter« dem Schafott zuzuführen. Zu den Opfern des VGH zählen nicht nur die Attentäter des 20. Juli und Mitglieder von kommunistischen Widerstandsgruppen, sondern auch »Volksgenossen«, die sich von der nationalsozialistischen Kriegspolitik distanziert, einen die militärischen Mißerfolge Hitlers verulkenden Witz erzählt oder auch nur ein englisches Propagandaflugblatt weitergereicht und so nach Ansicht des VGH die »Wehrkraft des deutschen Volkes zersetzt« hatten. Als Beispiele für Hunderte ähnlicher Fälle seien nur die Namen des Karmeliterpaters Heyder und des Reichsbahnarbeiters Dürauer genannt. Heyder hatte im November 1944 in einer Predigt die alliierten Bombenangriffe als »gerechte

58 Ebd.
59 So Wagner, Der Volksgerichtshof, a. a. O., S. 800.
60 Siehe BA R 22/1160.
61 Nach »Die Strafrechtspflege im fünften Kriegsjahr«. Bericht des Reichsjustizministeriums von 1944. BA R 22/4692.
62 Siehe u. a. Wagner, a. a. O.; Hillermeier, a. a .O.; B. Jahntz/V. Kähne, Der Volksgerichtshof. Darstellung der Ermittlungen der Staatsanwaltschaft bei dem Landgericht Berlin gegen ehemalige Richter und Staatsanwälte am Volksgerichtshof. Berlin 1986, Anlage 2, S. 214. Nach Hillermeier und Jahntz/Kähne, die sich auf Generalakten des Reichsjustizministeriums und auf eigene Erhebungen stützen, fällte der Volksgerichtshof folgende Todesurteile: 1937 – 32; 1938 – 17; 1939 – 36; 1940 – 53; 1941 – 102; 1942 – 1192; 1943 – 1662; 1944 – 2097; 1945 – 52.
63 Laut Koch, Volksgerichtshof, a. a. O., S. 222, entfielen auf den Volksgerichtshof: 1939 36 Todesurteile bei 470 Angeklagten, 1940 53 Todesurteile bei 1096 Angeklagten, 1941 102 Todesurteile bei 1237 Angeklagten, 1942 1192 Todesurteile bei 2572 Angeklagten, 1943 1668 Todesurteile bei 3338 Angeklagten, 1944 2079 Todesurteile bei 4379 Angeklagten.

Strafe Gottes« bezeichnet, während sich Dürauer in einer Gastwirtschaft im Februar 1944 zu der Äußerung verstiegen hatte, wer noch zur Wehrmacht einrücke, sei »blöd«, »der Krieg ist für die Kommunisten gewonnen«. Beide »Wehrkraftzersetzer« verurteilten die Richter des VGH zum Tode, wobei sie es im Falle Dürauer – wie in etlichen anderen Verfahren auch – noch nicht einmal für nötig hielten, in ihrer knapp eine Seite umfassenden Urteilsbegründung den Gesetzesparagraphen zu nennen, auf den sie ihre Entscheidung stützten[64].

Zumindest im Resultat, aber auch in der Art und Weise der Gesetzesauslegung standen die Oberlandesgerichte, die in Hochverratssachen, »Wehrkraftzersetzung« u. a. judizierten[65], und die Sondergerichte, die offenbar seit 1943 zunehmend auch mit der Aburteilung »heimtückischer« und defaitistischer Äußerungen befaßt waren, dem Volksgerichtshof oft nur wenig nach. Grob geschätzt, zeichneten sie 1942/43 für ca. zwei Drittel und 1944 für mehr als die Hälfte aller Todesurteile verantwortlich[66].

Angesichts der zunehmenden Radikalität der Kriegsrechtsprechung mag es auf den ersten Blick verwundern, daß die Zahl der Todesurteile von 5336 im Jahre 1943 auf rund 4200 im Jahre 1944 zurückging. Dafür mag von Bedeutung gewesen sein, daß sich die personelle Zusammensetzung der Sondergerichte seit 1942/43 deutlich verändert hatte. Das Reichsjustizministerium hatte die Sondergerichte zu Beginn des Kriegs vorzugsweise mit jüngeren, entschieden zum Nationalsozialismus stehenden Richtern besetzt[67]. Angesichts der immer zahlreicher werdenden Einberufungen zur Wehrmacht, von denen nach Stalingrad auch die Vorsitzenden der Sondergerichte nicht mehr ausgenommen waren, standen diese Kräfte indessen kaum mehr zur Verfügung. Trotz der Verkleinerung der Richterkollegien – 1944 waren die Sondergerichte zumeist nur noch mit zwei statt mit drei Richtern und oft sogar nur mit einem einzigen Richter besetzt – wurde es unumgänglich, ältere und weniger »zuverlässige« Richter zu rekrutieren. Schon 1943 war nach den Beobachtungen des SD »eine

64 G. Wieland, Das war der Volksgerichtshof. Ermittlungen, Fakten, Dokumente, Pfaffenweiler 1989, S. 185 ff., S. 191.
65 Die Tätigkeit dieser Gerichte ist weitgehend unerforscht. Als Beispiel aus den Urteilen des OLG Hamm siehe D. Begemann, »Ich hoffe, daß ein freier Deutschland für Euch entsteht«. Das Schicksal des 1944 hingerichteten Arbeiters Heiko Ploeger. Bielefeld 1988. Ploeger wurden das Abhören ausländischer Sender sowie seine SPD-Vergangenheit zum Verhängnis.
66 Dies ergibt sich aus einem Vergleich der vom Reichsjustizministerium 1944 ermittelten Gesamtzahl der Todesurteile der Jahre 1939–1944 und den – ebenfalls auf Angaben des Reichsjustizministeriums beruhenden – Angaben der Todesurteile des Volksgerichtshofes bei Hillermeiner, a. a. O.; Jahntz/Kähne, a. a. O.; Koch, Volksgerichtshof, a. a. O., S. 222.
67 Siehe u. a. Thierack auf der Besprechung am 10./11. 2. 1943. BA R 22/4200.

ganze Anzahl« der Richter der Sondergerichte »nicht einmal Parteigenossen«[68]. Gerade diese älteren, nicht zur NSDAP zählenden Richter vermochten sich nach zeitgenössischen Beobachtungen weit weniger oft zu der »notwendigen Härte durch[zu]reißen« als ihre jüngeren Kollegen[69].

Vor allem aber hatte sich nach der Übergabe der Gerichtshoheit über die »Fremdvölkischen« an Polizei und SS das »rassische« Bild der Angeklagten vor den Sondergerichten merklich gewandelt. In den ersten Kriegsjahren waren insbesondere die »Fremdvölkischen« Opfer der Sondergerichte gewesen. So verurteilten die Sondergerichte in Bromberg und anderen zuvor polnischen Städten allein von September bis Dezember 1939 156 Polen zum Tode, von denen einige für »Verbrechen« gegen Reichsbürger bestraft wurden, die sie zur Abwehr der deutschen Okkupation auf rechtmäßigen Befehl der polnischen Regierung begangen hatten[70]. 1941 wurden mehr als 90% der lebenslangen Zuchthausstrafen und über 50% der Todesstrafen von den Gerichten in den eingegliederten Ostgebieten und im Protektorat Böhmen und Mähren ausgesprochen[71]. In diesen Gebieten lebten lediglich rund 16% der Gesamtbevölkerung des Großdeutschen Reiches, in der überwältigenden Mehrheit »Fremdvölkische«[72].

Auch die Zahlen des Reichsamts für Statistik für 1942 machen deutlich, daß sich die Flut der Todesurteile zunächst eindeutig gegen die »Fremdvölkischen« richtete. Von 3363 Todesurteilen entfielen 1942 1556 auf Deutsche und Ausländer, die im Gebiet des Altreichs verurteilt worden waren[73]. 1857 Todesurteile wurden gegen Protektoratsangehörige sowie

68 SD vom 20.5.1943, in: Boberach, Meldungen aus dem Reich, Bd.13, a.a.O., S.5270.
69 Siehe u.a. OLG-Präs. Karlsruhe vom 30.3.1944. BA R 22/3370.
70 Siehe E. Zarzycki, Eksterminacyjina i dyskryminacyjina dzialalnosc hitlerowskich sadow okregu Gdansk-Prusy Zachodnie w latach 1939–1945. Bydgoszcz 1981; ders., Dzialalnosc hitlerowskiego sadu specjalnego w Bydgoszczy w sprawach o wypadki z wresnia 1939 roku. Warszawa-Poznan 1976. Beide Titel mit Zusammenfassungen in deutscher Sprache. Siehe auch Majer, Fremdvölkische, a.a.O., S.788ff. Laut Majer differierte die Strafpraxis gegenüber Polen in den einzelnen Teilen der Ostgebiete erheblich. Die Zahl der Todesurteile in den Ostgebieten stieg nach dem Inkrafttreten der Polenstrafrechtsverordnung steil an.
71 Siehe Reichsamt für Statistik, Die Entwicklung der Kriminalität, a.a.O.
72 Diese Zahlen nach Angaben des Handbuchs für die Justizverwaltung, a.a.O., zu den Gerichtseingesessenen in den OLG-Bezirken.
73 Siehe die Zahlen der Todesurteile im ersten Halbjahr 1942 in der Führerinformation vom 23.7.1942 (BA R 43 II/1559a). Danach entfielen von 1146 Todesurteilen auf Deutsche: 453, auf Polen: 530, auf Protektoratsangehörige: 106, auf Russen: 16, auf Juden: 13, Zigeuner: 10 alle anderen Nationalitäten jeweils unter 10. Siehe auch die Führerinformation vom 30.7.1942, ebd., mit einer Aufschlüsselung der 530 Todesurteile gegen Polen.

gegen Polen und Juden von den Gerichten in den eingegliederten Ostgebieten ausgesprochen, wo man extensiven Gebrauch von der Polenstrafrechtsverordnung vom 4. Dezember 1941 machte, nach der Polen und Juden zu Straflager oder zum Tode zu verurteilen waren, wenn sie »durch eine gehässige oder hetzerische Betätigung deutschfeindliche Gesinnung« bekundet oder durch »sonstiges Verhalten das Ansehen oder das Wohl des Deutschen Reiches« geschädigt hatten[74]. Verschiedentlich scheint diese Verordnung – auch von den Sondergerichten im Altreich – sogar rückwirkend angewandt worden zu sein, obwohl entsprechende gesetzliche Regelungen oder Weisungen des Reichsjustizministeriums fehlten[75]. 1942 waren über 55 % der zum Tode Verurteilten Ausländer bzw. »Fremdvölkische«. Die von dieser Gruppe begangenen Straftaten machten an der Gesamtzahl der Vergehen und Verbrechen gegen die Reichsgesetze lediglich ungefähr 10 % aus[76].

Wie die Rechtsprechung gegen »Fremdvölkische« aussah, sei anhand von wenigen Beispielen verdeutlicht: Am 23. April 1942 bestrafte das Kölner Sondergericht 1 einen Polen wegen des Diebstahls von anerkanntermaßen wertlosen Kleidungsstücken mit acht Jahren Zuchthaus und der Aberkennung der bürgerlichen Ehrenrechte auf fünf Jahre. Die Höhe der Strafe begründete das Gericht damit, daß der Angeklagte Angehöriger eines Volkes sei, »das bei dem deutschen Volke tief in der Schuld« stehe[77]. Im gleichen Monat verurteilte das Sondergericht Essen einen neunzehnjährigen Polen zum Tode, weil er in einem bombengeschädigten Haus angeblich einen Damenpullover an sich genommen hatte[78]. Dieselbe Strafe sprach das Sondergericht Düsseldorf im Juni und im Dezember 1942 gegen einen Ukrainer bzw. einen Polen aus. Beide hatten Brot, Obst, Gemüse u. ä. »geplündert«[79]. Das Sondergericht Zichenau schließlich befand im Juni 1944 eine Polin für todeswürdig, weil sie einen Kriminalbeamten geohrfeigt hatte[80].

74 Verordnung über die Strafrechtspflege gegen Polen und Juden in den eingegliederten Ostgebieten vom 4. 12. 1941. RGBl. 1941/I, S. 759–761.
75 Siehe Schorlemer, a. a. O., S. 57.
76 Siehe Reichsamt für Statistik, Entwicklung der Kriminalität, a. a. O., sowie Führerinformation vom 30. 7. 1942, BA R 22/1559 a. Allerdings lassen die Angaben des Reichsjustizministeriums nicht die tatsächlichen Straftaten von Polen erkennen. Folgt man dem Reichsjustizministerium, so gingen von 530 Todesurteilen gegen Polen im ersten Halbjahr 1942 allein 230 auf »allgemeine schwere Kriminalität« zurück. Ein Blick in die Akten von Verfahren gegen Polen zeigt jedoch, daß sie schon wegen Mundraubs zu gefährlichen Gewohnheitsverbrechern gestempelt wurden.
77 HSTAD-Kalkum Rep. 112/17995. Zur Bestrafung von Polen siehe auch Schorlemer, a. a. O., S. 62 f.
78 HSTAD NW 174/165.
79 Ebd. NW 174/4 bzw. 11.
80 Zentrale Stelle der Landesjustizverwaltungen, Ludwigsburg. Ich danke dem Bundesjustizministerium für die Einsicht in eine Kopie des Urteils.

Im Jahr 1943, als die Zahl der Todesurteile um 58% über der des Vorjahres lag und mit 5336 ihren Scheitelpunkt erreichte, war aufgrund der zunehmenden Lynchjustiz von Polizei und SS der Anteil der von den Gerichten der Ostgebiete gegen »Fremdvölkische« gefällten Todesurteile um 20% auf 894[81] zurückgegangen[82]. Nachdem in den Verhandlungen zwischen Reichsjustizministerium und RSHA im Frühjahr 1943 die vollständige Übernahme der Gerichtshoheit über die »Fremdvölkischen« geregelt worden war, spielte die Gruppe, gegen die sich zuvor das Gros der Todesurteile gerichtet hatte, für die Arbeit der Sondergerichte in der Regel nur noch eine untergeordnete Rolle. So gesehen, bedeutete der Rückgang der Zahl der Todesurteile im Jahre 1944 keinesfalls eine Trendwende. Hinter ihm verbirgt sich vielmehr eine Verschärfung der Kriegsrechtsprechung gegen die deutsche Bevölkerung.

Das Bemühen der Gerichte um eine »schnelle und durchgreifende Arbeitsweise«[83] und um eine möglichst abschreckende Rechtsprechung brachte nicht den erwarteten Erfolg. Vielmehr stieg die Zahl der Verstöße gegen die Kriegsverordnungen vor allem seit 1942/43 stark an. Die Oberlandesgerichtspräsidenten und Generalstaatsanwälte mußten mit Verwunderung und Sorge feststellen, daß die drakonischen Strafen der Gerichte weder die Arbeitsdisziplin aufrechterhielten noch vom verbotenen Umgang mit Kriegsgefangenen, von Diebstählen, Lebensmittelschiebereien oder Schwarzschlachtungen abschreckten[84]. Vielmehr stieg die Zahl der wegen verbotenen Umgangs mit Kriegsgefangenen verurteilten Personen allein zwischen 1940 und 1941, zwei für die »Heimatfront« noch relativ ruhigen Jahren, von 1909 auf 4345, die Zahl der Verurteilungen nach den die Arbeitsdisziplin betreffenden Vorschriften von 2808 auf 3504, nach der Kriegswirtschaftsordnung von 743 auf 3053 und nach der Volksschädlingsverordnung von 2943 auf 3108. Für das erste Halbjahr 1943 meldete das Reichsamt für Statistik folgende Zahlen: 5763 (Umgang mit Kriegsgefangenen), 15527 (Arbeitsdisziplin), 10361 (Kriegswirtschaftsverordnung) und 4318 (VVO)[85]. Vor allem die »Verdunkelungskriminalität« nahm – bedingt durch allgemeine Auflösungstendenzen und

81 Reichsamt für Statistik, Entwicklung der Kriminalität, a.a.O. Laut Wagner, Volksgerichtshof, a.a.O., S. 802, gab es zwischen 1940 und 1944 12212 Todesurteile, davon 11336 vollstreckt, 5088 gegen Ausländer.
82 Der Umfang des Polizei-Terrors gegen »Fremdvölkische« erschließt sich u.a. aus den Angaben der Zeitschrift »Die Lage«, die das Reichsjustizministerium für führende Persönlichkeiten von Staat und Partei erstellte. Im April 1944 wurden 2047 Deutsche und 34157 Ausländer wegen Arbeitsniederlegung verhaftet. Im Juni 1944 war die Relation 2280 zu 41225. Weißbuch der deutschen Opposition, a.a.O., S. 187.
83 Zit. nach dem Vorsitzenden des Kölner SG I vom Mai 1942. BA R 22/3374.
84 Siehe u.a. OLG-Präs. Karlsruhe vom 3.12.1942 und 30.5.1944 (BA R 22/3370); GSTA Darmstadt vom 6.6.1942 (BA R 22/3361).
85 Reichsamt für Statistik, Die Entwicklung der Kriminalität, a.a.O., Tab. 1, 5 A.

durch die große Zahl von »Ausländerbanden«, in denen sich in den Großstädten geflüchtete Kriegsgefangene und Zwangsarbeiter organisierten –
bedrohliche Züge an. Auch das stetige Anwachsen der Jugendkriminalität bzw. die Neigung vieler Jugendlicher, sich dem Zugriff der HJ zu
entziehen, konnte nicht eingedämmt werden. Obwohl die Gerichte verschiedentlich auch Minderjährige mit dem Tode bestraften, sank zudem
das Durchschnittsalter der jugendlichen Straftäter immer mehr und lag
zum Beispiel im Kölner Raum Anfang 1943 bei 15 bis 16 Jahren[86]. Trotz
harter Kriegsverordnungen, einer unnachsichtigen Rechtsprechung und
der »vorbeugenden« Maßnahmen der Polizei konnte also keine Rede davon sein, daß man, wie erhofft, die Entwicklung der Kriminalität an der
»Heimatfront« in den Griff bekommen hätte.

In der Richterschaft war man sich dessen zum Teil durchaus bewußt und
suchte nach neuen Wegen bei der »Verbrechensbekämpfung«. Der Landgerichtspräsident in Essen 1944 bemühte sich zum Beispiel um eine enge
Kooperation mit der Polizei, den Schul- und Jugendämtern und der
NSDAP, weil er hoffte, mit Hilfe von Zivil- und Polizeistreifen die Jugendlichen in den Kinos und Gaststätten überwachen und von »Arbeits-
bummelei« oder kriminellen Handlungen abhalten zu können[87]. Im allgemeinen verließ man sich indes weiterhin allein auf die abschreckende
Wirkung harter Strafen, womit allerdings ebensowenig wie mit den noch
brutaleren Methoden der Polizei zu verhindern war, daß die »innere
Front« immer deutlichere Zeichen von Erschöpfung, von Verwahrlosung
und schließlich von Auflösung zeigte. Erst in den letzten Wochen des
Krieges, als der Einmarsch der Alliierten unmittelbar bevorstand, wurde
bei manchem Richter – wohl nicht zuletzt aus Angst vor Strafe – in
»Heimtücke«- und Defaitismusverfahren die Tendenz erkennbar, sich zu
zügeln und das Strafmaß zurückzuschrauben[88]. Andere hingegen hielten
die Todesstrafe noch in den letzten Tagen des Dritten Reiches für angebracht und vertretbar.

---

86 Ebd.; GSTA in Köln vom 28.1.1943, OLG-Präs. Köln vom 2.11.1942 und OSTA in
Köln vom 15.5.1944. BA R 22/3374; siehe auch L. Gruchmann, Jugendopposition und
Justiz im Dritten Reich. Die Probleme bei der Verfolgung der Leipziger Meuten durch
die Gerichte, in: Miscellanea. Festschrift für Helmut Krausnick. Stuttgart 1980,
S. 103–130. In Berlin war die Jugendkriminalität 1946 um 850% höher als 1937, wobei
allerdings Bagatelldelikte stark ins Gewicht fielen. Auch in der Gesamtkriminalität
zeigte sich eine beträchtliche Steigerung: 1937 6583 Fälle einfachen und 5544 Fälle
schweren Diebstahls, 1946 74597 und 32771. Chr. Kleßmann, Die doppelte Staatsgrün-
dung. Deutsche Geschichte 1945–1955. 4. Aufl. Bonn 1987, S. 53.
87 Schreiben des LG-Präs. in Essen vom 9.3.1944. HSTAD-Kalkum Rep. 86/1394.
Siehe auch GSTA Celle vom 27.1.1942. BA R 22/3359.
88 H. Wrobel, Verurteilt zur Demokratie. Justiz und Justizpolitik, 1945–1949, Heidelberg 1989, S. 95, sowie demnächst Bästlein.

IX. Totaler Krieg – totale Lenkung?

Die zunehmende Radikalisierung der Rechtsprechung im Krieg wird oft damit in Zusammenhang gebracht, daß die Richter seit 1939 einer zunehmenden Steuerung durch das NS-Regime unterworfen worden seien[1]. Aus dem »sachlich unabhängigen Richter« der Vorkriegszeit sei vor allem seit Mitte 1942, als der fanatische Nationalsozialist Thierack die Leitung des Reichsjustizministeriums übernahm, der durch Führeranweisungen »gelenkte Richter« geworden[2]. Die Verantwortung für die Entwicklung der Rechtsprechung nach 1939 lag demnach weniger bei der Richterschaft als bei politischen Stellen und der Reichsjustizverwaltung.

In der Tat waren die Richter insbesondere während des Krieges vielfachen Beeinflussungsversuchen ausgesetzt. Die Bemühungen des Reichsjustizministeriums, die Rechtsprechung zu lenken und – wie es im damaligen Justizjargon hieß – zu »vereinheitlichen«, gehören zu den wesentlichen Merkmalen der Situation der deutschen Richterschaft zwischen 1939 und 1945. Die Entwicklung der Gerichtsverfassung war seit Kriegsbeginn insbesondere dadurch geprägt, daß die Befugnisse der – als Justizbehörde an die Weisungen des Reichsjustizministeriums gebundenen – Staatsanwaltschaft ausgebaut wurden, womit offensichtlich ein Korrektiv zur Erweiterung des richterlichen Ermessensspielraums durch die Kriegsverordnungen geschaffen werden sollte[3].

Durch die Verordnung über die Zuständigkeit der Strafgerichte, die Sondergerichte und sonstige strafrechtliche Vorschriften vom 21. Februar 1940 (ZVO)[4] wurde es der Staatsanwaltschaft anheim gestellt, ob sie eine Strafsache vor ein Amtsgericht, eine ordentliche Strafkammer oder ein Sondergericht bringen wollte. Damit konnte sie nicht nur den Modus des Verfahrens, sondern bis zu einem gewissen Maße auch die Höhe der Strafe bestimmen. Die Strafmöglichkeiten der Amtsgerichte waren nämlich auf maximal zwei, später auf maximal fünf Jahre Zuchthaus beschränkt[5]. Die anderen Gerichte und insbesondere die Sondergerichte

---

1 So v. a. Weinkauff, a. a. O.; jüngst R. Grawert, Die nationalsozialistische Herrschaft, in: J. Isensee/P. Kirchhoff (Hrsg.), Handbuch des Staatsrechts, Bd. 1. Heidelberg 1987, S. 143–171, hier S. 159 f.
2 Zit. nach Wagner, Gerichtsverfassung, a. a. O., S. 215.
3 Siehe u. a. ebd., S. 282 f.; Majer, Staatsanwaltschaft und Polizei, in: Reifner/Sonnen, Strafjustiz und Polizei, a. a. O.
4 RGBl. 1940/I, S. 405–411.
5 Ebd.

unterlagen solchen Beschränkungen nicht. Zudem konnten die Sondergerichte, vor denen die Verteidigung ohnehin kaum noch Rechte besaß, den Angeklagten zum »Volksschädling« erklären, wenn sie dessen Straftaten als besonders verwerflich empfanden. In der Regel waren dann eine besonders harte Strafe und die Aberkennung der bürgerlichen Ehrenrechte zu erwarten.

Des weiteren wurde der Oberreichsanwalt im September 1939 ermächtigt, beim Reichsgericht, beim Volksgerichtshof und beim Reichskriegsgericht »außerordentlichen Einspruch«[6] einzulegen, wenn er ein Strafurteil als unzureichend empfand. Besondere Senate dieser Gerichte entschieden daraufhin die betreffende Sache von neuem. Der Einspruch konnte bis zu einem Jahr nach Inkrafttreten eines Urteils erfolgen. Seit dem 21. Februar 1940[7] konnte der Oberreichsanwalt zudem beim Reichsgericht »Nichtigkeitsbeschwerde« erheben, wenn ihm ein Urteil eines Strafgerichts »ungerecht« erschien. Wenn seine Einwände gebilligt wurden, mußte – in der Regel vor einem anderen als vor dem zuerst entscheidenden Gericht – eine neue Verhandlung anberaumt werden, wobei das Reichsgericht zumeist deutlich darauf hinzuweisen pflegte, welche Gesichtspunkte nun zu berücksichtigen waren.

Wesentliche Voraussetzung für den Einsatz des außerordentlichen Einspruchs und der Nichtigkeitsbeschwerde war die Ausdehnung der Melde- und Berichtspflicht der Staatsanwaltschaften. Sie wurden 1939 verpflichtet, ihre Anklageschriften nicht nur wie zuvor in politischen, sondern nun auch in allen bedeutsam erscheinenden nichtpolitischen Strafsachen dem Reichsjustizministerium vorzulegen[8]. Durch Weisungen bzw. durch Überarbeitung der Anklageschriften konnten die Staatsanwälte auf diese Weise vom Reichsjustizministerium als »Sprachrohr« genutzt werden. Aus diesem Grund drängten Freisler und später auch Thierack die Richter dazu, mit der Staatsanwaltschaft vor der Hauptverhandlung »Kontakt« aufzunehmen. Größere Abweichungen zwischen dem Urteil und dem Strafantrag der Staatsanwaltschaft sollten vermieden werden[9]. Viele Richter folgten dieser Aufforderung und lehnten ihre Entscheidun-

6 Weinkauff, a. a. O., S. 136 f.; R. Freisler, Nichtigkeitsbeschwerde, in: DJ 1940, S. 341 ff.; für die Ziviljustiz siehe K. Michaelis, Die außerordentliche Wiederaufnahme rechtskräftig abgeschlossener Verfahren in der Praxis des Reichsgerichts 1941–1945, in: R. Dreier / W. Sellert (Hrsg.), Recht und Justiz im »Dritten Reich«. Frankfurt 1989, S. 273–294.
7 RGBl. 1940/I, S. 405.
8 D. h. alle nichtpolitischen, bei den Sondergerichten anhängigen Strafverfahren, sofern eine Verfahrensdauer von über sechs Tagen erwartet wurde. BA R 22/4158; Weinkauff, a. a. O., S. 146 f.
9 Laut KG-Präs. Berlin vom 3. 1. 1942 wurde die »Kontaktaufnahme« durch einen Erlaß des Reichsjustizministeriums vom 27. 5. 1939 befohlen. Gürtner erläuterte seine Anwendung auf der Besprechung mit den SG-Präs. am 24. 10. 1939. BA R 22/4158.

gen eng an die Strafanträge der Staatsanwaltschaft an[10]. Insbesondere im Sommer 1942, als die Richterschaft durch die barsche Kritik, die Hitler in seiner Reichstagsrede vom 26. April 1942 an der Justiz geübt hatte, verunsichert war, war es offenbar vielerorts die Regel, daß man sich mit der Staatsanwaltschaft abstimmte[11]. Diese Tendenz wird noch dadurch verstärkt worden sein, daß verschiedentlich Staatsanwälte während der »Kontaktaufnahmen« – wahrheitswidrig – vorgaben, »verbindliche« Anweisungen des Reichsjustizministeriums zu überbringen[12], oder Richter, die ihren Strafanträgen nicht folgten, in ihren Berichten an das Reichsjustizministerium der Mißachtung des »gesunden Volksempfindens« bezichtigten. Solchen Anwürfen konnten die Richter nur dann entgegentreten, wenn der zuständige Chefpräsident bereit war, sich seinerseits über die Staatsanwaltschaft beim Reichsjustizministerium zu beschweren[13]. Angesichts dessen nimmt es kaum Wunder, daß es Richter gab, die sich von der Staatsanwaltschaft unter Druck gesetzt fühlten und es nicht wagten, des öfteren allzu deutlich von deren Strafanträgen abzuweichen[14].

Dies war um so folgenreicher, als offenbar insbesondere jüngere Staatsanwälte in der Hoffnung auf Beförderung versuchten, sich durch besonders harte Strafanträge hervorzutun[15], und zudem auch einige Generalstaatsanwälte mit Nachdruck auf eine möglichst scharfe Strafrechtsprechung drängten. Zu diesem Kreis zählte u. a. der Hammer Generalstaatsanwalt Semler, der sich bemühte, die Todesstrafe als Regelstrafe für Diebstähle aus Metallsammlungen durchzusetzen[16]. Als dies nicht gelang, bat er den Oberreichsanwalt, gegen einige ihm nicht genehme Urteile »Nichtigkeitsbeschwerde« einzulegen[17].

Solche Beeinflussungsversuche waren deutlicher Ausdruck einer Verschiebung der Machtverhältnisse zwischen der Staatsanwaltschaft und den Richtern. Dennoch kann der Staatsanwaltschaft keinesfalls die

10 Am Königsberger SG z. B. entsprachen 1944 rund 76 % der Urteile den zumeist außerordentlich scharfen Anträgen der Staatsanwaltschaft. OLG-Präs. Königsberg vom März 1944. BA R 22/3375.
11 Siehe dazu Kap. 11.
12 Siehe die Protokolle der Sitzungen der Vorsitzenden der Land- und Sondergerichte, Archiv OLG Hamburg 3131 E-1.
13 Zu Konflikten dieser Art siehe u. a. LG-Präs. Aachen vom 28. 2. 1942. BA R 22/3374.
14 Siehe den Bericht eines V-Mannes des RSHA aus einem bayrischen Gerichtsbezirk vom 11. 4. 1944. BA R 58/91.
15 Siehe GSTA Darmstadt vom 6. 6. 1940 (BA R 22/3361) und den Bericht eines V-Mannes des RSHA vom 11. 4. 1944, a. a. O.: »Es gibt genügend Anklagevertreter, die nur die Schärfe auf ihre Fahne geschrieben haben.« Siehe auch König, Vom Dienst am Recht, a. a. o., S. 289ff., S. 302.
16 GSTA Hamm vom 30. 1. und 31. 5. 1940. BA R 22/3367. Ähnlich der Kölner OSTA am 31. 1. 1940. BA R 22/3374.
17 Siehe OLG-Präs. Hamm vom 8. 5. 1941 und vom 29. 5. 1942. BA R 22/3367.

alleinige Schuld dafür angelastet werden, daß die Kriegsrechtsprechung zusehends härter wurde. Vielmehr war man auch in der Richterschaft zutiefst davon überzeugt, daß insbesondere im Kriege Härte das einzige Rezept gegen »Volksschädlinge« sei. Die Mehrzahl der Richter fühlte sich denn auch von den Staatsanwälten keineswegs gegängelt, zumal viele von ihnen ihre ersten Dienstjahre als Staatsanwalt abgeleistet hatten und die persönlichen Kontakte zu den Kollegen der Staatsanwaltschaft oft recht eng waren. Auch wurden die »Kontaktaufnahmen« zumeist nicht als Einschränkung der richterlichen Entscheidungsfreiheit, sondern als willkommenes Mittel zur »Vereinfachung« des Strafverfahrens empfunden, dessen man sich im übrigen vielerorts schon vor den entsprechenden Aufforderungen des Reichsjustizministeriums bedient hatte, um die Arbeitslast zu verringern und den Verlauf der Verfahren zu beschleunigen[18]. Bezeichnenderweise bereitete es dem Reichsjustizministerium vielfach weniger Mühe, die »Kontaktaufnahme« herbeizuführen als Übertreibungen dabei zu vermeiden. Verschiedentlich wurden die Urteilsabsprachen sogar so unbekümmert gehandhabt, daß die Angeklagten im Gerichtssaal mitanhören konnten, wie Richter und Staatsanwälte im Beratungszimmer vor Beginn der Verhandlung das Urteil aushandelten[19]. Reichsjustizminister Thierack sah sich angesichts dessen gezwungen, um mehr »Fingerspitzengefühl« zu bitten, damit die Justiz in der Öffentlichkeit nicht in Mißkredit gerate[20].

Zum Hauptverantwortlichen für die Entwicklung der Kriegsrechtsprechung läßt sich die Staatsanwaltschaft vor allem deshalb nicht stempeln, weil die Möglichkeiten, mit ihrer Hilfe die Richter zu steuern, letztlich begrenzt waren. Dies zeigt insbesondere ein Blick auf die »Erfolge« der Nichtigkeitsbeschwerde, die 1941/42 in rund 1000 bis maximal 1200 Fällen angewandt wurde[21]. Obschon damit zweifellos tief in die richterliche Entscheidungsfreiheit eingegriffen wurde und die psychologische Wirkung der Nichtigkeitsbeschwerde auf die betroffenen Richter beträchtlich gewesen sein dürfte, war damit angesichts von mehr als 300 000 Strafurteilen jährlich eine umfassende Lenkung der Rechtsprechung nicht zu leisten, zumal die einzelnen Strafrechtsfälle individuelle Merkmale und

18 OLG-Präs. Hamburg vom 12.3.1942. BA R 22/3366.
19 Siehe u. a. KG-Präs. Berlin vom 3.1.1942. BA R 22/4199. Siehe auch Broszat, Zur Perversion der Strafjustiz, a. a. O.
20 Siehe Thierack auf der Besprechung am 29.9.1942. BA R 22/4199. Eine Ermahnung zu mehr Zurückhaltung bei Kontakten mit der Staatsanwaltschaft auch durch den Hamburger OLG-Präs. in der Besprechung mit den Hamburger Behördenchefs am 18.1.1945. Archiv OLG Hamburg 3131 E-1J. Siehe auch die Notizen des Hamburger LG-Präs. Korn vom 21.6.1943 (LG 411 FS. 3108). Für den Hinweis auf dieses Quellenstück danke ich Stefan König.
21 Nach Freisler auf der Besprechung am 31.3.1942. BA R 22/4162.

Probleme aufwiesen und sich dadurch einer Standardisierung entzogen. Eine »Vereinheitlichung« der Strafrechtsprechung war mit Hilfe der Nichtigkeitsbeschwerde um so weniger zu erreichen, als auch bei der Neuverhandlung eines gerügten Urteils durchaus nicht immer gewährleistet war, daß es zu der Entscheidung kam, die sich das Reichsjustizministerium erhoffte. Sicherlich konnte der größte Teil der gerügten Urteile verschärft werden – oft sogar wesentlich[22] –, aber vielfach folgten die Richter keineswegs blind der ihnen vorgezeichneten Linie und modifizierten kritisierte Urteile nur leicht[23].

Hinzu kam, daß dem Reichsjustizministerium bei der Durchführung von Nichtigkeitsbeschwerden verschiedentlich Ungereimtheiten unterliefen, an denen rasche Kurskorrekturen scheitern mußten. So erfuhren die Richter des Sondergerichts Aachen Anfang 1942 nur zufällig davon, daß gegen eines ihrer Urteile, das sie bereits im Juli 1941 gefällt hatten, Nichtigkeitsbeschwerde eingelegt worden war[24]. Bis dahin hatten sie natürlich keinerlei Grund gehabt zu glauben, daß ihre Rechtsprechung im Reichsjustizministerium nicht gebilligt würde.

Gegen Ende des Krieges, als die Personaldecke der Justiz zusehends dünner wurde und die Brief- und Telephonwege zwischen Berlin und den Gerichtsbezirken nachhaltig gestört waren, waren zudem die arbeitstechnischen Voraussetzungen für eine effektive Steuerung der Rechtsprechung durch die Staatsanwaltschaft nicht mehr gegeben. Die Strafanträge, die beispielsweise die westdeutschen Staatsanwaltschaften in »Heimtücke«-Sachen dem Reichsjustizministerium zur Prüfung zuschickten, erhielten sie 1944 in der Regel frühestens nach sechs Monaten zurück. Zudem gingen die Entwürfe der Anklageschriften während des Transports oft verloren, so daß man dem Ministerium nochmals einen Entwurf zusenden oder den Strafantrag ohne Rücksprache einbringen mußte[25].

Bei couragierten Richtern stießen die Steuerungsmöglichkeiten der Staatsanwaltschaften ohnehin auf Grenzen. Besonders plastisch zeigt dies ein Verfahren gegen sechs Justizgefangene, die sich im Mai 1942 vor einem Hamburger Sondergericht verantworten mußten, weil sie bei Aufräumungsarbeiten nach einem Bombenangriff aus einem Vorratskeller 35 Weckgläser entwendet hatten. Die Staatsanwaltschaft beantragte auf telephonische(!) Anweisung des Reichsjustizministeriums in allen sechs Fällen die Todesstrafe, was die Hamburger Richter aber schon deshalb ablehnten, weil nach ihrer Ansicht bei drei Angeklagten der Tatbestand des »Plünderns« nicht gegeben, mithin die Todesstrafe nicht zu vertreten

22 Siehe Schorlemer, a. a. O., S. 37 ff.
23 Siehe u. a. OLG-Präs. Celle vom 29. 7. 1943. BA R 22/3359.
24 Siehe LG-Präs. Aachen vom 28. 2. 1942. BA R 22/3374.
25 Siehe die Akten der SG Köln und Düsseldorf. HSTAD-Kalkum.

war. Außerdem fanden sie es durchaus verständlich, daß die schlecht genährten Häftlinge der Versuchung, die für sie von einem prallgefüllten
Vorratskeller ausgehen mußte, nicht hatten widerstehen können. Auf
einer Besprechung der Vorsitzenden der Hamburger und Bremer Sondergerichte fanden sie mit dieser Ansicht breite Zustimmung, worauf sich
der Staatsanwalt von seinem Strafantrag distanzierte und versprach, das
Reichsjustizministerium zu einer Änderung seiner Auffassung zu bewegen[26].

Dieser selbstbewußte Auftritt gegenüber der Staatsanwaltschaft war beileibe kein Einzelfall, zumal sich die Richter seit Herbst 1942 darauf berufen konnten, daß Reichsjustizminister Thierack selbst sie ermahnt hatte,
die »Fühlungnahme« vorsichtig zu betreiben und sich von der Staatsanwaltschaft keine Urteile aufzwingen zu lassen[27]. Auch die Richter an den
Kölner Sondergerichten entsprachen nur dann den Anträgen der Staatsanwaltschaft, wenn sich diese mit ihren eigenen Auffassungen deckten.
Das Kölner Sondergericht 2 bestrafte beispielsweise im August 1942 eine
mehrfach vorbestrafte Landstreicherin, die Diebeszüge in Luftschutzkel-
lern unternommen hatte, mit relativ milden vier Jahren Gefängnis unter
Anrechnung der Untersuchungshaft, obwohl die Staatsanwaltschaft sie
als unverbesserlichen »Volksschädling« eingestuft und vier Jahre und
sechs Monate Zuchthaus gefordert hatte. Das Gericht führte die Straftaten der Angeklagten jedoch auf eine »Reihe von ungünstigen Umständen« und den frühen Tod der Eltern zurück[28].

Im Fall eines Hilfsarbeiters, der aus einem zerbombten Haus einen zerbrochenen Bilderrahmen und andere wertlose Gegenstände entwendet
hatte, stellte die Kölner Staatsanwaltschaft hingegen den Antrag, wegen
Geringfügigkeit und Mangels an Beweisen auf Freispruch zu entscheiden.
Das Kölner Sondergericht 3 wollte sich dem nicht anschließen, da der
Angeklagte wegen Diebstahls mehrfach vorbestraft sei. Vor allem aber
habe er als Halbjude mit einer Arierin in ehelicher »Rassenschande«
14 Kinder gezeugt. Ihn kennzeichne »schon die bloße Tat« als »Volksschädling«, der sich »außerhalb des zum Schicksalskampf angetretenen
Volkes« gestellt habe. Das am 29. Mai 1943 gefällte Urteil lautete auf zwei

---

26 Protokoll der Besprechung der Vorsitzenden der SGs Hamburg und Bremen am
22. 5. 1942. Archiv OLG Hamburg 3131 E-1 f.
27 Vertrauliche Rundverfügung des Reichsjustizministeriums vom 13. 10. 1942, in: Ja-
cobsen/Jochmann, Ausgewählte Dokumente, a. a. O., H-Dokument – 13. X. 1942. Thierack forderte zwar am 29. 9. 1942 eine verstärkte »Kontaktaufnahme«, machte aber auch
deutlich, daß er die »Nichtigkeitsbeschwerde« auf Dauer nicht für tragbar hielt. Thierack weiter: »Niemals wird von uns ein Staatsanwalt angewiesen werden, in das Beratungszimmer zu gehen und vor der Beratung zu sagen: Ihr müßt dieses Urteil fällen! [...]
Sollte ein Staatsanwalt ein solches Verfahren einschlagen, so weisen Sie es zurück. Das
ist nicht richtig.« BA R 22/4199.
28 HSTAD-Kalkum Rep. 112/17463.

Jahre Zuchthaus und Aberkennung der bürgerlichen Ehrenrechte auf fünf Jahre[29].

Wie wenig die Staatsanwaltschaft solche Richter zur Befolgung ihrer Rechtsansichten zu zwingen vermochte, macht auch der Lagebericht des Hamburger Oberstaatsanwalts Leffmann vom 1. Juni 1944 deutlich. Leffmann beschwerte sich recht verbittert darüber, daß das Hamburger Oberlandesgericht zu einer völlig unverständlichen Härte neige. Es schieße »mit Kanonen nach Spatzen« und belege selbst »die lediglich einmal Entgleisten«, die durch einen »Denkzettel« wieder in die »Volksgemeinschaft« eingegliedert werden könnten, mit »lebens- oder existenzvernichtenden« Strafen[30]. Über die Mittel, um dies zu ändern, verfügte Leffmann nicht.

Nun ist sicherlich zu konstatieren, daß der Ausbau der Macht der Staatsanwaltschaft nur eines der Instrumente war, mit denen versucht wurde, die Richter zu einer »kriegsgemäßen« Rechtsprechung zu bewegen. So richtete Freisler im Oktober 1939 im Reichsjustizministerium ein Referat ein, dessen Aufgabe allein darin bestand, die Rechtsprechung der Sondergerichte zu beobachten und durch Weisungen an die Staatsanwaltschaften und gegebenenfalls auch durch Ermahnungen an die Richter zu steuern[31]. Zudem wurden die Oberlandesgerichtspräsidenten und die Generalstaatsanwälte seit Kriegsbeginn weit öfter als zuvor zu Besprechungen nach Berlin zitiert, auf denen sie darüber instruiert wurden, wie sich die Rechtsprechung zu entwickeln habe.

Bei Delikten wie schwerem Diebstahl u. ä., die zunächst nicht in allzu großer Zahl auftraten und in der Richterschaft allgemein als besonders schwerwiegende Verbrechen galten, konnte Freislers Lenkungsreferat 1940/41 relativ rasch und ohne Probleme eine einigermaßen gleichmäßig harte Rechtsprechung durchsetzen[32]. Dennoch waren die Lenkungsbemühungen des Referats ebenso wie die des Oberreichsanwalts im großen und ganzen nur mäßig erfolgreich. Freisler mußte in einer Besprechung mit den Oberlandesgerichtspräsidenten am 31. März 1942 eingestehen, daß seine Lenkungsmöglichkeiten immer dann auf Grenzen stießen,

29 Ebd., Rep. 112/17558.
30 BA R 22/3366. Vgl. Johe, a.a.O., S. 133, dem zufolge Staatssekretär Klemm das OLG Hamburg am 1.3.1945 kritisierte, weil es bei Wehrkraftzersetzung »bedenklich milde« sei.
31 Erlaß des Reichsjustizministeriums vom 16.10.1939. BA R 22/4158. Hier eine Zusammenstellung von Urteilen, die 1939 als zu milde moniert wurden. Zu den weiteren Referaten, die mit der Überwachung der Strafrechtsprechung beauftragt waren, siehe den Geschäftsverteilungsplan der Abteilung III des Reichsjustizministeriums vom April 1938. BA R 22/4223. Im »Bezirksreferat« war in der Regel jeweils ein Beamter damit beauftragt, die Strafrechtsprechung von einem oder zwei Oberlandesgerichtsbezirken zu prüfen.
32 So Freisler auf der Besprechung am 31.3.1942. BA R 22/4162.

wenn bestimmte Delikte massenhaft auftraten und in der Richterschaft keine einheitliche Bewertung dieser Straftaten bestand.

Insbesondere bei Verstößen gegen die Kriegswirtschaftsverordnung, d. h. im wesentlichen bei Schwarzschlachtungen oder Schwarzhandel mit rationierten Lebensmitteln, ignorierten die Gerichte in der Regel die Strafanträge der Staatsanwaltschaften und entschieden fast durchweg auf Freiheitsstrafen, anstatt – wie vom Reichsjustizministerium verschiedentlich gefordert – die Todesstrafe zu verhängen[33]. Die Strafmaße wichen zudem von Bezirk zu Bezirk und selbst innerhalb der einzelnen Bezirke zum Teil erheblich voneinander ab. Trotz verschiedener Ermahnungen waren vor allem die Richter ländlicher Gerichte zumeist nicht dazu zu bewegen, in Schwarzschlachtungen und im Schwarzhandel mit Lebensmitteln mehr als »Kavaliersdelikte« zu sehen. Die Probleme des Reichsjustizministeriums, in solchen Fällen zu lenken, dürften sich in der zweiten Hälfte des Jahres 1942 noch potenziert haben, weil von diesem Zeitpunkt an – wohl aufgrund einer zunehmend schlechter werdenden Versorgungslage und des Beginns der massierten alliierten Bombenangriffe – die Kriminalitätskurve scharf nach oben ging. Hatte es 1940 lediglich 743 Verfahren wegen Verstoßes gegen die Kriegswirtschaftsverordnung gegeben, so waren es allein in den letzten sechs Monaten des Jahres 1942 schon 8176 und der ersten Jahreshälfte 1943 10381[34]. Die Entwicklung auf anderen Gebieten, z. B. bei schwerem Diebstahl und bei Verstößen gegen die Arbeitsdisziplin, war ähnlich, weshalb es für die begrenzte Zahl der Mitarbeiter des Lenkungsreferats schwierig gewesen sein dürfte, einen genauen Überblick über die Strafrechtsprechung zu behalten.

Die Lenkung der Richter bereitete dem Reichsjustizministerium nicht zuletzt auch deshalb Probleme, weil es bei der Übermittlung seiner Direktiven auf die Mitarbeit der Oberlandes- und Landgerichtspräsidenten angewiesen war. Die Inhalte der Besprechungen im Reichsjustizministerium und die Urteilskritiken des Sondergerichtsreferats wurden nämlich den Richtern in der Regel nicht direkt, sondern – unter Beachtung der Behördenhierarchie – nur mittelbar über die Chefpräsidenten mitgeteilt. Diese zeigten allerdings oft wenig Neigung, die Entwicklung der Rechtsprechung in ihren Bezirken von außen bestimmen zu lassen, und empfanden Kritik an Urteilen aus ihren Bezirken als Kritik an ihrer Amtsführung. Verschiedentlich unterließen sie es, die Richter über die Ergebnisse der Besprechungen im Reichsjustizministerium zu infor-

33 Siehe Anm. 32 sowie Brief Schlegelbergers an den Chef der Reichskanzlei Lammers vom 12. 5. 1942 (BA R 43 II/1560b); SD vom 22. 5. 1941 in: Boberach, Meldungen aus dem Reich, a. a. O., Bd. 7, S. 2336f.
34 Reichsamt für Statistik, Entwicklung der Kriminalität, a. a. O.

mieren[35], oder ließen deutlich erkennen, daß sie die Vorstellungen des Reichsjustizministeriums nicht teilten[36]. Während der Amtszeit des allgemein als schwach geltenden Reichsjustizministers Schlegelberger maßen einige Oberlandesgerichtspräsidenten den Besprechungen im Reichsjustizministerium sogar so wenig Bedeutung bei, daß sie sich in Berlin von Präsidialräten vertreten ließen. Schlegelberger sah sich deshalb veranlaßt, die Oberlandesgerichtspräsidenten in einem Rundschreiben vom 16. April 1942 darum zu bitten, doch zumindest einen Senatspräsidenten als Vertreter zu benennen, wenn sie daran gehindert seien, selbst an einer Besprechung teilzunehmen[37].

Aber selbst dann, wenn ein Oberlandesgerichtspräsident bereit war, sich energisch für die Richtlinien des Reichsjustizministeriums einzusetzen, war nicht unbedingt eine einheitliche Ausrichtung der Rechtsprechung in seinem Bezirk gewährleistet. Vor allem für die Chefpräsidenten der größeren Bezirke war es aus organisatorischen und arbeitstechnischen Gründen nicht leicht, die Rechtsprechung der Gerichte zu kontrollieren, zumal hierfür zunächst ein Mitarbeiterstab aufgebaut werden mußte und man dabei mit der allseits zunehmenden Personalknappheit zu kämpfen hatte. War dieses Problem gelöst, so blieb die zeitraubende Aufgabe, den Landgerichtspräsidenten, den Vorsitzenden der Strafkammern und Sondergerichte sowie den mit Justizfragen befaßten Vertreter der Partei- und Staatsstellen auf Konferenzen die Anweisungen des Reichsjustizministeriums vorzustellen und zu erläutern[38].

Aufgrund des ebenfalls oft recht ausgeprägten Selbstbewußtseins der Landesgerichtspräsidenten konnten sich dabei u. U. ähnliche Schwierigkeiten ergeben wie die, mit denen das Reichsjustizministerium bei der Übermittlung seiner Rechtsvorstellungen an die Oberlandesgerichtspräsidenten zu kämpfen hatte. So geriet der Düsseldorfer Oberlandesgerichtspräsident Schwister, der sich – obgleich kein Nationalsozialist der ersten Stunde – mit großem Einsatz um die Durchsetzung der Direktiven des Reichsjustizministeriums bemühte, bei seinen Lenkungsbemühungen in einen offenen Streit mit dem eigenwilligen Krefelder Landgerichtspräsidenten Lachmund. Lachmund hatte bereits 1938 eigene Richtlinien für die Strafrechtsprechung erarbeitet. Als Schwister 1940 versuchte, auf eine Strafkammer in Krefeld einzuwirken, weil deren Rechtsprechung von der Staatsanwaltschaft und von Rechtsanwälten als übertrieben hart

35 Siehe Schlegelberger auf der Besprechung am 31.3.1942 (BA R 22/4162) sowie den Bericht der Gauleitung Halle-Merseburg an die Parteikanzlei vom 2.10.1942. BA R 22/4720.
36 SD vom 3.9.1942, in: Boberach, Meldungen aus dem Reich, a.a.O., Bd. 11, S. 4166ff., hier S. 4169.
37 HSTAD-Kalkum Rep. 86/1395.
38 Siehe OLG-Präs. Düsseldorf vom 3.9.1941. BA R 22/3363.

kritisiert wurde, berief sich das Gericht auf diese Richtlinien und fand sofort die volle Unterstützung Lachmunds. Die Folge waren lange andauernde Auseinandersetzungen zwischen Düsseldorf und Krefeld, die erst 1943 durch Lachmunds Versetzung ein Ende fanden[39].

Des weiteren erschwerte oft auch die »innere Kommunikationsstruktur« in den Gerichtsbezirken die Umsetzung der Weisungen aus Berlin. Viele Landgerichtspräsidenten pflegten, wie die Gauleitung Halle-Merseburg 1942 monierte[40], kaum Kontakte zu den Richtern ihrer Bezirke, so daß die Direktiven des Reichsjustizministeriums die Richter selbst dann nicht erreichten, wenn die Oberlandesgerichtspräsidenten die Landgerichtspräsidenten über die Besprechungen in Berlin ausführlich informiert hatten.

Nicht zuletzt waren es schließlich die Richter selbst, die den Lenkungsversuchen Widerstand entgegensetzten. So endeten die »Richterappelle«, die der Kölner Landgerichtspräsident Müller abhielt, um angeblich unzureichende Urteile zu rügen, keinesfalls in zerknirschter richterlicher Selbstkritik, sondern wurden von den Richtern regelmäßig in Bierabende umfunktioniert, sobald Müller seine sattsam bekannte »nationalsozialistische Rechtsauffassung« ausgebreitet hatte[41].

Mit vergleichbaren Problemen hatte der Düsseldorfer Oberlandesgerichtspräsident Schwister zu kämpfen, da auch die Düsseldorfer Richter trotz nachdrücklicher Verwarnungen wenig Neigung zeigten, sich Weisungen willenlos zu unterwerfen. Als die Richter der Düsseldorfer Sondergerichte Anfang 1942 vom Reichsjustizministerium wegen verschiedener angeblich zu milder Urteile gerügt wurden, wiesen sie diese Kritik entschieden zurück und hielten ihr einige ihre Rechtsauffassung stützende Entscheidungen des Reichsgerichts entgegen. Nicht ohne Süffisanz gaben sie dem Reichsjustizministerium zudem zu verstehen, daß es die Richterschaft viel zu langsam über neue Entwicklungen in der Rechtsprechung informiere, also nicht schuldlos sei, wenn die Gerichte unzureichende Urteile sprächen[42]. Eine ähnliche Antwort erhielt das Reichsjustizministerium von den Richtern der Hamburger und Bremer Sondergerichte, denen es vorgeworfen hatte, in Plünderungssachen viel zu zögerlich zu urteilen. Die Hamburger und Bremer Richter ließen daraufhin wissen, daß die rechtlichen Unklarheiten der VVO und die Kompliziertheit der meisten Plünderungsfälle keine »blitzartigen« Verurteilungen erlaub-

39 Siehe BA R 22/3363.
40 Bericht der Gauleitung Halle-Merseburg vom 2. 10. 1942. BA R 22/4720.
41 A. Klein, Hundert Jahre Akten – hundert Jahre Fakten, in: ders./G. Rennen (Hrsg.), Justitia Coloniensis. Landgericht und Amtsgericht Köln erzählen ihre Geschichte(n). Köln 1981, S. 87ff., hier S. 167.
42 Siehe OLG-Präs. Düsseldorf vom 3. 1. 1942. BA R 22/3363.

ten[43], die Kritik also beim Gesetzgeber, nicht aber bei den Richtern anzusetzen habe.

Mit dem Hinweis auf das Versagen des Gesetzgebers hatten die Bremer und Hamburger Richter das wohl größte Problem der Bemühungen um eine stringente »Vereinheitlichung« der Kriegsrechtsprechung angesprochen. In der Tat konnten Schlegelberger und Freisler den Oberlandesgerichtspräsidenten angesichts der Unbestimmtheit der Kriegsverordnungen und der Kompliziertheit und Vielfalt der Fälle, über die die Gerichte zu entscheiden hatten, zumeist nur allgemeine Direktiven geben. Es ist bezeichnend, daß Freisler die Oberlandesgerichtspräsidenten dazu aufforderte, dafür Sorge zu tragen, daß alles bestraft werde, was »irgendwie strafbar« sei[44]. Dies war zwar eine deutliche Aufforderung zur Härte, wie in der Praxis geurteilt und bestraft werden sollte, war damit jedoch keineswegs geklärt. Auch die »nationalsozialistische Rechtsauffassung«, auf die Freisler die Richter gerne verwies, gab wenig Hilfen. Sie verlangte einerseits absolute Härte gegen »Volksschädlinge«, forderte aber andererseits, durch die Umstände verführte »Volksgenossen« milde zu bestrafen, damit der »Volksgemeinschaft« keine an sich wertvollen Kräfte verloren gingen. Die Lücken der Kriegsverordnungen konnten mit solchen Platitüden keinesfalls gefüllt werden.

Die Auswirkungen der Lenkungsbemühungen Freislers hat der SD in einem Bericht vom 3. September 1942 treffend charakterisiert. Hier heißt es, daß »der mit der praktischen Durchführung der Steuerung verbundene Arbeitsaufwand [...] in keinem angemessenen Verhältnis zu den bisherigen Ergebnissen« stehe und die Lenkung die »Entschlußkraft und Verantwortungsfreude« der Richter »gelähmt« habe. Infolgedessen sei es zu einer »ganz außerordentlichen Verzögerung und Arbeitsbelastung« gekommen, die »sich weder mit dem Ziele der Vereinfachung und Beschleunigung [der Rechtsprechung] noch mit der Zahl der der Justiz zur Zeit noch verbliebenen Kräfte in Einklang bringen« ließen[45].

---

43 Siehe Besprechung der Präsidenten der SG Hamburg und Bremen vom 19.6.1942. Archiv OLG Hamburg 3131 – 1f/5. Das Reichsjustizministerium forderte Verurteilungen innerhalb von 2 Tagen nach der Tat.
44 So Freisler auf der Besprechung am 31.3.1942. BA R 22/4162.
45 SD vom 3.9.1942, a.a.O.

Organisation und Intensität der Lenkung änderten sich nach der Reichstagsrede Hitlers vom 26. April 1942[46]. Durch die Richterschelte Hitlers alarmiert und vom Reichsjustizministerium zu einer strafferen Führung der Richterschaft ermahnt, begannen verschiedene Oberlandesgerichtspräsidenten im Frühjahr und im Sommer 1942, die Rechtsprechung in ihren Bezirken schärfer zu kontrollieren, um schon im Ansatz Urteile zu verhindern, die weitere Kritik hätten provozieren können.

Die Oberlandesgerichtspräsidenten in Hamburg und Düsseldorf, Rothenberger und Schwister, bauten ihre – bis dahin zumeist nur zu allgemeinen Fragen und in größeren Abständen durchgeführten – Besprechungen mit den Vorsitzenden der Sondergerichte und den Land- und Amtsgerichtspräsidenten zu einem engmaschigen System von »Vor- und Nachschauen« aus. Rothenberger, der sich bereits seit den 30er Jahren durch Weisungen und Ermahnungen um eine nationalsozialistische Ausrichtung der Hamburger Gerichte bemühte[47], ordnete im Mai 1942 an, daß die Vorsitzenden der Sondergerichte sowie die Land- und Amtsgerichtspräsidenten einmal pro Woche[48] unter seinem Vorsitz mit Vertretern der Staatsanwaltschaft zusammentreffen sollten, um Rechtsfälle »vorzubesprechen« und bedeutsame Urteile zu diskutieren. Zudem verpflichtete er die Chefpräsidenten, ihm in wichtigen Straf- und Zivilsachen umgehend Bericht zu erstatten und den Gerichten seine Weisungen genauestens zu übermitteln[49].

Gegenstand der Hamburger »Vor- und Nachschauen« waren insbesondere Plünderungen und Kriegswirtschaftsdelikte. Wenn die Staatsanwaltschaft die Todesstrafe beantragt hatte oder Juden und »Fremdvölkische« in ein Verfahren verwickelt waren, war die Vorbesprechung obligatorisch[50]. Die Aufgabe des Gerichts bestand dann nur noch darin, den Landgerichtspräsidenten über den jeweiligen Fall schriftlich zu informieren, das Besprechungsergebnis abzuwarten und schließlich ein weitgehend

46 Siehe Kap. 10.
47 Siehe Johe, a. a. O.; Robinsohn, a. a. O.
48 Nach einigen Wochen wurden die Besprechungen alle 14 Tage durchgeführt.
49 Wesentlich für diese Berichte war die Einführung von »Dezernatsabteilungen« an den Gerichten des OLG-Bezirks Hamburg nach dem Vorbild Berlins, Dresdens und Wiens. Die Dezernatsleiter und die aufsichtsführenden Richter hatten den Chefpräsidenten wöchentlich bis Freitag 15 Uhr schriftlich Bericht darüber zu erstatten, was in der darauffolgenden Woche an wichtigen Verfahren anstand bzw. wie sich diese entwickelt hatten. Siehe AG-Präs. Segelken auf der Versammlung der Hamburger Amtsrichter am 27. 4. 1942. Archiv OLG Hamburg 3131 1e/4.
50 OLG-Präs. Hamburg vom 11. 5. 1942, Anlagen 1 und 2. BA R 22/3366. Siehe auch das Schreiben Rothenbergers an die Vorsitzenden der Zivil- und Strafsenate des OLG-Bezirks Hamburg vom 7. 5. 1942. Archiv OLG Hamburg 3131 – 1c/4.

vorgefertigtes Urteil zu verkünden. Damit waren die Hamburger Richter tatsächlich zu »gelenkten Richtern« geworden[51].

Auch im Düsseldorfer Oberlandesgerichtsbezirk wurde die Rechtsprechung seit dem Frühsommer 1942 durch »Vor- und Nachschauen« gesteuert. Das dortige »Vorschau-Nachschau«-System ähnelte dem in Hamburg und schränkte den Entscheidungsfreiraum der Richter ebenfalls stark ein. Oberlandesgerichtspräsident Schwister ließ sich wöchentlich von einem Referenten über wichtige Strafsachen unterrichten. Seine Anweisungen wurden den Landgerichtspräsidenten übermittelt, die diese an die Gerichte weitergaben. Bereits im Sommer 1942 konnte Schwister melden, daß es ihm gelungen sei, die Rechtsprechung in seinem Bezirk weitgehend zu »vereinheitlichen«[52].

Allerdings konnte die Rechtsprechung in einem so großen Gerichtsbezirk wie dem Düsseldorfer nicht so straff gelenkt werden wie im wesentlich kleineren und überschaubaren Hamburg. Die Zahl der Strafsachen, die die Düsseldorfer Gerichte bewältigen mußten, war zu groß, um jeden bedeutsamen Fall zum Gegenstand einer »Vorschau« machen zu können. Die Eigenwilligkeit mancher Düsseldorfer Richter warf weitere Probleme auf. Trotz anfänglicher Erfolge der »Vor- und Nachschauen« blieb deshalb insbesondere die Rechtsprechung der Sondergerichte im Oberlandesgerichtsbezirk Düsseldorf uneinheitlich. Dadurch zunehmend frustriert, griff Schwister schließlich zu Mitteln, die – zumindest 1942 – wohl einmalig waren. Er zitierte Richter, die einen »Hang zu unangebrachter Milde« zeigten, zu sich und ermahnte sie nachdrücklich. Um den Druck noch zu verstärken, ließ er in Besprechungen mit Landgerichtspräsidenten zudem durchblicken, daß ein »Abbau minderwertiger und nicht mehr tragbarer Richter« möglich sei[53].

Wie Rothenberger und Schwister reagierten auch die übrigen Oberlandesgerichtspräsidenten auf die Kritik Hitlers an der Justiz mit verstärkten Lenkungsbemühungen. In der Regel zeigten sie sich dabei allerdings weit zurückhaltender als ihre Kollegen in Hamburg und Düsseldorf. Die Einführung der »Vorschau« lehnten sie mehrheitlich ab, weil sie in der Vorbesprechung von Urteilen und in der Erteilung von Einzelanweisungen einen Verstoß gegen die richterliche Unabhängigkeit und das geltende Recht sahen[54]. Zumeist beschränkten sie sich darauf, die Lagebesprechungen mit den Landgerichtspräsidenten zu intensivieren und den Richtern auf diesem Wege des öfteren allgemeine Empfehlungen zu erteilen.

51 Zit. nach Wagner, Gerichtsverfassung, a. a. O., S. 215.
52 OLG-Präs. Düsseldorf vom 3. 7. und 2. 11. 1942. BA R 22/3363. Siehe auch Wagener, Gerichtsverfassung, a. a. O., S. 213f.
53 Siehe OLG-Präs. Düsseldorf vom 2. 11. 1942. BA R 22/3363.
54 Siehe Protokoll der Besprechung der OLG-Präs. mit Rothenberger am 22. 9. 1942. BA R 22/4199.

Dennoch hatten Rothenberger und Schwister mit ihren »Vorschau-Nachschau«-Systemen die Zeichen für die weitere Entwicklung gesetzt. Hitler ließ seiner Richterschelte vom 26. April 1942 einen Wechsel an der Spitze des Reichsjustizministeriums folgen und enthob Schlegelberger und Freisler ihrer Posten. An ihre Stelle traten der Präsident des Volksgerichtshofes Otto-Georg Thierack als Reichsjustizminister und Curt Rothenberger, der zum Staatssekretär berufen wurde. Thierack hatte als überzeugter Befürworter einer nationalsozialistischen Umgestaltung des Rechtswesens schon 1938 dafür plädiert, den »inneren Gehalt« der »sogenannten richterlichen Unabhängigkeit« neu zu definieren und »mit dem Geist des Nationalsozialismus« zu erfüllen[55]. Eine – noch stärkere – Orientierung der Rechtsprechung an den Wünschen der NS-Führung war für ihn nun noch dringlicher, da ihn Hitler mit der Durchführung einer »nationalsozialistischen Reform« der Justiz beauftragt hatte und er dieses Vertrauen rechtfertigen wollte.

In den Besprechungen, die am 22. und 29. September 1942 im Reichsjustizministerium stattfanden, drängten Thierack und Rothenberger die Oberlandesgerichtspräsidenten, das Hamburger »Vorschau-Nachschau«-System zu übernehmen[56]. Diese reagierten auf diese Forderung durchweg äußerst reserviert, ließen sich dann aber doch überzeugen, daß eine stärkere »Vereinheitlichung« der Rechtsprechung kriegsnotwendig sei. Bis auf wenige Ausnahmen stimmten sie der allgemeinen Einführung des »Vorschau-Nachschau«-Systems zu, zumal Thierack und Rothenberger versicherten, daß die Richter weiterhin »absolute Freiheit bei der Feststellung des Tatbestandes« haben und die Lenkungsmaßnahmen »in ein paar Jahren«, wenn »das Richterkorps gleichmäßig ausgerichtet« sei, wieder aufgehoben werden würden.

Rothenberger stellte den Oberlandesgerichtspräsidenten daraufhin zur Wahl, sich entweder von den Generalstaatsanwälten Berichte über diejenigen Verfahren vorlegen zu lassen, in denen die Staatsanwaltschaft eine Lenkung für notwendig hielt, oder ihrerseits regelmäßige Besprechungen mit den Landgerichtspräsidenten über wichtige Rechtsfälle abzuhalten. Die Oberlandesgerichtspräsidenten entschieden sich mit großer Mehrheit für den zweiten Vorschlag, weil dieser ihnen größere Möglichkeiten zu bieten schien, die »Vorschauen« nach ihren eigenen Vorstellungen zu gestalten.

Die Ergebnisse der Besprechungen vom 22. und 29. September wurden

55 Denkschrift Thieracks »Die Unabhängigkeit der Richter« vom 19. 9. 1938. Institut für Zeitgeschichte NG 208/3. Ich danke Stefan König für den Hinweis auf dieses Dokument.
56 Siehe die Protokolle der Besprechungen der Oberlandesgerichtspräsidenten am 22. und 29. 9. 1942. BA R 22/4199.

in einer vertraulichen Rundverfügung zusammengefaßt und erläutert[57]. Diese verpflichtete die Oberlandesgerichtspräsidenten, Verfahren von öffentlichem Interesse »*vor* der Entscheidung«[58] mit der Staatsanwaltschaft abzuklären und »mindestens alle 14 Tage [...] persönliche Besprechungen mit den Landgerichtspräsidenten [...] über Fragen der Lenkung abzuhalten«. Diese Besprechungen sollten dazu genutzt werden, den Richtern die »Zielpunkte der Staatsführung« mitzuteilen, ohne sie allerdings zu »gängeln«. Da »viele Voraussetzungen für eine einheitliche Ausrichtung der Rechtsprechung nach der geschichtlichen Entwicklung noch nicht gegeben« seien, sollte eine »maßvolle Lenkung« angestrebt werden, die den Richtern »kameradschaftlich« helfe und sie »ihrer selbständigen, eigenen Verantwortung« nicht beraube[59].

Die »Vor- und Nachschauen« wurden daraufhin im Spätherbst 1942 – zum Teil mit gewissen zeitlichen Verzögerungen[60] – in allen Oberlandesgerichtsbezirken eingeführt. Die Handhabung der wohl effektivsten Lenkungsmaßnahme lag damit im wesentlichen bei den Oberlandesgerichtspräsidenten. Lediglich »in wichtigen und grundsätzlichen Angelegenheiten« waren die Chefpräsidenten verpflichtet, dem Ministerium Bericht zu erstatten.

Als weiteres Lenkungsmittel führte Thierack im Oktober 1942 die »Richterbriefe« ein, die – bis zum Dezember 1944 – einmal pro Monat an die Gerichte verteilt wurden[61]. Darin wurden wichtige zivil- und strafrechtliche Gerichtsentscheidungen in anonymer Form skizziert und kommentiert, um die Richterschaft darüber zu orientieren, wie eine »kriegsgerechte« Rechtsprechung auszusehen habe[62].

Andeutungen Thieracks gegenüber den Oberlandesgerichtspräsidenten zufolge stammte die Idee der »Richterbriefe« von der »höchsten Staatsspitze« und war von Hitler ausdrücklich gebilligt worden. Vermutlich war es die Parteikanzlei, von der die Initiative ausging, zumal sie als Clearing- und Verbindungsstelle zwischen dem RSHA und dem Reichsjustizministerium fungierte. Sie wurde vom SD ständig über »Fehllei-

57 Vertrauliche Rundverfügung des Reichsjustizministeriums vom 13.10.1942, in: Jacobsen/Jochmann, a.a.O., H – Dokument – 13.X.1942.
58 Ebd., Hervorhebung im Original.
59 Ebd.
60 Siehe OLG-Präs. Hamm vom 28.11.1942, dem zufolge Ende November 1942 erst sechs von neun LG-Präs. des Bezirks von den neuen Lenkungsmaßnahmen unterrichtet waren. BA R 22/3367.
61 Siehe H. Boberach (Hrsg.), Richterbriefe. Dokumente zur Beeinflussung der deutschen Rechtsprechung 1942–1944. Boppard am Rhein 1975. Zentrale Verordnungen zur Handhabung der Richterbriefe in: BA R 22/235.
62 Siehe u.a. R.M.W. Kempner, Richterbriefe und Nürnberger Juristenprozeß, in: Boberach, Richterbriefe, a.a.O., S. 473–484; Th. Rasehorn, Richterbriefe und Rechtspflege heute, in: ebd. S. 485–496.

stungen« der Gerichte informiert und leitete dessen Beschwerden – nach Prüfung durch Bormanns Rechtsexperten Herbert Klemm[63] – mit der Bitte um baldige »Korrektur« an das Reichsjustizministerium weiter[64]. Hier dienten diese Urteilskritiken neben den Berichten der Staatsanwaltschaften als wichtigste Materialgrundlage für die Richterbriefe. Urteile, die in der Parteikanzlei negativ bewertet worden waren, wurden in der Regel auch in den Richterbriefen betont kritisch besprochen. Ausschlaggebend dafür war wohl Thieracks Vermutung, daß zumindest ein Teil der Urteilskommentare, die ihn über die Parteikanzlei erreichten, von Hitler selbst stamme[65].

Mit Hilfe der im Herbst 1942 eingeführten Lenkungsmaßnahmen konnten die Oberlandesgerichtspräsidenten die Richter zeitweilig eng an ihre Weisungen bzw. an die Weisungen des Reichsjustizministeriums binden und die Rechtsprechung innerhalb ihrer Bezirke stärker standardisieren als zuvor[66].

Wesentlich für diesen – allerdings zumeist vorübergehenden Erfolg – war indes wohl nicht allein die höhere Effizienz der neuen Maßnahmen. Von Bedeutung war vielmehr zweifellos auch, daß Hitlers Reichstagsrede vom 26. April 1942 die Richterschaft tief verunsichert hatte und sie sich zeitweilig bereitwillig führen ließ, um vor Kritik sicher zu sein[67]. Zudem war es eine wachsende Zahl insbesondere älterer Richter müde, sich ohne klare Richtungsangabe durch das Dickicht des NS-Kriegsrechts zu kämpfen. Der Wunsch nach klaren Anweisungen bestand bereits, seitdem man in den ersten Kriegsmonaten die Erfahrung gemacht hatte, wie schwierig es sein konnte, die zwar markig, aber oft unklar formulierten Kriegsverordnungen im Gerichtsalltag anzuwenden[68]. Insbesondere die Praxis, ein allgemein gehaltenes Rahmengesetz durch eine Vielzahl von Durch- und Ausführungsbestimmungen zu ergänzen und diese häufig nicht im Reichsgesetzblatt, sondern verstreut in der Fach- oder gar in der Tagespresse zu veröffentlichen, verwirrte viele Richter[69].

63 Klemm arbeitete zuvor im Reichsjustizministerium, wurde in die Parteikanzlei abgestellt und übernahm nach dem Rücktritt Rothenbergers dessen Posten.
64 Siehe die Sammlung von Gerichtsentscheidungen, die die Parteikanzlei im Dezember 1942 dem Reichsjustizminister zur »Überprüfung« zusandte. BA R 22/4202.
65 So Thierack auf der Besprechung am 29.9.1942. BA R 22/4199.
66 Siehe z. B. OLG-Präs. Düsseldorf vom Sommer 1942 bis Frühjahr 1943. BA R 22/3363.
67 Siehe Kap. 10.
68 Siehe u. a. SD vom 5.9.1940, in: Boberach, Meldungen aus dem Reich, a.a.O., Bd. 5, S. 1541 ff.; OLG-Präs. und GSTA Braunschweig vom 5.4. bzw. vom 1.10.1941, BA R 22/3357; GSTA Bamberg vom 3.2.1940, BA R 22/3355; KG-Präs. Berlin vom 2.7.1941, BA R 22/3356.
69 Siehe Anm. 68 und v. a. SD vom 12.3.1942, in: Boberach, Meldungen aus dem Reich, a.a.O., Bd. 9, S. 3462.

Die Probleme verschärften sich, als mehr und mehr Justizbeamte zur Wehrmacht gerufen bzw. für die Kriegsproduktion abgestellt wurden[70]. Aufgrund der Einberufungen wuchs die Arbeitsbelastung der an den Gerichten verbliebenen Kräfte beträchtlich. Ohnehin waren viele von ihnen den Aufgaben, die ihnen nun zufielen, kräftemäßig und fachlich nicht gewachsen[71]. Vor allem die Richter an kleineren Gerichten mußten, bedingt durch den Mangel an Justizpersonal, neben ungewohnten Aufgaben in der Rechtsprechung häufig arbeitsintensive Verwaltungsgeschäfte wie die Bestellung von Schreibmaterial und Aktenordnern bewältigen[72]. Um so mehr fehlte die Zeit, sich ausreichend über die Entwicklung der Gesetzeslage zu informieren, und um so mehr wuchs der Wunsch, von seiten der Regierung Hilfestellung zu erhalten. Viele Richter empfanden es geradezu als verhängnisvoll, daß sie keine Möglichkeiten besaßen, sich über die Ansichten der politischen Führung zu Rechtsfragen zuverlässig zu unterrichten. Sie beklagten vor allem, daß Äußerungen des »Führers« über Gerichtsentscheidungen die Richterschaft zumeist nur in Form unbestimmter Gerüchte erreichten, die eher zu weiterer Verwirrung als zur Klärung der Dinge beitrügen[73].

Die Richterschaft wollte allerdings keinesfalls gegängelt werden und reagierte sehr besorgt, als im Spätsommer 1942 durchdrang, daß die Steuerung der Rechtsprechung intensiviert werden sollte[74]. Die anfängliche Beunruhigung wich jedoch bald der Erleichterung darüber, daß auf die Drohungen Hitlers vom 26. April 1942 nicht, wie befürchtet, Maßnahmen folgten, durch die die Richter bindende Weisungen erhielten oder öffentlich »abgekanzelt« wurden[75]. Vielmehr achtete das Reichsjustizministerium strikt darauf, daß das Ansehen der Justiz in der Öffentlichkeit weder durch die »Vor- und Nachschauen« noch durch die Richterbriefe Schaden nahm.

So lagen die Richterbriefe bei den Chefpräsidenten unter Verschluß und wurden den Richtern nur ausgehändigt, wenn sie zuvor schriftlich versichert hatten, die »Amtsverschwiegenheit« zu wahren[76]. Zwar gingen von den monatlich etwa 11 000 Richterbriefen rund 600 an hohe Staats-

---

70 Hierzu siehe Thierack auf der Besprechung am 10. 2. 1943 (BA R 22/4200) sowie auf der Hochschullehrertagung in Cochem am 16./18. 9. 1944 (BA R 22/4165).
71 Siehe Kap. 10.
72 Infolge zahlreicher »kriegsnotwendiger« Rationierungen und Vereinfachungen umfaßten die Verwaltungsvorschriften der Justiz 1941 rund 5000 Seiten. Siehe u. a. SD vom 13. 3. 1941, in: Boberach, Meldungen aus dem Reich, a. a. O., Bd. 6, S. 2107 f.
73 Siehe u. a. SD vom 3. 9. 1942, a. a. O.
74 Ebd.
75 SD vom 13. 5. 1943, in: Boberach, Meldungen aus dem Reich, a. a. O., Bd. 13, S. 5245 ff.
76 Rundverfügung vom 17. 11. 1942. BA R 22/235.

und Parteistellen[77]. Um aber Belästigungen der Richter durch die NSDAP zu verhindern, war es strikt untersagt, die Richterbriefe an die Kreisleiter oder andere nachgeordnete Parteidienststellen weiterzugeben[78]. Namen von Richtern oder Gerichten wurden in den Richterbriefen nicht genannt. Die Oberlandesgerichtspräsidenten waren zudem gehalten, unzuverlässige, die Amtsverschwiegenheit nicht achtende Richter bei der Verteilung der Richterbriefe nicht zu berücksichtigen[79].

Angesichts dieses Vorgehens, das das richterliche Standesbewußtsein schonte, waren die Reaktionen auf die Lenkungsmaßnahmen Thieracks im allgemeinen durchaus positiv. Die »Vor- und Nachschauen« verstand man ebenso wie die Richterbriefe nicht als Teil einer Strategie zur Entmündigung, sondern als kriegsnotwendige Maßnahmen zur Erhöhung der Effizienz der Justiz[80]. Vor allem die Richterbriefe wurden, auch wenn ihre Empfehlungen nicht immer Beifall fanden, als ein wertvolles Hilfsmittel für den richterlichen Berufsalltag begrüßt. Von vielen Richtern wurden sie mit »Spannung« und »großer Freude« erwartet. Richter an den Amtsgerichten äußerten sich enttäuscht darüber, daß in den Richterbriefen lediglich Urteile von Land- oder Sondergerichten, nicht aber Probleme aus ihrem Berufsalltag Berücksichtigung fänden[81].

Trotz der ausgeprägten Bereitschaft vieler Richter, sich führen zu lassen, war die Ausrichtung der Rechtsprechung an den »Zielen der Staatsführung« jedoch keineswegs leicht zu bewerkstelligen. Dies mußte Thierack u. a. bei dem Versuch erfahren, eine den Wünschen Hitlers entsprechende Bestrafung des verbotenen Umgangs deutscher Frauen mit Kriegsgefangenen[82] durchzusetzen, eines Delikts, das wesentlicher Bestandteil der Bemühungen der Sondergerichte um den Schutz der »inneren Front« war. Allein im dritten Quartal 1942 wurden nicht weniger als

77 Boberach, Richterbriefe, a. a. O., S. XX ff.
78 Siehe Schreiben Thieracks an Klemm vom 21. 2. 1943. Dennoch erhielten in Einzelfällen die Parteistellen über die Gaurechtsämter von dem einen oder anderen Richterbrief Kenntnis. Siehe den Briefwechsel Thieracks mit der Gauleitung in Karlsruhe von Februar 1943. BA R 22/235.
79 Schreiben Thieracks an die OLG-Präs. Karlsruhe, Köln und Zweibrücken vom 17. 11. 1942. BA R 22/235.
80 SD vom 13. und 30. 5. 1943, in: Boberach, Meldungen aus dem Reich, a. a. O., Bd. 13, S. 5245 ff. und S. 5301 ff.
81 Siehe GSTA Berlin vom 31. 3. 1943. BA R 22/3356; OLG-Präs. Breslau vom 1. 8. 1944. BA R 22/3358; OLG-Präs. Köln vom 1. 4. 1944. BA R 22/3374; OLG-Präs. Hamm vom 31. 8. 1943, BA R 22/3367; OLG-Präs. Celle vom 29. 7. 1943. BA R 22/3359; Schreiben des Frankfurter OLG-Präs. vom 26. 1. 1944, BA R 22/239, sowie den Bericht eines V-Mannes des RSHA (1944). BA R 58/91; SD vom 13. 5. 1943, in: Boberach, Meldungen aus dem Reich, a. a. O., S. 5245 ff.
82 § 4 der Verordnung zur Ergänzung der Strafvorschriften zum Schutz der Wehrkraft des deutschen Volkes vom 25. 11. 1939, RGBl. I, S. 2319; Verordnung über den Umgang mit Kriegsgefangenen vom 11. 5. 1940, RGBl. I, S. 769.

2469 Urteile wegen verbotenen Verkehrs mit Kriegsgefangenen ausgesprochen. Acht davon lauteten auf Todesstrafe[83].

Hitler äußerte sich zum Umgang deutscher Frauen mit Kriegsgefangenen erstmals im Sommer 1942, als er erfuhr, daß das Sondergericht Leitmeritz eine Deutsche wegen dieses Delikts zu vier Jahren und sechs Monaten Gefängnis verurteilt hatte. Hitler lehnte dieses Urteil entschieden ab, da er der Auffassung war, daß die Frau niemals für die Dinge des »geschlechtlichen Lebens« verantwortlich gemacht werden könne. Das Urteil wurde daraufhin Ende August 1942 aufgehoben[84].

Darüberhinausgehende Maßnahmen wurden zunächst nicht eingeleitet. Erst im November 1942 machte Bormann den Chef der Reichskanzlei Lammers darauf aufmerksam, daß sich der »Führer« zum Umgang deutscher Frauen mit Kriegsgefangenen geäußert habe, und übermittelte ihm stichwortartige Anweisungen für eine entsprechende Verordnung. Lammers gab diese Information an Thierack weiter, der sofort daranging, eine Rundverfügung an die Oberlandesgerichtspräsidenten zu entwerfen[85].

Der Versuch Thieracks, die ihm nur aus zweiter Hand bekannten und zudem recht verworrenen Ansichten Hitlers in eine einigermaßen exakte Anweisung an die Gerichte umzugießen, scheiterte kläglich. Sowohl die erste als auch die zweite Fassung seines Entwurfes wurden von Klopfer und Kritzinger, den Staatssekretären der Partei- bzw. der Reichskanzlei, wegen mangelnder inhaltlicher Schärfe verworfen. Eine Rücksprache mit Bormann oder Hitler erfolgte dennoch nicht. Angesichts der Schwierigkeit, die letztlich nur Bormann genau bekannten Intentionen Hitlers zu konkretisieren, entschieden Klopfer und Kritzinger vielmehr, von einer Verordnung abzusehen. Statt dessen sollte Thierack einige Gerichtsurteile zum Umgang deutscher Frauen mit Kriegsgefangenen in den Richterbriefen besprechen lassen[86].

Die Richterbriefe, die im März und im Mai 1943 den Umgang deutscher Frauen mit Kriegsgefangenen behandelten, beschränkten sich darauf, die Richter an ihre »hohe Verantwortung« für die Aufrechterhaltung der sittlichen Ordnung zu erinnern und ihnen zu empfehlen, ihr Urteil »nach

---

83 Boberach, Richterbriefe, a. a. O., S. 82, Anm. 1.
84 Schreiben des Reichsjustizministeriums an Lammers vom 3.9.1942 (Fall »Wolf«). BA R 43 II/1560. An Frauen verübte Straftaten erregten offenbar das besondere Interesse Hitlers. Siehe die von Freisler auf der Besprechung am 31.3.1942 (BA R 22/4162) genannten Eingriffe Hitlers in die Rechtspflege sowie die entsprechenden Notizen Rothenbergers (Archiv OLG Hamburg 3131 – 1E).
85 Schreiben Bormanns an Lammers vom 17.11.1942 und Schreiben Thieracks an Lammers vom 26.11.1942. BA R 43 II/1544a.
86 Siehe die Entwürfe Thieracks und die Vermerke der Reichs- und der Parteikanzlei dazu vom März/April 1943. BA R 43 II/1544a.

einer eingehenden und gewissenhaften Erforschung aller Ursachen, Zusammenhänge und Folgen« von den jeweiligen Umständen des Einzelfalles abhängig zu machen[87]. Eine der Auffassung Hitlers entsprechende Anweisung, Frauen wegen des Verkehrs mit Kriegsgefangenen nicht zu bestrafen, enthielten sie nicht. Diese hätte schließlich nicht nur dem geltenden Recht, sondern auch »rassenpolitischen« Überlegungen widersprochen. Vielmehr wurden die Richter aufgefordert, deutsche Frauen mit Zuchthaus und mit dem Verlust der Ehrenrechte zu bestrafen, wenn sie mit Kriegsgefangenen in geschlechtliche Beziehungen getreten waren oder Kriegsgefangenen Beihilfe zur Flucht geleistet hatten.

Damit war die Lösung eines komplexen Rechtsproblems wieder einmal der Richterschaft überlassen und dabei zudem noch in Kauf genommen worden, daß diese gegen den – ihr unbekannt gebliebenen – Willen des »Führers« entschied. Ausschlaggebend war in diesem Fall dafür sicherlich, daß Hitlers Auffassung von der sexuellen Schuldunfähigkeit der Frau eine wesentliche Verordnung des NS-Kriegsrechts ad absurdum geführt hätte. Aber auch in anderen Fällen taugten die rechtspolitischen Äußerungen und Aktionen Hitlers wenig für eine systematische Steuerung der Rechtspflege. Obwohl er etliche Male »unzureichende« Urteile durch die Exekution der Angeklagten oder durch die Verschleppung in ein KZ »korrigieren« ließ[88], war Hitler im großen und ganzen doch an Justizdingen wenig interessiert und informierte sich über sie im wesentlichen nur durch die Tagespresse, deren Gerichtsberichterstattung selbst der SD als sensationslüstern und verzerrend kritisierte[89].

Bormann, der um das gestörte Verhältnis Hitlers zur Justiz wußte, tat ein übriges und brachte Meldungen über »Fehlleistungen« der Gerichte nur dann vor, wenn ein »Blitzableiter« für die Launen des »Führers« gebraucht wurde[90]. Schlegelberger und später Thierack versuchten zwar, Hitlers Kenntnisse über die Rechtsprechung durch die »Führerinformationen« zu verbessern, die – den schwachen Augen Hitlers angemessen – besonders groß gedruckte Notizen über die Erfolge der Gerichte im

87 Richterbriefe vom 1.3. und vom 1.5.1943 in: Boberach, Richterbriefe, a.a.O., S. 81 ff. und S. 110 ff. Zit. nach Richterbrief vom 1.3.1943, S. 88.
88 Siehe Anm. 84.
89 Siehe die Notizen Thieracks über seine Besprechung mit Goebbels am 14.9.1942. BA R 22 Gr. 5/A 123 Heft 1. Zur Gerichtsberichterstattung der Presse siehe SD vom 26.2.1940, 20.3.1941, 3.6.1941, 23.10.1941, 5.3.1942, 13.4.1943 und 29.7.1943, in: Boberach, Meldungen aus dem Reich, a.a.O., Bd. 3, S. 734, Bd. 6, S. 2132 ff., Bd. 7, S. 2476 ff., Bd. 8, S. 2901 f., Bd. 9, S. 3417 ff., Bd. 10, S. 3620 ff., Bd. 14, S. 5548 ff.; siehe auch »Arbeitsanweisungen für das Lebensgebiet Recht« des SD vom November 1941, BA R 59/990.
90 So Schlegelberger am 27.1.1947 vor dem Militärgerichtshof III; Prot.(d), 4324. BA A11. Proz. 1, XVII A 58, zit. nach Majer, Fremdvölkische, a.a.O., S. 661, Anm. 124.

Kampf gegen »Volksschädlinge« enthielten[91]. Aber auch dies änderte wenig daran, daß die insgesamt seltenen Äußerungen Hitlers zu Rechtsfragen – wie zum Beispiel seine Forderung nach harten Strafen für »Preistreiber«[92] – oder seine Befehle zu brutalen Urteilskorrekturen in der Regel ohne ausreichende Kenntnis der Gesetzeslage und der jeweiligen Details erfolgten.

Die Ausrichtung der Rechtsprechung an den »Zielen der Staatsführung« wurde Thierack zudem dadurch erschwert, daß er in der Hierarchie des Dritten Reiches letztlich nicht mehr als eine Randfigur war. Er hatte keinen Zugang zu Hitler und konnte sich kaum einen Eindruck von dessen »Rechtsauffassung« verschaffen. Informationen über rechtspolitische Äußerungen des »Führers« erhielt er lediglich über Lammers, der seinerseits kaum noch bei Hitler aufwarten durfte.

Ohnehin wollte Hitler mit Rechtsfragen – wohl aufgrund seiner durch die wachsenden militärischen Probleme immer größer werdenden Arbeitsbelastung – seit Sommer 1942 nicht mehr behelligt werden. Die Prüfung von Beschwerden der Bevölkerung und der Partei über die Justiz überließ er der Parteikanzlei, der Reichskanzlei und dem Reichsjustizministerium[93]. So hatten die zahlreichen Bittsteller, die sich, durch die Reichstagsrede vom 26. April 1942 ermutigt, an Hitler wandten, um ihn als »obersten Gerichtsherrn« um die Aufhebung »unnationalsozialistischer« Gerichtsurteile zu bitten, keinerlei Erfolg. Die Reichskanzlei leitete ihre Petitionen durchweg unbearbeitet an das Reichsjustizministerium weiter, das dann in seinen Antwortbriefen wissen ließ, daß es der »Führer« »grundsätzlich« ablehne, in schwebende Gerichtsverfahren einzugreifen, bzw. daß er zu beschäftigt sei, um sich um Gerichtsdinge zu kümmern. Zwar hörten die Eingriffe Hitlers in laufende oder abgeschlossene Gerichtsverfahren keineswegs gänzlich auf, dennoch war es Thierack nicht einmal möglich, eine Liste über die Eingriffe Hitlers in Gerichtsverfahren zu erstellen, um auf diese Weise Schlüsse über die grundsätzliche Einstellung des »Führers« zu bestimmten Rechtsfragen zu gewinnen. Dieses Mittels hatte sich Lammers bis Mitte 1942 bedient, um Einblick in die »Rechtsauffassung« Hitlers zu gewinnen[94].

---

91 Siehe u. a. G. Gribbohm, Die Führerinformationen des Reichsjustizministeriums, in: DRiZ 1971, S. 152–155. Die Führerinformationen wurden im Mai 1942 eingeführt.
92 Siehe Protokoll der Besprechung am 31. 3. 1942. BA R 22/4162.
93 Vermerk Lammers' vom 22. 6. 1942 und seinen Brief an Thierack vom 14. 9. 1942. BA R 43 II/1560. Eingriffe Hitlers in die Rechtsprechung sind allerdings noch nach dem Sommer 1942 nachweisbar. Siehe den Fall des AG-Rats Gramse (BA R 43 II/1560) sowie im Falle eines Essener Gastwirts, der einen Hund auf ein Kind gehetzt und dafür drei Monate Gefängnis erhalten hatte (siehe dazu das Schreiben Thieracks an Bormann vom 3. 11. 1942. BA R 22/4720).
94 Siehe das Schreiben Lammers' an Bormann vom 24. 9. 1942. BA R 43 II/1560. Ähnliche Probleme wie Lammers und Thierack hatte auch Schlegelberger, der Lammers am

Ohne klare Weisungen von seiten der »Staatsführung« konnte Thierack die Maximen einer »nationalsozialistischen« Strafrechtsprechung in der Besprechung mit dem Oberlandesgerichtspräsidenten am 29. September 1942 letztlich nur ebenso unscharf umreißen wie seine Vorgänger. Die Rechtsprechung solle »hart sein, barbarisch hart um des Volkes willen, aber weich sein in den kleinen Dingen des Lebens«. Als die Oberlandesgerichtspräsidenten sich mit dieser pauschalen Empfehlung nicht zufrieden gaben und die – durchaus praxisnahe – Frage aufwarfen, wie denn das Plündern eines Taschentuches zu bestrafen sei, konnte Thierack wiederum nur in Allgemeinheiten flüchten. Er empfahl, alle »Plünderer«, die ihre Tat willentlich verübt hätten, ohne Rücksicht auf den Wert der geplünderten Gegenstände zum Tode zu verurteilen[95]. Wie der »verbrecherische Wille« erkannt werden sollte, vermochte er nicht zu sagen und gab deshalb den Chefpräsidenten lediglich den – für sein Rechtsverständnis bezeichnenden – Rat, in Zweifelsfällen immer auf harte Strafen zu drängen, da er im Falle eines Fehlurteils harte Strafen leichter korrigieren könne als milde.

Um weitere Fragen abzublocken, versprach Thierack, die Probleme der Behandlung von Plünderungsfällen näher prüfen zu lassen. Der Richterbrief, der dann am 1. April 1943 erschien und Probleme der Bestrafung von »Volksschädlingen‘ bei feindlichen Luftangriffen« behandelte, enthielt zwar einige Hilfestellungen für die Richter, beantwortete aber die Fragen, die die Oberlandesgerichtspräsidenten Thierack vorgelegt hatten, nicht. Der Richterbrief klärte weder, wie der Begriff »Plündern« definiert werden sollte, noch enthielt er konkrete Anweisungen für die Bestrafung von Plünderungen. Den Richtern wurde vielmehr erläutert, daß der Gesetzgeber bei der Formulierung des VVO »absichtlich« auf eine Definition des Plünderungsbegriffs verzichtet habe, um die Auslegung der »zweckgerichteten Beurteilung des Richters« zu überlassen und »allen in Betracht kommenden Fällen wirksam begegnen zu können«. Hinsichtlich der Strafhöhe empfahl der Richterbrief »hart und unerbittlich gegen wirkliche Plünderer« zu sein, aber das »scharfe Schwert der Todesstrafe nicht durch Anwendung in ungeeigneten Fällen schartig« werden zu lassen[96].

Die Einsicht, daß die vielen Unklarheiten des NS-Kriegsrechts nicht definitiv zu lösen waren, dürfte einer der wesentlichen Gründe für Thieracks Entscheidung gewesen sein, die Durchführung der »Vor- und Nachschauen« in die Hände der Oberlandesgerichtspräsidenten zu legen[97]. Von

---

10. 5. 1941 mitteilte, daß er von Beanstandungen von Urteilen durch Hitler gehört habe, er aber nicht wisse, um welche Urteile es sich handele. Weinkauff, a. a. O., S. 141.
95 So Thierack auf der Besprechung am 29. 9. 1942. BA R 22/4199.
96 Richterbrief vom 1. 4. 1943, in: Boberach, Richterbriefe, a. a. O., S. 95 ff., hier S. 105.
97 »Wenn Sie lenken wollen, so tun Sie es, wie Sie es wollen; ich rede nicht hinein.

Bedeutung war wohl auch, daß Thierack – ebenso wie der SD[98] – der Überzeugung war, daß sich eine nationalsozialistische Rechtsprechung ohnehin nicht aufgrund von Lenkungsmaßnahmen, sondern nur nach einem Generationswechsel in der Richterschaft entwickeln würde[99], zumal Befragungen der Oberlandesgerichtspräsidenten und der Generalstaatsanwälte im September 1942 ergeben hatten, daß im gesamten Reich lediglich 269 Richter und Staatsanwälte als personeller Grundstock für den raschen Aufbau einer »wirklich nationalsozialistischen« Rechtspflege in Frage kamen[100]. Möglicherweise schreckte Thierack auch vor einer straffen, zentralen Lenkung zurück, weil er bei seinem Treffen mit Hitler am 20. August 1942 den Eindruck gewonnen hatte, daß dieser keine allzu starke Lenkung der Richterschaft wünschte[101]. Vor allem aber dürfte ihm wohl der Mißerfolg der Lenkungsbemühungen Freislers gezeigt haben, daß die Lenkungsmöglichkeiten des Reichsjustizministeriums angesichts der großen Zahl und der vielfältigen Probleme der Strafverfahren begrenzt waren.

Die Rundverfügung vom 13. Oktober 1942, durch die die »Vor- und Nachschauen« allgemein eingeführt wurden, bestätigte den Oberlandesgerichtspräsidenten jedenfalls, daß in »erster Linie« sie für die Durchführung der Lenkung zuständig sein sollten. Entscheidungen des Reichsjustizministeriums sollten nur dann eingeholt werden, wenn sich »Schwierigkeiten« oder »Gesichtspunkte von allgemeiner Bedeutung« ergäben. Wohl in der Einsicht, daß das im relativ kleinen Oberlandesgerichtsbezirk Hamburg entwickelte »Vorschau-Nachschau«-System die Arbeitskraft der Präsidenten größerer Oberlandesgerichtsbezirke überfordern mußte, gestattete man es den Oberlandesgerichtspräsidenten zudem, die Durchführung der »Vor- und Nachschauen« den Landgerichtspräsidenten zu übertragen und sich nur »in besonders wichtigen Sachen« einzuschalten. Dieses Zugeständnis war nicht zuletzt deshalb nötig, weil das Reichsjustizministerium bereits 1942 außerstande war, genügend Kraftwagen und Benzin zur Verfügung zu stellen, die nötig gewesen wären, um den Chefpräsidenten regelmäßige Dienstreisen in die Landgerichtsbezirke und damit die Teilnahme an den Besprechungen der Richter zu ermöglichen[102].

Machen Sie es nur, und es muß einmal sichtbar werden. Thierack zur Lenkung auf der Besprechung vom 29. 9. 1942 (BA R 22/4199).
98 Siehe »Arbeitsanweisungen für das Lebensgebiet Recht« vom November 1941. BA R 58/990.
99 Siehe Thierack, Die Unabhängigkeit der Richter, a. a. O.
100 Siehe BA R 22/2139. Verschiedene dieser Richter und Staatsanwälte waren nicht Mitglied der NSDAP.
101 Siehe BA R 22/4720.
102 Siehe Besprechung am 29. 9. 1942. BA R 22/4199.

Die Oberlandesgerichtspräsidenten nutzten die ihnen zugestandenen Befugnisse in recht unterschiedlicher Weise. In den meisten Oberlandesgerichtsbezirken erfolgten die »Vor- und Nachschauen« im wesentlichen in Besprechungen der Richter mit den Oberlandes- bzw. Landgerichtspräsidenten. In anderen Bezirken lag das Schwergewicht auf dem »Berichtsystem«, d. h. Richter und Staatsanwälte waren gehalten, schriftlich über bedeutsame Fälle Bericht zu erstatten, um dann Weisungen entgegen zu nehmen[103]. Diese Lenkungsmethode war nicht nur mit einem sehr hohen Arbeitsaufwand verbunden, sondern gab auch, wie der SD kritisch bemerkte, dem Richter viel Freiheit bei der Entscheidung, ob er Bericht erstatten bzw. »ob er gelenkt werden« wolle oder nicht«[104].

Unabhängig davon, welcher Lenkungsmethode der Vorzug gegeben wurde, bemühten sich die Oberlandesgerichtspräsidenten im allgemeinen, »mit großer Zurückhaltung« zu agieren und bei den Richtern nicht das Gefühl aufkommen zu lassen, daß sie verpflichtet seien, bestimmte Urteile zu fällen. Sie beschränkten sich zumeist darauf, »einige grundsätzliche Richtlinien« bekannt zu geben und einen Meinungs- und Informationsaustausch zwischen den Gerichten anzubahnen[105]. Konkrete Anweisungen gaben die Oberlandesgerichtspräsidenten nach eigenem Bekunden nur höchst ungern und dementsprechend selten.

Im Oberlandesgerichtsbezirk Naumburg beispielsweise wurde bis Mitte Januar 1944 nur in einem einzigen Fall ein Gericht in der »Vorschau« aufgefordert, gewisse Punkte bei der Urteilsfindung zu berücksichtigen, und auch in der »Nachschau« wurden die Richter hier nur »in sehr wenigen Fällen« auf Mängel ihrer Urteile hingewiesen[106]. Auch in den Oberlandesgerichtsbezirken Köln, Karlsruhe und Hamm gab es offenbar lediglich eine »sanfte« Lenkung, die sich darauf beschränkte, den Richtern allgemeine Richtlinien zu vermitteln. Die Erfolge dieser Methode waren gering. So fielen im Kölner Raum insbesondere die Urteile in Plünderungssachen sehr unterschiedlich aus, weil sich »bei der verschiedenen Einstellung der Richter zur Frage der Strafbemessung eine einheitliche Behandlung nicht erreichen ließ«[107].

In Dresden, Hamburg und Düsseldorf wurde die Lenkung hingegen mit

103 SD vom 30. 5. 1943, in: Boberach, Meldungen aus dem Reich, Bd. 13, S. 5301 ff.
104 Ebd., S. 5304.
105 Siehe ebd. und die Berichte des »Amtes für die Neuordnung der Gerichtsverfassung« des Reichsjustizministeriums über die Handhabung der Lenkung in den OLG-Bezirken Bamberg, Breslau, Jena, Naumburg, Karlsruhe, Hamm, Dresden, Hamburg und Köln vom Herbst 1943 bis Frühsommer 1944. BA R 22/3314 und 4443.
106 Bericht des »Amtes für die Neuordnung der Gerichtsverfassung« über die Bereisung des Oberlandesgerichtsbezirks Naumburg vom 9. 6. – 16. 6. 1944. BA R 22/3314.
107 Bericht des Vorsitzenden des Kölner SG I über die Besprechung der Vorsitzenden der Kölner SGs vom 2. 8. 1943. Archiv OLG Köln Az 3234/11.

weit mehr Intensität betrieben[108]. Im Oberlandesgerichtsbezirk Dresden war die Durchführung der »Vor- und Nachschauen« für alle Landgerichtsbezirke einheitlich geregelt. Die »Nachschauen«, bei denen jeweils zehn bis zwölf Urteile behandelt wurden, fanden einmal pro Woche statt, also öfter als vom Reichsjustizministerium verlangt. Im Oberlandesgerichtsbezirk Hamburg war die Lenkung so engmaschig wie in kaum einem anderen Oberlandesgerichtsbezirk. Hier gaben die relativ geringe Größe des Bezirks und die überschaubare Zahl brisanter Rechtsfälle Oberlandesgerichtspräsident Rothenberger und seinem Nachfolger Schmidt-Egk die Möglichkeit, sich umfassend über wichtige Verfahren zu informieren und den Richtern in den »Vorschauen« konkrete Anweisungen für die Urteilsfindung zu erteilen.

Alles in allem waren also Organisation und Intensität der Lenkung auch nach dem Amtsantritt Thieracks sehr unterschiedlich, so daß sich die erhoffte »Vereinheitlichung« der Rechtsprechung nach Anfangserfolgen letztlich kaum einstellen konnte[109]. Im Dezember 1943 meinte der SD sogar konstatieren zu müssen, daß – trotz sicherlich vielfach einheitlicher gewordener Strafurteile – nicht einmal bei der »Bekämpfung von Zersetzungsversuchen« eine homogene Rechtsprechung erreicht worden sei, weil die Richter weiterhin nach ihren ganz persönlichen Ansichten entschieden und »die verschiedenen Lenkungsmaßnahmen kein hinreichendes Mittel darstellten, um die nachteiligen Wirkungen personeller Fehlbesetzungen überhaupt auszuschalten«. Angesichts dessen forderte der SD eine »zentrale Sichtung und Steuerung« aller Defaitismussachen und schlug zudem – der Anregung »politisch aufgeschlossene(r) Richter und Staatsanwälte« folgend – vor, die für Fehlurteile »verantwortlichen Richter zur Ruhe zu setzen oder ihnen andere, politisch weniger wichtige Aufgaben zuzuweisen«[110].

Thierack reagierte auf diese Anwürfe, indem er die Zügel nochmals anzuziehen versuchte und Ende 1943 ein weiteres Lenkungsreferat einsetzte, das »Wehrkraftzersetzung«- und »Heimtücke«-Verfahren überwachen und steuern sollte[111]. Aber auch hiermit vermochte er es nicht, die Unbestimmtheiten der immer wieder Raum für unterschiedliche Interpreta-

---

108 Siehe den Bericht des »Amtes für die Neuordnung der Gerichtsverfassung«, a. a. O., sowie die Protokolle der Sitzungen der SG-Präs. des OLG-Bezirks Hamburg von 1942 bis 1945 (Archiv OLG Hamburg).
109 Dies galt selbst für die Rechtsprechung innerhalb eines straff gelenkten OLG-Bezirks. Siehe OLG-Präs. Düsseldorf vom 30. 7. 1943. BA R 22/3363.
110 SD vom 2. 12. 1942, in: Boberach, Meldungen aus dem Reich, a. a. O., Bd. 15, S. 6096 ff.
111 Siehe dazu u. a. – mit Informationen über weitere Maßnahmen zur »Vereinheitlichung« der Rechtsprechung – das vertrauliche Protokoll des Reichsjustizministeriums über die Tagung der Behördenchefs am 3./4. 2. 1944. HSTAD-Kalkum Rep. 86/1995.

tionen öffnenden Kriegsverordnungen auszugleichen. Eine einheitliche Rechtsprechung konnte er nicht einmal in diesen politisch so brisanten Verfahren herbeiführen.

Als Fazit ist festzuhalten, daß die Entscheidungsfreiheit der Richter insbesondere seit 1942 zweifellos vielfach auf das schwerste beeinträchtigt war. Eine »totale Lenkung« gab es jedoch nicht, zumal die Freiräume bei der Bestimmung des Tatbestandes und des Strafrahmens blieben. Die Intensivierung der Lenkung, Angst vor Maßregelungen sowie die Appelle Thieracks, gegebenenfalls »hart, barbarisch hart« zu sein, mag manchen Richter dazu verleitet haben, auch harmlose Vergehen mit härtesten Strafen zu ahnden. Die eigentlichen Ursachen der zunehmenden Radikalisierung der Rechtsprechung nach 1939 sind hier allerdings offensichtlich nicht zu suchen, zumal sich die Tendenz, die Strafmöglichkeiten gegen »Volksschädlinge« voll auszunutzen, schon zeigte, bevor seit 1942 der Versuch unternommen wurde, die bis dahin wenig erfolgreiche Lenkung zu effektivieren.

Auch ist nicht zu vergessen, daß sich die Rechtsprechung vielfach in einer Weise entwickelte, die das Reichsjustizministerium veranlaßte, nicht härtere, sondern mildere Strafen zu fordern. So wurden die Richter im Richterbrief vom 1. April 1943 nachdrücklich ermahnt, die Kriegsverordnungen nicht zu hart zu handhaben. Anlaß hierfür war u. a. das Urteil eines Sondergerichts, das einen 82jährigen zum Tode verurteilt hatte, weil er während eines Bombenangriffs eine herumliegende Pferdeleine aus Leder an sich genommen und zu Gürtel und Hosenträgern verarbeitet hatte[112]. Ähnlich wie in der Frage der Trennung von Mischehen in den 30er Jahren gingen die Gerichte also auch in der Kriegsrechtsprechung ohne Druck vielfach über das hinaus, was nach Ansicht des NS-Regimes zweckmäßig und angemessen war. Um so weniger wird man die Entwicklung der Rechtsprechung nach 1933 durch die Steuerung der Richter durch die NS-Regierungs- und Parteistellen erklären können.

---

112 Richterbrief vom 1.4.1943. Boberach, Richterbriefe, a.a.O., S. 95f.; SD vom 30.5.1943, in: Boberach, Meldungen aus dem Reich, a.a.O., S. 5301ff. hier S. 5306: »Sie [die Lenkung] habe keineswegs nur eine Verschärfung, sondern teilweise auch eine angemessene Milderung des Strafmaßes erzielt und Fehlentscheidungen und unverständliche Urteile verhindern helfen.«

X. »Justizkrise« und »Große Justizreform«

Als der Krieg begann, gab man sich in der Richterschaft zuversichtlich und selbstbewußt. Die Belastungen des Krieges, d. h. insbesondere die Einberufung zahlreicher Justizbeamter zur Wehrmacht, glaubte man durch einen erhöhten Arbeitseinsatz bewältigen zu können. Vor allem aber war man sicher, eine Arbeit zu leisten, die von der Bevölkerung und dem »Führer« anerkannt werde und die gerade im Kriege unentbehrlich sei. Man war überzeugt, die von der »Staatsführung« gestellten Aufgaben so erfüllen zu können, wie diese es erwartete[1].

Um so mehr Enttäuschung herrschte darüber, daß sich die Presse und vor allem die SS-Zeitschrift »Das Schwarze Korps«[2] nach Kriegsbeginn wieder mit angeblichen Fehlentscheidungen der Gerichte befaßte und dabei – was besonders verbitterte – die nationalsozialistische Gesinnung der Richter in Frage stellte[3]. Als gravierender noch wurde empfunden, daß die Gehaltskürzungen, die Brüning den Beamten zugemutet hatte, immer noch nicht aufgehoben worden waren. Gerade angesichts der mit Kriegsbeginn deutlich gestiegenen Arbeitsbelastung erinnerte man sich an die Versprechungen, die die NS-Führung nach der »Machtergreifung« gemacht hatte, und verlangte unüberhörbar eine deutliche Aufstockung der richterlichen Gehälter[4]. Als diese ausblieb und die Arbeitsbelastung noch stieg, verstärkte sich die schon zuvor spürbare, aus enttäuschten Hoffnungen resultierende Unzufriedenheit[5]. Manche Richter äußerten erhebliche Zweifel daran, daß das Dritte Reich den »Richterkönig« in absehbarer Zukunft verwirklichen würde. Unter dem »Druck der schlechten Gehaltsverhältnisse« verließen sie die Justiz, um

---

1 Siehe z. B. OLG-Präs. Köln vom 13. 3. 1940. BA R 22/3374.
2 Siehe u. a. König, Vom Dienst am Recht, a. a. O., S. 198.
3 Zu den Reaktionen der Richter darauf siehe u. a. OLG-Präs. Hamburg vom 7. 11. 1940 (BA R 22/3366) und GSTA Bamberg vom 3. 8. und vom 6. 10. 1942 (BA R 22/3355). Der Hamburger OLG-Präs. Rothenberger zeigte gegenüber dem »Schwarzen Korps« besondere Sensibilität. Er protestierte schon bei Andeutungen über richterliche »Fehlleistungen« beim Reichsjustizministerium und verwies auf die »Mißstimmung« der Richter. Schlegelberger reagierte kühl: »Sie, Herr OLG-Präs., würden zur Verhütung solcher ›katastrophalen Steigerung der Mißstimmung‹ in erfreulicher Weise beitragen, wenn Sie den Richtern nahelegen wollten, nicht gar zu mißtrauisch zu sein.« Zit. nach OLG-Präs. Hamburg vom 4. 7. 1941 und Antwortschreiben Schlegelbergers vom 8. 7. 1941. BA R 22/3366.
4 SD vom 5. 12. 1940, in: Boberach, Meldungen aus dem Reich, a. a. O., Bd. 6, S. 1841.
5 Siehe Kap. 4.

sich lukrativere Beschäftigungen in der Verwaltung oder der Industrie zu suchen[6].

In gewisser Weise ähnelte die Stimmung der Richter zu Kriegsbeginn der am Ende der Weimarer Republik. Wie damals sah man sich Angriffen der Presse ausgesetzt, die man für unberechtigt hielt und auf die man um so empfindlicher reagierte, als der Staat offensichtlich nicht bereit war, die Leistungen seiner Richter angemessen zu honorieren[7]. Hinzu kam, daß man die Beobachtung machen mußte, daß auch die Verwaltungsstellen seit 1939 verschiedentlich Aufgaben der Justiz okkupierten bzw. deren Kompetenzen mißachteten[8]. Die Kriegswirtschaftsämter brachten zum Beispiel Verstöße gegen die Kriegswirtschaftsgesetze vielfach nicht vor Gericht, sondern bestraften die Schuldigen durch Geldbußen[9]. Der Kommissar für Preisbildung Wagner griff in mietrechtliche Angelegenheiten ein[10], und der Reichspostminister mißachtete die Zuständigkeiten der Justiz, indem er verfügte, Strafanzeigen gegen Postbedienstete wegen im Dienst begangener Straftaten nicht ohne seine ausdrückliche Genehmigung an die Staatsanwaltschaft weiterzuleiten[11]. Vor allem aber mußte man immer wieder »Urteilskorrekturen« von Polizei und SS hinnehmen. Diese Vorgänge blieben der Bevölkerung oft nicht verborgen und schmälerten das Ansehen der Richterschaft erheblich.

In der Richterschaft breitete sich angesichts dessen zusehends eine gespannte Stimmung aus. So berichtete der Hamburger Oberlandesgerichtspräsident über seine Gespräche mit jungen, zur Wehrmacht einberufenen Richtern im Spätsommer 1940: »Die von Aktivität geladenen Frontsoldaten sind immer wieder verbittert darüber, daß der ihnen so ans Herz gewachsene Richterberuf in maßgeblichen Kreisen immer noch nicht so geachtet wird, wie es ihrer Meinung [nach] im Interesse des Deutschen Reiches notwendig ist [...] Man hat den Eindruck, daß die Justiz auf manchen Gebieten gezwungen ist, Rückzugskämpfe auszufechten.«[12]

6 Siehe OLG-Präs. Köln vom 31.8.1941. BA R 22/3374.
7 Siehe Kap. 1.
8 Siehe u.a. KG-Präs. Berlin vom 4.1.1940. BA R 22/3356; LG-Präs. Aachen vom 28.2.1942. BA R 22/3374; GSTA Hamm vom 21.7.1942. BA R 22/3367.
9 Siehe u.a. OLG-Präs. Karlsruhe vom 3.12.1942. BA R 22/3370.
10 Grundlage dafür war die »Verordnung für Maßnahmen der Preisbehörden bei Kündigung von Miet- und Pachtverhältnissen« vom 19.4.1939. RGBl. 1939/I, S. 799.
11 Siehe GSTA Hamm vom 21.7.1942 (BA R 22/3367) sowie das Protokoll des Reichsjustizministeriums über die Besprechung der Behördenchefs am 3./4.2.1944. HSTAD-Kalkum Rep. 86/1395. Die erwähnte Verfügung wurde allerdings in Verhandlungen zwischen dem Reichsjustizministerium und dem Reichspostministerium rückgängig gemacht.
12 OLG-Präs. Hamburg vom 10.9.1940. BA R 22/3366. Diese Besorgnis scheint allerdings von vielen Richtern nicht geteilt worden zu sein. Siehe Kap. 7.

Anders als in der Weimarer Republik blieb jedoch die Richterschaft gegenüber dem Staat, gegenüber »Führer und Reich« – gerade angesichts der Bedrohung des Reiches von außen – uneingeschränkt loyal. Man vertraute im allgemeinen fest darauf, daß Hitler entscheidende Eingriffe in die Befugnisse der Justiz nicht zulassen und die richterliche Unabhängigkeit schützen werde. Darin sah man sich insbesondere durch den Erlaß des Führers und Reichskanzlers über die Errichtung des Reichsverwaltungsgerichts vom 3. April 1941 bestärkt, in dem es ausdrücklich hieß, daß die Mitglieder des Reichsverwaltungsgerichts »bei der Sachentscheidung keinen Weisungen unterworfen« seien und »ihre Stimme nach ihrer freien, aus dem Sachverstand geschöpften Überzeugung und nach der von nationalsozialistischer Weltanschauung getragenen Rechtsauslegung« abgeben sollten[13].

Als Hitler am 26. April 1942 vor dem Reichstag den Richtern vorwarf, »unnationalsozialistisch« zu urteilen und auf »wohlerworbene Rechte« zu pochen, anstatt wie andere »Volksgenossen« im Interesse des Sieges Entbehrungen auf sich zu nehmen[14], und auch noch unter frenetischem Applaus drohte, mißliebige Richter eigenhändig aus dem Amt zu werfen, hatte dies in der Richterschaft eine schockartige Wirkung[15]. Schließlich hatte sich der »Führer« bis dahin noch nie kritisch über die Justiz geäußert. In allen Gerichtsbezirken herrschte »tiefe Niedergeschlagenheit«[16].

Die Justizkritik des »Führers« blieb den Richtern unverständlich. Seine Vorwürfe hielt man sowohl in der Form als auch im Inhalt für gänzlich ungerechtfertigt oder zumindest für völlig überzogen. Der Bamberger Oberlandesgerichtspräsident Dürig räumte in seinem Lagebericht vom 30. April 1942 zwar ein, daß in der Rechtsprechung als »Folge allgemein menschlicher Unzulänglichkeit« gelegentlich Fehlurteile vorgekommen seien. Aber »gemessen an der übergroßen Zahl völlig einwandfreier richterlicher Erkenntnisse« seien Mißgriffe der Richter so selten, daß sie hin-

13 Erlaß des Führers und Reichskanzlers über die Errichtung des Reichsverwaltungsgerichts vom 3. 4. 1941. RGBl. 1941/I, S. 201 f. Zur Interpretation dieses Erlasses in der Richterschaft siehe u. a. das Schreiben des KG-Präs. Berlin vom 26. 1. 1944, in dem dieser den Erlaß als Beweis für die Unterstützung der richterlichen Weisungsfreiheit durch den »Führer« wertet. BA R 22/239.
14 Siehe M. Domarus (Hrsg.), Hitler. Reden und Proklamationen, Bd. II, Würzburg 1963, S. 1865–1877.
15 Die einzige Ausnahme war wohl Rothenberger, der schon vor Hitlers Rede eine Justizkrise sich hatte entwickeln sehen. Siehe Kap. 7.
16 OLG-Präs. Köln vom 2. 7. 1942. BA R 22/3374; GSTA Braunschweig vom 31. 5. 1942. BA R 22/3357; OLG-Präs. Hamburg vom 11. 5. 1942. BA R 22/3366; OLG-Präs. Bamberg vom 30. 4. 1942. BA R 22/3355; OLG-Präs. Düsseldorf vom 3. 5. 1942. BA R 22/3363; GSTA Darmstadt vom 6. 6. 1942. BA R 22/3361, u. a.; I. Kershaw, Der Hitler-Mythos. Stuttgart 1980, S. 159 ff.; Weinkauff, a. a. O., S. 147 ff.

sichtlich ihrer Leistungen und ihrer politischen Zuverlässigkeit »wenn nicht besser, so jedenfalls nicht schlechter abschneiden als die Angehörigen irgendwelcher anderer Berufsgruppen, Militär und Partei eingeschlossen«. Den Vorwurf, die Richter handelten nicht im Sinne des Nationalsozialismus, hielt Dürig für völlig aus der Luft gegriffen. Eine solche Behauptung falle letztlich auf den NS-Staat selbst zurück. Schließlich sei »in manchen Fällen selbst schwerster Kriminalität eine klare Linie dessen, was die Staatsführung will, überhaupt nicht erkennbar«. Es sei »im Interesse des Deutschen Volkes, erst in zweiter Linie in dem des Richters dringend« geboten, »die derzeitige verworrene Lage« so bald wie möglich eindeutig zu klären[17].

Auch in den Versammlungen, die die Chefpräsidenten nach der Rede Hitlers abhielten, um den Richtern zu versichern, daß bei pflichtbewußter Amtsführung für sie kein Anlaß zur Sorge bestehe, wurde der Grund für Hitlers Richterschelte nicht in eigenen Fehlern gesucht. Vielmehr machte man die Informanten Hitlers für die Rede vom 26. April verantwortlich[18]. So waren sich die Braunschweiger Richter sicher, daß der »Führer« über die Arbeits- und Ferienregelung an den Gerichten falsch unterrichtet worden sei[19] und deshalb glaube, die Richter arbeiteten weniger als der Rest der Bevölkerung. Auch auf einer Versammlung der Hamburger Amtsrichter wurde gemutmaßt, daß »eine ganz bestimmte Gruppe dauernd den Führer gegen die Justiz beeinflußt« habe[20]. Daß Hitler gegen die Juristen tiefe Aversionen hegte – die er im Kreis des Führerhauptquartiers immer wieder offen zu erkennen gab[21] –, war der überwiegenden Mehrzahl der Richter immer noch nicht bewußt geworden.

Die Vermutungen der Richter über die Hintergründe der Justizkritik des »Führers« kamen allerdings in gewisser Weise dem wahren Sachverhalt dennoch recht nahe. Daß Hitler in der Rede vom 26. April 1942 die Richterschaft mit besonderer Schärfe attackierte und zum Sündenbock für die verschiedensten Probleme stempelte, hatte seinen Grund in der Tat in einer falschen Information über eine Gerichtsentscheidung[22]: Am 14. März 1942 verurteilte das Landgericht Oldenburg den Angeklagten Ewald Schlitt zu fünf Jahren Zuchthaus, weil er während eines Bomben-

17 OLG-Präs. Bamberg vom 30. 4. 1942. BA R 22/3355.
18 Siehe u. a. ebd. vom 29. 6. 1942.
19 GSTA Braunschweig vom 31. 5. 1942. BA R 22/3357.
20 Richterversammlung am 16. 6. 1942. Archiv OLG Hamburg 3131 E – 1c/4.
21 Siehe H. Picker, Hitlers Tischgespräche im Führerhauptquartier. Wiesbaden 1983, sowie W. Jochmann (Hrsg.), Adolf Hitler. Monologe im Führerhauptquartier 1941–1944. Die Aufzeichnungen Heinrich Heims. Hamburg 1980.
22 Das Folgende nach dem Protokoll der Besprechung der OLG-Präs. am 31. 3. 1942 (BA R 22/4162) sowie dem Schriftwechsel zwischen Schlegelberger und Lammers im März 1942 (BA R 43 II/1560); siehe auch D. Kolbe, Reichsgerichtspräsident Dr. Erwin Bumke. Karlsruhe 1975, S. 337 ff.

angriffes seine Frau so mißhandelt hatte, daß sie an ihren Verletzungen starb. Von der Todesstrafe sahen die Oldenburger Richter ab, weil sie glaubten, daß Schlitt in einem Anfall von geistiger Umnachtung gehandelt habe. Hitler erfuhr von diesem Urteil durch einen ihm von Bormann zugespielten Bericht der Boulevard-Presse, der sich weniger mit den Hintergründen und juristischen Problemen als mit der menschlichen Tragik des Falles beschäftigt haben dürfte[23]. Jedenfalls reagierte er auf das Oldenburger Urteil mit großer Verärgerung, da nach seiner Ansicht die Richter völlig verkannt hatten, daß jede Gewalttat gegen eine Frau ein äußerst verabscheuungswürdiges Verbrechen darstelle und mit größter Härte geahndet werden müsse. Hitler machte seinem Zorn zunächt in einem wütenden Anruf bei Freisler Luft und schrieb zudem einen geharnischten Brief an Schlegelberger, in dem er diesen für die Entscheidung der Oldenburger Richter persönlich verantwortlich machte. Das Urteil des Oldenburger Landgerichts wurde daraufhin auf Antrag des Oberreichsanwalts vom Reichsgericht aufgehoben und Schlitt in einem neuen Prozeß zum Tode verurteilt. Schlegelberger fand nicht den Mut, Hitler die Details des Falles zu schildern und sich und die Richterschaft zu verteidigen. Statt dessen versprach er, die Anwendung härtester Strafen durchzusetzen und zu diesem Zweck auch vor personellen Maßnahmen nicht zurückzuschrecken[24]. Damit bestätigte er nicht nur Hitlers negatives Urteil über die Justiz, sondern bereitete mit der Ankündigung personeller Maßnahmen auch unfreiwillig die Formulierung derjenigen Passage der Reichstagsrede vor, die die Richterschaft so tief schockieren sollte.

Mehr Zivilcourage bewies der Oldenburger Gauleiter Röver, der sich vom Oldenburger Oberlandesgerichtspräsidenten dazu bewegen ließ, Hitler am 2. Mai 1942 aufzusuchen, um ihn davon zu überzeugen, daß das Urteil gegen Schlitt gerecht gewesen sei. Röver hatte durchaus Erfolg. Nach seinem Vortrag revidierte Hitler seine Ansicht und schob die Schuld für seine rüden Anwürfe gegen die Richterschaft auf Freisler ab, der ihn über den Fall Schlitt falsch informiert habe. Er entließ Röver mit dem Auftrag, den Oldenburger Richtern sein Bedauern zu übermitteln[25].

In der Folgezeit mied Hitler die Beschäftigung mit Gerichtsdingen[26] und

23 Michaelis, Außerordentliche Wiederaufnahme, a. a. O., S. 279 f.; Picker, Hitlers Tischgespräche, a. a. O., S. 131.
24 Schreiben Schlegelbergers an Hitler vom 24. 3. 1942. BA R 43 II/1560.
25 Siehe Domarus, a. a. O., S. 1881, der andeutet, daß Röver wenige Tage später beseitigt worden sei, weil er es gewagt habe, den »Führer« zu belehren. Dies ist auch angesichts des weiteren Verhaltens Hitlers gegenüber der Justiz unwahrscheinlich.
26 Siehe Kap. 10; siehe auch die Notizen Thieracks über seine Besprechung mit Himmler am 18. 9. 1942. Hinsichtlich der »Korrektur bei nicht genügenden Justizurteilen« hielt Thierack fest: »Grundsätzlich wird des Führers Zeit mit diesen Dingen überhaupt nicht

überließ sie nun im wesentlichen Bormann und dem neuen Reichsjustizminister Thierack, die dafür Sorge zu tragen hatten, daß er nur wenn unbedingt nötig mit Rechtsfragen behelligt wurde. Falls sein Eingreifen unumgänglich sein sollte, sollten Bormann und Thierack vor allem vermeiden, »daß der Führer über Justizangelegenheiten unvollständig, unrichtig oder ungenau informiert« werde[27].

Die Richterschaft profitierte jedoch zunächst nicht davon, daß sich Hitler von seinen Ausfällen gegen die Justiz distanziert hatte. Zum einen änderte die Intervention Rövers kaum etwas an Hitlers grundsätzlichem Mißtrauen gegenüber der Justiz, und zum anderen wurden die Folgen der Reichstagsrede für Prestige und Autorität der Richter durch die der Öffentlichkeit verborgen gebliebene Meinungsänderung des »Führers« zunächst keineswegs gemildert. Vor allem von seiten der Kreisleitungen der NSDAP gingen im Frühjahr und im Sommer 1942 zahlreiche Attacken gegen die Richterschaft aus[28]. Nachdem den nachgeordneten Parteidienststellen in den 30er Jahren der Zugriff auf die Justiz mühsam verwehrt worden war, fühlten sie sich nun durch die Richterschelte Hitlers erneut ermuntert, die politische Gesinnung von »unzuverlässigen« Richtern zu überprüfen und Gerichtsentscheidungen zu revidieren, durch die sie das »gesunde Volksempfinden« verletzt glaubten[29]. Insbesondere bei Mietstreitigkeiten mischten sich die Kreisleiter ein, um der nach ihrer Ansicht benachteiligten Partei Recht zu verschaffen. Die Bevölkerung nutzte sie deshalb oft als außergerichtliche Revisionsinstanz, mit deren Hilfe sich zum Beispiel der Vollzug von Räumungsbescheiden verhindern ließ. Es bedurfte dazu lediglich etwas Überzeugungskraft, um der Kreisleitung die Ungerechtigkeit der Entscheidung des Gerichts darzulegen, und eines Rollkommandos der Partei, das den Gerichtsvollzieher samt gerichtlichem Räumungsbeschluß auf die Straße warf[30].

Aber nicht nur die Kreisleitungen, sondern auch das »Schwarze Korps« sah sich aufgerufen, sich wieder ausführlich mit Justizdingen zu beschäftigen. Obwohl von Himmler auf Bitten des Reichsjustizministeriums ver

mehr beschwert.« Lediglich bei Meinungsverschiedenheiten zwischem Reichsjustizministerium und SS solle Hitler, falls Bormann keinen Kompromiß erzielen könne, »evtl. [...] herbeigezogen« werden. BA R 22/4062.

27 Zit. nach dem von Bormann unterzeichneten Rundschreiben der Parteikanzlei vom 27. 8. 1942 betr. die »Neuordnung der Justiz«. BA R 22/4722.

28 Siehe u. a. OLG-Präs. Bamberg vom 30. 4. 1942. BA R 22/3355.

29 Siehe u. a. OLG-Präs. Karlsruhe vom 25. 8. 1942. BA R 22/3370; OLG-Präs. Bamberg vom 29. 6. 1942. BA R 22/3355.

30 Siehe OLG-Präs. Darmstadt vom 1. 8. 1944. BA R 22/3361; OLG-Präs. Köln vom 30. 7. 1943. BA R 22/3374. Laut OLG-Präs. Celle vom 28. 2. 1942 (BA R 22/3359) bestand schon vor Hitlers Reichstagsrede in der Bevölkerung die Tendenz, sich für Gerichtsverhandlungen NS-Funktionäre als »Paten« zu suchen.

schiedentlich zur Zurückhaltung gegenüber der Justiz ermahnt[31], startete das »Schwarze Korps« im Frühjahr 1942 eine Serie von Artikeln, in denen der Richterschaft u. a. vorgeworfen wurde, »unsoldatisch« und »innerlich feige« zu sein und »selbstversunken« in ihrem »Paragraphengekröse« zu »rühren«, während die Welt »zum Teufel« gehe[32].

Angesichts der Eigenmächtigkeiten der Partei und der Attacken des »Schwarzen Korps«, an denen sich im übrigen auch andere Zeitungen beteiligten, sank das Ansehen der Richterschaft im Sommer 1942 auf einen Tiefpunkt[33]. Bezeichnend hierfür sind die Erfahrungen, die ein Kölner Richter Ende Juni 1942 auf einer Bahnreise machte. Nachdem seine Mitreisenden seinen Beruf erfahren hatten, bemitleideten sie ihn, weil er zu der »traurigen Einrichtung« gehöre, »die man früher Justiz genannt habe«, und erklärten ihm, daß die SS ohnehin bald alle Aufgaben der Justiz übernehmen würde: »Einen Richter pinkelt ja kein Hund mehr an.«[34]

Letztlich ist auch der Posteingang der Reichskanzlei im Sommer ein beredter Beleg für den Autoritätsverfall der Justiz nach dem 26. April. Allein von Mitte Juli bis Mitte September gingen in der Reichskanzlei rund 400 Gesuche ein, in denen der »Führer« als »oberster Gerichtsherr« gebeten wurde, die Entscheidungen »unnationalsozialistischer« Richter in Miet-, Ehescheidungs- oder Unterhaltsprozessen aufzuheben[35].

Die Richterschaft reagierte auf diese Entwicklung mit wachsender Verunsicherung. Die »abfällige Kritik«, die an Gerichtsurteilen geübt wurde, hatte – wie der Bamberger Oberlandesgerichtspräsident Dürig im Juni 1942 berichtete – »erhebliche Rückwirkungen« auf die richterliche »Berufsauffassung«. »Charakterschwächere Richter« zeigten aus Furcht vor Kritik die Neigung, sich »vor jeder Eigenverantwortung zu drücken«, und zögen vor wichtigen Entscheidungen Erkundigungen über die Auffassungen des Justizministeriums, der Vorgesetzten oder der Partei ein, um diese dann »prüfungs- und bedenkenlos« zu übernehmen[36]. Ähnlich wie Dürig schätzte im Sommer 1942 auch der Darmstädter Generalstaatsanwalt Eckert die Verfassung der Richterschaft ein. In seinem Lagebericht vom 6. Juni 1942 schilderte er die Richter als unsicher, nervös

31 Siehe H. Heiber/H. von Kotze (Hrsg.), Facsimile-Querschnitt durch das Schwarze Korps. Bern/München o. J., S. 15f.
32 Siehe u. a. GSTA Bamberg vom 3.8.1942 (BA R 22/3355); OLG-Präs. Düsseldorf vom 3.5.1942 (BA R 22/3363).
33 OLG-Präs. Köln vom 2.7.1942. BA R 22/3374; OLG-Präs. Hamm vom 7.7.1942. BA R 22/3367.
34 OLG-Präs. Köln vom 2.7.1942. BA R 22/3374.
35 Siehe Schreiben Lammers an Thierack vom 14.9.1942. BA R 43 II/1560.
36 OLG-Präs. Bamberg vom 29.6.1942. BA R 22/3355.

und verantwortungsscheu: »Zu dem Gefühl, vor der Welt mehr oder weniger diffamiert zu sein, hat sich die Sorge um die Existenz gesellt, geboren aus der Angst, wegen eines Mißgriffs abgesetzt zu werden.« Dies habe dazu geführt, daß viele Richter versuchten, sich in schwierigen Entscheidungen vor ihrem Urteilsspruch bei der Staatsanwaltschaft abzusichern: »Einer meiner Mitarbeiter hat nicht mit Unrecht die ironische Bemerkung gemacht, wir seien das reinste Rechtsauskunftsbüro geworden.«[37]

Neue Zuversicht – alte Hoffnungen

Schon bald aber hatten die Richter Anlaß, ihre Mutmaßungen über die Gründe der »Führer«-Kritik an der Justiz bestätigt zu sehen und neue Hoffnung zu fassen, zumal sich Hans Frank, der ehemalige Reichsrechtskommissar und Führer des NSRB, erneut zu ihrem Fürsprecher machte. Frank hatte als Generalgouverneur in Polen insofern ähnliche Erfahrungen wie die Spitzen der Justiz gemacht, als auch seine Machtbefugnisse von der SS Stück für Stück untergraben worden waren. Als schließlich auch noch einer seiner Freunde, Karl Lasch, der erste Präsident der Akademie für Deutsches Recht, wegen Unterschlagung hingerichtet wurde, forderte Frank energisch die Rückkehr zum verfassungsmäßigen Recht. In verschiedenen öffentlichen Reden prangerte er im Sommer 1942 die zunehmende Ausbreitung des Polizeistaates an und verteidigte die Justiz mit großer Entschiedenheit gegen die Anwürfe Hitlers, der Partei und des »Schwarzen Korps«. Vor dem Auditorium der Universität München zum Beispiel verwahrte er sich am 20. Juli 1942 nachdrücklich gegen jeden Versuch, die »Diener des Rechts« »mit Schmutz zu bewerfen«. Wie schon 1933 verlangte Frank die umgehende Verwirklichung des »NS-Rechtsstaats« mit einer nur dem »Führer« unterworfenen Richterschaft an der Spitze und bezeichnete die Eingriffe der Polizei in die Kompetenzen der Justiz als Maßnahmen der »asiatischen Barbarei und Willkür«. Die »Unabhängigkeit des Richters« sei »eines der ältesten germanischen Kulturgüter«. Ohne »Rechtskultur« könne keine »völkische Ordnung« gedeihen[38].
Frank erhielt zwar wegen seiner Kritik an Hitler alsbald Redeverbot, aber die Hoffnungen, die seine Worte weckten, schienen doch nicht unbegründet, da die Justiz gegen die Partei auch von seiten des »Führers«, der

37 GSTA Darmstadt vom 6.6.1942. BA R 22/3361; siehe auch Kap. 8.
38 Zit. nach H. Frank, Im Angesicht des Galgens. München 1953, S. 468–473. Im übrigen wandte sich Frank auch gegen den inflationären Gebrauch der Todesstrafe.

Parteikanzlei und verschiedener Gauleiter Unterstützung erhielt. Zweifellos war dafür nicht die Sorge um einen wie auch immer gearteten »NS-Rechtsstaat« ausschlaggebend. Die Eigenmächtigkeiten der Kreisleiter paßten vielmehr in mehrfacher Hinsicht nicht ins politische Konzept. Sowohl Hitler und Bormann als auch den Gauleitern konnte nicht daran gelegen sein, den nachgeordneten Parteistellen die Kontrolle über staatliche Behörden zuzubilligen und damit mitten im Kriege Zustände wieder aufleben zu lassen, die der mühsam unterbundenen »Parteirevolution von unten« fatal ähnelten und »Führer-Prinzip« und Parteidisziplin gefährdeten[39]. Die aufgrund von Einberufungen zur Wehrmacht ohnehin schon geschwächten Kräfte der NSDAP[40] waren vielmehr von der Parteikanzlei im Kriege im wesentlichen für die Überwachung und Mobilisierung der Bevölkerung[41] eingeplant, nicht aber für einen Kampf um die Übernahme staatlicher Befugnisse. Die Überlegungen Hitlers und Bormanns zur Neuorganisation der NSDAP nach dem Kriege zielten vielmehr darauf, die »Verquickung von Partei und Staatsämtern« zu beseitigen. Aufgabe der NSDAP – so Bormann in einem Rundschreiben an die Reichs-, Gau- und Kreisleiter vom 7. August 1942 – sei es, »alle deutschen Menschen politisch und weltanschaulich und kulturell zu führen und zu betreuen«. Die Übernahme staatlicher Aufgaben sei damit unvereinbar, da sonst die »Fühlung« zum Volk »zwangsläufig« nicht mehr gehalten werden könne. »Vom Führer selbst wurde daher wiederholt abgelehnt, daß politische Leiter gleichzeitig ein korrespondierendes Staatsamt innehaben.«[42]

Es gab also für Hitler eine Reihe von Gründen, die Einmischungen der

39 Siehe Kap. 2 und 3.
40 Siehe u. a. den Bericht der Gauleitung Westfalen-Nord für den Monat August 1940. Staatsarchiv Detmold L 113 A, Karton Nr. 1.
41 Siehe hierzu v. a. die Rede des Abteilungsleiters in der Parteikanzlei, Helmut Friedrichs, vor den Reichs- und Gauleitern am 18.4.1944 im Führerbau. Institut für Zeitgeschichte Fa 91/3 (Ich danke Herrn Prof. Mommsen, Bochum, für eine Kopie dieser Quelle). Siehe u. a. auch die »Merksätze« der Parteikanzlei für »Parteigenossen« vom 21.5.1943 (Anordnungen der Parteikanzlei, Bd. 4, 1. Teil 1943, S. 17, BA NSD 3/15), Anweisungen der Parteikanzlei vom 30.9.1943 (ebd., S. 12), und den Bericht des Trierer Kreisleiters über die »Propagandawelle« vom 3.12.1943, ins F. J. Heyen, Alltag im Nationalsozialismus. Boppard 1967, S. 309. Zu den NSDAP-»Selbstschutztruppe« siehe Kap. 7.
42 Rundschreiben des Leiters der Parteikanzlei an die Reichsleiter, Gau- und Kreisleiter vom 7.8.1942. Institut für Zeitgeschichte MA 127/1: Records of the National Socialist German Labor Party, S. 11324ff. (Für eine Kopie dieser Quelle danke ich Herrn Prof. Mommsen, Bochum). Die Einheit von Gau- und Reichsleitern sollte indes erhalten bleiben. Zur Planung des künftigen Verhältnisses von Staat und Partei siehe auch die Überlegungen des Gauleiters Weser-Ems, Paul Wegener, von 1943. Sogenannte »Röver«-Denkschrift, hrsg. vom The American Historical Association, American Committee For The Study of War Documents, Weinberg 1956. Dagegen Mayer, Grundlagen des nationalsozialistischen Rechtssystems, a. a. O., S. 201ff.

nachgeordneten Parteistellen in die Justiz, die er durch seine Reichstagsrede ausgelöst hatte, zu unterbinden. Vor den Gauleitern erklärte er dann am 23. Mai 1942 auch nachdrücklich, daß er trotz seiner Kritik an der Richterschaft keine Störung der Arbeit der Gerichte durch unbefugte Stellen wünsche[43]. Ein Rundschreiben der Parteikanzlei vom 27. August 1942 stellte zudem klar, daß Streitigkeiten zwischen Partei und Justiz ausschließlich in Verhandlungen zwischen der Parteikanzlei, der Reichskanzlei und dem Reichsjustizministerium geregelt werden sollten, keinesfalls aber durch Eingriffe der nachgeordneten Parteidienststellen[44]. Als dies – nicht zuletzt aufgrund der mangelhaften Weiterleitung von Anordnungen der Parteikanzlei und der Gauleitungen innerhalb der NSDAP[45] – nicht den erwünschten Erfolg brachte und die Kreisleitungen sich vielerorts weiterhin in Gerichtsverfahren einmischten, gab Hitler am 2. Dezember 1942 der Partei nochmals den Befehl, »unmittelbare Eingriffe in schwebende gerichtliche Verfahren in jedem Falle« zu unterlassen. Auch »jeder Versuch, eine gerichtliche Entscheidung durch Ausübung eines Druckes auf einen der Beteiligten außer Kraft zu setzen«, wurde nachdrücklich untersagt. Den Parteidienststellen billigte Hitler lediglich das Recht zu, bei der Parteikanzlei Beschwerde einzureichen, falls eine gerichtliche Entscheidung ungerecht erschien[46]. Damit waren die nachgeordneten Parteistellen auf die Befugnisse zurückverwiesen, die ihnen Heß 1935 gegenüber den Gerichten zugebilligt hatte.

Die von Hitler befohlene Disziplinierung der Partei deckte sich mit den Interessen der Gauleiter. Ihnen war zwar der Gedanke einer unabhängigen Justiz in der Regel ebenso fremd wie Hitler, aber auch ihnen konnte nicht daran gelegen sein, daß die nachgeordneten Parteistellen sich gegenüber der Justiz eigenmächtig Eingriffsrechte schufen. Verschiedentlich traten die Gauleiter deshalb im Sommer 1942 mit den Oberlandesgerichtspräsidenten in Kontakt und bemühten sich, die Justiz gegen

---

43 Siehe Domarus, a. a. O. Hinweise auf den Inhalt dieser Rede in den Aufzeichnungen über die Hamburger Richterversammlung am 16. 6. 1942. Archiv OLG Hamburg 3131 E 1c/4.

44 Rundschreiben der Parteikanzlei an die Reichsleiter, Gauleiter, Verbändeführer und Reichsbehörden vom 27. 8. 1942. BA R 22/4722. Herbert Klemm zeichnete das Rundschreiben für die Richtigkeit ab. Bezeichnend dessen letzter Satz: »Die Gauleiter bitte ich, auch die Kreisleiter zu unterrichten«, wobei Klemm »Kreisleiter« mehrfach dick unterstrich.

45 Siehe Gauverordnungsblatt der NSDAP, Gauleitung Düsseldorf, Ausgabe 1942, Folge I (ohne Datum), HSTAD RW 23/88, in dem gerügt wird, daß »Anordnungen der Parteikanzlei und der Gauleitungen den unterstellten Mitarbeitern nicht bekannt werden«, weil »sie auf dem Schreibtisch einiger weniger liegenbleiben und dann in irgendeinem Aktenstück verschwinden«.

46 Verfügung V24/42 vom 2. 12. 1942. BA NS 16/102.

die Einmischungsversuche der nachgeordneten Parteistellen zu schützen. Der badische Gauleiter Wagner zum Beispiel wies die Kreisleiter seines Gaues nach Gesprächen mit dem Karlsruher Oberlandesgerichtspräsidenten strikt an, sich jeden Eingriffs in Gerichtsverfahren zu enthalten und die Richter in ihrer Amtsführung nicht zu beeinflussen[47]. Eine ähnliche Verfügung gab die Düsseldorfer Gauleitung heraus. Sie untersagte den Kreisleitern strikt jeden »direkten Verkehr mit den Gerichten, Verwaltungsgerichten und Staatsanwaltschaften« und machte es ihnen zur Pflicht, nur über das Gaurechtsamt mit der Justiz Kontakt aufzunehmen[48]. Auch die Gauleiter in Hamm, Hamburg und Braunschweig stellten sich hinter die Justiz und bekundeten in öffentlichen Reden oder in Gesprächen mit den Oberlandesgerichtspräsidenten ihr uneingeschränktes Vertrauen in die Richter und die Rechtsprechung[49]. In der Richterschaft wurde dies als eindeutiges Zeichen für ein Ausklingen der »Justizkrise« verstanden.

Anlaß zu Optimismus gab der Richterschaft zudem die Entwicklung der Gerichtsberichterstattung der Presse seit Herbst 1942. Die zum Teil überaus aggressiven Berichte über »Fehlleistungen« der Gerichte verschwanden allmählich und machten objektiveren oder gar die Leistungen der Justiz herausstreichenden Meldungen Platz. Verantwortlich hierfür war der Reichsminister für Volksaufklärung und Propaganda Goebbels, der – wohl aufgrund der Beobachtungen des SD – bereits vor der Reichstagsrede Hitlers erkannt hatte, daß die regelmäßigen Berichte über das Versagen der Justiz »stimmungsmäßig« äußerst negative Folgen hatten[50]. Nachrichten über angeblich ungerechte Gerichtsurteile wirkten sich nicht nur auf das Vertrauen der Bevölkerung in die Richterschaft aus, sondern ließen auch die Stimmen immer lauter werden, die offen die Fähigkeit

47 Verfügung der Gauleitung Baden vom 8.7.1942, Nr. 25/42. BA R 22/3370. Danach durften die Kreisleiter sich zwar über Gerichtsdinge informieren, aber keinesfalls eigenmächtig Schritte unternehmen. Sie hatten stets den Kreisrechtsamtsleiter heranzuziehen. »Jeder Druck von seiten eines Kreisleiters auf das Gericht in einer Streitsache zugunsten einer Partei oder einer bestimmten Richtung zu entscheiden, ist zu vermeiden. Die Rechtsfindung ist Sache der dazu berufenen Gerichte.« Der Hamburger Gauleiter Kaufmann hatte schon im März 1942 eine ähnliche Verfügung erlassen. OLG-Präs. Hamburg vom 12.3.1942. BA R 22/3366.
48 Gauverordnungsblatt der Gauleitung Düsseldorf 1942, Folge I, betr.: »Beschwerden- und Gnadengesuche an die Justizbehörden und vorgeschriebener Dienstweg« (Sommer 1942). HSTAD RW 23/88.
49 OLG-Präs. Hamburg vom 11.5.1942. BA R 22/3366; GSTA Hamm vom 21.7.1942. BA R 22/3367; OLG-Präs. Braunschweig vom 30.11.1942. Ba R 22/3357.
50 Über die Kontakte zu Goebbels zur Verbesserung der Berichterstattung der Presse siehe Freisler auf der Besprechung mit den OLG-Präs. am 31.3.1942. Freisler berichtete, daß auf Initiative von Goebbels erwogen werde, die freie Gerichtsberichterstattung abzuschaffen und nur amtlich genehmigte Berichte veröffentlichen zu lassen. BA R 22/4162.

des NS-Staates bezweifelten, die Korruption zu bekämpfen und Verbrecher ihrer verdienten Strafe zuzuführen[51].

Goebbels schlug deshalb Thierack kurz nach dessen Amtseinführung vor, daß das Justizministerium alle 14 Tage »positive Urteile« zusammenstellen sollte, die das Propagandaministerium auf ihre propagandistische Wirkung prüfen und gegebenenfalls in allen Zeitungen des Reiches veröffentlichen würde[52]. Thierack griff dieses Angebot bereitwillig auf, zumal es nicht nur eine bessere Gerichtsberichterstattung garantierte, sondern zugleich auch die Möglichkeit bot, die »Abschreckungswirkung« der Urteile der Straf- und Sondergerichte wesentlich zu erhöhen. Ende 1942 offerierte Goebbels zudem, die Gerichte bei Verfahren gegen »Günstlinge der Gauleiter« propagandistisch zu unterstützen[53] – wohl um durch spektakuläre Nachrichten über Verurteilungen von hochgestellten Parteifunktionären den wachsenden Unmut der Bevölkerung über die »Bonzenwirtschaft« zu zerstreuen. Gerade die Meldungen über milde Urteile gegen Gewährsmänner der Partei, die in Unterschlagungen von Lebensmitteln und rationierten Bedarfsgütern verwickelt waren, hatten nämlich vielfach »offene Ablehnung« und unverblümt geäußerte Zweifel an der »Gerechtigkeit« des NS-Staates provoziert[54]. Ob die neue Politik des Propagandaministeriums die erhofften »stimmungsmäßigen« Erfolge brachte, muß dahingestellt bleiben. In der Richterschaft registrierte man das Abklingen der Attacken der Presse jedenfalls mit großer Genugtuung[55].

Ihre Hoffnungen konnten die Richter im August 1942 bestätigt sehen, als Hitler anstelle von Schlegelberger und Freisler den VGH-Präsidenten Thierack und den Hamburger Oberlandesgerichtspräsidenten Rothenberger an die Spitze des Reichsjustizministeriums berief. Ermutigend wirkte dieser Führungswechsel vor allem deshalb, weil Thierack im Ge-

---

51 Der SD wies schon zu Kriegsbeginn auf die negativen Wirkungen der Gerichtsberichte der Presse hin. Siehe z. B. SD vom 26. 2. 1940 und 18. 12. 1942, in: Boberach, Meldungen aus dem Reich, a. a. o., Bd. 3, S. 812 und Bd. 9, S. 3112 ff.

52 Siehe Thierack auf der Besprechung der OLG-Präs. am 29. 9. 1942 (BA R 22/4199) sowie die Notizen Thieracks über seine Unterredung mit Goebbels am 14. 9. 1942. BA R 22 Gr. 5/A 123 Heft 1.

53 Siehe die Notizen Thieracks über die Besprechung mit Ministerialrat Gast (Reichspropagandaministerium) am 18. 12. 1942. BA R 22/4062.

54 Allerdings ist festzuhalten, daß es in Einzelfällen auch zu harten Strafen gegen »Bonzen« kam. Das SG Aachen verkündigte am 16. 9. 1942 ein Todesurteil gegen einen Ortsgruppenleiter, den es der Untreue und verschiedener Kriegswirtschafts- und Sittlichkeitsverbrechen für schuldig befand. A. Klein, Die rheinische Justiz und der rechtsstaatliche Gedanke in Deutschland. Zur Geschichte des Oberlandesgerichts Köln und der Gerichtsbarkeit in seinem Bezirk, in: ders./Wolfram (Hrsg.), Recht und Rechtspflege in den Rheinlanden. Köln 1969, S. 113–264, hier S. 243.

55 Siehe die Protokolle der Richterbefragungen des Amtes für die Neuordnung der Gerichtsverfassung 1943/44. BA R 22/3314, 4443, 4195 und 3374.

gensatz zu Schlegelberger das Vertrauen des »Führers« zu besitzen schien. Hitler erteilte Thierack den Auftrag zum »Neuaufbau« einer »starken« nationalsozialistischen Rechtspflege und verpflichtete alle Staats- und Parteistellen, ihn dabei nach Kräften zu unterstützen. Über diesen – vermeintlichen – »Schulterschluß« zwischen Partei und Staat wurde in der überregionalen Presse ausführlich berichtet. Vielversprechend erschien auch, daß Hitler Thierack die Leitung der Akademie für Deutsches Recht und die Leitung des NSRB, der Rechtsorganisation der NSDAP, übertrug[56]. Das Reichsrechtsamt der NSDAP, das in den 30er Jahren immer wieder versucht hatte, sich in Rechtsfragen und in Personalentscheidungen der Justiz einzumischen[57], wurde aufgelöst. Im Gegensatz zu Schlegelberger schien Thierack in der Lage zu sein, die Belange der Justiz wirkungsvoll zu vertreten.

Besondere Erwartungen knüpften sich an den neuen Staatssekretär Rothenberger, der sowohl als Rechtswissenschaftler als auch als Richter allgemein hohes Ansehen genoß. Zudem hatte sich Rothenberger als Hamburger Oberlandesgerichtspräsident als entschlossener Verteidiger des »richterlichen Ehrenschutzes« gezeigt, indem er zum Beispiel alle in seinem Bezirk anlaufenden Kinofilme auf Szenen hatte prüfen lassen, die der richterlichen Würde abträglich sein könnten[58]. Die Richter des Dortmunder Landgerichts empfanden die Ablösung des ungeliebten Schlegelberger nicht zuletzt deshalb gar als »Befreiung von einem Alpdruck«[59]. Auch der Düsseldorfer Oberlandesgerichtspräsident Schwister war so optimistisch, schon die »Überwindung« der »Justizkrise« greifbar vor sich zu sehen[60].

In der Tat war gerade Rothenberger ein durchaus glaubwürdiger Hoffnungsträger. Er war schon seit Ende der 30er Jahre für eine »große nationalsozialistische Justizreform« eingetreten, und nachdem entsprechende Pläne unter Schlegelberger und Freisler nicht über erste zaghafte Ansätze hinausgekommen waren[61], hatte er Lammers im März 1942 eine Denk-

56 Erlaß über besondere Vollmachten des Reichsministers der Justiz vom 20.8.1942. RGBl. 1942/I, S. 535.
57 Siehe Kap. 3.
58 Siehe z. B. den Brief Rothenbergers an Gürtner mit der Bitte um mehr richterlichen Ehrenschutz vom 28.1.1939. BA R 22/3366; siehe auch Johe, Die gleichgeschaltete Justiz, a. a. O. Zu den Reaktionen auf die Ernennung Rothenbergers siehe u. a. OLG-Präs. Karlsruhe vom 25.8.1942. BA R 22/3370; OLG-Präs. Braunschweig vom 30.11.1942. BA R 22/3357; OLG-Präs. Hamm vom 28.11.1942. BA R 22/3367; OLG-Präs. Breslau vom 30.11.1942. BA R 22/3355, OLG-Präs. Hamburg vom 3.12.1942. BA R 22/3366.
59 Zit. nach dem Brief des Dortmunder LG-Präs. Koch vom 28.10.1942. BA R 22/3367.
60 OLG-Präs. Düsseldorf vom 2.9.1942. BA R 22/3363.
61 Schlegelberger und Freisler hatten eine kleine Reformkommission zur Neugestaltung der Gerichtsverfassung gebildet, wohl aber nicht die notwendige politische Unterstützung gefunden. Siehe Freisler auf der Besprechung am 23./24.4.1941. BA R 22/245.

schrift zugeleitet, in der er zum einen eine tiefe »Justizkrise« diagnostiziert und zum anderen ein weitreichendes Reformprogramm eingefordert hatte.

Mit spürbarer Enttäuschung und unverkennbarer Resignation konstatierte Rothenberger in dieser Denkschrift, daß es »der Justiz und dem deutschen Richter bisher nicht gelungen« sei, das »Vertrauen des Führers zu erwerben«[62]. Die »Minderbewertung des Richters in Presse, Rundfunk, Film«, die Urteilskorrekturen der Polizei und »die mangelnde Autorität des Richterspruchs« seien beredte Zeichen dafür, daß sich die »heutige Justiz [...] auf niemand stützen« könne. Hitlers Reichstagsrede sollte dies wenig später unzweideutig bestätigen.

Trotz dieser Diagnose hielt Rothenberger unbeirrt und mit ungebrochenem berufsständischem Dünkel daran fest, daß »der Richter [...] immer einer der größten Kulturträger der Menschheit« gewesen sei und auch der »nationalsozialistische Führerstaat« ohne eine mächtige Richterschaft nicht überleben könne. Alle politischen Leiter des NS-Staates – ob »der Landrat oder der Beamte der Geheimen Staatspolizei« – bedürften des autoritären Gegengewichts des unabhängigen Richters, denn nur vom unabhängigen Richter erwarte das Volk Gerechtigkeit und nur er könne »Korruption, Machthunger, persönliche und egoistische Interessen« zügeln.

Zur Überwindung der »Justizkrise« schlug Rothenberger eine umfassende Reform der Stellung des Richters, der Richterausbildung, der Gerichtsverfassung und des Gerichtsverfahrens vor. Dabei solle insbesondere mit Nachdruck herausgestellt werden, daß sich die Rechtsprechungsbefugnis des Richters unmittelbar vom »Führer« ableite und der Richter als dessen unmittelbarer »Lehensmann« stellvertretend für diesen handele. Deshalb müsse das Ideal des weisungsfreien, durch eine »elastische Gesetzgebung« mit großer Macht ausgestatteten und zudem materiell herausragend versorgten Einzelrichters verwirklicht werden. Von unbedeutenden zivil- und strafrechtlichen Verfahren und Verwaltungspflichten müsse die Richterschaft u. a. durch die Übertragung dieser Aufgaben auf andere Ressorts oder auf gewählte »Volksrichter« befreit

Zur Reaktion der Richter auf diese Reformpläne der OLG-Präs. Hamburg vom 5. 1. 1942:. »Die Tatsache, daß das Reichsjustizministerium eine Kleine Kommission gebildet hat, um eine grundsätzliche Justizreform vorzubereiten, war mit großer Erleichterung und Freude begrüßt worden. Um so größer ist die Enttäuschung darüber, daß die Arbeit nicht so schnell fortgesetzt werden konnte, wie erwartet worden war.« BA R 22/3366.

62 Zit. nach »Gedanken über eine nationalsozialistische Justizreform« (»2. Fassung«; Hervorhebung im Original). BA R 22/4722. Siehe auch Wagner, Die Umgestaltung der Gerichtsverfassung, a. a. O., S. 348 ff., allerdings unter weitgehender Auslassung der für die Richterschaft positiven Aspekte der Denkschrift.

werden. Zudem sei es unumgänglich, durch eine radikale Verkleinerung der Richterzahl – etwa auf 8000 Mann – und durch eine Verschärfung der Auswahlkritierien für den richterlichen Nachwuchs eine »ideenmäßig« und charakterlich gefestigte Richterelite zu schaffen. Dies diene auch dem gesellschaftlichen Ansehen der Richter, denn je kleiner das Richterkorps sei, desto herausgehobener sei es, und desto mehr Achtung werde ihm entgegengebracht.

Diese Gedanken bündelten in vielen Punkten elitäre standespolitische Vorstellungen, wie sie von den Richterverbänden der Weimarer Republik propagiert worden waren[63]. Gleichwohl fand sie Hitler, dem die Denkschrift Rothenbergers nach dem 26. April 1942 zugeleitet wurde, »beachtlich« und griff sie nahezu mit Begeisterung auf, da sie ein brauchbares Konzept zu bieten schienen, die Richter als »unmittelbare Lehensmänner« noch stärker an den »Führer« zu binden und zugleich die Übergriffe der Parteistellen als »unnationalsozialistisch« zu brandmarken und zu stoppen[64].

Um die eigentlichen Inhalte der Justizreform kümmerte sich Hitler hingegen offensichtlich kaum. Ohnehin mangelte es ihm an juristischem Sachverstand, und zudem war seine Arbeitskraft durch militärische Probleme an der Ostfront völlig in Anspruch genommen. Die Erarbeitung von konkreten Plänen überließ er dem neuen Reichsjustizminister und dessen Staatssekretär. Als Thierack und Rothenberger in der Begleitung von Lammers am 20. August 1942 ihren Antrittsbesuch im Führerhauptquartier machten, referierte Hitler in einem langen Monolog die zentralen Passagen aus Rothenbergers Denkschrift über die kultur- und staatstragende Rolle der Richter und ihre große Zukunft im Nationalsozialismus. Sein plötzliches Interesse an einer Reform der Justiz begründete er dabei damit, daß er »selber mit der Justiz viel zu tun gehabt« habe, weil er »manches« habe »absitzen« müssen. Ein in die Tiefe gehendes Gespräch kam nicht zustande. Allem Anschein nach war Hitler auch nicht gegenwärtig, daß ihm mit Rothenberger der Urheber seiner justizpolitischen Ausführungen gegenüber saß[65].

Thierack und Rothenberger entnahmen dieser Zusammenkunft jedenfalls, daß Hitler ihre Reformpläne billigte, worauf Rothenberger die »erste(n) Grundgedanken über den Aufbau einer nationalsozialistischen Rechtspflege« in der »Deutschen Justiz« am 4. September 1942 publik machte. Diesen »Grundgedanken« konnten die Richter entnehmen, daß »der Führer selbst [...] fundamental und eindeutig erklärt« habe, daß zur »Erfüllung der Aufgaben des Großdeutschen Reiches [...] eine starke

63 Siehe Kap. 1.
64 Kolbe, a. a. O., S. 362 f.
65 BA R 22/4720.

Rechtspflege erforderlich« sei[66]. Zudem schilderte Rothenberger ausführlich »das Recht und damit die Richter« als »tragende Säule des Großdeutschen Reiches« und als einen »der größten Kulturträger der Menschheit« von »wahrhaft sakrale(r) Mission«. Selbst 1933, als Frank die Verwirklichung des »Richterkönigtums« versprochen hatte, waren nicht solch pathetische Töne angeschlagen worden.

Wichtiger dürften für die Richter allerdings die politischen Signale gewesen sein, die Rothenbergers Artikel enthielt. In überaus deutlicher Anspielung auf die Angriffe der NSDAP und der SS gegen die Justiz vertrat Rothenberger in den »Grundgedanken« die bereits in seiner Denkschrift entwickelte Auffassung, daß Partei und Polizei des »Gegengewichts einer starken Richterpersönlichkeit« bedürften, damit »Korruption, persönliche, egoistische Interessen, Eitelkeit und Machthunger« unterbunden werden könnten, und definierte den Richter als unmittelbaren »Lehensmann« des »Führers«. Aufgrund dieser Stellung sei der Richter befugt, weisungsfrei und »wie der Führer« rechtsgestaltend und rechtsschöpferisch zu richten. Jede »private, parteiamtliche oder staatliche Stelle« sei verpflichtet, sich »jeglicher Einmischung oder Beeinflussung auf den Richter zu enthalten«.

Auch in den übrigen Teilen der »Grundgedanken« hielt sich Rothenberger eng an seine Denkschrift. Zur Lösung der »Justizkrise« schlug er ein mehrschichtiges Programm vor, das u. a. die Erarbeitung eines NS-Strafrechts und eines das BGB ersetzenden »Volksgesetzbuchs« umfaßte. Da »auch die besten nationalsozialistischen Gesetze [...] ohne eine starke souveräne nationalsozialistische Richterpersönlichkeit« unnütz seien, stellte er dabei die »Personenfrage«, die Sicherung der richterlichen Autorität und die »Erziehung« eines »herausragenden« Richternachwuchses in den Mittelpunkt. Auch forderte er erneut mit Nachdruck die Erhöhung der richterlichen Bezüge und eine – allerdings nur langfristig zu verwirklichende – drastische Reduzierung der Zahl der Richter und der gerichtlichen Instanzen.

Rothenberger verbarg nicht, daß die Realisierung der »großen nationalsozialistischen Justizreform« Probleme aufwerfen und lange Zeit in Anspruch nehmen würde. Dennoch war unverkennbar, daß er die Zukunft der Justiz nach der Unterredung mit Hitler weit optimistischer einschätzte als im März 1942. Von den Richtern konnten seine Ausführungen nur als Bestätigung ihrer Hoffnungen verstanden werden, zumal die Oberlandesgerichtspräsidenten Ende September von einer Besprechung im Reichsjustizministerium mit der Nachricht zurückkehrten, daß die

---

66 C. Rothenberger, Die ersten Gedanken über den Aufbau einer nationalsozialistischen Rechtspflege, in: DJ 1942, S. 565–568. Ähnlich Thierack/ders., Gedanken zum Neuaufbau der deutschen Rechtspflege, in: ebd., S. 661–664.

Planungen für die Justizreform schon im Gange seien und bis zum Kriegsende abgeschlossen sein würden[67].

Die »Große Justizreform« wurde in der Tat unmittelbar nach der Veröffentlichung der »Grundgedanken« in Angriff genommen. Dabei konzentrierte man sich zunächst auf ein »Sofortprogramm«, durch das die angeschlagene Autorität der Justiz wiederhergestellt werden sollte[68]. Im Rahmen dieses Programms wurde u. a. die Zusammenarbeit zwischen den Justizpressestellen und den Zeitungen intensiviert und eine Verfügung herausgegeben, nach der die Richter aufgrund ihrer besonderen Stellung als »Lehensmänner des Führers« im Amtsverkehr nicht mehr als »Beamte«, sondern nur noch als »Richter« angesprochen werden sollten[69]. Daneben wurden das »Zukunftsprogramm« eingeleitet, das vor allem dem »Volksgesetzbuch«, einem NS-Strafrecht, einem neuen Richterdienststrafrecht sowie einer neuen Gerichtsverfassung galt[70].

Zur Verwirklichung dieses ehrgeizigen Vorhabens wurden Ende Dezember 1942 im Reichsjustizministerium drei neue Planungsabteilungen eingerichtet[71]. Wesentlich für die Richterschaft war dabei, daß eines dieser Ämter, das Amt für die Neuordnung der Gerichtsverfassung, sich nicht mit Referentenentwürfen, Denkschriften u. ä. begnügte, sondern auch den direkten Kontakt zu den Richtern suchte. Von Beginn des Jahres 1943 bis zum völligen Zusammenbruch der Verkehrswege Anfang 1945 bereisten Mitarbeiter dieses Amtes die Gerichtsbezirke und befragten die Richter – vom Chefpräsidenten bis zum Amtsrichter – nach ihrer Einschätzung der Situation der Justiz und nach ihren Wünschen für die Zukunft. Die Richter waren dabei vom Reichsjustizministerium nachdrücklich gehalten, sich freimütig zu äußern und sich mit Kritik an Mißständen nicht zurückzuhalten, damit die Beamten auf ihren Reisen ein unver-

67 Siehe die Ausführungen zur Justizreform auf der Besprechung der OLG-Präs. am 29. 9. 1942. BA R 22/4199.

68 Siehe Rothenberger ebd. sowie auf einer Vorbesprechung am 29. 9. 1942. BA R 22/4199.

69 Rundschreiben des Reichsjustizministeriums vom 13. 10. 1942. Archiv OLG Köln, Allgemeine beamtenrechtliche Bestimmungen Bd. 1.

70 Der Inhalt der Arbeiten zu diesen Punkten soll hier nicht verfolgt werden. Zentrale Entwürfe der Planungsabteilungen zur Gerichtsverfassung und zur richterlichen Unabhängigkeit u. a., in: BA R 22/4195, 3314, 4443, 239, 4495, 3764, 204. Siehe u. a. auch Majer, Fremdvölkische, a. a. O.; Wagner, Umgestaltung der Gerichtsverfassung, a. a. O.

71 Siehe die Notiz über die Einrichtung des Amtes »Richter und Rechtspflege« am 23. 12. 1942 in: DJ 1943, S. 15. Erste Entwürfe zum »Zukunftsprogramm« lagen schon im Herbst 1942 vor. Siehe den Entwurf zum »Richterdienststrafrecht« von Ministerialrat Dr. Wittland. BA R 22/4495. Siehe auch Majer, Fremdvölkische, a. a. O., S. 591 Anm. 118.

fälschtes Meinungsbild gewönnen[72]. Zudem erhielten die Oberlandes- und Landgerichtspräsidenten die Gelegenheit, ihre Erwartungen in Form von Denkschriften zu formulieren und diese beim Reichsjustizministerium einzureichen[73].

Wichtiger als das »Zukunftsprogramm« war jedoch aufgrund des großen Vertrauens- und Prestigeverlustes der Justiz im Sommer 1942 für die Richterschaft zunächst die Wiederherstellung ihrer Autorität gegenüber Behörden, Partei und Öffentlichkeit. Das hierfür gedachte »Sofortprogramm« schien durchaus Chancen auf Erfolg zu haben, zumal es durch Goebbels und die eindeutigen Stellungnahmen Hitlers, Bormanns und verschiedener Gauleiter unterstützt wurde. Es bahnte sich ein – allerdings sehr labiler – »Burgfriede« zwischen dem Reichsjustizministerium und der Partei an. Thierack bereiste 1942/43 die Gaue des Reiches, um das persönliche Gespräch mit den Gauleitern zu suchen[74]. In diesen Gesprächen bemühte er sich, die Konflikte mit der Partei auszuräumen und die Unterstützung der Gauleiter für den Aufbau einer neuen nationalsozialistischen Justiz zu sichern. Im Gegenzug sagte er den Gauleitern zu, ihre Anregungen bei der Planung der Justizreform zu berücksichtigen, und erfüllte ihnen zudem personalpolitische Wünsche, indem er einige der Partei unliebsame Richter in den vorzeitigen Ruhestand versetzte[75]. Bei der Neubesetzung von verschiedenen Oberlandesgerichtspräsidentenstellen, die 1943 aus Altersgründen frei wurden, achtete Thierack außerdem darauf, daß die neuen Präsidenten nicht nur entschiedene Befürworter einer harten Kriegsrechtsprechung, sondern auch bewährte PGs bzw. Mitglieder der SS waren, die die Gauleiter akzeptieren konnten[76].

72 Siehe die Anweisungen des Reichsjustizministers zur Durchführung der Befragungen von Richtern. BA R 22/4195.
73 Verschiedene Denkschriften der OLG-Präs. zur Justizreform von 1944 in: BA R 22/239; siehe auch Archiv OLG Düsseldorf AZ 3200-28.
74 Siehe Schreiben Thieracks an die Gauleitung Halle-Merseburg vom 31.10.1942. BA R 22/4720. Zum Besuch Thieracks im OLG-Bezirk Köln im Februar 1943 der »Soldatenbrief« Nr. 2 des NSRB Gau Köln/Aachen vom April 1943. HSTAD-Kalkum Rep. 28/204.
75 Siehe Kap. 4. Hier nur noch einmal am Beispiel des OLG Köln der Hinweis, daß Thierack keineswegs der Partei eine Art »Personaloberhoheit« einräumte. Im OLG-Bezirk Köln erfüllte er Gauleiter Grohé den Wunsch nach Ablösung des Aachener LG-Präs. Hermanns. Hermanns war praktizierender Katholik und hatte ein Todesurteil des SG Aachen gegen einen Ortsgruppenleiter gedeckt. Die Ablösung des Kölner OLG-Präs. Bergmann, die Grohé ebenfalls verlangte, erfolgte erst am 30.6.1943 – vermutlich aus Altersgründen – auf dessen eigenen Antrag. Auch GSTA Windhausen wurde abgelöst, obwohl sich Grohé mit ihm sehr zufrieden zeigte. Die Beförderung des Kölner LG-Präs. Müller, die Grohé forderte, erfolgte nicht.
76 Zu nennen ist hier z. B. der Hammer GSTA Semler, der Ende 1942 – zur Bestürzung der Richterschaft – den Posten des OLG-Präs. übernahm. Semler war wie auch die Parteistellen der Auffassung, daß die Spannungen zwischen der NSDAP und der Justiz letztlich nur durch Entlassung »politisch unzuverlässiger« Richter zu beseitigen seien.

Letzlich konnte Thierack damit die grundsätzlichen Spannungen zwischen Justiz und NSDAP nicht beseitigen. Konflikte und Irritationen traten weiterhin auf[77], aber die Lage verbesserte sich doch spürbar. Die Oberlandesgerichtspräsidenten beurteilten die Beziehungen zu den Parteistellen 1943/44 weit positiver als 1942 und berichteten verschiedentlich sogar von einer reibungslosen Zusammenarbeit mit den Gauleitungen[78]. Im Oberlandesgerichtsbezirk Jena gedieh das Einvernehmen zwischen Justiz und NSDAP sogar soweit, daß PGs, die sich öffentlich abfällig über die Richterschaft äußerten, vor ein Parteigericht gestellt wurden[79]. In anderen Bezirken wurden Richter und Staatsanwälte zu Schulungsveranstaltungen der NSDAP geladen, um ihre Arbeit zu erläutern und verständlich zu machen[80].

Von seiten der SS wurde das »Sofortprogramm« offenbar nicht unterstützt, obwohl Himmler durchaus Interesse an den Planungen des Reichsjustizministeriums bekundete. So fand die Absicht Thieracks, nach dem Krieg der »Rechtsprechung durch das Volk« eine größere Bedeutung einzuräumen und in kleineren Gemeinden gewisse gerichtliche Aufgaben Laienrichtern zu übertragen, Himmlers uneingeschränkte Zustimmung, da er die Möglichkeit sah, hier Gewährsleute der SS zu plazieren. Himmler schlug Thierack vor, ehemalige Frontsoldaten als »Dorf- und Stadtrichter« einzusetzen und »altgermanische« Rechtstraditionen wiederaufleben zu lassen[81]. Hilfe erfuhr Thierack von Himmler jedoch nicht. Die SS setzte vielmehr die Okkupation gerichtlicher Kompetenzen unvermindert fort.

Wie man in der Richterschaft nach dem Beginn der »Großen Justizre-

77 Siehe KG-Präs. Berlin zur Entbindung zweier Richter von ihren Aufgaben am Gaugericht der NSDAP vom 30.11.1942. BA R 22/3356; OLG-Präs. Braunschweig vom 31.7.1943. BA R 22/3357; OLG-Präs. Hamm vom 28.11.1942. BA R 22/3367; OLG-Präs. Karlsruhe vom 30.5.1944. BA R 22/3370; OLG-Präs. Darmstadt vom 1.8.1944, BA R 22/3361; OLG-Präs. Köln vom 30.7.1943. BA R 22/3374. Danach waren weiterhin hauptsächlich Eingriffe in Mietsachen Gegenstand der Konflikte zwischen Partei und Justiz.
78 Siehe u.a. OLG-Präs. vom 30.11.1942, BA R 22/3357; OLG-Präs. Breslau vom 1.8.1944. BA R 22/3358; OLG-Präs. Hamm vom 25.7.1944. BA R 22/3367, sowie die Aufzeichnungen des Amtes für die »Neuordnung der Gerichtsverfassung«. BA R 22/3314 und 4443.
79 Bericht des Amtes für die »Neuordnung der Gerichtsverfassung« über den Oberlandesgerichtsbezirk Jena vom 31.1. bis 6.2.1944. BA R 22/3314.
80 Siehe das Protokoll des Reichsjustizministeriums über die Besprechung mit den Behördenchefs am 3./4.2.1944. HSTAD-Kalkum Rep. 86/1395, sowie OLG-Präs. Hamm vom 31.8.1943. BA R 22/3367.
81 Siehe die Notizen Thieracks über seine Besprechung mit Himmler am 18.9.1942, Punkt 3 »Rechtsprechung durch das Volk«, in: Jacobsen/Jochmann, a.a.O., H – Dokument – 18.IX.1942, sowie den Brief des SS-Obersturmbannführers Bender an das Reichsjustizministerium (2. Hälfte 1943) zum Thema »Volksrichter«. BA R 22/3314.

form« die Lage beurteilte und welche Erwartungen man für die Zukunft hatte, spiegelte sich in den Befragungen des Amtes für die »Neuordnung der Gerichtsverfassung« in den Jahren 1943 bis 1945. Diesen Befragungen zufolge waren die Richter zwar nach wie vor besorgt über die unzureichende Macht und Autorität der Justiz gegenüber der NSDAP und der staatlichen Verwaltung[82]. Hier wünschte man sich Verbesserungen. Das Hauptinteresse galt indes nicht solchen Fragen, sondern der angekündigten Verbesserung des gesellschaftlichen und finanziellen Status der Richterschaft. In den meisten Gerichtsbezirken, die von den Beamten des Reichsjustizministeriums bereist wurden, beschäftigte man sich fast ausschließlich mit diesen Punkten. Die Vorschläge, die die Richter dazu machten, ähnelten den Forderungen, die die Richterverbände in den 20er Jahren zur Beendigung der »Richternot« erhoben hatten. Sie verlangten insbesondere eine allgemeine rechtliche Besserstellung gegenüber anderen Beamten und eine deutliche Aufstockung der richterlichen Bezüge. Zudem spielten Fragen des richterlichen Prestiges und der richterlichen Ehre eine herausragende Rolle.

Ein Grund hierfür war zweifellos, daß das richterliche Standesbewußtsein durch die Reichstagsrede vom 26. April 1942 gelitten hatte, und man nun jede Möglichkeit, der Justiz in der Öffentlichkeit wieder Respekt zu verschaffen, begierig aufgriff. Das überaus große Interesse an standespolitischen Fragen war zudem sicherlich auch Ausdruck des schon seit dem 19. Jahrhundert schwelenden, aus dem Gefühl ungenügender Achtung geborenen Wunsches, endlich als staatliche und gesellschaftliche Elite gewürdigt zu werden[83]. Kennzeichnend für dieses Bedürfnis ist, daß man sich mit großer Ernsthaftigkeit u. a. auch mit der Frage beschäftigte, was der richterlichen Dignität angemessen sei. So gingen Anfang der 40er Jahre beim Reichsjustizministerium Anfragen ein, in denen mit Nachdruck blauer Stoff für Justizuniformen gefordert wurde, mit denen man sich auf Empfängen und Paraden neben den Uniformträgern von Partei und Wehrmacht ein würdiges Äußeres verschaffen wollte. Am Oberlandesgericht Köln diskutierte man 1941/42 zudem mit großer Intensität und bis an den Rand von Handgreiflichkeiten darüber, ob ein Richter, von dem nach den Regeln der studentischen Corps »Satisfaction« mit dem Säbel verlangt wurde, dies verweigern könne, ohne an seiner Ehre Schaden zu nehmen[84].

Auch in den Befragungen des Amtes für die Neuordnung der Gerichts-

---

82 Das Folgende nach den Protokollen und Reiseberichten des Amtes für die »Neuordnung der Gerichtsverfassung«. BA R 22/3314, 4443, 4195, 3374.
83 Siehe Kap. 1.
84 Personalakten des Kölner Senatspräsidenten H., Archiv OLG Köln. Hitler hatte durch einen Erlaß vom 20. 2. 1940 verlangt, Ehrenhändel ausschließlich von den Ehrengerichten des NSRB zu regeln.

verfassung forderten viele Richter die Einführung einer Uniform, die die besondere Stellung der Richterschaft unterstreichen sollte. Andere lehnten eben dies entschieden ab, weil allein der traditionelle Talar eine würdige Bekleidung für den Richter sei. In einigen Gerichtsbezirken plädierte man zudem für eine zunftmäßige Zusammenfassung in einem »Richterkorps«, das die Standesinteressen der Richter vertreten und ihnen und ihren Familien ein adäquates gesellschaftliches Umfeld bieten sollte. Nach den Wünschen der Bamberger Richter sollten nur Referendare, die sich fachlich, menschlich und »haltungsmäßig« als einwandfrei gezeigt und die Zustimmung der Richterschaft gefunden hatten, in das »Richterkorps« aufgenommen werden und ihren Dienst als »Fahnenjunker« der Justiz beginnen dürfen. Außerdem wurde verschiedentlich der Wunsch nach neuen Amtsbezeichnungen geäußert. Da die Titel »Rat« oder »Direktor« auch von anderen Beamten getragen, mithin also der Einzigartigkeit der Richterschaft nicht gerecht würden, schlug man die Bezeichnungen »Graf«, »Gaugraf« oder »Vogt« vor – mittelalterliche Begriffe, hinter denen sich ganz offensichtlich das Ideal des über Leib und Leben herrschenden »Richterkönigs« verbarg.

Hinsichtlich der »Justizkrise« zeigten sich die Richter im großen und ganzen kaum mehr besorgt. In allen von den Beamten des Reichsjustizministeriums bereisten Gerichtsbezirken war man sich vielmehr darüber einig, daß diese Krise »von außen« in die Justiz hineingetragen und von politischen Stellen und von der Presse »künstlich« hervorgerufen worden sei. In der Arbeit der Justiz sah man keinen Grund zu Beanstandungen. Das Verhältnis zwischen der Richterschaft und der Bevölkerung wurde nach der Krise im Sommer 1942 allgemein als gut und vertrauensvoll bezeichnet. Auch die Übergriffe von SS und Polizei wurden kaum noch thematisiert, obwohl verschiedene Oberlandesgerichtspräsidenten in den ersten Kriegsjahren mehrfach berichtet hatten, daß die »Urteilskorrekturen« in der Richterschaft als untragbare Verletzungen der gerichtlichen Autorität betrachtet würden. In den wenigen Fällen, in denen das Verhalten der SS überhaupt zur Sprache kam, zeigten sich die Richter überzeugt, daß die Kompetenzüberschreitungen der SS kriegsbedingt seien und nach Ende des Krieges nicht mehr auftreten würden.

Auch zu der neuen Gerichtsverfassung, die im Zuge der »Großen Justizreform« erarbeitet werden sollte, nahmen die Richter kaum Stellung, obgleich doch gerade sie im Hinblick auf die richterliche Unabhängigkeit und die richterlichen Kompetenzen grundlegend war. Lediglich in den Oberlandesgerichtsbezirken Breslau und Jena wurde dieses Thema angesprochen. Hier äußerte man die Auffassung, daß die Sondergerichte dem Ansehen der Justiz schwer geschadet hätten, weshalb diese nach dem Kriege »schnellstens« aufgelöst und die Kompetenzfülle der ordentlichen Gerichte wiederhergestellt werden müßte. Wie in anderen Punkten gab man sich auch hier der Erwartung hin, daß nach Kriegsende eine umfassende »Normalisierung« im Rahmen eines autoritär-»rechtsstaatlichen« Führerstaates eintreten würde.

Die Fortschritte, die bei der Erarbeitung des »Zukunftsprogramms« der »Großen Justizreform« gemacht wurden, rechtfertigten die Hoffnungen der Richter allerdings keineswegs. Obwohl bereits im Herbst 1942 erste Entwürfe zu einer neuen Regelung der Dienststrafgerichtsbarkeit und zu anderen Punkten fertiggestellt waren[85], kam die Arbeit doch nur schleppend voran. Es war schon bald nicht mehr zu verkennen, daß die Justizreform eine äußerst komplexe und zudem mit den Gegebenheiten des NS-Regimes nicht zu vereinbarende Aufgabe darstellte, die insbesondere angesichts der sich für Deutschland mehr und mehr verschlechternden Kriegslage allein mit der Begeisterung für ein verschwommenes »Richterkönig«-Ideal nicht zu bewältigen war.

Rothenberger hatte bereits im Sommer 1943 viel von seiner Zuversicht eingebüßt. In einer Arbeitsbesprechung des Amtes für die »Neuordnung der Gerichtsverfassung« am 23. Juni 1943 meinte er zwar noch, daß »jeden Tag der Zeitpunkt« kommen könne, »an dem es geboten sei«, dem »Führer« den Entwurf für ein neues »Richtergesetz« vorzulegen. Dennoch kam er nicht umhin einzugestehen, daß die Diskrepanz zwischen »Realität« und »Zukunft« der Justiz überaus groß sei und die Arbeiten an der Justizreform allen Beteiligten »großen Idealismus« abverlangten[86]. Ende 1943 gab Rothenberger, wohl entnervt durch Meinungsverschiedenheiten mit Thierack und die mangelnde Unterstützung seiner weitreichenden Reformpläne, sein Amt als Staatssekretär auf. Die Arbeiten in den Planungsabteilungen des Reichsjustizministeriums liefen danach zwar weiter, dennoch war der Rücktritt Rothenbergers für viele Richter ein deutliches Signal dafür, daß die erhoffte Aufwertung der Richterschaft zumindest noch geraume Zeit auf sich warten lassen würde. Vereinzelt waren schon im Spätsommer 1943 Stimmen laut geworden, die offen am Gelingen der »Großen Justizreform« zweifelten[87]. Diese Zweifel wurden durch die Ablösung Rothenbergers und vor allem durch die rapide Verschlechterung der militärischen Lage verstärkt. Die Diskrepanz zwischen der Realität und den Zukunftsversprechungen war immer weniger zu übersehen. Die Städte waren zerbombt, die SS richtete »Plünderer« und »Defaitisten« nach eigenem Ermessen, und auch die Parteistellen fühlten sich nicht mehr an den »Burgfrieden« von 1942 gebunden. Die 1942/43 nur mühsam gezügelten Kreisleiter, denen im Zuge der Organisa-

---

85 Siehe Anm. 70 und 71.
86 BA R 22/239.
87 Siehe u. a. OLG-Präs. Braunschweig vom 31. 7. 1943 und 31. 5. 1944. BA R 22/3357;
OLG-Präs. Hamburg vom 12. 4. 1944. BA R 22/3366.

tion des »Volkssturms« mit der Überwachung von Schanz- und Befestigungsarbeiten neue »kriegswichtige« Aufgaben zugefallen waren, zeigten sich äußerst selbstbewußt und machten es, wie der Oberlandesgerichtspräsident in Karlsruhe am 2. Januar 1945 resignierend berichtete, zu ihrer »beliebten Gewohnheit und offen vertretenen Anschauung«, die Gerichte auszuschalten und zu umgehen. So konnten zum Beispiel straffällig gewordene Kreisleiter von der Justiz nicht mehr zur Rechenschaft gezogen werden. Es war ihnen, geschützt durch ihre neuen »kriegswichtigen« Aufgaben, möglich, die gegen sie erhobenen Anklagen zu mißachten und nicht vor Gericht zu erscheinen[88].

Erschwerend kam hinzu, daß die Arbeitsbelastung von den noch den Gerichten verbliebenen Richtern kaum mehr zu bewältigen war[89]. 1944 waren in manchen Gerichtsbezirken bis zu 70 % des Justizpersonals zur Wehrmacht eingezogen. Die Zurückgebliebenen rekrutierten sich zumeist aus älteren oder gesundheitlich schwachen Richtern oder jungen unerfahrenen Referendaren[90]. Obwohl die Zivilrechtspflege im Mai 1943 fast vollständig eingestellt wurde[91], kleinere Gerichte zusammengelegt[92] und für die Strafrechtsprechung eine Vielzahl von »Vereinfachungsverordnungen« erlassen wurde, war die Personalnot so erdrückend, daß man zumindest in der freiwilligen Gerichtsbarkeit entgegen der NS-Ideologie und entgegen der Tatsache, daß man nach 1933 sämtliche Frauen aus der Rechtsprechung verbannt hatte, Richterinnen einsetzte, um Entlastung zu schaffen[93].

Dennoch war es die Regel, daß Richter Aufgaben übernehmen mußten, für die sie nicht ausgebildet waren. Im Oberlandesgerichtsbezirk Köln beispielsweise fungierten Amtsrichter aus der Ziviljustiz ohne jeden Beisitzenden als Vorsitzende der Sondergerichte. Anderenorts wurden die Verhandlungen von Kräften geführt, die bereits pensioniert gewesen

88 OLG-Präs. Karlsruhe vom 2.1.1945. BA R 22/3370.
89 Siehe u. a. OLG-Präs. Düsseldorf vom 29.11.1944. BA R 22/3363; OLG-Präs. Hamburg vom 12.4.1944. BA R 22/3366, sowie den Bericht des Amtes für die »Neuordnung der Gerichtsverfassung« über die Bereisung des OLG-Bezirks Köln Oktober/November 1944. BA R 22/5017.
90 Siehe die Verfügung des Reichsjustizministeriums vom 4.7.1942 betr. »Betrauung von Referendaren mit Geschäften des Richters, Staatsanwalts und Rechtsanwalts«, in: DJ 1942, S. 454. Danach konnten Referendare sogar in Strafsachen die Führung der Hauptverhandlung übernehmen.
91 Nach § 1 der Kriegsmaßnahmen-VO vom 12.5.1943. Lediglich »kriegswichtige« Fälle wie Scheidungen von »Kriegerehen« sollten noch erledigt werden. Siehe u. a. den Richterbrief vom 1.12.1944, in: Boberach, Richterbriefe. a. a. O., S. 376ff.
92 Siehe die verschiedenen Anordnungen des Reichsjustizministeriums zur Vereinfachung der Gerichtsorganisation in: Archiv OLG Düsseldorf 3200–28.
93 Siehe Rundverfügung des Reichsjustizministeriums vom 16.1.1942 betr. »Frauen im richterlichen Dienst«. Archiv OLG Köln, Handakten Hamacher, Allgemeine beamtenrechtliche Bestimmungen. Vor 1933 lag der Anteil der Richterinnen bei ca. 0,3 %.

waren und die weder hinreichend mit den Kriegsverordnungen vertraut
noch kräftemäßig den Anforderungen gewachsen waren.
Die Situation wurde in den Großstädten durch den Bombenkrieg noch
weiter verschärft. Die Gerichtsgebäude waren vielfach beschädigt oder
gar gänzlich zerstört[94], so daß außerhalb der Städte in Turnhallen u. ä.
Ersatzräume für die Gerichtsverhandlungen gesucht werden mußten.
Den Richtern nötigte dies zeit- und nervenraubende Fahrten zwischen
dem eigentlichen Gerichtssitz und verschiedenen »Notgerichtssälen« auf.
Zudem gingen durch die Bombenangriffe vielfach wichtige Akten verloren.
Eine schnelle und zupackende Rechtsprechung, wie sie das NS-Regime
forderte, war unter diesen Umständen auch bei größtem Einsatz nicht zu
realisieren. Wo man dies trotz Personalknappheit und Zerstörung versuchte, wurden die Gerichtsverhandlungen zur bloßen Farce. Oft saßen
die Angeklagten in der Rechtsmaterie kaum bewanderten Richtern gegenüber und mußten – wie der SD im Sommer 1944 beobachtete – aufgrund des Mangels an Rechtsanwälten Justizangestellte oder gar einen
Staatsanwalt zum Rechtsbeistand wählen[95].
Seit Mitte 1944 griffen die Wehrmacht und die Dienststellen des Reichs-
verteidigungskommissars schließlich auch auf die letzten Personalreser-
ven der Justiz zurück. Wer körperlich einigermaßen gesund erschien,
wurde zum »Volkssturm« oder zu Schanzarbeiten abgestellt. Die Richter
des Landgerichts Wuppertal zum Beispiel rückten im Herbst 1944 geschlossen zu mehrwöchigen Schanzarbeiten am »Westwall« aus[96]. Die
Stimmung war vielfach gedrückt, und hinsichtlich der vom »Führer« ver-
sprochenen großen Zukunft für die Justiz bestand kaum noch Zuversicht.
Urlaubsgesuche und Krankmeldungen häuften sich.
Dennoch hatten die Ankündigung einer »Großen Justizreform« und die
Erfolge des »Sofortprogramms« den Schock der Reichstagsrede vom
26. April 1942 für eine gewisse Zeit neutralisieren können. Auf dem Höhepunkt des Krieges verfestigte sich in der Richterschaft noch einmal die
illusionäre Hoffnung, in einem autoritären »Führerstaat« doch noch eine
dem Ideal des »Richterkönigs« entsprechende Position erringen zu können. Eine prinzipielle Distanzierung vom NS-Regime fand in der Richterschaft selbst aufgrund der »Justizkrise« von 1942 nicht statt, auch wenn es
deutliche Zeichen von Verunsicherung gab.
Selbst als die letzten durch die »Große Justizreform« genährten Illusio-

94 Mitte 1944 waren z. B. noch 10 % des Gebäudes des OLG Köln benutzbar. A. Klein,
Hundert Jahre Akten, a. a. O., S. 169.
95 SD über die Auswirkungen des Bombenkrieges auf die Justiz im Sommer 1944. BA R
22/4003.
96 OLG-Präs. Düsseldorf vom 29. 11. 1944. BA R 22/3363.

nen zunichte waren und an der Niederlage des Dritten Reiches endgültig nicht mehr zu zweifeln war, bemühte man sich in der Richterschaft, die vermeintlichen Pflichten gegenüber »Führer und Reich« zu erfüllen, oft weiterhin mit Übereifer und unerbittlicher Härte gegen »Volksschädlinge« und »Defaitisten«. Der Prozeß der Distanzierung vom NS-Regime und der Aufarbeitung der eigenen Schuld kam in der deutschen Richterschaft erst nach der totalen Niederlage sehr langsam und gegen viele Widerstände in Gang. Letztlich bedurfte es des Ausscheidens der »Dabeigewesenen«, des Generationswechsels in den 60er und 70er Jahren und der damit verbundenen Veränderungen der politischen Kultur und des Vergangenheitsverständnisses, damit der Weg frei wurde für eine kritische Aufarbeitung der NS-Geschichte der Justiz.

Abkürzungen

AG	Amtsgericht
AV	Allgemeine Verfügung
BA	Bundesarchiv
BBG	Berufsbeamtengesetz
BGB	Bürgerliches Gesetzbuch
BNSDJ	Bund Nationalsozialistischer Deutscher Juristen
DJ	Deutsche Justiz
DJZ	Deutsche Juristen-Zeitung
DR	Deutsches Recht
DRiZ	Deutsche Richterzeitung
Gestapa	Geheimes Staatspolizeihauptamt
GSTA	Generalstaatsanwalt; Lagebericht des Generalstaatsanwalts in...
HSTAD	Hauptstaatsarchiv Düsseldorf
JMBl.	Justizministerialblatt
JW	Juristische Wochenschrift
KG	Kammergericht
LG	Landgericht
NSRB	National-Sozialistischer Rechtswahrerbund
OLG	Oberlandesgericht
OLG-Präs.	Oberlandesgerichtspräsident; Lagebericht des Oberlandesgerichtspräsidenten in...
OSTA	Oberstaatsanwalt
OVG	Oberverwaltungsgericht
PG	Parteigenosse
RFSS	Reichsführer SS
RG	Reichsgericht
RGBl.	Reichsgesetzblatt
RSHA	Reichssicherheitshauptamt
SG	Sondergericht
STA	Staatsanwalt; Staatsarchiv
StdF	Stellvertreter des Führers
StGB	Strafgesetzbuch
VFZ	Vierteljahrshefte für Zeitgeschichte
VGH	Volksgerichtshof
VO	Verordnung
VVO	Volksschädlingsverordnung

Literaturverzeichnis

Unveröffentlichte Quellen

Bundesarchiv Koblenz
Aktengruppen R 22 (Reichsjustizministerium), R 58 (Reichssicherheitshauptamt), NS 16 (BNSDJ), R 43 II (Reichskanzlei), NSD 3 (Anordnungen des Stellvertreters des Führers bzw. der Parteikanzlei)

Hauptstaatsarchiv Düsseldorf
Aktengruppen RE 17, RW 18, RW 34, RW 36, RW 58 (Personal- und Generalakten der Staatspolizeileitstelle, Entscheidungen des Sondergerichts Düsseldorf), RW 23 (Gauleitung Düsseldorf, SA-Leitung Düsseldorf)

Hauptstaatsarchiv Düsseldorf-Kalkum
Rep. 112 (Landgericht und Sondergericht Köln), Rep. 6, Rep. 7, Rep. 9, Rep. 23, Rep. 28, Rep. 68, Rep. 86, Rep. 89, Rep. 145 (Generalakten Düsseldorf und Köln sowie der BNSDJ-Gauleitung in Wuppertal), Rep. 114 (Sondergericht Düsseldorf)

Archiv des Oberlandesgerichts Köln
Verschiedene General- und Personalakten (zumeist ohne Aktenzeichen), insbesondere »Handakten Hamacher«

Archiv des Oberlandesgerichts Düsseldorf
Verschiedene Generalakten (zumeist ohne Aktenzeichen)

Geheimes Staatsarchiv Berlin-Dahlem
Aktengruppen Rep. 84a (Akten des Preußischen Justizministeriums), Rep. 90 (Lageberichte der Staatspolizei)

Stadtarchiv Hilden
Akten der NSDAP-Kreisleitung (NSDAP-Hauptamt, Bestand 3)

Stadtarchiv Ratingen
Akten der NSDAP-Kreisleitung (NS 2)

Stadtarchiv Wuppertal
Akten zum Kemna-Prozeß

Institut für Zeitgeschichte
Fa 91/3, Fa 199, NG 208/3, MA 127/1 (in Kopie)

Archiv des Oberlandesgerichts Hamburg
Aktengruppe 3131 (Chefpräs.-Besprechg. und Richterversammlg. in Kopie)

Hauptstaatsarchiv Detmold
Aktengruppen M 15, L 113 (Berichte der Gauleitung und der Kreisleitungen Westfalen-Nord)

Hauptstaatsarchiv Münster
Aktengruppen Nr. 10, Nr. 99, Nr. 105 (Berichte der Gauleitung, der Gauinspekteure und der Kreisleitungen Westfalen-Nord) sowie Quellengruppe Politische Polizei Drittes Reich

Veröffentlichte Quellen

Akten der Parteikanzlei. Mikrofichesammlung, hrsg. vom Institut für Zeitgeschichte

Beweisdokumente für die Spruchgerichte in der britischen Zone, hrsg. von der Dienststelle des Generalinspekteurs in der britischen Zone für die Spruchgerichte. Hamburg 1947

Boberach, H. (Hrsg.): Meldungen aus dem Reich. Die geheimen Lageberichte des Sicherheitsdienstes der SS 1938–1945. 17 Bde, Herrsching 1984

Boberach, H. (Hrsg.): Richterbriefe. Dokumente zur Beeinflussung der deutschen Rechtsprechung 1942–1944. Boppard 1975

Deutschland-Berichte der Sozialdemokratischen Partei Deutschlands (Sopade) 1934–1940. 7 Bde, Salzhausen 1980

Domarus, M.: Hitler. Reden und Proklamationen. 2 Bde, Würzburg 1962f.

Jacobsen, H.-A./W. Jochmann (Hrsg.): Ausgewählte Dokumente zur Geschichte des Nationalsozialismus 1933–1945. Bielefeld 1966

Jochmann, W. (Hrsg.): Adolf Hitler – Monologe im Führerhauptquartier 1941–1944. Die Aufzeichnungen Heinrich Heims. Hamburg 1980

Noam, E./W.-A. Kropat (Hrsg.): Juden vor Gericht. Dokumente aus hessischen Justizakten. Wiesbaden 1975

Picker, H.: Hitlers Tischgespräche im Führerhauptquartier. Vollständig überarbeitete und erweiterte Neuausgabe. Wiesbaden 1983

Reichsministerium der Justiz (Bearb.): Handbuch der Justizverwaltung. Berlin 1942

»Röver«-Denkschrift, hrsg. von The American Historical Association, American Committee for The Study of War Documents. Weinberg 1956

Zeitgenössische Fachzeitschriften und Amtsblätter

Deutsche Juristen-Zeitung, Deutsche Justiz, Deutsche Richterzeitung, Deutsches Recht, Die Justiz, Hanseatische Rechtszeitschrift/Hanseatische Gerichtszeitung, Juristische Wochenschrift, Justizministerialblatt für die preußische Gesetzgebung und Rechtspflege

Ausgewählte Sekundärliteratur

Adam, U. D.: Judenpolitik im Dritten Reich. Düsseldorf 1979

Angermund, R.: Die geprellten »Richterkönige«. Zum Niedergang der Justiz im NS-Staat, in: H. Mommsen (Hrsg.), Herrschaftsalltag im Nationalsozialismus. Studien und Texte. Düsseldorf 1988, S. 304–373

Bästlein, K.: Als Recht zu Unrecht wurde. Zur Entwicklung der Strafjustiz im Nationalsozialismus, in: Aus Politik und Zeitgeschichte, B 13–14/89, S. 3–18

Blasius, D.: Geschichte der politischen Kriminalität in Deutschland 1800–1980. Eine Studie zu Justiz und Staatsverbrechen. Frankfurt 1983

Blau, B.: Das Ausnahmerecht für Juden in Deutschland. 3. Aufl. Düsseldorf 1965

Blau, B.: Die Kriminalität in Deutschland während des Zweiten Weltkrieges, in: Zeitschrift für die gesamte Strafrechtswissenschaft 1952, S. 31–81

Broszat, M.: Zur Perversion der Strafjustiz im Dritten Reich, in: Vierteljahrshefte für Zeitgeschichte 1958, S. 390–443

Buchheit, G.: Richter in roter Robe. München 1968

Bundesministerium der Justiz (Hrsg.): Justiz und Nationalsozialismus. Katalog zur Ausstellung. Köln 1989

Dinslage, K. H.: Das Oberlandesgericht in der Zeit von 1933 bis 1945, in: 75 Jahre Oberlandesgericht Düsseldorf. Berlin–Bonn 1981, S. 67–83

Dreier, R./W. Sellert (Hrsg.): Recht und Justiz im »Dritten Reich«. Frankfurt 1989

Echterhölter, R.: Das öffentliche Recht im Nationalsozialismus. Stuttgart 1970

Fieberg, G.: Justiz im nationalsozialistischen Deutschland. Köln 1984

Fraenkel, E.: Der Doppelstaat. Frankfurt–Köln 1974 (Fischer TB 4305)

Friedrich, J.: Freispruch für die Nazi-Justiz. Die Urteile gegen NS-Richter seit 1948. Eine Dokumentation. Hamburg 1983

Göppinger, H.: Der Nationalsozialismus und die jüdischen Juristen. Die Verfolgung jüdischer Juristen durch den Nationalsozialismus. Villingen 1963

Grimm, F.: Politische Justiz – die Krankheit unserer Zeit. 40 Jahre Dienst am Recht. Bonn 1953

Gruchmann, L.: Die Justiz im Dritten Reich. 1933–1940. Anpassung und Unterwerfung in der Ära Gürtner. München 1988 (Standardwerk, hierin eine umfassende Bibliographie zur Justiz im Dritten Reich mit den übrigen zahlreichen Arbeiten dieses Autors zum Thema)

Hamann, U.: Das Oberlandesgericht Celle im Dritten Reich. Justizverwaltung und Personalwesen, in: Festschrift zum 275jährigen Bestehen des Oberlandesgerichts Celle. o. O. (Hannover) 1986, S. 143–232

Hannover, H./E. Drück-Hannover: Politische Justiz 1918–1933. Frankfurt 1966

Hartung, F.: Jurist unter vier Reichen. Köln u. a. 1971

Hattenhauer, H.: Zur Lage der Justiz in der Weimarer Republik, in: K. D. Erdmann/ H. Schulze (Hrsg.): Weimar – Selbstaufgabe einer Demokratie. Eine Bilanz heute. Düsseldorf 1980, S. 169 ff.

Hempel, N.: Richterleitbilder in der Weimarer Republik. Frankfurt 1978

Hempfer, W.: Die nationalsozialistische Staatsauffassung in der Rechtsprechung des Preußischen Oberverwaltungsgerichts. Berlin 1974

Hirsch, M. u. a. (Hrsg.): Recht, Verwaltung und Justiz im Nationalsozialismus. Ausgewählte Schriften, Gesetze und Gerichtsentscheidungen von 1933 bis 1945. Köln 1984

Hockerts, H.-G.: Die Sittlichkeitsprozesse gegen katholische Ordensangehörige und Priester 1936/37. Eine Studie zur nationalsozialistischen Herrschaftstechnik und zum Kirchenkampf. Mainz 1971

Hüttenberger, P.: Heimtückefälle vor dem Sondergericht München 1933–1939, in: M. Broszat u. a. (Hrsg.): Bayern in der NS-Zeit. Herrschaft und Gesellschaft in Konflikt, Bd. IV, München–Wien 1981, S. 435–526

Institut für Zeitgeschichte (Hrsg.): NS-Recht in historischer Perspektive. München– Wien 1981

Jahntz, B./V. Kähne: Der Volksgerichtshof. Darstellung der Ermittlungen der Staatsanwaltschaft bei dem Landgericht Berlin gegen ehemalige Richter und Staatsanwälte beim Volksgerichtshof. Berlin 1986

Jasper, G. u. a.: Justiz und Nationalsozialismus. Hannover 1985 (Niedersächsische Landeszentrale für politische Bildung)

Jasper, G.: Justiz und Politik in der Weimarer Republik, in: Vierteljahrshefte für Zeitgeschichte 1982, S. 176 ff.

Johe, W.: Die gleichgeschaltete Justiz. Organisation des Rechtswesens und Politisierung der Rechtsprechung 1933–1945, dargestellt am Beispiel des Oberlandesgerichts Hamburg. Frankfurt 1967

Kaul, F. K.: Geschichte des Reichsgerichts. Bd. IV (1933–1945). Glashütten 1971

Kewer, L.: Aus der Geschichte des Oberlandesgerichts Hamm, in: Rechtspflege zwischen Rhein und Weser. Festschrift zum 150jährigen Bestehen des Oberlandesgerichts Hamm, hrsg. vom Verein für Rechtsgeschichte des OLG Hamm e. V. Hamm 1970, S. 37–120

Kirchberg, Chr.: Die Kontrolle von Maßnahmen der »politischen Polizei« durch die Verwaltungsgerichte, in: D. Rebentisch/K. Teppe (Hrsg.): Verwaltung contra Menschenführung im Staat Hitlers. Göttingen 1986, S. 141–152

Kirchheimer, O.: Politische Justiz. Verwendung juristischer Verfahrensmöglichkeiten zu politischen Zwecken. Neuwied–Berlin 1965 (Fischer TB 7352)

Klein, A.: Die rheinische Justiz und der rechtsstaatliche Gedanke in Deutschland, in: ders./J. Wolfram (Hrsg.): Recht und Rechtspflege in den Rheinlanden. Köln 1969, S. 113–264

Koch, H. W.: Volksgerichtshof. Politische Justiz im Dritten Reich. München 1987

Koehl, R. L.: The Black Corps. The Structure and Power Struggle of the Nazi SS. The University of Wisconsin Press 1983

Kolbe, D.: Reichsgerichtspräsident Dr. Erwin Bumke. Studien zum Niedergang des Reichsgerichts und der deutschen Rechtspflege. Karlsruhe 1975

Kollbeck, Th.: Juristenschwemmen. Untersuchungen über den juristischen Arbeitsmarkt im 19. und 20. Jahrhundert. Frankfurt 1978

König, St.: Vom Dienst am Recht. Rechtsanwälte als Strafverteidiger im Nationalsozialismus. Diss. jur. Berlin 1985 (Berlin–New York 1987)

Kosthorst, E./B. Walter: Konzentrations- und Strafgefangenenlager im »Dritten Reich« – Beispiel Emsland. Dokumentation und Analyse zum Verhältnis von NS-Regime und Justiz. 3 Bde, Düsseldorf 1983

Kuhn, R.: Die Vertrauenskrise der Justiz (1926–1928). Der Kampf um die Republikanisierung der Rechtspflege in der Weimarer Republik. Köln 1983

Majer, D.: Fremdvölkische im Dritten Reich. Ein Beitrag zur nationalsozialistischen Rechtsetzung und Rechtspraxis in Verwaltung und Justiz unter besonderer Berücksichtigung der eingegliederten Ostgebiete und des Generalgouvernements. Boppard am Rhein 1981

Majer, D.: Grundlagen des nationalsozialistischen Rechtssystems. Führerprinzip, Sonderrecht, Einheitspartei. Stuttgart–Berlin–Köln–Mainz 1987

Messerschmidt, M./F. Wüllner: Die Wehrmachtjustiz im Dienste des Nationalsozialismus. Baden-Baden 1987

Mommsen, H.: Beamtentum im Dritten Reich. Stuttgart 1966

Müller, I.: Furchtbare Juristen. Die unbewältigte Vergangenheit unserer Justiz. München 1986

Neumann, F.: Behemoth. Struktur und Praxis des Nationalsozialismus 1933–1944. Köln–Frankfurt 1977 (Fischer TB 4306)

Ostendorf, H./H. ter Veen: Das »Nürnberger Juristenurteil«. Eine kommentierte Dokumentation. Frankfurt–New York 1985

Ostler, F.: Die deutschen Rechtsanwälte. 2. Aufl. Essen 1982

Rasehorn, Th.: Justizkritik in der Weimarer Republik. Das Beispiel der Zeitschrift »Die Justiz«. Frankfurt 1985

Redaktion Kritische Justiz (Hrsg.): Der Unrechts-Staat. Recht und Justiz im Nationalsozialismus. Bd. I, 2. Aufl. und Bd. II. Baden-Baden 1983 und 1984

Reifner, U./B.-R. Sonnen (Hrsg.): Strafjustiz und Polizei im Dritten Reich. Frankfurt–New York 1984

Reiter, E.: Franz Gürtner. Politische Biographie eines deutschen Juristen 1881–1941. Berlin 1976

Robinsohn, H.: Justiz als politische Verfolgung. Die Rechtsprechung in »Rassenschandefällen« beim Landgericht Hamburg 1936–1943. Stuttgart 1977

Rüping, H.: Bibliographie zum Strafrecht im Nationalsozialismus. München 1985

Rüthers, B.: Die unbegrenzte Auslegung. Zum Wandel der Privatrechtsordnung im Nationalsozialismus. Tübingen 1968

Rüthers, B.: Entartetes Recht. Rechtslehren und Kronjuristen im Dritten Reich. München 1988

Salje, P.: Recht und Unrecht im Nationalsozialismus. Münster 1985

Schimmler, B.: Recht ohne Gerechtigkeit. Zur Tätigkeit der Berliner Sondergerichte im Nationalsozialismus. Berlin 1984

Schoeps, J. H./H. Hillermann (Hrsg.): Justiz und Nationalsozialismus. Stuttgart 1987

Schorlemer, A. von: Das Sondergericht München als Bestandteil der Strafjustiz 1939–1945. Rechtsgrundlagen, ausgewählte Probleme und eine statistische Auswertung seiner Spruchtätigkeit. Hausarbeit München 1985 (Typoskript)

Schorn, H.: Der Richter im Dritten Reich. Geschichte und Dokumente. Frankfurt 1959

Schulz, B.: Der Republikanische Richterbund. Frankfurt 1982

Schütz, H.: Justiz im »Dritten Reich«. Dokumentation aus dem Bezirk des Oberlandesgerichts Bamberg. Bamberg 1984

Segelken, H.: Amor fati. Aufzeichnungen aus einer gescheiterten Juristengeneration. Hamburg 1970

Spendel, G.: Rechtsbeugung durch Rechtsprechung. Berlin–New York 1984

Staff, I. (Hrsg.): Justiz im Dritten Reich. Eine Dokumentation. Frankfurt 1964, Neuauflage 1978 (Fischer TB 3409)

Steinlechner, W.: Der Richter im Dritten Reich. Status – Unabhängigkeit – Persönlichkeit. Diss. jur. Mainz 1974

Stolleis, M.: Gemeinwohlformeln im nationalsozialistischen Recht. Berlin 1974

Stolleis, M.: Die Rechtsordnung des NS-Staates, in: Juristische Schulung 1982, S. 645–651

Terhorst, K.-L.: Polizeiliche planmäßige Überwachung und polizeiliche Vorbeugungshaft im Dritten Reich. Heidelberg 1985

Thul, E. J.: Das Landgericht Koblenz im nationalsozialistischen Unrechtsstaat, in: 150 Jahre Landgericht Koblenz, hrsg. vom Landgericht Koblenz und der landesgeschichtlichen Arbeitsgemeinschaft Koblenz. Boppard 1970, S. 63–134

Ule, C.-H.: Als Richter im Dritten Reich, in: ders.: Beiträge zur Rechtswirklichkeit im Dritten Reich. Berlin–München 1987, S. 140ff.

Volkmann, K.J.: Die Rechtsprechung staatlicher Gerichte in Kirchensachen 1933–1945. Mainz 1978

Wagner, A.: Die Umgestaltung der Gerichtsverfassung und des Verfahrens- und Richterrechts im nationalsozialistischen Staat. Stuttgart 1968

Wagner, W.: Der Volksgerichtshof im nationalsozialistischen Staat. Stuttgart 1974

Walk, J. (Hrsg.): Das Sonderrecht für Juden im NS-Staat. Eine Sammlung der gesetzlichen Maßnahmen und Richtlinien – Inhalt und Bedeutung. Heidelberg–Karlsruhe 1981

Weinkauff, H.: Die deutsche Justiz und der Nationalsozialismus. Ein Überblick. Stuttgart 1968

Werle, G.: Justiz-Strafrecht und polizeiliche Verbrechensbekämpfung im Dritten Reich. Berlin 1989

Wieland, G.: Das war der Volkgerichtshof. Ermittlungen – Fakten – Dokumente. Pfaffenweiler 1989

Wrobel, H.: Die Anfechtung der Rassenmischehe in den Jahren 1933 bis 1935, in: Kritische Justiz 1983, S. 349–374

Wrobel, H.: Verurteilt zur Demokratie. Justiz und Justizpolitik in Deutschland 1945–1949. Heidelberg 1989

Personenregister

Franz Neumann
Behemoth
Struktur und Praxis
des National-
sozialismus 1933 – 1944

Band 4306

Franz Neumanns »Behemoth«
erschien zuerst 1942 bei der
Oxford University Press.
Nach wie vor ist Neumanns
umfassendes und kenntnis-
reiches Werk eine einzigartige
Herausforderung für die
Faschismusinterpretation. Mit
ihm liegt jetzt endlich eines
der wenigen Bücher in deutscher Übersetzung vor, die
einen theoretisch und politisch gleich ergiebigen, dazu
durchaus nicht schwer ver-
ständlichen Beitrag zur Aufarbeitung der deutschen
Geschichte leisten.
Ernst Nolte nannte das Werk
die kenntnisreichste und
umfassendste Analyse des
Nationalsozialismus, die bislang erschienen ist. Wenn
auch heute in Teilbereichen
exaktere Einzelkenntnisse
vorliegen, die in Neumanns
Pionierarbeit noch nicht
berücksichtigt werden konnten, so sind doch alle von ihm
angesprochenen Grundfragen
der Faschismusinterpretation
und der gesellschaftlichen
Entwicklungstendenzen soge-
nannter sozialstaatlicher
Massendemokratien aktuell
geblieben.

Fischer Taschenbuch Verlag

fi 644 / 2

**Justizalltag
im Dritten Reich**

Herausgegeben von
Bernhard Diestelkamp
und Michael Stolleis

Band 4396

Wer heute nach der Rolle der
Justiz im Nationalsozialismus
fragt, erhält widersprüchliche
Antworten. Unbestritten ist
jedoch: Die konservativ-
bürgerlich gestimmte und von
hohem Berufsethos getragene
Justiz des Weimarer Staates
wechselte 1933 schnell und gehorsam in den NS-Staat, trug
das System bis zum Ende mit
und hinterließ – unbeachtet
bleibt hier die Militärgerichts-
barkeit – eine breite Spur von
32 000 Todesurteilen sowie von
zahllosen rassistischen und
politisch-repressiven Entscheidungen. Den »Tätern in der
Robe« wurde in der Bundesrepublik Deutschland kein Haar
gekrümmt. Sie durchliefen die
»Entnazifizierung« und machten
Karriere. Die obersten Bundes-
gerichte knüpften ausdrücklich
an Rechtsprechung und richterliches Selbstverständnis ihrer
Vorgänger (Reichsgericht,
Reichsverwaltungsgericht,
Reichsfinanzhof, Reichsver-
sicherungsamt) wieder an.
Der vorliegende Band, eine vom
Fachbereich Rechtswissenschaft
und der Jüdischen Gemeinde
veranstaltete Vorlesungsreihe an
der Universität Frankfurt, gibt
Antworten auf die Fragen nach
der »Unabhängigkeit« der NS-
Richter, nach der Rolle der
Verwaltungs- und Finanz-, Zivil-,
Straf- und Arbeitsgerichte,
nach der »Entnazifizierung«
der Richter und nach dem
Umgang der Justiz mit ihrer
eigenen Vergangenheit.

Fischer Taschenbuch Verlag

Ein Band mit weiterführenden Beiträgen zum
„Historikerstreit" und zur Kontroverse über die
Historisierung des Nationalsozialismus.

Dan Diner (Hg.)
Ist der Nationalsozialismus Geschichte?
Zu Historisierung und Historikerstreit
320 Seiten. Originalausgabe. Band 4391

Aus dem Inhalt:

W. Benz: Abwehr der NS-Vergangenheit. Über Moral
und Geschichte

S. Friedländer: Überlegungen zur Historisierung des
Nationalsozialismus

D. J. K. Peukert: Alltag und Barbarei

D. Diner: Grenzen der Historisierbarkeit des Nationalsozialismus

H. Mommsen: Das Dritte Reich im westdeutschen
Geschichtsbewußtsein

H. Schulze: Die „deutsche Katastrophe" erklären

C. Leggewie: Frankreich und die NS-Vergangenheit

G. E. Rusconi: Italien und der „Historikerstreit"

G. Boltz: Österreich und der Nationalsozialismus

L. Niethammer: Erinnerungsspuren in die 50er Jahre

D. Diner: Deutsche und Juden nach Auschwitz

U. Herbert: Arbeit und Vernichtung

K. Kwiet: Literaturbericht zur Historiographie des NS

Fischer Taschenbuch Verlag

Dan Diner (Hg.)
Zivilisationsbruch

Denken nach Auschwitz

Fischer Taschenbuch Band 4398

Mit Beiträgen über

Theodor W. Adorno, Günther Anders, Hannah Arendt,
Ernst Bloch, Max Horkheimer, Siegfried Kracauer,
Leo Löwenthal, Herbert Marcuse, Franz Neumann und
Walter Benjamin

Der Nationalsozialismus und sein Kernereignis:
die administrativ und industriell durchgeführte Massen-
vernichtung von Menschen – das Ereignis »Auschwitz« –
werfen einen langen Schatten. Mit größer werdender
Distanz wird die gesamte historische Bedeutsamkeit
dieses Geschehens zunehmend klarer:
»Auschwitz« war nicht bloß ein entsetzliches Ereignis,
sondern ist so etwas wie eine Epochengrenze unserer
gesellschaftlichen Kultur – ein Zivilisationsbruch. Dieses
Buch enthält eine Zusammenstellung von Beiträgen
über bedeutsame kritische Denker, die sowohl existentiell als auch von ihrem theoretischen Denk-Entwurf her
Auschwitz ausgesetzt waren. Welche Folgerungen
zogen sie aus jenem Ereignis? Wie schlägt sich
»Auschwitz« in ihrem Denken nieder? Wie haben sie es
reflektiert – oder negativ: von ihren Entwürfen her
umgangen?

Fischer Taschenbuch Verlag

fi 916 / 1

Die Geschichte der Bundesrepublik Deutschland

Herausgegeben von Wolfgang Benz

Aus Anlaß der 40. Wiederkehr der Gründung der Bundesrepublik Deutschland wird dieses vierbändige Werk der Öffentlichkeit vorgelegt. Es handelt sich um die aktualisierte Neuausgabe des erstmals 1983 erschienenen Werkes »Die Bundesrepublik Deutschland. Geschichte in drei Bänden«. Die Gesamtdarstellung der Geschichte der Bundesrepublik Deutschland in Form historischer Längsschnitte bot gegenüber anderen Darstellungsformen Vorteile. Zum einen konnten kompetente und spezialisierte Autoren für das Projekt gewonnen, zum anderen die Themenstellungen an den Problemen der Gegenwart orientiert werden. Das Ergebnis ist daher nicht nur der Blick zurück, sondern eine Geschichtsschreibung, die zum Verständnis unserer Zeit beiträgt. Die Verbindung von politischer Geschichte und Sozialgeschichte ist Leitmotiv des Werkes. Die Auswahl der Themen spiegelt diese Absicht wider. Hier wird erstmals der Versuch unternommen, Aspekte wie Freizeit, Sport und Wohnen oder Bereiche wie Jugend und Frauen mit der gleichen Intensität (und Kompetenz) in den Rahmen einer Gesamtdarstellung einzubringen wie die

Vier Bände in Kassette
Band 1 / 4420: Politik
Band 2 / 4421: Wirtschaft
Band 3 / 4422: Gesellschaft
Band 4 / 4423: Kultur

klassischen Themen Recht und Justiz, Außenpolitik oder Literatur, Bildende Kunst und Theater oder Wirtschaftsordnung, Gewerkschaften und Sozialpolitik.
Die Beiträge der mehr als 40 Fachleute fügen sich mit ihren Beigaben (Literaturverzeichnissen, Anmerkungen, Chroniken, Tabellen, Grafiken und Abbildungen) zu einem Nachschlagewerk von höchstem Gebrauchswert zusammen.

Fischer Taschenbuch Verlag

Avraham Barkai

Vom Boykott

zur »Entjudung«

Der wirtschaftliche
Existenzkampf der Juden
im Dritten Reich 1933–1943

Band 4368

Die sofort nach der Machtübernahme der Nationalsozialisten
am 30. Januar 1933 einsetzenden
Diskriminierungsmaßnahmen
gegen die in Deutschland lebenden Juden zielten insbesondere
auf deren Stellung im Wirt-
schaftsleben. Die vorliegende
Darstellung weist nach, daß der
wirtschaftliche Verdrängungs-
prozeß, der mit der Ausschaltung
der Juden aus bestimmten Berufen begann und mit ihrer Aus-
plünderung und physischen Vernichtung sein Ende fand, auch in
den Phasen einer vermeintlichen
»Schonzeit« kontinuierlich und
konsequent vorangetrieben
wurde.
Im Gegensatz zu Forschungs-
ansätzen, die die Interessengegensätze und Meinungsverschiedenheiten in der nationalsozialistischen Judenpolitik betonen
und etwa die Rolle von Reichs-
wirtschaftsminister Hjalmar
Schacht hervorheben, der während einiger Jahre seine »schützende Hand« über die deutschen
Juden gehalten habe, beweist
diese umfassende Dokumentation der »Entjudung der deutschen Wirtschaft«:
Gerade das flexibel gehandhabte
Zusammenspiel gewalttätiger
Boykottaktionen mit dem privaten Interesse an stiller Bereiche-
rung auf Kosten der entrechteten
Juden, staatlich legitimiert durch
eine Unzahl von antisemitischen
Gesetzen und Erlassen, garantierte die grausame Effizienz der
national-sozialistischen Judenpolitik.

Fischer Taschenbuch Verlag

fi 713 / 1

Walter H. Pehle (Hg.)

Der Judenpogrom 1938

Von der »Reichs-
kristallnacht«
zum Völkermord

Mit Beiträgen von
Uwe Dietrich Adam,
Avraham Barkai, Wolfgang Benz,
Hermann Graml, Konrad Kwiet,
Trude Maurer, Hans Mommsen,
Jonny Moser, Abraham J. Peck und
Wolf Zuelzer

Band 4386

In der Nacht zum 10. November
1938 brannten fast alle noch verbliebenen Synagogen kontrolliert
ab – kontrolliert von der Feuer-
wehr, die darauf zu achten hatte,
daß das Eigentum »arischer«
Nachbarn keinen Schaden nahm,
in Brand gesteckt von bierseligen
Parteigenossen auf höheren
Befehl. In derselben Nacht wurden an die 100 Menschen ermordet, nur weil sie Juden waren.
Rund 30 000 wohlhabende Juden
wurden aus ihren Häusern geprü-
gelt und in Konzentrationslager
verschleppt; viele von ihnen
kamen nicht mehr zurück. Und
in derselben Nacht wurden an
die 7500 Geschäfte jüdischer
Mitbürger demoliert und vielfach
geplündert.
Diese Ereignisse, für die das
Attentat des 17jährigen Herschel
Grynszpan in der deutschen Bot-
schaft in Paris den Vorwand lie-
ferte, mit dem zynischen Begriff
»Reichskristallnacht« zu belegen,
heißt, Mord, Totschlag, Brandstiftung, Raub, Plünderung und
Sachbeschädigung zu einer fun-
kelnden, glänzenden Veranstaltung umzuinterpretieren und
einer bösartig verharmlosenden
Erinnerung Vorschub zu leisten.
Der vorliegende Band betrachtet
den Judenpogrom 1938 nicht iso-
liert als Einzelphänomen, sondern im Gesamtzusammenhang
der Geschichte der nationalsozialistischen Zeit als eine Etappe
auf dem Weg zur »Endlösung der
Judenfrage«.

Fischer Taschenbuch Verlag